Psychologische Personalauswahl

Schriftenreihe
Wirtschaftspsychologie
herausgegeben von
Prof. Dr. Heinz Schuler

Psychologische Personalauswahl

von

Prof. Dr. Heinz Schuler

Verlag für Angewandte Psychologie
Göttingen

Psychologische Personalauswahl

Einführung in die Berufseignungsdiagnostik

von

Heinz Schuler

2., unveränderte Auflage

Verlag für Angewandte Psychologie
Göttingen

Prof. Dr. Heinz Schuler, geb. 1945 in Wien. Studium der Psychologie, Philosophie und Betriebswirtschaftslehre an der Universität München; Promotion und Habilitation an der Universität Augsburg. 1979 Professor für Psychologie an der Universtiät Erlangen-Nürnberg, seit 1982 Lehrstuhl für Psychologie der Universität Hohenheim. Arbeitsschwerpunkte: Organisations- und Berufspsychologie, insbesondere Berufseignungsdiagnostik und Leistungsforschung; Wissenschaftsethik.

Die Deutsche Bibliothek - CIP-Einheitsaufnahme

Schuler, Heinz:
Psychologische Personalauswahl : Einführung in die Berufseignungsdiagnostik / von Heinz Schuler. - 2., unveränd. Aufl. - Göttingen ; Bern ; Toronto ; Seattle : Verl. für Angewandte Psychologie, 1998
  (Schriftenreihe Wirtschaftspsychologie)
  ISBN 3-8017-0865-9

© by Hogrefe-Verlag, Göttingen · Bern · Toronto · Seattle 1996 und 1998
  Rohnsweg 25, D-37085 Göttingen

Druck: Hubert & Co, Göttingen
Printed in Germany
Auf säurefreiem Papier gedruckt

ISBN 3-8017-0865-9

Vorwort

Psychologische Berufseignungsdiagnostik besteht im Bemühen, Zusammenhänge zwischen menschlichen Merkmalen und beruflichem Erfolg zu entdecken und Methoden zu entwickeln, um beides zu messen und zueinander in Beziehung zu setzen. Es läßt sich zeigen, daß die sachgemäße Anwendung dieser Methoden bessere Prognosen des Berufserfolgs ermöglicht als jede andere Vorgehensweise. Die Verfahren der Berufseignungsdiagnostik stellen deshalb - bei allem Verbesserungsbedarf im einzelnen - die angemessenste derzeit bekannte Grundlage der Auswahl und Entwicklung von Mitarbeitern dar, desgleichen der individuellen Beratung bei der Berufswahl.

Die wichtigsten Verfahrenstypen werden in diesem Text in ihren Grundmerkmalen, ihrer Brauchbarkeit und ihren Grenzen dargestellt; zudem werden ihre psychologischen und methodischen Grundlagen erörtert - nur in Ausschnitten selbstverständlich, aber doch so, daß ein vertieftes Verständnis eignungsdiagnostischen Vorgehens erreicht werden sollte. Auch über Rahmenbedingungen organisationaler und rechtlicher Art sowie über Formen personeller Entscheidung und Möglichkeiten der Evaluation wird informiert. Schließlich wird auch die Sichtweise der Bewerber angesprochen, was dazu beitragen soll, neben der unternehmerischen Seite die Verantwortung für das Wohl der betroffenen Individuen nicht aus dem Auge zu verlieren.

Voraussetzung qualifizierter Eignungsdiagnostik für Personalauswahl und Berufsberatung ist jedoch nicht nur die Verfügbarkeit brauchbarer Verfahren, sondern auch die Kompetenz zu deren Verwendung. Psychologische Standesorganisationen sehen diese Kompetenz nur bei Diplom-Psychologen gegeben und fordern deshalb ein berufliches Privileg für die psychologische Diagnostik. Hierfür spricht einiges, vor allem die Ausbildung von Psychologen in Diagnostik und Methodenlehre; auch Kenntnisse in Persönlichkeits- und Sozialpsychologie, Übung in der Verhaltensbeobachtung und andere spezifische Qualifikationen kommen dieser Berufsgruppe zugute und lassen von ihren Mitgliedern eine kompetentere Auswahl und Anwendung diagnostischer Verfahren erwarten als von Angehörigen anderer Professionen. Tatsächlich liegt in der Assessment Center-Forschung sogar ein empirischer Beleg für diese Annahme vor.

Dennoch richtet sich der vorliegende Text nicht allein an Psychologen und Studierende dieser Wissenschaft. Nicht alle Verfahren der Personalauswahl erfordern spezifisch fachpsychologische Kompetenz (z. B. das Auswahlgespräch), andere dürften sogar in den Händen erfahrener Personalleute besser aufgeho-

ben sein, etwa die Auswertung von Bewerbungsunterlagen oder Personalfragebogen. Beim Kernbestand psychologischer Diagnostik, den Testverfahren, sollte
sich die Verwendungslegitimation nach der Art des Verfahrens und des Einsatz-
bereichs richten. Ein nicht unerheblicher Teil an Tests wird dementsprechend
schon heute von Angehörigen anderer Berufsgruppen eingesetzt. Wünschenswert
wäre eine genauere Feststellung der für diese und andere diagnostische Verfahren erforderlichen Qualifikation - was derzeit noch aussteht, wie generell die
Qualitätskontrolle in diesem Bereich noch völlig unzulänglich ist.

Anders sieht die Lage freilich bei der Konstruktion von Auswahlverfahren
aus: Nur in den seltensten Fällen dürfte psychologischen Laien die Erarbeitung
eines Verfahrens gelingen, das den psychometrischen Anforderungen genügt.
Dieses Ziel allerdings wird mit dem vorliegenden Band nicht verfolgt. Seine
Aufgabe ist es, Hilfestellung bei der Orientierung über die heutigen Möglichkeiten der Eignungsfeststellung zu geben und damit zu besseren Personalentscheidungen zu verhelfen. Daß hierbei auch die methodischen Ansprüche und einige
theoretische Grundlagen erörtert werden, soll die Leser unterstützen, bei künftigen Entscheidungen über einen Verfahrenseinsatz "aufgeklärt" zu handeln und
sich nicht mit unzulänglichen Lösungen zufriedenzugeben. Die angesprochenen
Rahmenbedingungen sollen darauf hinweisen, daß berufsbezogene Eignungsdiagnostik sich aber nicht darauf beschränken kann, die technische Qualität der
verwendeten Verfahren zu beachten, sondern in einen sozialen Kontext einge-
bettet ist, den es in vielerlei Weise zu berücksichtigen gilt.

Die Dankesliste müßte sehr umfangreich sein, sollte sie die Namen all derer
umfassen, die einen Beitrag zum Zustandekommen dieses Buchs geleistet haben.
Ich beschränke sie auf die Namen derer, denen ich mich ganz besonders verbunden fühle; sie stehen stellvertretend auch für diejenigen, die hier nicht persönlich aufgeführt sind.

Die vielen in- und ausländischen Kollegen, die durch ihre Arbeit, durch persönliche Kontakte und Kooperation Anregung und Vorbild gegeben haben, sind
am besten durch Hermann Brandstätter, den Lehrer und Freund, repräsentiert.
Von den verschiedenen Funktionen, die der vorliegende Text für mich aufweist,
hat er ganz besonders die einer persönlichen Festschrift für Professor Brandstätter, der wohl bald von seinen beruflichen Verpflichtungen (hoffentlich aber
nicht von seinen beruflichen Vergnügungen) entbunden wird.

Unter den derzeitigen und ehemaligen Mitarbeitern und Doktoranden
meiner Arbeitsgruppe möchte ich vor allem Uwe Funke und Dr. Klaus Moser
herausheben, die über viele Jahre die Arbeitsweise und das Ergebnis des Teams
geprägt haben. Auf eine Reihe gemeinsamer Arbeiten wird hier ausdrücklich
Bezug genommen, vieles an ihrer Unterstützung geht aber auch auf osmoti-
schem Wege ein. Insgesamt werden so viele Arbeiten in diesem Band referiert,
die gemeinsam mit ihnen und mit einem guten Dutzend weiterer Kollegen
entstanden sind, daß sich als eine seiner Funktionen auch ergeben hat, eine
Zwischenbilanz der eignungsdiagnostischen Forschung am Hohenheimer Lehrstuhl für Psychologie zu ziehen. Ich hoffe, alle Partner bei diesen Arbeiten
haben so viel von mir gelernt wie ich in der Zusammenarbeit mit ihnen.

An nächster Stelle sei den Repräsentanten von Unternehmen, Verbänden und Verwaltungsorganisationen gedankt, die es durch ihre Kooperation ermöglicht haben, "Daten" zu gewinnen, den Kernbestand aller empirischen Forschung. Hinter diesen Daten steht ein für Außenstehende schwer nachvollziehbares Ausmaß an Koordination und Überzeugung, an Initiative, Vertrauen und Geduld, das von den Verantwortlichen bei umfangreicheren Vorhaben aufzubringen ist. Dr. Jürgen Backhaus und Dr. Karlheinz Becker waren in den vergangenen Jahren Partner bei Projektes, die besonders langen Atem erforderten, um "im Feld" Hypothesen zu prüfen, neue Instrumente zu erproben und gemeinsam die Praxis der Personalentwicklung zu verbessern. Ihre Namen stehen für eine Reihe weiterer Kooperationspartner und für eine große Zahl von Untersuchungsteilnehmern in den betreffenden Organisationen.

Viele gemeinsame Aufgaben verbinden mich nach langen Jahren der Zusammenarbeit mit dem Hogrefe-Verlag und seiner praxisorientierten Sektion Verlag für Angewandte Psychologie. Dr. Michael Vogtmeier, dem Wissenschaftlichen Verlagsleiter, möchte ich persönlich und stellvertretend für die übrigen Verlagsmitarbeiter meinen Dank aussprechen für die Begleitung bei der Mühe und dem Vergnügen, ein solches Buch herzustellen.

Bleibt noch der Dank an Heike Fricke, für die auch in diesem Fall eine Extraklasse zu reservieren ist. Ihrer Übersicht, Ausdauer und Genauigkeit ist es zuzuschreiben, daß das Manuskript trotz fortwährender Änderungen schließlich in druckfertiger Form an den Verlag gelangt ist. Nicht geringer als diese "Arbeitstugenden" ist einzuschätzen, daß die Zusammenarbeit mit ihr auch in unruhigen Zeiten persönlich angenehm ist.

Angesichts so vieler Verdienste, die in dieses Buch eingegangen sind, sollte es imstande sein, seiner Aufgabe gerecht zu werden - nützliche Information für alle diejenigen zu bieten, die sich aus persönlichen oder institutionellen Gründen für die Berufseignungsdiagnostik interessieren, und Unterstützung zu leisten, wo Entscheidungen über Methoden und Vorgehen bei der Auswahl von Mitarbeitern zu treffen sind.

Heinz Schuler
im Dezember 1995

Inhalt

Vorwort 5

1   Einleitung und Grundlagen 11
     1.1   Zur individuellen und organisationalen Bedeutung von Personalentscheidungen 11
     1.2   Entwicklungsgeschichte und gegenwärtige Trends 14
     1.3   Die Einsatzhäufigkeit von Auswahlverfahren 19
     1.4   Theoretische Grundlagen 21
         1.4.1   Leistungsunterschiede 22
         1.4.2   Differentialpsychologische Grundlagen: Merkmale und Konstrukte 24
         1.4.3   Entwicklungspsychologische und lernpsychologische Grundlagen: Konstanz und Variabilität 32
         1.4.4   Organisationspsychologische Grundlagen: Person und Organisation 36
         1.4.5   Sozialpsychologische Grundlagen: Soziale Urteilsbildung 41
         1.4.6   Testtheoretische Grundlagen 45

2   Der Kontext der Personalauswahl 59
     2.1   Arbeits- und Anforderungsanalyse 59
     2.2   Organisation 70
     2.3   Weltanschauliche Rahmenbedingungen 72

3   Eignungsdiagnostische Verfahren der Personalauswahl 77
     3.1   Auswertung der Bewerbungsunterlagen 78
     3.2   Auswahlgespräche 84
     3.3   Personalfragebogen 91
     3.4   Biographische Fragebogen 95
     3.5   Testverfahren 101

3.6   Arbeitsproben 115
3.7   Assessment Center 118
3.8   Computerunterstützte Verfahren 133
3.9   Weitere Verfahren 138
3.10   Verfahren der internen Personalauswahl 143

4   Entscheidung und Evaluation 151
4.1   Auswahl und Klassifikation 151
4.2   Validität 164
4.3   Organisationale Effizienz 174
4.4   Akzeptanz 181
4.5   Ethische und rechtliche Aspekte 188

Literatur 203

Glossar 227

Sachregister 235

1 Einleitung und Grundlagen

Jährlich werden viele Millionen von Auswahlentscheidungen getroffen. Ihre Qualität ist so unterschiedlich wie die hierzu verwendeten Methoden. Dabei gehören sowohl für die Person als auch für die Organisation berufsbezogene Entscheidungen zu den wichtigsten Wahlhandlungen überhaupt. Um den Kontext und die Möglichkeiten personeller Auswahlentscheidungen besser überschauen zu können, wird in diesem Kapitel zunächst ihre Bedeutung erörtert, und es werden die Entwicklungsgeschichte sowie der gegenwärtige Stand der Berufseignungsdiagnostik im Überblick skizziert. Anschließend soll die Darlegung differentialpsychologischer, entwicklungspsychologischer, organisationspsychologischer und sozialpsychologischer Grundlagen das Verständnis für den psychologischen Hintergrund der **Personalauswahl**[1] vertiefen. Anhand der Grundbegriffe der psychologischen **Testtheorie** werden abschließend die wichtigsten Gütekriterien vorgestellt, die an Verfahren und Prozesse der Personalauswahl angelegt werden.

1.1 Zur individuellen und organisationalen Bedeutung von Personalentscheidungen

Beruflicher Erfolg hängt von vielem ab. Der familiäre und soziale Hintergrund eines Menschen prägt seine Einstellungen und Erwartungen; seine Ausbildung schafft die Grundlage für die weiteren Entwicklungsmöglichkeiten; gesellschaftlicher Bedarf und Arbeitsmarktbedingungen beeinflussen die Chancen, in bestimmten Berufsfeldern tätig sein zu können; Fähigkeiten und andere Eigenschaften einer Person erleichtern oder erschweren den Erwerb von Kenntnissen und Fertigkeiten, die in berufliche Leistung umgesetzt werden können. Was als beruflicher Erfolg angesehen wird, kann vielfältig sein: Leistung, Sinnerleben, gesellschaftlicher Status, Zufriedenheit, psychische und physische Gesundheit, das Gefühl, gefordert zu sein oder sein ruhiges Auskommen zu haben, die Überzeugung, das zu tun, was den eigenen Fähigkeiten und Interessen entspricht.

Beruflicher Erfolg in seinen vielen Facetten ist also auf vielfältige und nicht immer durchschaubare Weise bedingt. Zum Zeitpunkt der konkreten Wahl eines

---

[1] Begriffe, die im Glossar erläutert werden, sind bei ihrer ersten Nennung im Text fett gedruckt.

Berufs, einer Organisation oder einer Tätigkeit wird sich ein Mensch von mehreren Gesichtspunkten leiten lassen. Die eigenen Interessen und Wünsche, aber auch Abneigungen und Befürchtungen sind ihm dabei vielleicht besonders deutlich vor Augen. Auch die Aussichten, einen Studienplatz im angestrebten Fach zu bekommen, dürften zu den bewußt ins Kalkül einbezogenen Entscheidungsparametern gehören. Weniger deutlich ist dem Betreffenden wahrscheinlich, in welchem Ausmaß seine Interessen von seinen Fähigkeiten abhängen oder welchen Einfluß frühere Erfahrungen und Werthaltungen in der Familie auf seine jetzigen Präferenzen haben.

Die Berufsberatung, wie sie vom Arbeitsamt angeboten wird - und im Prinzip auch von jedem auf berufspsychologische Fragen spezialisierten Psychologen geleistet werden kann -, hat den Zweck, den Ratsuchenden bei der Klärung dieser Fragen zu helfen und ihnen eine fundierte berufsbezogene Entscheidung zu ermöglichen. Hierbei werden Merkmale der Ratsuchenden berücksichtigt, die sowohl für die berufliche Leistung als auch für die berufliche Zufriedenheit relevant sind. Gleichzeitig wird über die Berufe und ihre Anforderungen sowie über die Lage auf dem Arbeitsmarkt informiert.

Sucht ein Unternehmen Mitarbeiter oder Auszubildende, so stellen sich ganz ähnliche Fragen. Das **Personalmarketing** wird dann am erfolgreichsten sein, wenn es gelingt, das Arbeitsplatzangebot so darzustellen und den Kreis potentieller Mitarbeiter so anzusprechen, daß diejenigen gewonnen - und später gehalten - werden können, die möglichst viel zum Erfolg der Organisation beitragen. Die Auswahlentscheidung seitens des Unternehmens wird sich primär an der zu erwartenden Leistung orientieren. Aber jedes Unternehmen wäre schlecht beraten, nicht auch die Zufriedenheit und Gesundheit der Mitarbeiter als Zielkriterien in die Auswahlentscheidung einzubeziehen. In beider Interesse liegt es, Über- wie Unterforderung zu vermeiden und Möglichkeiten zur Entwicklung berufsbezogener Kompetenzen zu sichern. In besonderem Maße ergibt sich eine solche Sichtweise dann, wenn Auswahlverfahren als Komponente und Informationsgrundlage der **Personalentwicklung** verstanden werden. Die beste Grundlage langfristiger erfolgreicher Zusammenarbeit besteht auch hier darin, die Ziele und den Nutzen beider Partner auf faire Weise zu berücksichtigen.

Für beide Seiten ergibt sich damit als gemeinsames Interesse, Person und Tätigkeit (inklusive Umfeld) so zu vergleichen, daß eine zufriedenstellende Lösung im Hinblick auf möglichst viele Zielkriterien gefunden wird. Abbildung 1 zeigt auf, daß es zumindest drei Aspekte sind, hinsichtlich deren der Vergleich zwischen Person und Tätigkeit zu erfolgen hat.

Die zum gegebenen Zeitpunkt bekannten Anforderungen der vorgesehenen Tätigkeit sind den erforderlichen Fähigkeiten der Bewerber oder Ratsuchenden gegenüberzustellen, um die künftige Leistung zu gewährleisten. Methoden der **Arbeits- und Anforderungsanalyse** auf der einen Seite, Verfahren der psychologischen **Eignungsdiagnostik** auf der anderen sind Hilfsmittel, diesen Vergleich durchzuführen. Das **Befriedigungspotential** der fraglichen Tätigkeit ist mit den Interessen und Bedürfnissen der Personen zu vergleichen, um Zufriedenheit und andere Aspekte des Wohlbefindens sowie das Verbleiben in der Organisation sicherzustellen. Befriedigungspotentiale - also die Möglichkeit, an diesem Arbeitsplatz Bedürfnisse wie z. B. Sicherheitsstreben und Kontaktbedürfnis zu erfüllen - können u. a. durch Organisationsanalysen festgestellt werden, Interessen und Bedürfnisse mittels eines Berufsinteressentests.

Tätigkeit		Person
Anforderungen	———	Fähigkeiten, Fertigkeiten und Kenntnisse
Befriedigungs-potential	———	Interessen, Bedürfnisse und Werthaltungen
Veränderung	———	Entwicklungspotential und allgemein erfolgs-relevante Merkmale

Abbildung 1: Vergleiche zwischen Tätigkeit und Person bei berufsbezogenen Entscheidungen

Nicht alle eignungsrelevanten Merkmale einer Tätigkeit sind allerdings zum Zeitpunkt der Entscheidung bestimmbar - Arbeitsanforderungen verändern sich in einer teilweise nicht vorhersehbaren Weise. Deshalb ist es von Nutzen, zusätzlich zur Bestimmung der derzeitigen Anforderungen abzuschätzen, in welche Richtung Veränderungen zu erwarten sind, und zusätzlich mit einem nicht bestimmbaren Anteil an Änderungen zu rechnen. Das erwünschte Entwicklungspotential einer Person sollte sowohl den absehbaren Veränderungen entsprechen als auch darüber hinaus hinreichende Wahrscheinlichkeit bieten, daß sie auch künftigen Entwicklungen ungewisser Art gewachsen sein wird. Die Prognose ist in diesem Bereich natürlich besonders schwierig, aber es haben sich doch einige Eigenschaften als erfolgsrelevant in unterschiedlichstem Berufskontext herausgestellt, die im weiteren noch genauer zu betrachten sein werden.

Berufliche Entscheidungen sind freilich nicht nur am Start des Berufslebens und beim Eintritt in eine Organisation zu treffen. In vielen beruflichen Entwicklungsverläufen stehen in gewissen zeitlichen Abständen erneut Entscheidungen über die angemessenste Orientierung unter den verschiedenen Wegen an. Seitens einer Organisation ergibt sich beispielsweise bei der Änderung von Anforderungen durch technische Entwicklungen oder aufgrund von Umstrukturierungen Entscheidungsbedarf, wobei Qualifikation und Interessen der Beschäftigten eine wichtige Rolle spielen und im Interesse beider Seiten zu berücksichtigen sind.

So häufig heute allerdings die Änderung der konkreten Tätigkeitsanforderungen ist, so selten ist ein grundsätzlicher Wechsel des Berufsfelds. Dies unterstreicht die Bedeutung der anfänglichen Ausbildungsentscheidung und Berufswahl.

1.2   Entwicklungsgeschichte und gegenwärtige Trends

Die Geschichte der von psychologischen Theorien und Methoden geprägten Diagnostik beginnt vermutlich erst gegen Ende des 19. Jahrhunderts (Herrmann, 1966) und ist mit Namen wie Francis Galton und Alfred Binet verknüpft. Ver-

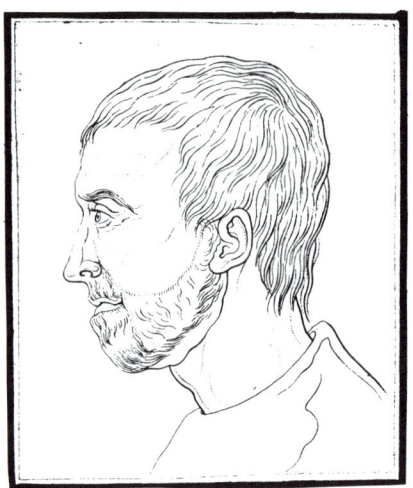

Stärke mit Bosheit und Schwäche verbunden. In der Stirn und besonders im Kinn ist eine widerliche Stärke mit kalter Unempfindlichkeit vereint. Der Hals ist nicht herkulisch — kontrastirt mit Stirn und Kinn. Stirn und Nase sind roh und fein; Mehr listig, als verständig. Das Aug scheint falsch-laurend, und daher nichts weniger als fest, kräftig und heldenhaft.

Abbildung 2:   Physiognomische Charakterdeutung (Lavater, 1787, S. 249)

schiedene Quellen weisen allerdings auf eine viel weiter zurückreichende Geistesgeschichte des Diagnose- und Auswahlgedankens als systematisches und kontrolliertes Vorgehen hin. So wurden in China bereits vor mehr als 3000 Jahren öffentlich Bedienstete mit Hilfe einer "Testbatterie", die u. a. aus Bogenschießen, Reiten und Arithmetik bestand, auf ihre Eignung für "Managementaufgaben" im Staatsdienst geprüft (DuBois, 1970). Welsh (1982) beschreibt, daß für die Alten Griechen äußere Zeichen bzw. das Erscheinungsbild eines Menschen seine charakteristischen Persönlichkeitsmerkmale repräsentierten. So charakterisierte Aristoteles einen *stolzen* Mann nicht nur durch seine Verhaltensweisen gegenüber anderen Menschen, sondern beispielsweise auch durch seinen gemäßigten Schritt (Welsh, 1982, S. 2).

Als eine frühe *systematische* Arbeit, in der die Prinzipien der Phrenologie als Lehre von den Zusammenhängen von äußerem Erscheinungsbild und Charaktermerkmalen dargelegt werden, kann J.C. Lavaters 1775 - 78 erstmals erschienenes vierbändiges Werk "Physiognomische Fragmente zur Beförderung der Menschenkenntniß und Menschenliebe" gelten. Lavater war überzeugt - und mit ihm eine große Zahl seiner Zeitgenossen -, die charakteristischen **physiognomischen Merkmale** von Helden, Gelehrten oder militärischen Führern identifiziert zu haben. Darüber hinaus war er der Auffassung, Körperform, Haar, Stimme, Sprache, Handschrift, Kleidung usw. seien bedeutsame und valide eignungsdiagnostische Indikatoren (s. Abbildung 2).

Folgt man Welsh (1982), so haben die Auffassungen von Lavater einen bedeutenden Einfluß auf Kunst, Literatur und Film bis in unsere Zeit, bilden sozusagen den kulturgeschichtlichen Hintergrund für das, was wir heute "implizite **Persönlichkeitstheorien**" nennen. Möglicherweise findet auch das nach wie vor starke Interesse an Analysen der Handschrift von Bewerbern hier seine Erklärung.

Der Beginn der wissenschaftlich-psychologischen Eignungsdiagnostik dürfte erst auf den Beginn des 20. Jahrhunderts zu datieren sein, weil erst zu dieser Zeit Berufseignungsdiagnostica psychologisch fundiert und nach psychometrischen Prinzipien konstruiert oder zumindest evaluiert wurden. Im Zentrum frühen eignungsdiagnostischen Bemühens standen die Entwicklung von Papier- und Bleistifttests, apparativen Verfahren sowie **Arbeitsproben** (Giese, 1924). Hauptsächliche Anwendungsfelder der Eignungsdiagnostik nach dem 1. Weltkrieg waren Berufs- und Arbeitsämter, Bahn und Post sowie Industriebetriebe wie AEG, Siemens und Bosch (Herrmann, 1966). Bis in die 30er Jahre hinein lag der Schwerpunkt der Anwendungen vor allem in Produktions- und Dienstleistungsberufen, wobei Führungspositionen kaum einbezogen waren.

Persönlichkeitstests wurden seit den 20er Jahren in den USA zur Auswahl von Verkäufern eingesetzt (Anastasi, 1985), **biographische Fragebogen** bereits seit der Jahrhundertwende bei Versicherungsvertretern (Owens, 1976). Ebenfalls seit dieser Zeit finden **Intelligenztests** Anwendung, zunächst in der Funktion von Schulreifetests, in größerem Umfang bei Erwachsenen erstmals zur Selektion amerikanischer Rekruten ab 1917 (Greif, 1995). Die erste Seite des berühmten Intelligenztests *Army Alpha* ist in Abbildung 3 wiedergegeben. Die Aufgaben dieses Tests waren denen heutiger Intelligenztests bereits sehr ähnlich (z. B. Zahlenreihen fortsetzen, Beziehungen erkennen und Wissensfragen beantworten).

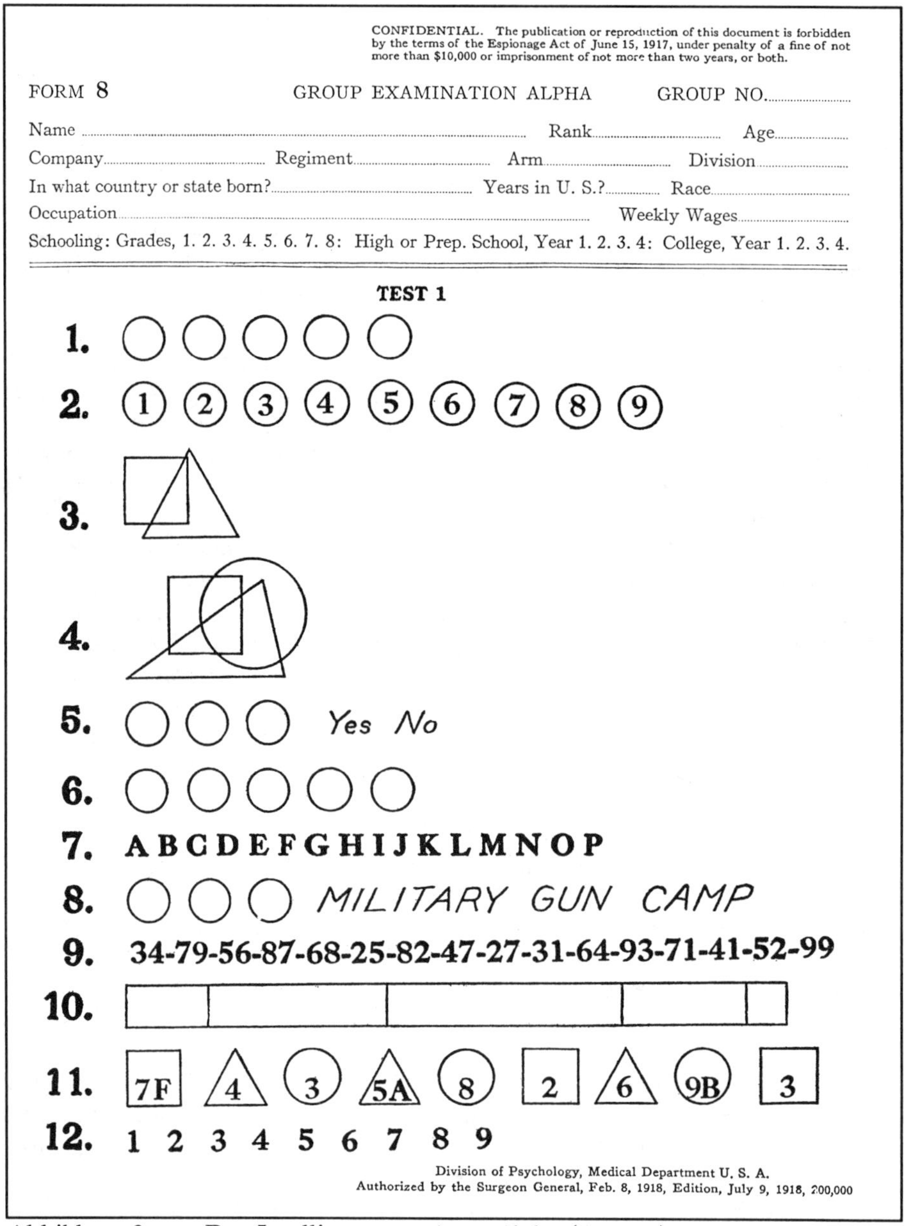
CONFIDENTIAL. The publication or reproduction of this document is forbidden by the terms of the Espionage Act of June 15, 1917, under penalty of a fine of not more than $10,000 or imprisonment of not more than two years, or both.

FORM 8 GROUP EXAMINATION ALPHA GROUP NO.........

Name .... Rank......... Age.........

Company......... Regiment......... Arm......... Division.........

In what country or state born?......... Years in U. S.?......... Race.........

Occupation......... Weekly Wages.........

Schooling: Grades, 1. 2. 3. 4. 5. 6. 7. 8: High or Prep. School, Year 1. 2. 3. 4: College, Year 1. 2. 3. 4.

TEST 1

1\.

2\. 1 2 3 4 5 6 7 8 9

3\.

4\.

5\. Yes No

6\.

7\. A B C D E F G H I J K L M N O P

8\. MILITARY GUN CAMP

9\. 34-79-56-87-68-25-82-47-27-31-64-93-71-41-52-99

10\.

11\. 7F 4 3 5A 8 2 6 9B 3

12\. 1 2 3 4 5 6 7 8 9

Division of Psychology, Medical Department U. S. A.
Authorized by the Surgeon General, Feb. 8, 1918, Edition, July 9, 1918, 200,000

Abbildung 3: Der Intelligenztest *Army Alpha* (Auszug)

Der Zusammenhang der Berufseignungsdiagnostik mit der industriellen, arbeitsteiligen Produktionsweise ist umstritten. Einerseits wurde bei der Suche nach leistungssteigernden Formen der Arbeitsorganisation (Taylor, 1913/1977) auch immer wieder die differentialpsychologische Komponente - also die Frage nach unterschiedlichen Begabungen, die sich wirtschaftlich nutzbar machen lassen - angesprochen (z. B. bei Stern, 1903, sowie bei Münsterberg, 1912); andererseits wurden bereits von den gleichen Autoren die Auswüchse des Taylorismus kritisiert und menschengerechte Formen der Arbeitsgestaltung gefordert.

Eine weltweite Institutionalisierung fand die "Industrielle **Psychotechnik**", wie seit Moede (1920) die Anwendung der Psychologie in Produktionsbetrieben und anderen Berufsfeldern genannt wurde, in einer großen Zahl psychotechnischer Forschungs- und Prüfstellen. So wurden allein in Deutschland zwischen 1918 und 1926 etwa 250 Institute dieser Art gegründet (Jaeger & Staeuble, 1981). Die vorwiegend entwickelte Methode zur Eignungsüberprüfung war die *Arbeitsprobe*, wobei man mit den bestentwickelten Arbeitsproben häufig die zentralen psychischen Funktionen herauszufinden und dann zu messen suchte.

Abbildung 4:   Apparatur für die Straßenbahnführerprüfung (aus Greif, 1995, S. 26)

Heute sehen wir die Konzentration auf psychologische **Konstrukte** eher als Merkmal psychologischer **Tests** an, während Arbeitsproben eher die Vielfalt der Anforderungskomponenten repräsentieren sollen (s. Kapitel 3). In der damaligen Orientierung kommt die starke Stellung der Experimentalpsychologie in der ersten Hälfte des zwanzigsten Jahrhunderts zum Ausdruck. Ein Beispiel für ein elaboriertes Prüfverfahren, die Apparatur für die Straßenbahnführerprüfung, zeigt Abbildung 4.

Auch andere eignungsdiagnostische Verfahrenstypen, insbesondere das Einstellungsinterview und der biographische Fragebogen, wurden bereits seit der Jahrhundertwende zur Auswahl von Mitarbeitern verwendet. Als Konglomerat von Testverfahren, **Interview** und Arbeitsproben wurde etwas später ein multiples Verfahren entwickelt, das heute als "Assessment Center" einen hohen Stellenwert bei der Auswahl von Führungskräften einnimmt. Vorläufer des heutigen Assessment Centers finden sich erstmals ab 1926/27 in der Weimarer Republik zur Offiziersauswahl der Reichswehr, wenig später wurden ähnliche Verfahren auch in Großbritannien zur Auswahl von Offiziersanwärtern und in den USA für Auswahl und Training von Agenten eingesetzt (für eine detaillierte Darstellung vgl. Schuler & Moser, 1995). Bereits in jener Zeit wurden Validitätswerte erzielt, die heute als typisch für das Assessment Center gelten (Schuler, 1989b) und einem der Protagonisten des Verfahrens, George Thornton, Anlaß zu dem Resümee geben, die Methode habe sich im Laufe der letzten 50 Jahre nicht wirklich verbessert (Thornton, 1992).

Nicht die erste, aber ohne Zweifel die für die spätere Verbreitung dieses Instruments bedeutendste Assessment Center-Studie im zivilen Bereich war die ab 1956 in der *American Telephone und Telegraph Company* (AT&T) durchgeführte *Management Progress Study* (Bray, Campbell & Grant, 1974). Hierbei wurden bereits im Unternehmen beschäftigte Nachwuchs-Führungskräfte mit einer großen Anzahl psychologischer Tests untersucht und mit Aufgaben ("Übungen") konfrontiert, die auch heute noch zum Assessment-Standardrepertoire zählen, darunter Postkorbaufgabe, Wirtschaftsspiel und führerlose Gruppendiskussion.

In neuerer Zeit ist speziell beim Assessment Center die Praxis der Forschung teilweise vorausgeeilt, und manches von dem, was als neuere Entwicklung propagiert wird, entbehrt noch der wissenschaftlichen Fundierung. Gleiches gilt für eine Verfahrensgruppe, die zur Zeit besondere Aufmerksamkeit auf sich zieht, die **computerunterstützte Eignungsdiagnostik.** Computer, insbesondere PCs, werden zunehmend zur Konstruktion von Auswahlverfahren, zur Vorgabe, Auswertung und als Entscheidungshilfe und, was heute besonderes Interesse findet, zur Realisierung prinzipiell neuer Aufgaben- oder Testkonzepte eingesetzt.

Ein Beispiel ist der Einsatz computersimulierter komplexer Systeme, der auf die Problemlöseforschung zurückgeht (Dörner, Kreuzig, Reither & Stäudel, 1983). Auf dem ersten deutschsprachigen Kongreß für Berufseignungsdiagnostik im Jahre 1991 ergab die Bestandsaufnahme, daß Berichte über computerunterstützte Testverfahren, **Simulationen** und Diagnosesysteme bereits die größte Gruppe unter den vorgestellten Verfahrenstypen bildeten (Schuler & Funke,

1991). Besonderheiten der europäischen gegenüber der nordamerikanischen Eignungsdiagnostik werden von Lévy-Leboyer (1994) herausgearbeitet.

1.3   Die Einsatzhäufigkeit von Auswahlverfahren

So steht heute eine erhebliche Zahl unterschiedlicher Verfahren zur Verfügung, um Mitarbeiter auszuwählen und um die Informationsgrundlage für das angemessene Angebot an Personalentwicklungsmaßnahmen zu schaffen. In einem späteren Kapitel werden wir die wichtigsten dieser Verfahren genauer betrachten. Hier soll aber schon ein Überblick darüber gegeben werden, welche Verfahren derzeit in der praktischen Anwendung bevorzugt werden.

Eine Befragung größerer Unternehmen in Deutschland, Frankreich, Spanien, Großbritannien und den Benelux-Staaten im Jahre 1990 hat aufgezeigt, welche Verfahren heute für welche beruflichen Positionen eingesetzt werden (Schuler, Frier & Kauffmann, 1993). Tabelle 1 gibt einen Überblick über die Situation, wie sie sich in deutschen Unternehmen für die Auswahl externer Mitarbeiter darstellt.

Die Ergebnisse dieser Befragung erlauben - für deutsche Unternehmen - auch einen Vergleich mit einer gleichartigen Befragung aus dem Jahre 1983. Als bemerkenswerte Veränderung ergibt die neuere Befragung u. a. die Verwendung strukturierter Interviews zur Auswahl von Mitarbeitern. Auch Assessment Center finden heute größere Verbreitung, sie werden vor allem zur Auswahl von Trainees und Führungskräften eingesetzt. Demgegenüber ist die Häufigkeit, mit der graphologische Gutachten angefertigt werden, zurückgegangen.

Zwischen den europäischen Ländern gibt es darüber hinaus beträchtliche Unterschiede, z. B. war zum Befragungszeitpunkt das Assessment Center in Spanien noch kaum bekannt, britische Unternehmen setzten besonders stark auf Referenzen und französische auf graphologische Gutachten. Psychologische Tests werden in Deutschland vor allem zur Auswahl von Auszubildenden eingesetzt, in den übrigen europäischen Ländern in größerer Häufigkeit auch bei anderen Bewerbergruppen.

Neben den Verwendungshäufigkeiten werden die Unternehmen auch um ihre Einschätzung der Verfahren bezüglich deren **Validität**, Praktikabilität und Akzeptanz gebeten. Die diesbezüglichen Ergebnisse werden im letzten Kapitel dieses Buchs erörtert. An dieser Stelle sollen aber noch die Ergebnisse für die Auswahl interner, also bereits im Unternehmen befindlicher Mitarbeiter vorgestellt werden. Die hierfür bevorzugt eingesetzten Verfahren werden in Tabelle 2 aufgelistet. Dem Einsatzzweck entsprechend handelt es sich hierbei teilweise nicht um Verfahren, die speziell zum Zeitpunkt der Entscheidung und nur als Grundlage für diese eingesetzt werden (wie es z. B. bei psychologischen Tests der Fall ist), sondern um die Nutzung von Information, die im Laufe der Arbeitstätigkeit angefallen ist.

Alle diese Verfahren und noch einige weitere können dazu beitragen, gute Auswahlentscheidungen zu treffen und die erforderliche Informationsbasis für

Tabelle 1: Einsatzhäufigkeiten der Verfahren zur externen Personalauswahl in deutschen Unternehmen (aus Schuler, Frier & Kauffmann, 1993, S. 32)

	ungelernte Arbeiter	Auszubildende		Facharbeiter	Angestellte ohne Führungsaufgaben	Trainees	Führungskräfte		
		technische	kaufmännische				untere	mittlere	obere
Analyse der Bewerbungsunterlagen	80	93	99	89	97	95	98	97	93
zusätzliche Referenzen	12	6	4	14	19	11	37	64	68
strukturiertes Interview mit der Personalabteilung	19	48	62	39	60	68	57	58	49
unstrukturiertes Interview mit der Personalabteilung	52	28	28	41	41	28	40	47	35
strukturiertes Interview mit der Fachabteilung	11	15	20	21	32	32	36	37	35
unstrukturiertes Interview mit der Fachabteilung	52	25	19	56	65	40	53	48	45
Gruppengespräche bzw. Diskussionen	0	18	35	1	10	33	17	12	11
Persönlichkeitstest	2	10	10	3	6	7	7	8	5
Leistungstest	5	39	40	5	5	11	4	3	2
Intelligenztest	2	28	35	0	5	8	4	2	0
Arbeitsproben	8	27	12	22	17	12	9	9	8
Biographische Fragebogen	9	10	12	12	11	17	16	15	15
Assessment Center	0	0	11	3	9	40	14	15	12
graphologische Gutachten	0	0	0	0	0	1	2	7	11
medizinische Begutachtung	71	70	60	72	54	53	52	53	53

Anmerkung: Die Angaben verstehen sich in Prozent derjenigen Unternehmen, die die jeweilige Berufsgruppe auch beschäftigen (maximal N = 105).

Maßnahmen der Personalentwicklung bereitzustellen. Keines dieser Instrumente setzt jedoch den Verwender in die Lage, perfekte, also in großer Zahl fehlerfreie Entscheidungen und Zuordnungen zu treffen. In vielen Fällen erhöht der Einsatz mehrerer Verfahren die Sicherheit der Entscheidung, erfordert allerdings eine Methode der Kombination der erhaltenen Information. Aber selbst unter Verfügbarkeit mehrerer Informationsquellen müssen wir in Rechnung stellen, daß die Entwicklung menschlicher Fähigkeiten und Motive zum Teil nicht voraussehbar ist, wodurch dem Zutreffen von Prognosen Grenzen gesetzt sind. Wir müssen dies bei allen folgenden Überlegungen in Erinnerung behalten. Gleichzeitig soll es uns aber nicht abhalten, die zur Verfügung stehenden Möglichkeiten auf angemessene und verantwortungsvolle Weise zu nutzen.

Tabelle 2:   Einsatzhäufigkeiten der Verfahren zur internen Personalauswahl in deutschen Unternehmen (aus Schuler, Frier & Kauffmann, 1993, S. 37)

	ungelernte Arbeiter	Fach-arbeiter	Angestell-te ohne Führungs-aufgaben	Trainees	Führungskräfte		
					untere	mittlere	obere
Interview	70	78	91	72	83	84	77
Vorschlag durch direkte Vorgesetzte	64	73	70	48	86	83	74
Mitarbeiter-beurteilung	36	43	66	59	73	72	57
probeweise Über-tragung von Aufgaben der Zielposition	14	32	34	26	40	34	20
Arbeitsproben	8	18	11	5	5	3	2
Assessment Center	0	0	5	24	21	20	19
medizinische Begutachtung	20	18	7	7	5	7	8

Anmerkung: Die Angaben verstehen sich in Prozent derjenigen Unternehmen, die die jeweilige Berufsgruppe auch beschäftigen (maximal N = 105).

1.4 Theoretische Grundlagen

Sollen berufliche Eignungsdiagnostik und ihre Anwendungen Berufsberatung und Personalauswahl sinnvoll sein, setzen sie verschiedenes voraus. Zum ersten wird vorausgesetzt, daß *berufliche Tätigkeiten von verschiedenen Personen unterschiedlich erfolgreich ausgeführt* werden. Zweite Voraussetzung ist, daß es *Merkmale von Personen gibt, die diesen Differenzen korrespondieren und bezüglich deren sich die Personen unterscheiden.* Drittens wird vorausgesetzt, daß die *relevanten Merkmale zumindest partiell konstant sind oder daß ihre Variabilität prognostizierbar ist.* Zum vierten schließlich könnte der *Organisation oder dem Organisations-*

typ eine Moderatorfunktion zukommen: bestimmte Personen könnten in bestimmten Organisationen - unabhängig von ihrer spezifischen Tätigkeit - erfolgreicher sein als in anderen. Diese Fragen werden in den folgenden Abschnitten untersucht.

1.4.1 Leistungsunterschiede

Eingangs wurde bereits erwähnt, daß die konkrete Bedeutung des Globalkonstrukts "beruflicher Erfolg" sehr vielfältig sein kann. Wenn Psychologen die Nützlichkeit systematischer Personalauswahl betonen, versäumen sie gewöhnlich nicht, darauf hinzuweisen, daß die Auswahl nicht nur der Leistung dient, sondern auch der Zufriedenheit, der Erhaltung psychischer und physischer Gesundheit und anderen Variablen, an denen die betroffenen Personen besonders interessiert sein müßten. Schon Münsterberg (1912) hat argumentiert, fähigkeitsgerechte Personalauswahl beuge der Über- wie Unterforderung vor und komme damit den Menschen zugute.

Leider ist bis heute nahezu alle Forschung auf die Prognose der *Leistung* konzentriert, die individuelle Seite des Auswahlprozesses wird erst in Ansätzen berücksichtigt (Schuler, Farr & Smith, 1993). Dies ist um so bedauerlicher, als Münsterbergs Hypothese gute Chancen hätte, bestätigt zu werden, denn eine Vielfalt an anekdotischer Information spricht für eine positive Wirkung auf "subjektive Variablen". (Eine der wenigen aussagekräftigen Untersuchungen hierzu stammt aus der Bundesanstalt für Arbeit und wird an späterer Stelle vorgestellt.)

Daß aber auch die Leistung selbst hohen Befriedigungswert für das Individuum haben kann, war Aristoteles und anderen großen Philosphen schon bekannt und wird immer wieder aufgegriffen. Einige neuere philosophische und psychologische Konzepte bemühen sich, den Gegensatz zwischen den Zielen Leistung und Zufriedenheit aufzuheben, so z. B. Lenks Philosophie der "Eigenleistung" (1991a), das Prinzip des "Flow", wie Csikszentmihalyi (1992) das selbstvergessene, glückliche Aufgehen in einer interessanten Tätigkeit nennt, oder das Konzept der "Leistungszufriedenheit", bei dem die Zufriedenheit über die eigene Leistung mit Selbstvertrauen, Commitment und Zielsetzung in Beziehung gesetzt wird (Schuler, 1991b). Auch können Ergebnisse wie das von Griessman (1987) als Bestätigung der positiven Beziehung zwischen Zufriedenheit und Leistung bei Übereinstimmung von Interessen, Fähigkeiten und Anforderungen interpretiert werden, demzufolge erfolgreiche Persönlichkeiten vor allem die Freude an der Arbeit als Ursache ihres Erfolgs bezeichnen.

Der Großteil systematischer Forschung zur Frage des beruflichen Erfolgs befaßt sich jedoch mit der *Leistung als Erfolgskriterium*. Was jeweils konkret als Leistungsmaß bestimmt wird, hängt von der Art der Tätigkeit und Aufgabe ab. So kann Arbeitsleistung bedeuten "Umsatz abgeschlossener Bausparverträge", "Fehlerquote bei der Inspektion von Kraftfahrzeugen" oder "Kenntnis des europäischen Patentrechts".

> Das Glück eines Menschen besteht in der ungehinderten Ausübung seiner hervorstechendsten Fähigkeiten
>
> Aristoteles

> Nie ist das menschliche Gemüt heiterer gestimmt, als wenn es seine richtige Arbeit gefunden hat
>
> W. v. Humboldt

Leistung muß aber nicht zwangsläufig "sachlichen Charakters" sein, nicht selten ist es eine Verhaltens- oder Erlebnisqualität, die sich auf das Agieren in einem Netzwerk sozialer Beziehungen oder auf die Wirkungsweise in einem Feld symbolischer Repräsentationen bezieht. Dann ist Leistung beispielsweise "Ermunterung desinteressierter Schüler zu eigenständigen Unterrichtsbeiträgen", "Förderung der Kooperation zwischen rivalisierenden Abteilungen" oder "Beeinflussung von Verbrauchern zugunsten umweltschonender Verpackungen". Auch werden Leistungen nicht nur von einzelnen Personen erbracht oder diesen zugeschrieben, sondern auch von Gruppen - von der Mannschaft eines Viererbobs, der Werbeabteilung eines Konsumgüterherstellers, von einem Orchester bei der Aufführung einer Symphonie oder von einem Team freiwilliger Helfer beim Verteilen von Hilfsgütern an Erdbebenopfer.

Alle diese Leistungen sind im Prinzip meßbar, wenn auch jeweils mehr oder weniger einfach, genau und vollständig. In manchen Fällen wird man mehrere Meßverfahren kombinieren müssen, um zu einem verläßlichen Wert zu kommen. Bei beruflichen Leistungen ist das Leistungsmaß zumeist die Beurteilung durch den Vorgesetzten, aber auch dort kommen verschiedene Methoden in Betracht (vgl. Schuler, 1991c).

Entscheidend für unseren Zusammenhang ist: bezüglich dieser und praktisch aller anderen beruflichen Leistungen finden wir *erhebliche interindividuelle Differenzen*. McCormick und Tiffin (1974) beziffern die Leistungsunterschiede für verschiedene Produktionstätigkeiten (als Verhältnis der Leistung des am wenigsten produktiven zu der des produktivsten Arbeiters) auf 1:2 bis 1:3. Für Schuster wurde ein Koeffizient von 1:1,5 genannt, für Manager 1:3 bis 1:6, für Versicherungsverkäufer 1:14 und für Rechtsanwälte (**Kriterium**: Schadenersatzleistungen) 1:20. Noch extremere Schätzungen liegen für Programmierer und für Wissenschaftler vor.

Der Umfang der Leistungsdifferenzen dürfte vor allem von der Autonomie und der Komplexität der Tätigkeit abhängen. Schmidt und Hunter (1983) geben die durchschnittliche Standardabweichung der Leistung über eine große Zahl von Tätigkeiten mit 50 % des mittleren Leistungswerts an. Soweit keine abweichenden empirischen Daten vorliegen, ist dies auch der Wert, der vielen Schätzungen des ökonomischen Nutzens der Personalauswahl zugrundegelegt wird (Boudreau, 1989). *Festzuhalten ist also, daß die erste Voraussetzung einer sinnvollen Personalauswahl, unterschiedliche Leistung unter gleichen situativen Bedingungen, gegeben ist.*

1.4.2 Differentialpsychologische Grundlagen: Merkmale und Konstrukte

Psychologische Berufseignungsforschung kann als Bemühen gesehen werden, *Zusammenhänge zwischen menschlichen Merkmalen und Ausprägungen beruflichen Erfolgs* aufzuklären. *Offensichtlich* ist ein solcher Zusammenhang auf der Ebene der Kenntnisse und der Fertigkeiten. So wird niemand daran zweifeln, daß Sprachkenntnisse für einen Dolmetscher und Geübtheit im Maschineschreiben für eine Sekretärin erfolgsrelevant sind. Derlei Erfordernisse können durch eine Arbeitsanalyse unschwer festgestellt und mittels einer Arbeitsprobe geprüft (oder durch Zeugnisse belegt) werden.

Analysiert man aber die Bedingungen für beruflichen Erfolg und Mißerfolg genauer, so wird man beispielsweise feststellen, daß erfolgreiche Dolmetscher sich dadurch auszeichnen, daß sie imstande sind, sich schnell in eine fremde Materie einzuarbeiten und die Bedeutung von Fachausdrücken aus dem Kontext zu erschließen. Damit könnte eine Eigenschaft, die nicht so leicht sichtbar ist wie Sprachkenntnisse, das Merkmal **Intelligenz**, speziell sprachgebundene Intelligenz, eine wichtige Determinante ihres beruflichen Erfolgs sein. Im Falle der Sekretärin könnte sich herausstellen, daß die Vielfalt ihrer täglichen Kontakte mit Personen unterschiedlichen Status', die in verschiedenartigen Rollenbeziehungen zu ihr stehen, ein hohes Maß an **sozialer Kompetenz** erfordert.

Wir müssen also damit rechnen, daß eine Reihe allgemeiner Persönlichkeits- und Fähigkeitsmerkmale für den beruflichen Erfolg mitverantwortlich sind, ergänzend zu den Fertigkeiten und Kenntnissen oder auch "hinter diesen stehend" im Sinne der Befähigung, die erforderlichen Fertigkeiten und Kenntnisse schnell zu erwerben. Evident wird dieses Erfordernis, wenn wir an die Veränderung von Anforderungen denken, an berufliche Weiterentwicklung und die Übernahme neuer Aufgabengebiete. Die weithin geteilte Überzeugung allerdings, "die Persönlichkeit" eines Menschen sei für seinen Berufserfolg ausschlaggebend, hilft uns noch nicht weiter. Hierzu müssen die gemeinten Konstrukte definiert, Meßverfahren entwickelt und die entsprechenden Nachweise geführt werden. Bei genauerem Besehen erweist sich das oft als schwierig (z. B. Seyfried, 1995).

Die deutlichsten Nachweise für verläßliche Zusammenhänge zwischen allgemeinen Personmerkmalen und Berufserfolg konnten für **kognitive Fähigkeiten** erbracht werden. So zeigten Schmidt und Hunter (1981) mittels metaanalytischer Zusammenfassungen sehr großer Stichprobenzahlen, daß Intelligenztests in praktisch allen Berufsfeldern als valide Leistungsprädiktoren gelten können. Erwartungsgemäß ist die Bedeutung kognitiver Fähigkeiten proportional der Komplexität der Tätigkeit und umgekehrt proportional dem Anteil manueller Verrichtungen. Lord, De Vader und Alliger (1986) konnten - ebenfalls anhand metaanalytischer Berechnungen (vgl. dazu Abschnitt 1.4.6) - zeigen, daß die verbreitete Geringschätzung der sogenannten "Eigenschaftstheorie der Führung" insofern unberechtigt ist, als einige Persönlichkeitsmerkmale - allen voran die Intelligenz - wahrgenommene Führungsbefähigung zu erheblichen Varianzanteilen aufklären können (für Intelligenz beträgt die bezüglich statistischer Artefakte korrigierte Korrelation $r = .50$).

Daß dem Merkmal "allgemeine Intelligenz" so hohe Bedeutung für den Berufserfolg zukommt, mag insofern erstaunen, als seine **Messung** mit nichts anderem erfolgt als mit eben jenen Intelligenztests, von denen in der Öffentlichkeit vorwiegend kritisch gesprochen wird. Schon die Definition der Merkmale an sich, heißt es oft, sei überaus fraglich und umstritten. Aber vielleicht ist gerade die Ahnung von der ungeheuren Bedeutsamkeit dieser merkwürdigen Eigenschaft das eigentlich Beängstigende an ihr - wird doch zunehmend offen diskutiert, daß Intelligenz nicht nur für Schul- und Berufsleistungen maßgeblich ist (z. B. Jäger, 1986), sondern vielleicht die wichtigste einzelne Determinante des sozialen Erfolgs und - auf der anderen Seite der Verteilung - auch der sozialen Probleme darstellt (Herrnstein & Murray, 1994).

Freilich ist seit dem Beginn der Intelligenzforschung vor etwa 100 Jahren auch in der Fachwelt umstritten, wie die beste Definition dieser Eigenschaft genau formuliert werden solle (z. B. Sternberg & Dettermann, 1986). Aber diese Uneinigkeit ist nicht ausgeprägter als bei den meisten anderen Merkmalen. Und es ist begriffliche Einigung nicht unbedingt erforderlich, um ein arbeitsfähiges Meßverfahren zu finden; dies gilt gleichermaßen für Begriffe in anderen Wissenschaftsbereichen - in ausgeprägter Weise in der Medizin, aber selbst in der Vorbildwissenschaft Physik (z. B. für die Gravitation). Man mag sich sogar eines Bonmots Bertrand Russells entsinnen, demzufolge der Laie sich zurückhalten solle, wenn sich die Experten streiten; dagegen möge er, wenn sie sich alle einig sind, das Gegenteil des Behaupteten glauben.

Was eine einzelne allgemein akzeptierte Definition von Intelligenz besonders schwierig zu machen scheint, ist, daß die Vielfalt von Phänomenen und Wirkungen so groß ist, die mit Intelligenz in Zusammenhang stehen. Aber dies ist ja nur eine andere Ausdrucksweise für Bedeutsamkeit. In sehr allgemeiner Auffassung wird unter Intelligenz die Gesamtheit der kognitiven oder geistigen Fähigkeiten verstanden, spezielle Definitionen heben einzelne kognitive Prozesse oder deren Ergebnis heraus. Gemeinsamer Kern praktisch aller Intelligenzkonzepte ist die *Qualität und Geschwindigkeit der Lösung neuartiger* (also nicht routinebestimmter) *Aufgaben*. Unterschiedlich ist, welche Strukturelemente oder Prozesse dabei betont werden und an welchem "Material" und in welchem Kontext sich intelligentes Handeln besonders deutlich ausdrückt (Sprache, Zahlen; auch praktisches Handeln, was zur Rede von der "praktischen Intelligenz" führt?; auch Handeln im sozialen Kontext, was den Ausdruck "soziale Intelligenz" rechtfertigen würde?).

Eine vergleichbare Form haben Intelligenztheorien, die in der Tradition der faktorenanalytischen Intelligenzforschung stehen. Diskutiert wurde seit Jahrzehnten, wieviele und welche Intelligenzfaktoren unterschieden werden sollten und in welchem Maße diese sich zu einem generellen Faktor ("g"), dem Konstrukt der allgemeinen Intelligenz, zusammenfügen. Der gegenwärtige Stand dieser "Intelligenzstrukturforschung" wird vom "Berliner Intelligenzstrukturmodell" (Jäger, 1984) markiert. Jäger nahm alle Typen von Aufgaben, die üblicherweise in Intelligenztests gestellt werden, in die umfangreiche Experimentalversion eines neuen Verfahrens auf. Die Strukturierung der Leistungsdaten der Probanden mittels

Faktorenanalyse ergab, daß die Leistungen nach zwei Modalitäten gegliedert werden können, nach "operativen Fähigkeiten" - Bearbeitungsgeschwindigkeit, Gedächtnis, Einfallsreichtum und Verarbeitungskapazität - sowie nach "inhaltsgebundenen Fähigkeiten" - sprachgebundenes Denken, zahlengebundenes Denken und anschauungsgebundenes Denken. Neben diesen "Operationsfaktoren" und "Inhalts- oder Materialfaktoren" läßt sich auch eine allgemeine Komponente extrahieren, die als Generalfaktor ("g") allen Intelligenzleistungen gemeinsam ist. Abbildung 5 veranschaulicht dieses Intelligenzmodell graphisch.

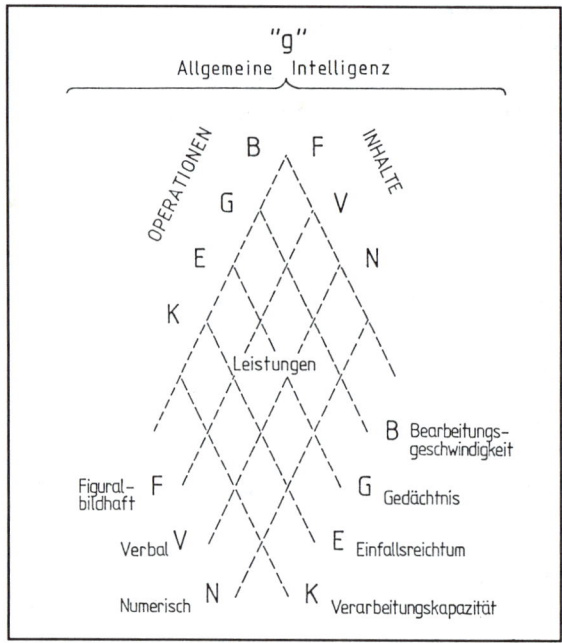

Abbildung 5:   Das Berliner Intelligenzstruk-
                  turmodell (Jäger, 1984, S. 26)

Zu den Besonderheiten der Berliner Intelligenztheorie gehört, daß sie kreative Fähigkeiten mit dem Faktor "Einfallsreichtum" in den Intelligenzbegriff integriert. Das steht im Gegensatz zu der landläufigen Auffassung, wonach Kreativität etwas von Intelligenz Unabhängiges sei oder gar in Gegensatz zu ihr stehe. In neueren Arbeiten konnten Jäger und seine Mitarbeiter die Gültigkeit dieses Intelligenzmodells für verschiedene Alters-, Geschlechts- und Bildungsgruppen demonstrieren. Auch in anderen Ländern und Kulturen hat sich die gefundene Struktur bestätigt.

Unter den vielen innerhalb, vor allem aber außerhalb der Fachgrenzen der Psychologie geäußerten Zweifeln über die Brauchbarkeit des Konstrukts "Intelligenz" gehört zu den wenigen wirklich bedenkenswerten Überlegungen die folgende: Intelligenztests enthalten die verschiedenartigsten Aufgaben; allesamt aber haben sie die Gemeinsamkeit, den Probanden die Problemstellungen in einer klar definierten Weise vorzugeben. Es ist zweifelhaft, ob damit auch Leistungen erfaßt werden können, die sich durch eigenständige Problemdefinition oder gar Strukturierung des Aufgabenraums (Umfelds) auszeichnen. Unternehmer, beispielsweise, lösen nicht nur Aufgaben, die ihnen von anderen vorgegeben werden, sondern strukturieren und verändern ihr Umfeld so, daß es ihnen optimale Möglichkeiten zum Einsatz ihrer Fähigkeiten und anderer Ressourcen gibt. Kann das durch Aufgaben geprüft werden, die klar vorgegeben sind und, größtenteils, eindeutige Richtiglösungen verlangen?

Teilweise ist dies der Fall - vermutlich deshalb, weil die erfolgreiche Veränderung einer Situation die Analyse ihrer relevanten Charakteristika voraussetzt sowie die korrekte Antizipation künftiger Zustände. Dies hat sehr viel mit den Fähigkeitsfaktoren zu tun, die mit "konventionellen" Intelligenztests gemessen werden, und vermehrt sich um ein weiteres, wenn mit dem Merkmal Kreativität das *divergente Denken*, also das Generieren unterschiedlicher Lösungsmöglichkeiten, einbezogen ist. Freilich bleibt auch Restvarianz an Situationsbewältigung übrig, die nicht durch kognitive Fähigkeiten im Rahmen der bisherigen Intelligenzkonzeption abgedeckt ist. Versuche, Begriff und Messung der Intelligenz dahingehend auszuweiten, sind bisher durchaus programmatischer Natur. Vieles an Fähigkeiten zur Umweltgestaltung und -bewältigung dürfte sich besser durch andere Merkmale aufklären lassen - im Falle unternehmerischen Handelns beispielsweise durch Leistungs- und Machtmotivation, Unabhängigkeit und Selbstvertrauen. Es wäre theoretisch unangemessen und praktisch unzweckmäßig, solche Merkmale dem Konstrukt Intelligenz zu subsumieren.

Intelligenz, so können wir zum Abschluß dieses Exkurses zusammenfassen, ist also ein Merkmal oder eine Merkmalsgruppe, die von Bedeutung für alle beruflichen Leistungen ist. Dies hat absolut nichts Wundersames an sich, denn berufliche Aufgaben sind daraufhin konzipiert, durch intelligentes Handeln besser gelöst zu werden als durch weniger intelligentes. Damit ist die berufliche Aufgabenstellung gewissermaßen eine Fortsetzung der vor- und frühkulturellen Daseinsanforderungen an den Menschen, zu deren Bewältigung Intelligenz niemals die einzige, aber immer eine besonders wichtige Eigenschaft war (Rescher, 1994). Die Verfahren, die uns zur Messung dieser komplexen Eigenschaft zur Verfügung stehen (s. Kapitel 3), mögen nicht das denkbare Optimum darstellen, aber sie sind sehr brauchbare und nützliche Instrumente, sie sind jedenfalls um vieles besser als ihr Ruf.

Eine andere Richtung der Intelligenzforschung, die Untersuchung *kognitiver Prozesse*, wurde in diesem Abschnitt noch nicht dargestellt. Von dieser Variante der Kognitionsforschung wird im Zusammenhang mit computerunterstützten Testverfahren die Rede sein.

Schwieriger ist es, die Bedeutung anderer Merkmalsklassen, insbesondere motivationaler Merkmale, für den Berufserfolg festzustellen (Schuler & Moser, 1992). Die Ursache liegt teilweise in deren unzulänglicher Operationalisierung als Meßverfahren, speziell wenn die **Messung** in Auswahlsituationen vorgenommen wird. Atkinson (1978) schätzt die Bedeutung der Motivation für die berufliche Leistung sogar höher ein als die der Fähigkeiten und ist der Meinung, daß es möglich sein müßte, mehr als die Hälfte der Gesamtvarianz beruflicher Erfolgskriterien aufzuklären, wenn es gelänge, sowohl die *allgemeine Leistungsmotivation* als auch die jeweils *tätigkeitsfeldspezifische Leistungsmotivation* zu messen (Eckardt & Schuler, 1992).

In diesem Sinne läßt sich auch das Ergebnis einer Studie von Sackett, Zedeck und Fogli (1988) interpretieren, derzufolge *maximale* und *typische* Arbeitsleistung nur geringe Übereinstimmung zeigen, sowie die Beobachtung aus der biographiebezogenen Forschung, daß die aufgewandte Arbeitszeit in enger Beziehung zur Berufsleistung steht. Helmreich, Sawin und Carsrud (1986) fanden nur eine geringe Korrelation von Leistungsmotivationswerten mit Leistung nach drei Monaten beruflicher Tätigkeit, höhere Korrelationen dagegen nach sechs und acht Monaten, was sie den "Honeymoon-Effekt beruflicher Leistung" nennen. Neben der Leistungsmotivation können auch *Gesellungs-* und *Machtmotive* in Beziehung zu beruflichem Einsatz und Erfolg stehen (Heckhausen, 1989).

Als verwandt mit den Motivationsmerkmalen können *Interessen-* und *Einstellungsvariablen* angesehen werden, die insbesondere zur Selbstselektion bei der Berufs- und Organisationswahl beitragen dürften, aber auch in Zusammenhang mit erfolgsrelevanten Fähigkeiten stehen (Holland, 1985). Neuerdings wird, in Abkehr von einer situationistischen Interpretation, auch Arbeitszufriedenheit als überdauerndes Persönlichkeitsmerkmal dargestellt (Staw & Bell, 1987), nachdem sich herausgestellt hat, daß durch die Grunddisposition zu positiver oder negativer Gestimmtheit ("positive/negative affectivity") ein Großteil der Varianz in Maßen der Arbeitszufriedenheit und der Streßwirkung aufklärbar ist (Burke, Brief & George, 1993). Brandstätter (1995, S. 223) zeigt, daß die Wirkung von *Temperamentsmerkmalen* auf das Erleben der Freizeit noch ausgeprägter ist als auf das Erleben der Arbeitszeit.

In jüngster Zeit ist die differentialpsychologische Forschung wieder bemüht, die grundlegenden voneinander unabhängigen Persönlichkeitsmerkmale aufzufinden. Augenblicklich findet ein Modell breite Anerkennung, das fünf große Faktoren - "Big Five" - unterscheidet (einen Überblick bietet Goldberg, 1993). Die fünf großen Merkmale werden von verschiedenen Forschern nicht ganz einheitlich definiert; Abbildung 6 gibt eine Begriffsfassung, die das wesentliche an diesen Konstrukten zusammenfaßt.

Trotz hoher Plausibilität, daß diese Merkmale im Berufsleben von Bedeutung sind, lassen sich auf dieser allgemeinen Ebene bislang keine überzeugenden Beweise finden. Zwei durchgeführte **Metaanalysen** kommen zu positiven, aber relativ geringen Prognosewerten, wobei sich im einen Fall das Merkmal "Gewissenhaftigkeit" als das generell wichtigste erwies (Barrick & Mount, 1991), im anderen Fall "Verträglichkeit" (Tett, Jackson & Rothstein, 1991). Beiden Merkmalen verwandt, nur in den meisten Fällen wiederum spezifischer gemessen, ist die Eigenschaft "Integrität", für die relativ hohe und generelle **Validität** nachgewiesen werden konnte (Ones, Viswesvaran & Schmidt, 1993).

Die fünf großen Persönlichkeitsfaktoren

I   Extraversion (charakteristische Verhaltensmerkmale: gesellig, gesprächig, großzügig, bestimmt, dominant, aktiv, impulsiv)

II   Emotionale Stabilität (üblicherweise durch den Gegenpol "Neurotizismus" definiert: ängstlich, deprimiert, verlegen, emotional, leicht verärgert, besorgt, unsicher)

III   Verträglichkeit (freundlich, höflich, flexibel, vertrauensvoll, kooperativ, tolerant, versöhnlich, weichherzig)

IV   Gewissenhaftigkeit (verläßlich, sorgfältig, verantwortungsbewußt, planvoll, organisiert, leistungsorientiert, ausdauernd)

V   Offenheit für Erfahrungen (auch "Intellekt" oder "Kultiviertheit" benannt: einfallsreich, kultiviert, originell, vielseitig, intellektuell, aufgeschlossen, ästhetikbetont)

Abbildung 6:   Fünf-Faktoren-Modell der Persönlichkeit

Ein Grund für die geringeren Zusammenhänge der allgemeinen Merkmale mit dem Berufserfolg könnte die "Exzessivität", der "Bedeutungsüberschuß" dieser Persönlichkeitskonstrukte sein, d. h. diese allgemeinsten Faktoren umfassen jeweils heterogene Merkmale, die nicht alle in gleichem Ausmaß an Arbeitsplätzen gefordert sind. Für diese Interpretation spricht, daß für Subfaktoren der *Big Five* jeweils größere Bedeutung nachgewiesen werden konnte als für den jeweiligen Faktor als ganzen - etwa für Dominanz aus Faktor I und für den Leistungsmotivationsanteil aus Faktor IV. Diese Interpretation wird gestützt durch das Ergebnis einer Metaanalyse, deren Ziel die Erarbeitung des nomologischen Netzwerks - also der Begriffe und ihrer Zusammenhänge, in die Eignungsmerkmale gefaßt werden - des Assessment Centers war (Scholz & Schuler, 1993). Es zeigte sich, daß die Testwerte für Intelligenz, Soziale Kompetenz, Leistungsmotivation, Selbstvertrauen und Dominanz mittelhoch (zwischen $r = .30$ und $r = .43$) mit dem Assessment Center-Gesamtergebnis korrelieren (d. h. offenbar von den Beurteilern in besonderem Maße berücksichtigt werden). Die allgemeiner gefaßten Persönlichkeitsmerkmale, gewissermaßen die Oberbegriffe dieser Eigenschaften, wiesen dagegen durchwegs geringere Beziehungen zum Gesamtergebnis auf.

Dazu kommen Differenzierungen, etwa sind für Kontakt-Berufe die Faktoren I und III wichtiger (Schuler & Barthelme, 1995), für Aufgaben dagegen, bei denen es auf planvolles, genaues Arbeiten ankommt, der Faktor IV. Für einige Berufe, darunter Polizisten, Piloten und Ärzte, ist das Merkmal emotionale (oder psychische) Stabilität (Faktor II) von besonderer Bedeutung. Selbstverständlich ist auch zu berücksichtigen, welche Erfolgsaspekte jeweils als Kriterium herangezogen werden. McHenry, Hough, Toquam, Hanson und Ashworth (1990) fanden im Rahmen eines umfangreichen Testentwicklungsprogramms bei der US-Army die höchste Validität für Intelligenz, wenn das Kriterium die allge-

meine Berufsleistung war. Die Kriterienbereiche Führung/Engagement, Disziplin und rollenentsprechendes militärisches Verhalten waren aber besser durch
die Persönlichkeitstests prognostizierbar (Arbeitseinstellung und Zielstrebigkeit,
Verläßlichkeit, Anpassungsfähigkeit sowie Berufsinteressen). Auch geschlechts-
differentielle Ergebnisse wurden gefunden, besonders in bezug auf dominantes
Verhalten und dessen Bewertung bei anderen (Brandstätter, 1995) sowie auf die
Bereitschaft, sich in Hierarchien einzuordnen (Bischof-Köhler, 1990).

Zu wenig Beachtung fand bisher noch das Zusammenwirken kognitiver und
nichtkognitiver Persönlichkeitsmerkmale. Ein Beispiel hierfür wäre das Erkennen der Anforderungen in einer sozialen Situation, als Voraussetzung des situa-
tionsgerechten Einsatzes sozialer Fertigkeiten. Umgekehrt mag das Geschick,
mit Kollegen umzugehen, jemandem erst Zugang zu der Information ermöglichen, die er zur Lösung seiner fachlichen Aufgaben benötigt.

Ein anderes Beispiel ist der Einfluß verschiedener (nichtkognitiver) Persönlichkeitsmerkmale auf das Hervorbringen (kognitiver) kreativer Leistungen.
Mumford und Gustafson (1988) nehmen an, daß dieser Einfluß auf drei Wegen
zustandekommt: erstens können Persönlichkeitsmerkmale die wirksame Anwendung kognitiver Prozesse erleichtern, die dem kreativen Denken zugrunde
liegen; zweitens können Merkmale wie Energie, Offenheit und Leistungsmotivation den motivationalen Impuls bewirken, die erforderlichen kognitiven Prozesse
zum Einsatz zu bringen; drittens schließlich können Merkmale wie Selbstvertrau-
en jemanden ermutigen, an neuartigen, schlecht definierten Aufgaben zu arbeiten und seine Bemühungen trotz anfänglicher Rückschläge aufrechtzuerhalten.

Tatsächlich wurde in einer Untersuchung an Ingenieuren und Wissenschaftlern in der industriellen Forschung und Entwicklung (F&E) gefunden, daß einige
der genannten Merkmale, namentlich Selbstvertrauen und Leistungsmotivation,
zu den wichtigsten Determinanten des beruflichen Erfolgs zählen (Schuler,
Funke, Moser & Donat, 1995), daneben auch Fähigkeiten aus dem Bereich
sozialer Kompetenzen (insbesondere Dominanz). Auch fanden sich Hinweise auf
eine begünstigende Funktion dieser nichtkognitiven Merkmale für geistige Leistungen - gleichwohl kann hierdurch noch kein verläßlicher Nachweis der angenommenen Verflechtung der verschiedenen Merkmalsklassen geführt werden.
Hierzu müßten Kausalmodelle formuliert und geprüft werden, was in der psychologischen Eignungsdiagnostik erst in Ansätzen versucht wird.

Ein Beispiel für eine solche Modellbildung - allerdings im Rahmen einer
anderen Fragestellung - ist die Arbeit von Barrick, Mount und Strauss (1993).
Die Autoren konnten mit Hilfe eines Strukturgleichungsmodells zeigen, daß der
Einfluß des Merkmals Gewissenhaftigkeit auf die Leistung von Großhandelsver-
käufern zum Teil dadurch zustande kommt, daß gewissenhaftere Personen stärker dazu neigen, sich Leistungsziele zu setzen, und sich stärker an ihre Verpflichtungen in der Organisation gebunden fühlen (Commitment). In den Ver-
kaufserfolgen schlägt sich besonders die Zielsetzung nieder, in den Vorgesetztenurteilen das Commitment.

Auch die letztgenannte Untersuchung kann damit als Beleg dafür gelten,
daß spezifischer gefaßte Persönlichkeitsmerkmale häufig die angemessene

Orientierungsgröße sind als allgemeine Merkmale, wenn berufsbezogenes Verhalten prognostiziert werden soll. Ein weiteres Beispiel hierfür neben den schon genannten Merkmalen Leistungsmotivation, Selbstvertrauen, Dominanz und Integrität ist die "Internale Kontrollüberzeugung" (Krampen, 1989). Hiermit ist die Neigung gemeint, die Bedingung für Erfolg und Mißerfolg vor allem bei sich selbst zu suchen und sie nicht anderen Personen oder dem Schicksal zuzuschreiben. Besonders für Berufe, die eigenständiges Handeln und Verantworten verlangen, ist die Bedeutsamkeit dieses Merkmals plausibel (wenn auch noch nicht überzeugend belegt).

Geringe Aufmerksamkeit finden in der eignungsdiagnostischen Forschung zur Zeit körperliche Merkmale und solche der psychomotorischen Koordination, obwohl eine Vielfalt an Berufen Anforderungen an Körpergröße, Körperkraft, sensorische Funktionsfähigkeit und grob- sowie feinmotorisches Geschick stellen. Hunter (1980) errechnete, daß psychomotorische Tests um so bedeutsamer für die Prognose der Berufsleistung sind, je geringer die Komplexität der Tätigkeit ist (den inversen Zusammenhang stellte er für kognitive Fähigkeitstests fest). Die relativ geringe Beachtung dieser Merkmalsklassen dürfte zum einen mit der relativen Zunahme solcher Berufstätigkeiten zusammenhängen, die geistige und persönlichkeitsbezogene Voraussetzungen stellen. Zum anderen scheint die Selbstselektion nach Interessen und Selbsteinschätzung sowie die Vorselektion durch berufliche Ausbildung und Anlernzeit eine relativ verläßliche Zuordnung zu Berufen mit körperlichen Anforderungen zuzulassen. Gegebenenfalls übernehmen in diesen Fällen auch arbeitsmedizinische Untersuchungen einen Teil der **Eignungsdiagnose**.

Als Resümee läßt sich festhalten, daß es Personmerkmale gibt, die in theoretisch begründbarem und teilweise empirisch nachgewiesenem Zusammenhang mit Kriterien beruflichen Erfolgs stehen, wenngleich die "Fokussierung" der Konstrukte noch nicht ausreichend erforscht und die innere Logik ihrer empirischen Zusammenhänge mit Kriterien des Berufserfolgs - s. dazu auch Abschnitt 1.4.6 - noch nicht befriedigend aufgeklärt ist. Wir werden einige hiervon in Kapitel 3, insbesondere bei der Erörterung psychologischer Testverfahren, noch genauer betrachten.

Die eingangs zusätzlich genannte Voraussetzung sinnvoller eignungsdiagnostischer Forschung, daß sich *Personen bezüglich dieser Merkmale unterscheiden* müssen, ist gewissermaßen qua Methode erfüllt: die Methoden der Korrelationsrechnung und der Faktorenanalyse, mit denen Konstrukte abgegrenzt und ihre Beziehung zu Kriterien errechnet werden, basieren auf Varianzen, also Streuungen von Merkmalsausprägungen. Merkmale, über die alle Personen in gleicher Weise verfügen, z. B. der Besitz einer Nase, interessieren die **differentielle Psychologie** nicht und liefern keine Varianz, die man mit der Varianz von Erfolgsmaßen in Beziehung setzen könnte. Die interindividuell unterschiedliche Feinfühligkeit dieses Organs kann hingegen differentialpsychologisch von Interesse und - etwa für den Beruf des Parfümeurs - eignungsdiagnostisch von Bedeutung sein.

Ungeachtet der Bedeutung der differentiellen Psychologie als Grundlagenwissenschaft der Eignungsdiagnostik und der Personalauswahl werden wir in späteren Kapiteln auch einen Weg kennenlernen, von Arbeitsanalysen direkt zu eignungsdiagnostischen Verfahren zu kommen, ohne den "Umweg" über Persönlichkeitskonstrukte zu gehen.

1.4.3 Entwicklungspsychologische und lernpsychologische Grundlagen: Konstanz und Variabilität

Wir wollen auf das Beispiel der Sekretärin zurückkommen. Wir hatten vermutet, daß ihre Fertigkeit im Maschineschreiben trotz offensichtlicher Tätigkeitsrelevanz nicht die einzige und vielleicht auch nicht die wichtigste Eignungsvoraussetzung ist. Hierfür gibt es noch einen anderen Grund. Es könnte sich nämlich herausstellen, daß die Leistung im Maschineschreiben durch einen Intensivkurs und durch tägliche Übung rasch zu verbessern ist. Auf andere Eignungsmerkmale mag dies dagegen weit weniger zutreffen, z. B. auf die psychophysische Belastbarkeit, die erforderlich ist, damit die Sekretärin auch dann noch fehlerfrei schreibt und freundlich, geschickt, denkfähig, gelassen und gesund bleibt, wenn während ihrer Schreibarbeit mehrfach das Telefon läutet, Kunden und Mitarbeiter mit verschiedenen Anliegen ins Sekretariat kommen, und vor Beendigung ihrer derzeitigen Aufgabe die Rechnungsabteilung mahnt, daß noch vor der Mittagspause eine Abrechnung fertiggestellt sein muß, für die sie noch nicht einmal die erforderlichen Unterlagen beisammen hat.

Bei der Auswahl oder Beratung von Mitarbeitern hat man sich also auch die Frage zu stellen, welche Fähigkeiten durch Lernen und Üben mit welchem Aufwand und in welchem Zeitraum *veränderbar* sind und welche wir als weitgehend *stabil* annehmen müssen. Kenntnisse und Fertigkeiten, aber auch Verhaltenstendenzen lassen sich durch Ausbildung, durch Training verändern - das ist ja deren Zweck (Holling & Liepmann, 1995). Bei den globaleren Persönlichkeitsfaktoren - wie den oben genannten - ist mit höherer zeitlicher und transsituativer Stabilität zu rechnen.

Das Maß von Stabilität oder Variabilität von Persönlichkeitsmerkmalen festzustellen, ist mit erheblichen methodischen Problemen belastet (Moser, 1991). Zum einen liefern die verfügbaren Meßverfahren ihrerseits nur bedingt verläßliche Werte (wobei Intelligenztests eine positive Sonderstellung einnehmen). Zudem ist neben der intraindividuellen Veränderung die Stellung in der Rangreihe der verglichenen Personen zu berücksichtigen: wenn sich alle Personen verändert haben, die Rangreihe aber die gleiche bleibt, ist dann das Merkmal als stabil oder als variabel anzusehen? Schließlich kann Instabilität oder Inkonsistenz selbst wieder ein relativ stabiles Persönlichkeitsmerkmal sein (Schmitt, 1990).

Wenn wir uns nach erfolgreichen Vertretern verschiedener Berufe umsehen, die wir schon lange kennen, dann werden wir oft finden, daß ein guter Ingenieur schon als Kind ein findiger Bastler war, daß ein "typischer" Verkäufer schon immer leicht Kontakt gefunden hat, daß ein erfolgreicher Gründungsunternehmer schon früh durch innovative Ideen aufgefallen ist. Doch die wissenschaftlichen Belege für die Stärke dieser Zusammenhänge sind noch zusammenzutragen.

In anderen Bereichen liegen dagegen aufschlußreiche Studien vor, in denen die Veränderung zentraler Persönlichkeitsmerkmale bzw. Verhaltensdispositionen über lange Zeiträume untersucht wurde. Eine dieser Studien wurde von Eron (1987) durchgeführt und befaßt sich mit der Frage, inwieweit aggressives und prosoziales Verhalten in der Kindheit sich als gleichartiges Verhalten bei den gleichen Personen als dreißigjährige Erwachsene wiederfindet (Darstellung nach Brandstätter, 1989, S. 14): "Eron (1987) berichtet aufgrund einer 22 Jahre umfassenden Längsschnittstudie eine sehr deutliche positive bzw. negative Korrelation zwischen der im Alter von acht Jahren von den Schulkameraden beobachteten Feindseligkeit (z. B. "Wer rempelt andere Kinder an?") bzw. Freundlichkeit (z. B. "Wer sagt 'entschuldige' auch wenn er/sie gar nichts wirklich Böses getan hat?") und der Häufigkeit aggressiver Handlungen im Alter von 30 Jahren (Verurteilungen für Straftaten; von Ehepartnern berichtete, gegen sie gerichtete aggressive Handlungen; Härte der von den Kindern berichteten Strafen)" (s. Abbildung 7).

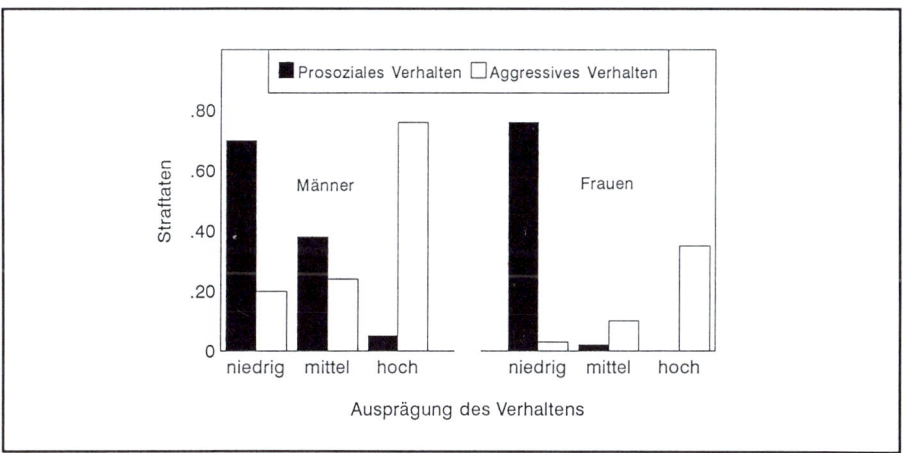

Abbildung 7:   Mittlere Anzahl von Verurteilungen für Straftaten im Alter von 30 Jahren in Abhängigkeit von aggressivem und prosozialem Verhalten im Alter von 8 Jahren (nach Eron, 1987, S. 440)

Als Korrelation gemessen, liegen die Stabilitätswerte für generelle Persönlichkeitsmerkmale über lange Zeiträume etwa um r = .30 bis r = .50. Korrigiert bezüglich der Meßfehler allerdings, wie in einer Untersuchung von Finn (1986), lag die Mehrzahl der Übereinstimmungswerte über den Zeitraum von 30 Jahren hinweg um r = .60 für die Merkmale Extraversion und Neurotizismus; Koeffizienten um r = .70 ergaben sich für die gleichen Eigenschaften bei Costa, McCrae und Arenberg (1980) nach Ablauf von 12 Jahren. Relativ hohe Stabilitätswerte

finden sich insbesondere für kognitive Fähigkeiten, gemessen mit Intelligenztests, wobei die interindividuellen Unterschiede mit dem Alter zunehmen (was
nicht verwundert, zumal Intelligenz ja auch als allgemeine Lernfähigkeit aufgefaßt werden kann). Für alle Merkmale gilt, daß die Konstanz in höherem Alter
größer ist als in jüngeren Jahren (Amelang & Bartussek, 1990).

Zu beachten ist, daß die Frage nach der Stabilität von Persönlichkeitsmerkmalen keineswegs zusammenfällt mit der Frage nach ihren genetisch oder durch
Umwelteinflüsse bedingten Ursachen: Selbst wenn die Körpergröße nicht genetisch beeinflußt wäre, sondern ausschließlich durch die Ernährung im Kindes-
alter, könnte es sein, daß sie sich im Erwachsenenalter nicht mehr verändern
ließe; selbst wenn Sprachbegabung vollständig angeboren wäre, bedürfte auch
der begabteste Mensch der Vorbilder und Anregungen, um Sprachen tatsächlich
zu lernen - könnte er allein auf einer Insel überhaupt aufwachsen, würde er
wohl nur von den Papageien das Kreischen lernen. Das zeigt, daß wir zumeist
Entwicklungspotential meinen, wenn wir von "angeboren" sprechen.

Demgemäß ist es sinnvoll, Persönlichkeitseigenschaften mit Brandstätter (1989,
S. 16) "als Ergebnis des Zusammenwirkens persönlichkeitsspezifischer, genetisch
bedingter Lernfähigkeiten und situationsspezifischer Erfahrungen aufzufassen".
Wie groß der jeweilige Anteil zu bemessen ist, ist zur Zeit noch Gegenstand
heftiger Dispute (was nicht nur an der Schwierigkeit der Methoden liegt,
sondern auch an der Ideologiebelastetheit des Themas). Aus Zwillingsstudien,
der bevorzugten Methode in der Erbforschung, werden die erblich bedingten
Anteile an der beobachteten Varianz zur Zeit auf etwa 50 % geschätzt (Borkenau, 1993), wobei das Verständnis der Bedingungsmechanismen durch das
Voranschreiten der biochemischen Forschung zur Zeit rapide Fortschritte macht
(Rose, 1995).

Unbestritten ist, daß für alle Individuen ein immenser Spielraum für Lernen,
Bildung und Weiterentwicklung besteht - wenn sie ihn auch faktisch in sehr
unterschiedlichem Maße nutzen. Insofern sind Personalauswahl und Personalentwicklung kein Ersatz füreinander, und erst recht ist kein Gegensatz zwischen
ihnen zu sehen, sondern eher eine Aufgabenteilung innerhalb einer gemeinsamen Zielsetzung. Da in den meisten Fällen begabtere Individuen auf dem Feld
ihrer spezifischen Talente mehr bemüht und imstande sind, ihre Fähigkeiten
noch weiterzuentwickeln und entsprechende Fertigkeiten auszubilden, besteht
die aussichtsreichste Strategie darin, jeweils die fähigsten und motiviertesten
Mitarbeiter auszuwählen und ihnen noch weitere Entwicklungsmaßnahmen
anzubieten. Innerhalb der allgemeinen Bildungsinstitutionen, aber auch in der
betrieblichen Weiterbildung, ist die Zielsetzung häufig aber auch ganz im
Gegenteil die Kompensation bestehender Defizite.

Bedauerlicherweise noch recht unzulänglich untersucht ist die Frage nach
der optimalen Abstimmung zwischen Personalauswahl und Personalentwicklung,
also danach, welche Ausprägungen welcher Grundmerkmale welche Bildungs-
und Trainingsmaßnahmen - und welchen Aufwand - erforderlich machen, um für
Person und Organisation die besten Ergebnisse zu erzielen. Auch ethische Fragen in der Relation der vermeintlichen Pole Auswahl - Entwicklung sind bisher,

soweit überhaupt, eher in einseitiger Sicht auf die Personalauswahl diskutiert worden. Daß das Postulat einer grundsätzlichen Lern- und Fortbildungspflicht eine bedenkenswürdige Anmaßung darstellt und für viele Menschen große Belastungen zur Folge hat, scheint demgegenüber noch wenig beachtet (vgl. Schuler, 1989c).

Als Resümee unserer Überlegungen zur Konstanz und Variabilität berufsrelevanter Merkmale können wir grob zusammengefaßt sagen, daß für die wichtigsten berufsrelevanten Merkmale beim Stande unseres Wissens *ausreichend hohe Stabilität bzw. gesetzmäßige Variabilität angenommen werden kann, um Prognosen sinnvoll zu machen.* Darüber hinaus können wir uns Brandstätters Schlußfolgerungen anschließen (Brandstätter, 1989, S. 19), was die Veränderbarkeit anbelangt:

1. Bei allen genetisch bedingten, art- und personspezifischen Begrenzungen der Veränderbarkeit von Einstellungen, des Kenntnisstandes und der Leistungsfähigkeiten besteht ein sehr großer, wenn auch nicht genau abschätzbarer Spielraum für Lernen in Organisationen.

2. Individuelle Unterschiede in allgemeiner konzipierten kognitiven Fähigkeiten sind bei der Auswahl für und Gestaltung von Bildungsmaßnahmen vor allem dann zu berücksichtigen, wenn es um Aufgaben geht, die auch nach dem nötigen Training noch komplexe, bewußt gesteuerte (und nicht automatisierte) Informationsverarbeitung verlangen.

3. Bestmögliche Effizienz der Bildungsbemühungen ist nur durch Abstimmung der Lehr- und Trainingsmethode auf die Persönlichkeitsmerkmale der Lernenden zu erreichen.

4. Fortgeschrittenes Alter schließt effizientes Lernen nicht aus, zumal dann nicht, wenn das nötige Vertrauen in die eigene Lernfähigkeit und die Bereitschaft für Veränderungen gefördert werden.

5. Nachhaltige Veränderungen des sozialen Verhaltens sind, wenn überhaupt, kaum durch Wissensvermittlung, schon eher durch reflektierte Erfahrung in Trainingsgruppen zu erzielen.

6. Eine Stabilisierung der durch bewußtes Lernen erworbenen Einstellungen, Verhaltensweisen und Fertigkeiten ist nur dann zu erreichen, wenn die alltäglichen Erfahrungen unterstützend eingreifen.

Bezogen auf die Veränderung des berufsbezogenen Verhaltens ist vor allem zu berücksichtigen, daß die meisten Maßnahmen der Personalentwicklung nicht an den relativ stabilen überdauernden Persönlichkeitsmerkmalen ansetzen, sondern vor allem Kenntnisse und Fertigkeiten verändern wollen, auf längere Sicht - im Prozeß der Sozialisation in Organisationen - auch Einstellungen, Motive und Verhaltensbereitschaften. Eine Vielfalt von Beispielen sinnvoller und erfolgreicher Maßnahmen (z. B. bei Holling & Liepmann, 1995; Neuberger, 1991; Rüttinger & Klein-Moddenburg, 1989; Sonntag, 1992) belegt die These, daß es sich

bei Personalauswahl und Personalentwicklung nicht um Alternativen oder gar
Gegensätze handelt, sondern um fruchtbare Ergänzungen, deren Verflechtung
künftig besser zu verstehen wir uns bemühen sollten.

1.4.4 Organisationspsychologische Grundlagen: Person und Organisation

Organisationspsychologen wird oft die Frage gestellt: Wo bleibt die Organisation
in der Organisationspsychologie? Diese Frage ist insofern berechtigt, als wir
annehmen, daß Arbeitsplätze und Organisationsstruktur die Leistung, das Befinden und die Zusammenarbeit der Menschen beinflussen. Eine Vielfalt von Bedingungen physischer und sozialer Art wirkt auf das Verhalten und Erleben der
Mitarbeiter einer Organisation ein - beispielsweise die Schwierigkeit der Arbeitsaufgaben, die Möglichkeiten beruflicher Weiterentwicklung, der Führungsstil, die
Kommunikationsstruktur. Trotz umfangreicher Forschung verfügen wir aber eher
über stückwerkhaftes als über systematisches Wissen, *wie* diese Organisations-
variablen auf Menschen einwirken. Es gibt keine wirklich weitgreifenden genuin
psychologischen Theorien der Organisation als Gesamteinheit; Organisationspsychologen müssen deshalb Anleihen bei anderen Sozialwissenschaften nehmen,
vor allem bei der Politologie, der Soziologie und der Betriebswirtschaftslehre
(Scholl, 1995). Dies wäre nicht weiter bedenklich - Interdisziplinarität wird heute
ja allenthalben befürwortet -, entstünde dadurch nicht die irrtümliche Auffassung, Organisationen seien etwas ganz anderes als die Menschen, die in ihnen
arbeiten.
    Vollständig beschrieben wird das Verhältnis von Person und Organisation
erst dann, wenn auch die andere Richtung des Zusammenhangs, der Einfluß von
Individuen auf Organisationen und deren Komponenten oder Subsysteme, betrachtet wird (Porter, Lawler & Hackman, 1975; Neuberger, 1989). Führungsstil
und Organisationsklima in einem Unternehmen, beispielsweise, sind nicht nur
"unabhängige Variable", von denen das Handeln und Befinden der Menschen im
Arbeitsleben beeinflußt wird; sie sind ihrerseits wiederum abhängig von den
Fähigkeiten und dem Autonomiebedürfnis der Mitarbeiter, sind also auch das
Ergebnis und nicht nur die *Bedingung* von Interaktionsprozessen (Schuler, 1995).
    Gleiches gilt mehr oder weniger, aber im Prinzip durchgängig, für alle ande-
ren Charakteristika einer Organisation. Es gilt für Abstracta wie die Unternehmenskultur ebensosehr wie für konkrete Elemente. So sind Maßnahmen der
Personalentwicklung einerseits Bedingung oder Ursache wachsender Kompetenz
der Mitarbeiter, andererseits sind sie vernünftigerweise abzuleiten aus dem Vergleich des derzeitigen Qualifikationsstands der Mitarbeiter mit den derzeitigen
Anforderungen der Tätigkeit oder den diesbezüglichen Erwartungen für die Zukunft. Auch Arbeitsplätze sind einerseits unmittelbare Bedingungen der Leistung
und Zufriedenheit, andererseits keine zwangsläufig statischen Größen, sondern
sie verändern sich durch persönliche oder repräsentative (Personalvertretung),
direkte (z. B. Verbesserungsvorschläge) oder indirekte Einflußnahme der Organisationsmitglieder (z. B. Fehlzeiten).

Beide Richtungen des Zusammenhangs, der Einfluß der Organisation auf die Person wie der Einfluß der Person auf die Organisation, müssen also in Betracht gezogen werden. Die erste Sichtweise entspricht eher einer **situationistischen**, die zweite einer mehr **personalistischen** Auffassung. Wir werden im weiteren sogar sehen, daß die Wahl der Perspektive nicht unabhängig vom weltanschaulichen Hintergrund des Betrachters ist. Aber zunächst wollen wir einige Fakten und Argumente betrachten, die für jede der beiden Wirkungsrichtungen sprechen.

Wenn Semmer und Udris (1995) vom "langen Arm der Arbeit" sprechen, ist der Einfluß auf die Person gemeint, der "Prozeß des Aneignens von Fähigkeiten, Kenntnissen, Motiven, Orientierungen und Deutungsmustern", wie Heinz (1980) den Begriff *berufliche Sozialisation* definiert. Die Entwicklung von Werthaltungen wurde von Rosenstiel, Nerdinger, Spieß und Stengel (1989) an Hochschulabsolventen vor und nach ihrem Eintritt ins Berufsleben untersucht. **Sozialisationseffekte** zeigten sich in besonderem Maße bei den Gruppen der "alternativ orientierten" und der "freizeitorientierten" Berufsanfänger. In geringerem Maße hatten diejenigen Studenten ihre Einstellungen anzupassen, die bereits zuvor zu den "Karriereorientierten" gehört hatten. Die Angehörigen dieser Kategorie fanden leichter eine Stelle als die Mitglieder der beiden anderen Gruppen, was zeigt, daß neben und vor den Sozialisationseffekten auch **Selektionseffekte** im Spiel sind, die wir als Vorgänge sowohl der Fremd- als auch der Selbstselektion annehmen können.

Einflüsse der Arbeit auf die geistige Flexibilität der Arbeitenden fanden Kohn und Schooler (1978) in Abhängigkeit von Autonomie und Komplexität der Arbeitstätigkeit. Als stärker allerdings erwies sich in dieser wie in verwandten Studien der Einfluß der entsprechenden Personmerkmale auf die (Selbst-)Selektion und auch auf die Gestaltung der Arbeitstätigkeit: In der Längsschnittuntersuchung von Kohn und Schooler waren 83 % der Varianz im Merkmal "geistige Beweglichkeit" auf die 10 Jahre zuvor gemessenen Merkmalswerte zurückzuführen, dagegen nur 17 % auf die Komplexität der Tätigkeit. Weitere Untersuchungen (zusammenfassend Semmer & Udris, 1995) machen wahrscheinlich, daß der Kontrollspielraum, den die Aufgaben bieten, sich auf die Aktivitätsmuster auch außerhalb der Berufstätigkeit auswirkt, daß relevante Aspekte des Selbstkonzepts durch die Arbeit verändert werden und daß Fähigkeitsunterschiede, die zwischen Personengruppen vor Eintritt in verschiedene Organisationen bestanden, möglicherweise bedingt durch die Organisation, die Sozialstruktur und die Aufgaben, sich vergrößern können.

Alle Schlußfolgerungen aus diesen Studien müssen sehr vorsichtig formuliert werden, da experimentell kontrollierte Zuteilungen von Personen zu verschiedenen Bedingungen praktisch nicht möglich sind, Vermischungen von Selektions- mit Sozialisationseffekten also nicht auszuschließen, im Gegenteil sehr wahrscheinlich sind. Soweit Stärken dieser Effekte überhaupt sinnvoll verglichen werden können, *haben sich die Selektionseffekte als die gewichtigeren herausgestellt:* Stärker als die positive Wirkung anspruchsvoller Tätigkeit auf die geistige Entwicklung sind die Effekte, daß für die anspruchsvollen Tätigkeiten intelligentere Personen ausgewählt werden und daß diese zusätzlich ihre Aufgaben in Richtung auf höhere Komplexität auswählen und verändern (Kohn & Schooler, 1983). Ähnliches gilt für andere Merkmale, wobei allerdings zu bedenken ist, daß nahezu jedes andere psychische Merkmal leichter zu beeinflussen ist als die Intelligenz (deren Bedeutsamkeit für beruflichen Erfolg hinwiederum von kaum einem anderen Merkmal erreicht wird).

Daß sich Menschen ihre Berufe und damit auch die Organisationen, in denen sie arbeiten, keinesfalls zufällig auswählen, wird von den meisten Theorien der Berufswahl betont (Seifert, 1977). Eine besonders weitreichende unter diesen Theorien, die von ihrem Urheber nicht nur als Systematik berufsbezogener Interessen angesehen wird, sondern auch als Persönlichkeitstheorie und als Typologie der (beruflichen) Umwelten, ist die Theorie von Holland (1966). Ihre Kernaussage ist, daß Menschen nach Umwelten und Berufen suchen, die es ihnen ermöglichen, ihre Fähigkeiten anzuwenden, ihre Werthaltungen auszudrücken und ihnen gemäße Rollen zu übernehmen. Es werden sechs Typen unterschieden, die u. a. durch Interessen, Werthaltungen, Fähigkeiten und bevorzugte Bewältigungsmechanismen gekennzeichnet sind. Abbildung 8 gibt eine Zusammenstellung der wichtigsten Charakteristika der sechs Typen oder Orientierungen nach Holland (für ein neueres Meßverfahren s. Weinert, 1991).

Hollands Typenschema ist die Verwandtschaft mit einer älteren Klassifikation gleicher Art anzusehen, nämlich mit dem zu seiner Zeit sehr einflußreichen charakterologischen System von Eduard Spranger. Spranger (1913) hatte sechs "Sinn- und Wertrichtungen" herausgearbeitet, von denen jeweils eine oder eine Kombination mehrerer für ein bestimmtes Individuum charakteristisch sein soll. Seine Auffassung war, daß der "geistige Charakter" eines Menschen durch nichts so entscheidend bestimmt werde wie durch Werthaltungen. Die von Spranger idealtypisch unterschiedenen "Lebensformen" sind der *theoretische Mensch*, der *ökonomische*, der *ästhetische* und der *soziale Mensch*, der *Machtmensch* und der *religiöse Mensch*. Im Vergleich zur Theorie von Spranger scheint jene von Holland enger an den Betätigungsangeboten der heutigen Berufswelt orientiert und deshalb für die Frage der Berufs- und Organisationswahl einschlägiger.

Die grundsätzliche Affinität zwischen persönlichen Merkmalen und beruflichen Präferenzen wird durch die Ergebnisse der Forschung zur individuellen Organisationswahl (von Rosenstiel, Lang & Sigl, 1994; Schuler & Moser, 1993) nicht in Frage gestellt, aber doch ergänzt und differenziert. Ihnen zufolge ist die faktische Organisationswahl bei verschiedenen Personen durch unterschiedliche Aspekte von Tätigkeit und Organisation bedingt, hierzu gehören neben dem Abgleich der von Holland betonten Personmerkmale mit Charakteristika der Organisation auch eher banale Aspekte wie die Nähe zum Arbeitsplatz und, selbstverständlich, die von Psychologen oft unterschätzte Frage des Gehalts. Bei Turban und Keon (1993) ergab sich, daß sich Personen mit niedrigem Selbstwertgefühl mehr als solche mit hohem Selbstwertgefühl von großen, dezentralen Unternehmen angezogen fühlten. Für Personen mit hoher Leistungsmotivation waren Organisationen attraktiver, in denen eher nach Leistung als nach Seniorität bezahlt wird. Schwaab und Schuler (1991) fanden, daß für Studenten in den Ab-

Typen oder Orientierungen nach Holland (1966)

1. Realistische Orientierung. Personen dieses Typus sind "männlich", aktiv, aggressiv; sie sind an physischer Aktivität interessiert und motorisch befähigt; sie bevorzugen konkrete Gegebenheiten gegenüber abstrakten Problemen; sie haben eher konventionelle Werthaltungen - sowohl im politischen wie im ökonomischen Bereich. Bei der Berufswahl tendieren sie am meisten zu handwerklichen und technischen sowie zu land- und forstwirtschaftlichen Berufen.

2. Intellektuelle Orientierung. Dieser Typus ist aufgabenorientiert und in gewissem Sinne "asozial"; er trachtet danach, Probleme intellektuell zu bewältigen, "durch Manipulation von Ideen, Worten und Symbolen", nicht dagegen durch physische oder soziale Aktivität. Er hat ein starkes Bedürfnis, Zusammenhänge zu verstehen und besitzt eher unkonventionelle Wertvorstellungen und Einstellungen. Menschen dieses Typus werden vor allem in naturwissenschaftlichen und mathematischen Berufen gefunden.

3. Soziale Orientierung. Menschen dieses Typus sind sozial orientiert und von sozialer Verantwortung erfüllt. Sie haben ein starkes Bedürfnis nach Beachtung und sozialer Interaktion und verfügen über gute verbale und soziale Fähigkeiten. Sie tendieren dazu, Probleme eher emotional und durch soziale Aktivität zu bewältigen als intellektuell. Typische Berufe in diesem Bereich sind: pädagogische und sonderpädagogische Berufe, Sozialarbeiter, klinischer Psychologe, Berufsberater.

4. Konventionelle Orientierung. Dieser Typus bevorzugt weitgehend strukturierte verbale und numerische Aktivitäten und Untergebenenrollen; er ist konformistisch ("extraceptive") eingestellt und vermeidet unklare Situationen sowie Probleme, die soziale Aktivität oder ausgeprägte physische Fähigkeiten erfordern; er identifiziert sich mit Machtpositionen und schätzt materiellen Besitz und Status. Bei der Berufswahl und der beruflichen Ausbildung werden z. B. folgende Berufe gewählt: Buchhalter, Rechnungsprüfer, Bankangestellter, Statistiker, EDV-Operator.

5. Unternehmerische Orientierung. Menschen dieser Art verstehen sich als starke, männliche Führerpersönlichkeiten. Sie besitzen ausgeprägte verbale Fertigkeiten und fühlen sich wohl, wenn sie anderen etwas verkaufen oder mit ihnen in Konkurrenz treten können. Sie vermeiden jedoch klar definierte verbale Situationen sowie Aufgaben, die einen längeren, angestrengten intellektuellen Einsatz erfordern. Die beruflichen Präferenzen betreffen u. a. folgende Berufe: Hotelier, Unternehmer, Industrieberater, Immobilienhändler, Wahlkampfmanager, Versicherungsvertreter und dergleichen.

6. Künstlerische Orientierung. Dieser Typus ähnelt dem intellektuellen hinsichtlich seiner "intrazeptiven" und eher "asozialen" Ausrichtung, er unterscheidet sich jedoch von ihm durch sein Bedürfnis nach Selbst-Ausdruck mit Hilfe künstlerischer Medien. Er meidet hochgradig strukturierte Probleme und Aufgaben, die grobmotorische Fertigkeiten erfordern. Menschen dieser Art haben ferner eine geringere Ichstärke, sind eher feminin und leiden häufiger unter emotionalen Störungen. Sie tendieren natürlich vor allem zu künstlerischen oder mit dem Kultur- und Kunstleben befaßten Berufen.

Abbildung 8:   Die Orientierungstypen der Berufswahltheorie von Holland (aus Seifert, 1977, S. 209f.)

schlußsemestern diejenigen Arbeitgeber attraktiver waren, deren Tätigkeitsanforderungen höher mit ihrer Selbsteinschätzung übereinstimmten. Der Zusammenhang zwischen beruflichen Orientierungen und den "großen fünf" Persönlichkeitsmerkmalen wurde von Blickle (1995) untersucht.

Die bisher zusammengetragenen Belege sprechen mehr dafür, daß Selektions- und Selbstselektionseffekte dafür sorgen, welche Personen mit welchen
Merkmalen sich welchen Berufen und Organisationen zuwenden bzw. von diesen
ausgewählt werden, als daß Sozialisationsthesen hätten belegt werden können -
obwohl auch diese nicht ohne empirische Evidenz bleiben. Aber unsere eingangs
aufgestellte Behauptung bezog sich nicht nur auf die Frage von Selektion und
Sozialisation, sondern weitergehend auch auf die der *Gestaltung von Organisationen durch Individuen*. Damit wird die Auffassung vertreten, Personen seien
nicht nur - und vielleicht sogar in geringerem Maße - Produkte der Bedingungen, sondern diese Bedingungen, in unserem Falle Organisationen, ließen sich
auch als das Ergebnis menschlichen Handelns - und zwar des Handelns bestimmter Menschen - erklären. Unternehmen sind in diesem Sinne Konstruktionen aus den Kompetenzen ihrer Mitglieder (Lawler, 1994).

Diese zweite Seite, die Formung der Organisation durch die Personen, wird
in besonders prägnanter Weise von Schneider (1987) betont. Schneider argumentiert, durch drei Faktoren würden Personen und Oganisationen zu einer untrennbaren Einheit: durch die Anziehung (Attraction) bestimmter Typen, durch
ihre Auswahl (Selection) und durch ihr selektives Verbleiben (Attrition) in der
Organisation. Er beklagt das Fehlen typologischer Forschung in der neueren Organisationspsychologie, denn dadurch würde nicht erkennbar, daß bestimmte Organisationen mit bestimmten Zielen gegründet werden, aus bestimmten Leuten
bestehen, zur Homogenität tendieren, bestimmte Kulturen entwickeln, wodurch
neue Mitarbeiter, die den bereits beschäftigten Kollegen nicht ähnlich genug
sind (sich also mehr oder weniger in diese Organisation verirrt haben), wieder
hinausgedrängt werden.

Diese Tendenz zum Typus, zur Homogenität, hat nicht nur den Vorteil des
leichteren gegenseitigen Verstehens und der einfacheren Kultur und Identifikation, sie birgt auch die Gefahr rigiden Verharrens, wenn aufgrund veränderter
Umweltbedingungen flexibles Umstellen gefordert ist. Ein Beispiel hierfür wäre
ein Unternehmen, das zeit seines Bestehens die Serviceorientierung seiner Mitarbeiter betont hat. Wenn nun eine veränderte Marktsituation eine härtere Verkaufsorientierung fordert, ist dieser Betrieb in einer schwierigen Lage, denn alle
seine Mitarbeiter sind freundliche und entgegenkommende Leute, die sich vor
allem am Interesse der Kunden orientieren, während die "aggressiven" Verkäufer, die jetzt vielleicht das Überleben sichern könnten, von vorneherein oder
durch Fluktuation bei der Konkurrenz gelandet sind.

Schneiders Theorie ist damit auch eine Philippika gegen die Überschätzung
der Prägbarkeit und Trainierbarkeit von Mitarbeitern und gegen die Grundannahmen der situativen Führung. Wenn Personen einer bestimmten Art gebraucht werden, sollte man sie gezielt ansprechen, auswählen und zu behalten
suchen. Eine weitere Konsequenz betrifft organisationale Änderungen. Verän-

derungen von Organsationsstrukturen oder -prozessen sind nach dieser Auffassung nicht sinnvoll, denn die vorhandenen entsprechen ja den vorhandenen Personen. Erst neue Mitarbeiter, in diesem Fall wohl v. a. neue Führungskräfte, könnten für arbeitsfähige neue Strukturen und Prozesse sorgen, die ihrem eigenen Wesen wiederum entsprechen.

Schneiders **ASA-Theorie** ist eine pointierte Formulierung einer dezidiert differentialpsychologischen Auffassung von Arbeitsorganisationen. Sie stellt damit einen Gegenpol zur situationistischen Auffassung dar, wie sie vor allem in der Arbeitspsychologie, aber auch in Teilen der Organisationspsychologie vertreten wird. Wir kommen darauf zurück, wenn von den ideologischen Rahmenbedingungen der Personalauswahl zu sprechen ist.

An dieser Stelle sei abschließend noch an den Gedanken der Selbstorganisation von Systemen, der *Autopoiesis*, erinnert, der zur Zeit so gern aus der Biologie auf die Organisationslehre übertragen wird. Eine besonders wirkungsvolle Weise, wie Organisationen sich selbst gestalten, könnte tatsächlich darin bestehen, daß sie bestimmte Typen von Personen anziehen, auswählen und behalten. Selbstverständlich kann aber auch die Entwicklung von Fertigkeiten und Kenntnissen organisationsgestaltende Wirkung haben.

1.4.5 Sozialpsychologische Grundlagen: Soziale Urteilsbildung

Psychologische Diagnostik ist in ihrem Kern die Beobachtung und Interpretation von Verhalten (im Falle der Selbstdiagnose auch von Erleben). Dieser Sachverhalt mag dort außer gewahr geraten, wo das Verhalten auf Markierungen in einem Testformular und die Interpretation auf den Vergleich des individuellen Werts mit dem Normwert reduziert ist. Bei der Durchführung eines Interviews aber oder beim Beobachten eines Rollenspiels und einer Gruppendiskussion im Assessment Center wird offensichtlich, daß es sich um einen Beobachtungs- und Beurteilungsvorgang handelt, bei dem der Beobachter teilweise sogar in Interaktion mit dem zu Beurteilenden steht. Gleiches gilt für die innerbetriebliche Verhaltens- und **Leistungsbeurteilung**.

In der sozialpsychologischen Erforschung der *sozialen Kognition* oder *sozialen Urteilsbildung* (Frey & Irle, 1984) wurden verschiedene theoretische Ansätze vorgeschlagen. Hierzu gehören das *Verhaltens-Eindrucks-Aussage-Modell* von Brandstätter (1969a) und das *Beobachtungs-Bewertungs-Gewichtungs-Modell* von Borman (1978). Der Vorgang der Informationsaufnahme und -transformation wird auch als Prozeß der stufenweisen "Filterung" relevanter Information auf dem Weg vom Verhalten der zu beurteilenden Person bis zur Urteilskonsequenz dargestellt (Landy & Farr, 1980; Schuler, 1978). Verschiedentlich wurde eine attributionstheoretische Heuristik vorgeschlagen (Ilgen, Mitchell & Frederikson, 1981; Schuler, 1982). Verwandt ist die Beschreibung des Urteilsprozesses mit Hilfe des Brunswickschen Linsenmodells (Schmitt, Noe & Gottschalk, 1986).

Schematheoretische Ansätze wie die *Theorie der kognitiven Kategorisierung* von Feldman (1981) nehmen an, daß nicht die Verhaltensbeobachtungen zu dimensional kategorisierbaren Eindrücken und diese wiederum zu Globalurteilen aggregiert werden, sondern daß Personen in prototypische Globalkategorien eingeordnet, also als "Typen" identifiziert werden; bei der Beurteilung "erinnert" man sich an Merkmale der betreffenden Person, nicht zwangsläufig weil man entsprechendes Verhalten beobachtet hätte, sondern weil diese Eigenschaften Teile der prototypischen Kategorisierung dieser Person sind, weil das Verhalten also "zu ihr passen würde". Daß Bewertungen nach dieser Auffassung nicht vom Beobachtungsanteil der Beurteilung zu trennen sind, rückt das Modell in die Nähe der älteren deutschen Gestaltpsychologie, obwohl es ein Kind der modernen kognitivistischen Entwicklung in der Psychologie ist.

Da sich in das *Verhaltens-Eindrucks-Aussage-Modell* auch neuere Forschungsergebnisse gut integrieren lassen, soll diese Heuristik hier kurz skizziert werden. Für Details und Literaturnachweise im einzelnen muß auf Brandstätter (1969a, 1983) und Schuler (1972, 1989e) verwiesen werden. Wir können die folgenden Überlegungen an die Beobachtung knüpfen, daß eine Person von zwei Beurteilern unterschiedlich eingeschätzt wird. Diese Differenz kann darin begründet sein, daß die beiden verschiedenes Verhalten beobachtet haben, daß sie zwar das gleiche Verhalten beobachtet, aber unterschiedliche Eindrücke gewonnen haben, und schließlich, daß zwar Verhalten und Eindruck übereinstimmen, die Beurteiler aber gleichwohl in ihren Aussagen über das beobachtete Verhalten voneinander abweichen. Unsere Leitfrage lautet also: Wie kommt es, daß zwei Menschen, die einen dritten beobachten, verschiedene Urteile über ihn abgeben?

1. Die Ebene des Verhaltens. Die erste Klasse von Einflußgrößen, die eine Urteilsaussage - etwa eine Eignungsdiagnose oder Mitarbeiterbeurteilung - bedingen, sind jene Parameter, die das Verhalten der zu beurteilenden Person selbst beeinflussen. Hierzu gehören personinterne Verhaltensursachen (und deren Instabilität) und anregungsbedingende Elemente der Handlungssituation (beispielsweise andere Personen: Kollegen, Kunden, aber auch der Beobachter selbst) sowie Wechselwirkungen dieser beiden Determinantenklassen. Aber auch Einflüsse auf das Verhalten einer Person, die außerhalb des beobachteten Situationsrahmens liegen, sind hier zu berücksichtigen, wie Ausbildung, Arbeitsbedingungen oder Familiensituation. Insofern als unsere beiden Beobachter nur Stichproben des Verhaltens der Zielperson beobachten - und zwar unterschiedliche und nicht vollständig repräsentative Stichproben -, in denen die Person unterschiedlichen Anregungsbedingungen gegenüberstand (z. B. an zwei verschiedenen Gruppendiskussionen im Assessment Center teilgenommen hat), ist damit zu rechnen, daß sie verschiedene Aussagen (Diagnosen) abgeben, selbst wenn sich ihre Art der Eindrucksbildung und Aussageformulierung nicht unterscheidet.

2. Die Ebene des Eindrucks. Welchen Ausschnitt des Verhaltens der Zielperson ein Beobachter registriert, hängt nicht allein von objektiven Gegebenheiten ab, sondern ist in einem gewissen Ausmaß auch von Merkmalen des Beurteilers, von seinen Interessen, Fähigkeiten, Erfahrungen, Einstellungen, Erwartungen und Bedürfnissen bestimmt. Sowohl kognitive (Art und Kapazität der Informationsverarbeitung) als auch motivationale und emotionale Urteilsbedingungen haben sich als bedeutsam für die - selektive - Aufnahme und Verarbeitung urteilsrelevanter Information erwiesen. Auch Vorerfahrungen mit der betreffenden Person und anderen, vergleichbaren Personen sowie Vorinformationen von Dritten beeinflussen das Urteil. Kontrast- wie Assimilationseffekte konnten oft in ihrer Wirkung nachgewiesen werden, desgleichen der Einfluß subjektiver Zuordnungsregeln zwischen Verhaltensbeobachtungen und Urteilsdimensionen. Diese Einflußgrößen und zusätzlich erste Eindrücke und Stereotype steuern die Zuschreibung von Verantwortung (Attribution), also die Erklärung des beobachteten Verhaltens als situations- oder eigenschaftsbedingt. Auf dem Wege solcher Zuschreibungsprozesse wiederum können auch self-fulfilling prophecies als Bestätigungen eigener prognostischer Leistungen gewertet werden. Das Selbstbild des Beurteilers prägt in dem Sinne das Bild vom anderen, als es die Erwartungen, etwa die Höhe des Leistungsanspruchs, sowie die Auswahl der Urteilsaspekte mitbestimmt, nämlich die bei der Selbstbeurteilung wichtigen und gewohnten Aspekte ins Zentrum der Aufmerksamkeit rückt. Das Selbstbild des Beobachters, die Verfügbarkeit von Beurteilungskonzepten in seinem kognitiven Raum und deren Verflechtung als implizite Persönlichkeitstheorie lassen einzelne Beobachtungen den Charakter von Schlüsselreizen gewinnen, systematisieren seine Eindrucksbildung und begründen seine Schlußfolgerungen. Generelle Werthaltungen und persönliche Sympathie beeinflussen gestaltprägend den Gesamteindruck und strahlen auf die Einschätzung von Verhaltensweisen und Dimensionen aus.

3. *Die Ebene der Aussage.* Auch die Transformation des Eindrucks in eine Beurteilungsaussage liefert keine redundante Abbildung, sondern ist wiederum als aktive Gestaltungsmaßnahme zu verstehen. Von Einfluß auf das Ergebnis dieser Gestaltung sind neben den zu transformierenden proximalen Reizen vor allem zwei Klassen von Bedingungen, nämlich die Sprachkompetenz des Beurteilers - allgemeiner gesagt, Semantik und Syntax des Ausdruckssystems, in dem die Diagnosen wiedergegeben werden - und die Strategien des Beurteilers. Besonders wenn der Beobachter seine Eindrücke in eigenen Worten niederlegt, spielen Wortschatz, Begriffsverständnis und Ausdrucksweise eine große Rolle; gibt das Diagnosesystem/Beurteilungsverfahren Einschätzungsaspekte und Formulierungen vor, so entfallen einige dieser Imponderabilien, genauer gesagt, die syntaktische Seite, es bleibt aber das Problem der unterschiedlichen Semantik, der Zuordnungen also von Worten und Kognitionen, und zwar um so stärker, je weniger operational die Aussagen formuliert sind. Mit Strategien des Beurteilers sind jene, meist vorsätzlichen, Verzerrungen und Verfälschungen des Urteils gemeint, die auf die Absichten des Beurteilers zurückgehen, mit seinen Aussagen bestimmte Konsequenzen zu erzielen. Dies können Konsequenzen für den Beurteilten sein (z. B. Einstellung oder Beförderung), aber auch für den Beurteiler selbst (z. B. vermutete Schlüsse über ihn als Diagnostiker) oder die antizipierte Schwierigkeit, das Urteil im späteren Gespräch vertreten zu müssen. Die Ab-

sichten des Beurteilers sind ihrerseits wieder abhängig von den Zielen und Konsequenzen der Diagnose (z. B. ob **Feedback** zu geben ist).

Dies sind nur Schlaglichter, die auf einige wichtige Elemente und Teilprozesse des Vorgangs der sozialen Urteilsbildung zu werfen hier genügen muß, um aufzuzeigen, daß der Akt der Wahrnehmung und Eindrucksbildung, naiv vorgestellt als homomorphe Abbildung realer Sachverhalte, vielmehr als hochkomplexer interaktionaler Prozeß zu verstehen ist. In Abbildung 9 sind die wichtigsten hier aufgeführten Einflußgrößen noch einmal zusammengestellt.

Das Drei-Ebenen-Modell der sozialen Urteilsbildung

Verhaltensebene
- Verhaltenstatbestand
- Beobachtungshäufigkeit
- Beobachtungsrepräsentativität
- Einfluß anderer Personen
- situative Einflußbedingungen

Eindrucksebene
- Erster Eindruck
- Informationsverarbeitungskapazität
- Gedächtnis
- Gefühle und Motive
- Attributionsmodus
- Urteilsmaßstab
- Selbstbild des Beurteilers
- implizite Persönlichkeitstheorie
- Sympathie

Aussageebene
- Sprachverständnis und Wortgebrauch
- Diagnoseverfahren
- Ziele und Konsequenzen der Beurteilung
- Strategien des Beurteilers

Abbildung 9:   Die wichtigsten Quellen des Einflusses auf die soziale Urteilsbildung

Daß nach dem vorgestellten Modell der sozialen Urteilsbildung die Person des Beurteilers eine wesentliche, wenn nicht die Hauptquelle der Urteilsvarianz darstellt, trifft zu, wenn es sich um ungebundene Diagnosesysteme - wie z. B. ein frei geführtes Auswahlgespräch - handelt. Es trifft nicht zu, ist aber gleichwohl im Auge zu behalten, in kontrollierten diagnostischen Prozessen, unter Standardisierung der Anregungsbedingungen und bei festgelegtem Auswertungsverfahren. Nicht in allen Fällen ist es möglich und nicht in allen angemessen, ein beurteilerunabhängiges Diagnoseverfahren einzusetzen. Aber soweit sinnvoll, sollte man sich darum bemühen und sich Aufklärung darüber verschaffen, inwieweit dieses Vorhaben gelungen ist. Die methodischen Möglichkeiten hierzu sind Gegenstand des nachfolgenden Abschnitts.

1.4.6   Testtheoretische Grundlagen

Eignungsdiagnostisch begründete Personalauswahl erfordert die Erfassung von Merkmalen der Person (**Prädiktoren**) und von Kriterien des beruflichen Erfolgs sowie den Vergleich dieser beiden Größen. Hierfür sind Meßmethoden und Methoden der Evaluation (Überprüfung) erforderlich. Nur die Anwendung nachvollziehbarer Meßmethoden und definierter Überprüfungsmethoden ermöglicht es, brauchbare Verfahren der Personalauswahl von solchen zu unterscheiden, für die lediglich eine Behauptung oder die eigene Intuition spricht. Auch wenn man nicht selbst methodische Überprüfungen von Auswahlverfahren durchführt, wird man doch, soweit man sich näher mit ihnen beschäftigt oder Entscheidungen über ihre Anwendung zu treffen hat, mit testtheoretischen Begriffen und Kennwerten konfrontiert, deren Bedeutung man kennen sollte. Wir werden uns deshalb im folgenden Abschnitt mit den wichtigsten dieser Begriffe und methodischen Prinzipien beschäftigen.

Die systematische Auswahl von Personen bzw. die Zuordnung von Personen und Aufgaben erfolgt aufgrund von Merkmalsausprägungen. Diese Merkmalsausprägungen festzustellen, erfordert Meßverfahren. Unter einer Messung versteht man in der allgemeinen Meßtheorie die regelgeleitete Zuordnung von Zahlen zu Phänomenen (Objekten, Ereignissen und Relationen). Die Verfügbarkeit von Meßverfahren und Meßvorschriften ist eine Voraussetzung kumulierender wissenschaftlicher Erfahrung. Als "Testtheorie" wird jenes Teilgebiet der Meßtheorie bezeichnet, das die Qualität der Erfassung menschlicher Merkmale bzw. Merkmalsunterschiede zum Gegenstand hat.

In der psychologischen Eignungsdiagnostik bestehen die Meßverfahren aus Tests, Arbeitsproben, Interviews und anderen Methoden (Kapitel 3). Gemeinsam ist ihnen, daß Skalenwerte gebildet werden (als Testwerte, Intervieweindrücke etc.). Diese Skalenwerte bilden das Verhalten entweder direkt ab (etwa als Fehlerzahl beim Tippen eines Manuskripts) oder stellen einen Indikator für ein als dahinterstehend angenommenes Konstrukt dar (beispielsweise ein Wert in einem Persönlichkeitstest, der eine bestimmte Ausprägung des Merkmals Extraversion indiziert).

Meßtheoretische und testtheoretische Anforderungen werden an die zugrundegelegten Skalen gestellt, an die eignungsdiagnostischen Verfahren als ganze sowie an ihre einzelnen Aufgaben, an die Durchführung, Auswertung und Interpretation der Verfahren sowie schließlich an die Kriterien, die darüber Aufschluß geben sollen, ob aufgrund der erfaßten Meßwerte eine zutreffende Prognose des beruflichen Erfolgs zustandegekommen ist (z. B. die Leistungsbeurteilung). Zur Information über die Prinzipien und Methoden der Statistik und Testtheorie stehen empfehlenswerte Lehrbücher zur Verfügung (z. B. Bortz,

1989, Lienert, 1989, sowie Wottawa & Hossiep, 1987). Kurzgefaßte Informationen finden sich bei Moser und Schuler (1989), neuere Methodenentwicklungen sind bei Schuler und Guldin (1991) zusammengestellt.

In diesem kurzgefaßten Überblick müssen wir uns auf einige zentrale Aspekte der sogenannten *klassischen Testtheorie* beschränken. Es sind dies die Korrelation als Kernmethode der Verfahrensprüfung, die Gütekriterien **Objektivität, Reliabilität** und Validität sowie die Bedeutung metaanalytischer Berechnungsmethoden für die Berufseignungsdiagnostik.

Korrelation

Wichtigster Kennwert in der Diagnostik ist der **Korrelationskoeffizient**. Er ist ein universelles statistisches Maß, das auf einzigartige Weise Auskunft über die Stärke des Zusammenhangs zwischen zwei Datenreihen gibt. Dabei kommt es nicht auf die Anzahl der jeweils zugrundeliegenden Objekte und Skaleneinheiten an. Es wird bei den meisten Berechnungsarten lediglich vorausgesetzt, daß die beiden verglichenen Datenreihen auf dem gleichen Skalenniveau gemessen werden (z. B. Intervall- oder Ordinalskalen) und annähernd normal verteilt sind. Unter den verschiedenen Berechnungsvarianten ist die sogenannte Produkt-Moment-Korrelation nach Pearson, bezeichnet mit "r", die verbreitetste; sie setzt intervallskalierte Daten voraus (d. h. eine Skala, die die Interpretation von Differenzen ermöglicht). Beispielsweise werden zumeist die testtheoretischen Gütekriterien Objektivität, Reliabilität und Validität als Produkt-Moment-Korrelationskoeffizienten angegeben.

Die Korrelation basiert auf den Varianzen (Streuungen) der beiden Variablen, die in Beziehung gesetzt werden. Genauer gesagt, wird die gemeinsame Streuung, die Kovarianz (immer wenn Variable A hoch ausgeprägt ist, steigt auch B) ins Verhältnis gesetzt zur Summe der Varianzen beider Variablen. Der Korrelationskoeffizient drückt also den Anteil an Gemeinsamkeit aus - allerdings zunächst nur statistischer, nicht zwangsläufig inhaltlicher Gemeinsamkeit.

Der Meßwertbereich des Korrelationskoeffizienten reicht von 0 bis 1 (bzw. -1). Ein Wert von 0 drückt aus, daß die beiden Merkmale völlig unabhängig voneinander variieren, beispielsweise Freundlichkeit und handwerkliches Geschick. Das bedeutet beispielsweise, daß aufgrund des freundlichen Auftretens im Vorstellungsgespräch nicht vorhergesagt werden kann, ob der Bewerber seine technischen Aufgaben als Automechaniker gut erfüllen wird (für sein Verhalten gegenüber Kunden und Kollegen dürfte demgegenüber eine Prognose möglich sein). Einen Wert von 1 werden wir im Bereich des menschlichen Verhaltens kaum finden, denn das bedeutet völlige Determiniertheit des einen Werts durch den anderen, also vollständige Redundanz. So beträgt die Korrelation zwischen den Temperaturangaben in Celsiusgraden und in Reaumurgraden r = 1.

Aber man findet immerhin Werte von r = .90 und darüber, wenn man verläßliche Testverfahren wie Intelligenztests zweimal bei den gleichen Personen anwendet; das bedeutet, daß die Probanden zweimal "fast" den gleichen Testwert erreicht haben (oder daß sich die Rangreihe unter ihnen vom ersten zum zweiten Mal kaum verändert hat, auch wenn alle dazugewonnen - oder verloren - haben). Negative Korrelationskoeffizienten sind häufig nur skalentechnisch bedingt: So fallen viele Korrelationen zwischen Schulnoten und anderen Variablen negativ aus, weil die (deutsche) Schulnotenskala umgekehrt gepolt ist als die meisten anderen Formen der Leistungsmessung. Aber es gibt auch "echte" negative Zusammenhänge, wie z. B. den zwischen Alter und Kurzzeitgedächtnis.

Typische Korrelationskoeffizienten in der Berufseignungsdiagnostik liegen in der Höhe von r=.30, wie wir sehen werden. Zusammenhänge in dieser Höhe finden sich beispielsweise zwischen den Werten, die Bewerber in einer gut konstruierten Arbeitsprobe erzielen, und ihren späteren Leistungsbeurteilungen durch ihre Vorgesetzten. Bei kleinen Gruppen und in einzelnen Untersuchungen werden immer wieder auch Prognosewerte von r=.70 oder sogar darüber berichtet; wie die Erörterung der Metaanalyse zeigen wird, sind solche Werte aber nicht verläßlich, sondern enthalten hohe Fehleranteile.

Tatsächlich ist ein Wert um r=.50 für die Prognose beruflichen Erfolgs schon sehr gut zu nennen. Werte in dieser Höhe sind nur mit sehr verläßlichen Auswahlinstrumenten zu erzielen; z. B. beträgt die Korrelation zwischen Abiturnoten und Examensnoten durchschnittlich r=.46[2] (Baron-Boldt, Funke & Schuler, 1989). Der Zusammenhang zwischen den Werten in einem umfangreichen Intelligenztest, der von einem großen Dienstleistungsunternehmen zur Auswahl seiner Lehrlinge verwendet wird, und den Prüfungsergebnissen zum Abschluß ihrer Ausbildung ließ sich mit r=.48 errechnen (Backhaus & Wagner, 1994). Systematisch höhere Werte lassen sich nur erzielen, wenn mit einem multiplen Verfahren auf der Basis gründlicher Arbeitsanalysen vielfältige Anteile der Tätigkeitsanforderungen erfaßt werden.

So nützlich die Korrelation als universelle Berechnungsmethode ist, so schwierig ist es, ihre genaue Bedeutung dem methodischen Laien zu erklären. Völlig falsch wäre die Auffassung, daß ein Wert von r=.50 etwas wie fünfzigprozentige Übereinstimmung bedeutet. Die spätere Erörterung der Nutzenfrage (Abschnitt 4.3) wird hierüber genauer Aufschluß geben. Inzwischen mag es hilfreich sein, an einem sogenannten **binomial effect size display** zu zeigen, daß eine Korrelation zwischen zwei dichotomen Merkmalen in Höhe von r=.30 bereits zu einem beträchtlichen Informationsgewinn führt (Abbildung 10; eine Korrelation von 0 entspräche einer Zellenbesetzung von 50 % in allen vier Zellen): Wie die Werte in Abbildung 10 zeigen, kann bei Vorliegen des Merkmals 1 das Merkmal 2 in fast doppelter Häufigkeit erwartet werden, als wenn Merkmal 1 nicht vorliegt. Bei einer Korrelation von r=.50 wächst die Relation auf das Dreifache (75:25), bei r=.60 auf das Vierfache (80:20).

---

[2] Multiple, nichtlineare und korrigierte Korrelationskoeffizienten werden korrekterweise jeweils mit unterschiedlichen Symbolen bezeichnet; der Verständlichkeit halber wird hier durchgehend das Zeichen "r" gesetzt.

Informationsgewinn durch eine Korrelation von r = .30

		Merkmal 2	
		liegt vor	liegt nicht vor
Merkmal 1	liegt vor	65	35
	liegt nicht vor	35	65

Abbildung 10:   Informationsgewinn durch eine Korrelation von
r = .30 (aus Moser, 1995, S. 100)[3]

Aussagen aufgrund einer Korrelation sind *Wahrscheinlichkeitsaussagen* - je höher
der Koeffizient, desto höher die Wahrscheinlichkeit des Zutreffens auch für jede
einzelne Person des Kollektivs. Die Doppelabbildung 11a und 11b veranschaulicht, daß bei einer Korrelation von r = .50 einerseits noch ein großer Spielraum
für Abweichungen bleibt - d. h., es gibt viele Personen, deren individuelle Werte
vom prognostizierten Wert abweichen (vgl. Abbildung 11a) -, daß aber auf der
anderen Seite ein Koeffizient dieser Höhe bereits einen großen Informationsgewinn ergibt; hierzu ist die Korrelation in Abbildung 11b in Form einer Erwar-
tungsverteilung dargestellt.

Auf der Basis unserer Kenntnis des Korrelationsbegriffs können wir uns nun
mit den drei grundlegenden testtheoretischen Gütekriterien Objektivität, Reliabilität und Validität vertraut machen. In der englischsprachigen Literatur wird
Objektivität gewöhnlich mit Standardisierung gleichgesetzt und der Reliabilität
zugeschlagen. Wir orientieren uns hier demgegenüber an der in der deutschen
Literatur üblichen Trennung (vgl. Lienert, 1989), da die Genauigkeit von Durchführung, Auswertung und Interpretation bei der Beurteilung menschlichen Verhaltens eine spezielle Betrachtung verdient.

Die Erläuterung beschränkt sich auf die Bedeutung der Begriffe in der sogenannten klassischen Testtheorie. Die Bezeichnung "Test" steht in der Testtheorie
für jedes diagnostische Verfahren, das nach testtheoretischen Prinzipien aufgebaut ist oder analysiert wird (während wir in Kapitel 3, wo die Unterschiede
zwischen den Verfahrenstypen besprochen werden, darauf achten werden, die
Begriffe sauber zu trennen und nicht etwa ein Assessment Center als Test zu bezeichnen).

---

[3] In der deutschsprachigen Literatur erfolgt die Notation von Korrelationskoeffizienten häufig mit
vorangestellter Null und Komma statt Punkt (also etwa r = 0,30 oder r = 0,50). Die hier durchgängig verwendete Form folgt dem international üblichen Gebrauch. Die Bedeutung ist die gleiche.

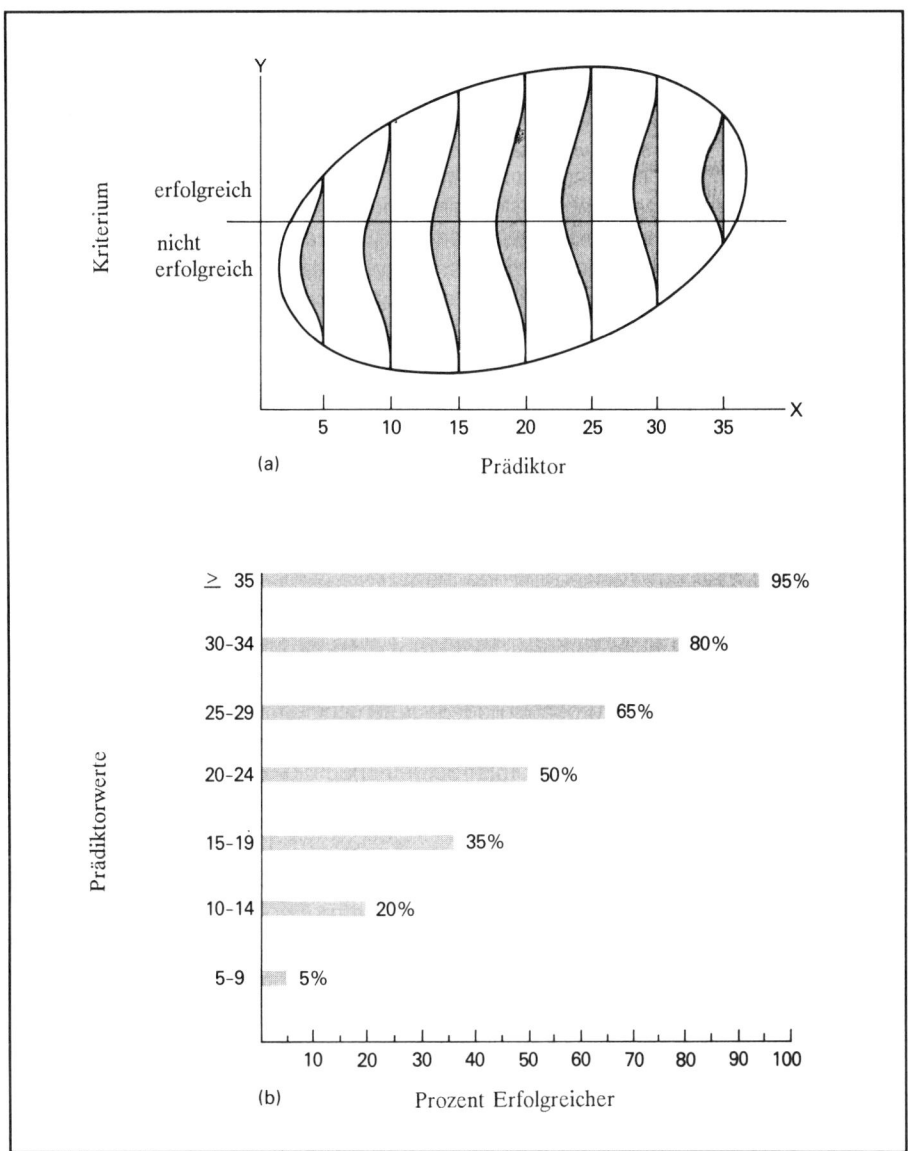

Abbildung 11:   r = .50 als Korrelationsdiagramm und als Erwartungsvertei-
                  lung (übersetzt aus Schneider & Schmitt, 1986, S. 197)

Objektivität

Unter Objektivität wird nach Lienert (1989, S. 13) der Grad verstanden, in dem
die Ergebnisse eines Tests unabhängig vom Untersuchenden sind. Vollständige
Objektivität liegt dann vor, wenn ein Verfahren völlig unabhängig davon ist, wer

es anwendet und auswertet, wenn verschiedene Personen also zu den gleichen Ergebnissen gelangen. Als Maß der Übereinstimmung wird zumeist der Korrelationskoeffizient verwendet. Verschiedene Aspekte der Objektivität werden nach den Phasen der Untersuchung unterschieden, in denen Abweichungen von der Übereinstimmung auftreten können: Durchführungs-, Auswertungs- und Interpretationsobjektivität.

Um hohe *Durchführungsobjektivität* zu gewährleisten, ist man bemüht, das Verhalten des Untersuchenden konstant zu halten - etwa durch das Verlesen schriftlich vorgegebener Anweisungen -, um nicht Verhaltensvariationen der Probanden zu bewirken. Auch die übrigen Aspekte der Untersuchungssituation - etwa Raum und Zeit - sowie Zustand und Motivationslage der Probanden sollten so gut wie möglich standardisiert sein.

Die *Auswertungsobjektivität* ist dann hoch, wenn eine streng regelhafte Zuordnung von Werten zu Verhaltensweisen vorgenommen wird, wie beispielsweise bei der Auswertung von Testergebnissen mittels einer Schablone. Geringer ist diese Facette der Objektivität dagegen, wenn die Ausprägung von Merkmalen aufgrund beobachteten Verhaltens eingeschätzt wird, wie z. B. im Rahmen des Simulationsverfahrens "Gruppendiskussion".

Mit *Interpretationsobjektivität* ist der Grad an Unabhängigkeit von der Person des Auswertenden gemeint. Sie ist hoch, wenn aus vorliegenden Ergebnissen von verschiedenen Diagnostikern die gleichen Schlüsse gezogen werden, was aber selbst bei objektiv durchzuführenden und auszuwertenden Testverfahren nicht immer der Fall ist. Sogenannte projektive Tests, deren Interpretationsobjektivität besonders gering ist, werden allerdings heute kaum noch zur Personalauswahl verwendet. Gleiches gilt (in Deutschland, nicht aber in Frankreich) für graphologische Gutachten.

Reliabilität

Die Frage nach der *Reliabilität* bezieht sich auf die Genauigkeit oder Meßfehlerfreiheit eines Ergebnisses. Die beiden Grundformen der Reliabilität sind die Stabilität des Meßwerts, die durch Meßwiederholung ermittelt wird, und die Äquivalenz der Aufgaben und Testformen, deren Grad durch Testhalbierung, Konsistenzprüfung oder durch die Anwendung paralleler Formen überprüft wird.

Im Falle der *Stabilität*, der *Retest-Reliabilität*, wird also das gleiche Meßverfahren mehreren Probanden zweimal zu verschiedenen Zeitpunkten vorgegeben. Der Korrelationskoeffizient gibt Aufschluß über die Übereinstimmung der beiden Meßwertreihen. Leider ist die Interpretation nicht immer eindeutig: Hohe Übereinstimmung muß nicht alleine auf hohe Meßgenauigkeit zurückgehen, sie könnte etwa auch darauf zurückzuführen sein, daß sich die Probanden die Aufgaben und ihre Reaktion darauf gemerkt haben. Für geringe Übereinstimmung könnte tatsächlich die geringe Stabilität des Tests verantwortlich sein, aber auch die geringe Stabilität des Merkmals (z. B. politische Meinungen in Abhängigkeit von laufenden politischen Ereignissen). Üblicherweise sieht man ein diagnostisches Verfahren erst als brauchbar an, wenn der Stabilitätswert mindestens $r = .50$, besser aber $r = .70$ oder $.80$ beträgt. Umfangreichere homogene Verfahren liefern höhere Meßwertstabilität, so daß die Erweiterung des Tests um gleichartige Aufgaben zu besseren Ergebnissen führt (für die diesbezüglichen Berechnungen s. Lienert, 1989).

Bei der Methode der *Testhalbierung* oder *Split-half-Reliabilität* werden die Ergebnisse zweier Testhälften miteinander verglichen. Hiervon wird besonders dann Gebrauch gemacht, wenn keine Gelegenheit zur Testwiederholung besteht oder sich diese aus theoretischen (z. B. Erinnerung an die Aufgaben) oder pragmatischen Gründen (z. B. Aufwand) nicht anbietet. Um wirklich vergleichbare Testhälften miteinander vergleichen zu können, trennt man zumeist, speziell bei Leistungstests, nicht in erste und zweite Testhälfte, sondern ordnet abwechselnd jede Aufgabe den beiden Testhälften zu. Dieses Verfahren setzt Unabhängigkeit der Einzelaufgaben voraus, was zwar bei den meisten Tests (im engeren Sinn) gegeben ist, bei den meisten Arbeitsproben und Simulationen hingegen nicht.

Die *interne Konsistenz* eines Tests ist ein Maß für seine Homogenität. Hierbei wird die mittlere Korrelation aller Testitems untereinander bestimmt. Die verbreitete Prüfstatistik hierfür ist Cronbachs Koeffizient Alpha.

Die *Paralleltest-Reliabilität* eines Verfahrens schließlich wird bestimmt, indem man die Ergebnisse zweier als gleichartig gedachter Testformen korreliert. Als parallel werden zwei Formen dann angenommen, wenn sie neben phänomenaler Gleichartigkeit über gleiche Mittelwerte, Varianzen und Kovarianzen verfügen. Im Gegensatz zu den beiden vorgenannten Prüfmethoden läßt sich die Paralleltest-Reliabilität auch an den meisten Simulationsverfahren (z. B. Rollenspielen) untersuchen. Gewähr ist allerdings dadurch nicht gegeben, daß sich die Beteiligung der hinter den beobachteten Verhaltensweisen stehenden Konstrukte nicht verschieben könnte: So mag man im Rahmen eines Assessment Centers zwei Gruppendiskussionen durchführen und hoffen, durch zwei verschiedene Diskussionsthemen das Problem der unmittelbaren Testwiederholung zu umgehen. Es ist aber nicht unwahrscheinlich, daß Merkmale, von denen die Beurteilung in der ersten Durchführung besonders stark abhängt (z. B. Ungehemmtheit), in der zweiten Runde zugunsten anderer Merkmale (z. B. Argumentationsgeschick) an Bedeutung zurücktreten. Was die Höhe der erforderlichen Koeffizienten betrifft, so wird man zwei Testformen kaum als parallel ansehen, wenn ihre Ergebnisse geringer als mit $r = .80$ korreliert sind, also höhere Ansprüche stellen als bei der Prüfung der Stabilität.

Validität

So wichtig das Konzept der Reliabilität auch für die klassische Testtheorie ist - man kann diese in ihren wesentlichen Teilen sogar als Reliabilitätstheorie bezeichnen -, ausreichende Reliabilität stellt doch nur eine notwendige, keine hinreichende Bedingung dafür dar, daß das eigentliche Ziel der Messung erfüllt wird, nämlich korrekten *Aufschluß über die Ausprägung des Merkmals* zu bekommen, das man zu messen beabsichtigt, oder *Voraussagen über künftiges Verhalten* zu treffen. Dies ist eine Frage der *Validität*, und deshalb können wir die Validität auch als den zentralen Begriff der Testtheorie und aller ihrer praktischen

Anwendungen - also auch der Berufseignungsdiagnostik und der Personalauswahl - ansehen.

Nach einer Definition, auf die sich die American Psychological Association (APA) mit einigen anderen Verbänden geeinigt hat, bezieht sich der Begriff Validität auf die *Angemessenheit* (appropriateness), die *Bedeutung* oder *Sinnhaftigkeit* (meaningfulness) und die *Nützlichkeit* (usefulness) der spezifischen Schlüsse, die aus Testwerten gezogen werden. Als deutsche Bezeichnung für Validität wird gewöhnlich das Wort "Gültigkeit" gebraucht; der Bedeutungsgehalt würde allerdings mit den Worten "Brauchbarkeit" oder "Tauglichkeit" besser getroffen. Am besten bleiben wir bei der international gebräuchlichen Bezeichnung Validität, zumal diese recht gut definiert ist (obwohl sie gewissermaßen eine erkenntnistheoretische Kategorie darstellt!).

Definiert ist die Validität vor allem über die Methoden ihrer Überprüfung, die **Validierung**. Validität selbst wird heute als einheitliches Konzept verstanden (Landy, 1986), während man früher "Arten" oder "Typen" von Validität unterschied. Heute spricht man demgegenüber von "Strategien der Validierung" und unterscheidet "Inhaltsvalidierung", "kriterienbezogene Validierung" und "Konstruktvalidierung". Dies entspricht der Unterscheidung von Aufgaben (Items) nach ihrer Charakteristik als Stichproben (samples), Zeichen (signs) oder Teile (parts) (Moser & Schuler, 1989). Wenn man in vielen Texten auch weiterhin die Bezeichnungen "Inhaltsvalidität", "Kriteriumsvalidität" und **"Konstruktvalidität"** findet, so entspricht dies also nicht mehr dem aktuellsten Begriffsverständnis (wenngleich diese sprachliche Differenzierung unter pragmatischen Gesichtspunkten von geringer Bedeutung sein mag.)

Aufgaben als Stichproben: Inhaltsvalidierung

Ziel der Konstruktion eines Auswahlverfahrens kann es sein, Elemente der beruflichen Tätigkeit zu repräsentieren. Das ist relativ unproblematisch, wenn die Schlußfolgerungen sehr operational an das erfaßte Verhalten gebunden bleiben, wenn etwa aufgrund einer Schreibmaschinenprobe auf die Fertigkeit des Maschineschreibens geschlossen wird. Unzulänglich fundiert - also nicht valide - wäre demgegenüber ein Schluß auf die Gesamtqualifikation als Sekretärin, wie im Beispiel in den Abschnitten 1.4.2 und 1.4.3 bereits erläutert wurde. Dieses Beispiel mag auch den Sinn der Aussage illustrieren, Validität sei keine Eigenschaft eines Tests, sondern der Schlüsse, die aus den Testwerten gezogen werden.

Für die inhaltliche Validität gibt es kein einheitliches Maß, sie wird gewöhnlich durch Experteneinschätzung - zumeist nur qualitativ - bestimmt. Deshalb wäre es auch unzulänglich, sich bei der Konstruktion von Auswahlverfahren allein auf inhaltliche Validierung zu stützen (was bei der Ausarbeitung von Simulationen, im Assessment Center und auch im Interview leider oft übersehen wird). Auch wird mitunter die Frage gestellt, ob es überhaupt sinnvoll ist, inhaltsbezogene Validität als eigenständige Kategorie anzusehen und sie nicht vielmehr der Konstruktvalidität unterzuordnen (Moser, 1987).

Insbesondere für Arbeitsproben und für Kenntnisprüfungen ist der inhaltsbezogene Aspekt der Validität von Bedeutung. Zufriedenstellende Validität wird

primär dadurch sichergestellt, daß eine sorgfältige arbeits- und anforderungsana-
lytische Untersuchung der Tätigkeit durchgeführt wird und daß die wichtigsten
(erfolgskritischsten) Anforderungselemente im Auswahlverfahren repräsentiert
sind. Bei Arbeitsproben wird dies um so besser erreicht, je ähnlicher Arbeitsprobe und Zielverhalten einander sind, bei Kenntnistests dadurch, daß sie eine
repräsentative Auswahl der erfolgsrelevanten Wissenselemente enthalten. Das
erreichte Ausmaß an Inhaltsvalidität kann gewöhnlich nicht anders als durch Ex-
pertenurteil bestimmt werden.

Items als Zeichen: Kriterienbezogene Validierung
Die klassische kriterienbezogene Validierungsstrategie dominierte die Forschung
und Literatur zur Personalauswahl seit ihren Anfängen (Guion, 1987). Die Validität eines eignungsdiagnostischen Verfahrens wurde dabei pragmatisch definiert
als die Korrelation mit einem Kriterium. Als Kriterium wird in der Berufseignungsdiagnostik gewöhnlich ein Indikator für Berufsleistung verwendet, in den
meisten Fällen die Leistungsbeurteilung durch den Vorgesetzten. Andere Kriterien können Gehaltshöhe, Beförderungshäufigkeit, Fluktuation, Fehlzeiten oder
Zufriedenheit sein. Eine wichtige Ursache dafür, daß die Höhe der errechneten
Validität häufig unter den Erwartungen bleibt, ist die Unzulänglichkeit der Kriterien, die auch ihrerseits meist nur mäßige Validität beanspruchen können.

Testitems werden bei der kriterienbezogenen Validierung nicht notwendiger-
weise inhaltlich interpretiert, sondern als Zeichen oder Indikatoren des Berufserfolgs oder des Trainingsergebnisses aufgefaßt, die es zu prognostizieren gilt.
Prototyp hierfür ist der biographische Fragebogen, dessen Validierung mittels
empirischer Gewichtung jedes einzelnen Items bereits Bestandteil der Konstruktion ist (s. Kapitel 3). Erstrangiger Auswahlgesichtspunkt ist dann nicht die inhaltliche Ableitung aus der Arbeitsanalyse oder die Zugehörigkeit zu einem
Konstrukt - wie bei der inhaltsbezogenen bzw. konstruktbezogenen Validierung -, sondern die Effizienz des Items.

In dem oben genannten Beispiel der Korrelation zwischen Abiturnoten und
Studienerfolg lautet folglich die Fragestellung nicht "warum", sondern "wie hoch"
die beiden Leistungen zusammenhängen, was für die Zielsetzung der Studienzu-
lassung ausreichen mag. Andere Zielsetzungen könnten hingegen auf die Beantwortung der Frage gerichtet sein, ob es eher gemeinsame Komponenten der
Lernfähigkeit sind, die für die Kovarianz verantwortlich sind, oder vielmehr Leistungsmotivation oder auch die ähnlichen Verstärkungsbedingungen in Schule
und Studium.

Abhängig davon, ob das Kriterium gleichzeitig oder mit zeitlichem Abstand
gegenüber dem Prädiktor erhoben wird, spricht man entweder von *konkurrenter*
oder von *prognostischer* (oder *prädiktiver*) **Validität**. Die prognostische Validität
ist es, wovon der Nutzen eines eignungsdiagnostischen Verfahrens abhängt. Konkurrente Validierungsstudien sind entweder Ersatz für prädiktive Studien oder
sie werden zu Zwecken der Konstruktvalidierung durchgeführt.

Es gibt eine Reihe von Gründen, weshalb diese beiden Strategien kriterien-
bezogener Validierung zu unterschiedlichen Validitätswerten kommen können,

u. a. die Veränderung der Selektionsbedingungen. Empirische Vergleiche kommen aber gewöhnlich zum Ergebnis, daß hinsichtlich der erzielten Koeffizienten nur in Ausnahmefällen wesentliche Unterschiede bestehen (Schmitt, Gooding, Noe & Kirsch, 1984). Differenzen finden sich demgegenüber für verschiedene Arten von Kriterien, weshalb bei Validitätsangaben klargestellt sein sollte, auf welche Kriterien sie sich beziehen. Validierungsstudien sollten vorzugsweise mit mehreren Kriterien arbeiten (Schuler & Schmitt, 1987).

Items als Teile eines Konstrukts: Konstruktvalidierung

Die dritte Validierungsstrategie repräsentiert einen eher theoretischen Ansatz. Die Frage ist hier, welche Merkmale oder Konstrukte durch ein Meßverfahren erfaßt werden. Das scheint auf den ersten Blick kein Problem zu sein, denn ein Intelligenztest sollte doch wohl Intelligenz erfassen und ein Assessment Center Führungsbefähigung, wenn es daraufhin konzipiert wurde. Doch bei genauerer Betrachtung stellt sich heraus, daß im Intelligenztest verschiedene Faktoren der Intelligenz unterschiedlich stark repräsentiert sein können (Jäger, 1984), was bei der praktischen Anwendung zur Folge haben kann, daß ein Test zur Auswahl verwendet wird, der vor allem numerische, also zahlenbezogene, Fähigkeiten mißt, während die beruflichen Anforderungen vorwiegend sprachlicher Art sein mögen. Und ob in dem Assessment Center tatsächlich die erforderlichen Fähigkeiten erfaßt werden, Mitarbeiter und Arbeitsgruppen zu führen - und nicht vor allem die Fähigkeit, sich vor anderen positiv darzustellen -, bedarf auch erst des Nachweises.

Fragen nach der Konstruktvalidität sind zumeist nicht durch das Errechnen eines Prognosekoeffizienten zu beantworten. Das Grundprinzip ihrer Erforschung besteht vielmehr im Aufstellen eines nomologischen Netzwerks, mittels dessen die Bedeutung von Konstrukten für sich und in ihrer Relation zueinander und zu Außenkriterien aufgeklärt wird. Dieses Vorgehen entspricht der wissenschaftlichen Theorieentwicklung und Hypothesenprüfung. Die wichtigsten Methoden der Konstruktvalidierung sind folgende (vgl. Funke & Schuler, 1990):

Die wichtigsten Methoden der Konstruktvalidierung

1. Korrelation mit Außenkriterien

2. Korrelation mit anderen Tests

3. Faktorenanalyse gemeinsam mit Außenkriterien oder anderen Tests

4. Untersuchung von Gruppenunterschieden

5. Experimentelle Variationen

6. Testwiederholung

7. Analyse der Items

Abbildung 12:   Die wichtigsten Methoden der Konstruktvalidierung

Eine in der Eignungsdiagnostik häufig angewandte Methode ist die Prüfung der Konstruktvalidität mittels der *Multitrait-Multimethod-Matrix* (Campbell & Fiske, 1959). Ihr Grundgedanke ist, daß eine diagnostische Methode (z. B. ein Test), die ein bestimmtes Merkmal messen soll (z. B. sprachliche Fähigkeiten), mit einer anderen Methode, von der man erwartet, daß sie das gleiche Merkmal erfaßt (z. B. Lehrerurteil), zu übereinstimmenden Ergebnissen - also zu hohen Korrelationen kommt (*konvergente Validität*). Mit Methoden, die andere Merkmale messen sollen (z. B. mit Konzentrationsleistungstests oder mit Lehrerurteilen über mathematische Fähigkeiten), sollen die Ergebnisse dagegen nicht oder gering korreliert sein (*diskriminante Validität*). Im Kapitel über eignungsdiagnostische Verfahren der Personalauswahl wird über die Anwendung dieser und anderer Methoden der Konstruktvalidierung auf das Assessment Center berichtet.

Metaanalyse

In die Validierungsforschung ist in den letzten Jahren wieder Bewegung geraten, verschiedene neuere Ansätze und Überlegungen werden diskutiert. Ein Überblick über neue methodische und methodologische Entwicklungen in der Berufseignungsdiagnostik findet sich bei Schuler und Guldin (1991). Die wichtigste methodenbezogene Innovation der letzten Jahrzehnte in der Psychologie war die Entwicklung der *Metaanalyse*.

Es wurden verschiedene metaanalytische Verfahren vorgeschlagen; die für die psychologische Eignungsdiagnostik brauchbarste Variante ist die Methode der **Validitätsgeneralisierung** nach Schmidt und Hunter (1977; umfassende Darstellung bei Hunter & Schmidt, 1990). Grundprinzip dieser Methode ist die Zusammenfassung von Einzelstudien zur gleichen Fragestellung. Dadurch wird nicht nur ein größerer Stichprobenumfang erzielt, sondern es wird erkennbar, daß Unterschiede zwischen einzelnen Ergebnissen hauptsächlich auf Stichprobenfehler und andere Artefakte zurückgehen.

Diese Erkenntnis war für Psychologen eine große Herausforderung (und ist es für viele noch immer), gehört doch der Glaube an die **differentielle Validität** und an Moderatoreffekte zu ihren unerschütterlichsten Annahmen. Doch wenn der gleiche Test in dem einen Unternehmen eine Prognose mit $r = .20$, in dem zweiten mit $r = .40$ ermöglicht, dann ist die beste Erklärung hierfür eben nicht - das hat uns die Metaanalyse gelehrt -, daß in beiden Organisationen unterschiedliche Bedingungen für die Testanwendung herrschen, folglich auch in jedem Anwendungsfall neue Validierungsstudien erforderlich sind, sondern die wahrscheinlich richtige Erklärung lautet, daß sich beide Korrelationskoeffizienten nur in ihren Meßfehleranteilen, nicht aber in ihren wahren Werten voneinander unterscheiden, die tatsächliche Validität also generell ist, nicht differentiell (daher der Name der statistischen Methode). (Daß andererseits die Validität eines Auswahlverfahrens doch von vielerlei Bedingungen abhängen kann - z. B. von Personengruppen, von der Durchführungsqualität und von den Kriterien zur Überprüfung -, werden wir uns im Laufe dieses Texts erarbeiten.)

Durch die Summierung vieler Einzelstudien mittels Validitätsgeneralisierung können folgende Artefakte eliminiert werden (da sie Zufallsfehler darstellen, sich also durch große Zahlen ausgleichen):

Die wichtigsten Fehlerquellen, die mittels Validitätsgeneralisierung eliminiert werden können

- Stichprobenfehler aufgrund zu geringer Stichprobengrößen

- Attenuation (Minderung, Schrumpfung) von Ergebnissen, die durch Meßfehler in den unabhängigen und den abhängigen Variablen zustandekommen

- Attenuation von Ergebnissen, die durch Dichotomisierung der unabhängigen und abhängigen Variablen zustandekommen

- Streuung von Ergebnissen, die durch unterschiedliche Meßbereichseinschränkungen der unabhängigen Variablen verursacht sind (z. B. Vorselektion)

- Abnutzungsartefakte der abhängigen Variablen (selektiver Verlust von Probanden)

Abbildung 13:   Die wichtigsten Fehlerquellen, die mittels Validitätsgeneralisierung eliminiert werden können (nach Hunter & Schmidt, 1990)

Die Angemessenheit metaanalytischer Methoden zur Zusammenfassung von Einzelstudien wurde oft angezweifelt, u. a. mit der Warnung "garbage in - garbage out" und mit dem Äpfel-und-Birnen-Argument. Diese und andere Argumente sind ernst zu nehmen, aber sie besagen ja nur, daß statistische Methoden nicht gedankenlos angewandt werden dürfen - dies gilt für die Validitätsgeneralisierung wie für jede andere Methode (auch ein t-Test nimmt einem das Äpfel-und-Birnen-Problem nicht ab, und erst recht nicht der intuitive "qualitative" Vergleich von Resultaten). Letztlich führt kein Weg an der Einsicht vorbei: Wenn es stimmt, daß die statistische Behandlung von Daten der intuitiven Verwertung überlegen ist - und dies wurde regelmäßig nachgewiesen -, dann muß gleiches auch für die Kombination der Ergebnisse aus mehreren Studien gelten.

Die gründlichste Diskussion pro und kontra Metaanalyse wurde übrigens 1985 in einem Heft der Zeitschrift *Personnel Psychology* geführt (Schmidt, Pearlman, Hunter & Hirsh, 1985; Sackett, Tenopyr, Schmitt, Kehoe & Zedeck, 1985). Die fachinterne Debatte wird seither auf hohem methodischem Niveau weitergeführt, beispielsweise zur Frage, wie differentielle Validität - also Validitätsvarianz, die auf Situationsbedingungen zurückgeht - identifiziert werden kann (z. B. Murphy, 1993). Das Vorgehen bei einer metaanalytischen Studie wird an einem konkreten Beispiel bei Funke, Krauß, Schuler und Stapf (1987) geschildert.

Wichtig für die Forschung ist nicht nur, daß metaanalytische Methoden zur besseren Datenverwertung beitragen, sondern vielleicht noch mehr, daß sie kumulative Erkenntnis ermöglichen, die bisher durch rigide Orientierung an der Signifikanzstatistik verhindert wurde. Psychologen und andere quantitativ arbeitende Sozialwissenschaftler sind zumeist sehr bemüht, Fehler erster Art zu vermeiden, d. h. Hypothesen als gültig anzunehmen, die in Wirklichkeit nicht zutreffen. Viel weniger bekümmert sie, daß sie gleichzeitig folgenschwere Fehler zweiter Art begehen, also Annahmen verwerfen, obwohl sie zutreffen.

Wenn beispielsweise von zehn Untersuchungen aufgrund kleiner Stichproben die Effektstärken sechsmal knapp unter dem Signifikanzniveau von 5 % bleiben, wird gewöhnlich der Schluß gezogen, es liege "kein signifikanter" Effekt vor. Tatsächlich könnte eine Zusammenfassung eine verläßliche und generalisierbare Effektstärke nachweisen und damit die mit großem Zeit- und Kostenaufwand durchgeführte Forschung tatsächlich in Erkenntnisgewinn umsetzen. Im genannten Beispiel würde eine alternative Interpretation wahrscheinlich ebenso zu falschen Schlüssen führen, nämlich anzunehmen, daß die 4 Fälle, die ein signifikantes Ergebnis vorweisen, sich von den anderen Fällen unterscheiden - die Wahrscheinlichkeit ist größer, daß nur Stichprobenfehler für den Unterschied verantwortlich sind (Schmidt, 1992).

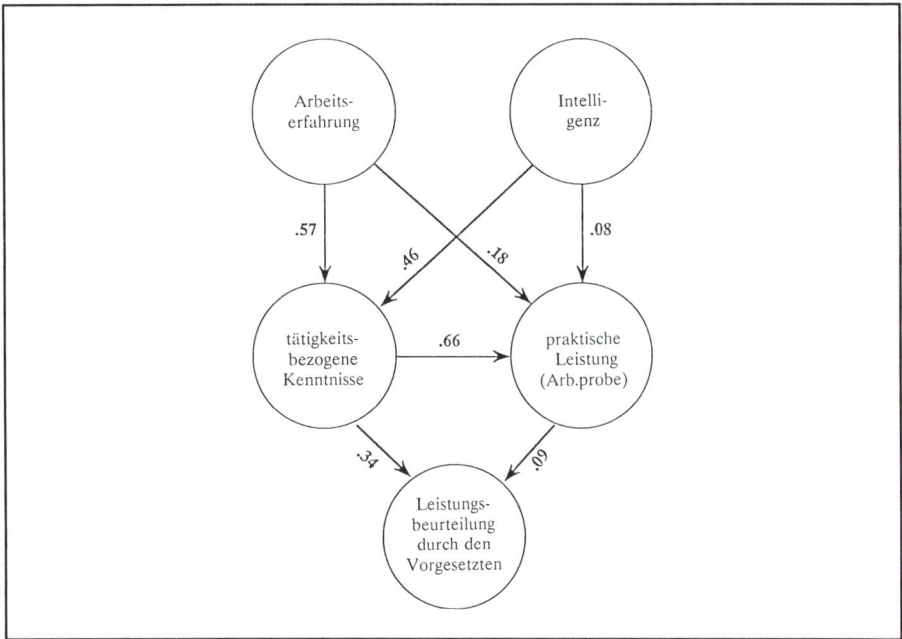

Abbildung 14: Ein pfadanalytisches Modell der Leistung und Leistungsbeurteilung (Schmidt, Hunter & Outerbridge, 1986, S. 437; übs. modifizierte Darstellung aus Schmidt, 1992, S. 1179)

Ein weiterer Nutzen der Metaanalyse besteht darin, daß sie zur Theoriebildung beitragen kann, also zum Auffinden kausaler Beziehungen unter den beobachteten Größen und zu deren integrierender Darstellung. Zur Illustration kann ein Beispiel von Schmidt, Hunter und Outerbridge (1986) dienen, in dem die Wirkungen der Intelligenz und der Erfahrung auf Kenntnisse, Leistung in Arbeitsproben und schließlich auf die Leistungsbeurteilung untersucht wird (Abbildung 14).

Die Pfadkoeffizienten in Abbildung 14 zeigen, daß der Haupteinfluß der Intelligenz auf die Arbeitsleistung indirekt zustandekommt, nämlich über den besseren Erwerb tätigkeitsbezogener Kenntnisse. Auch ist aus der Darstellung ersichtlich, daß die Leistungsbeurteilung durch die Vorgesetzten (in diesem Fall) in stärkerem Maße auf den Kenntnissen der Mitarbeiter basiert als auf ihren praktischen Leistungen. Die Metaanalyse kann also zu dem beitragen, worum sich die psychologische Eignungsdiagnostik in ihrem Kern bemüht - zur Erarbeitung einer psychologischen Theorie beruflichen Erfolgs.

2 Der Kontext der Personalauswahl

Bevor wir die Methoden erörtern, die eingesetzt werden können, um Eignungsmerkmale zu erfassen, sind noch die wichtigsten Aspekte des Kontexts zu besprechen, in dem oder für den Personalauswahl stattfindet. Primär handelt es sich dabei um den Arbeitsplatz und das Aufgabenfeld, für die Eignung festgestellt werden soll. Es sind also die Tätigkeiten zu analysieren und die Anforderungen abzuleiten, die an Bewerber gestellt werden. Darüber hinaus ist zu überlegen, welche Charakteristika der Organisation als ganze von Bedeutung für die Auswahl sind und inwiefern weltanschauliche Rahmenbedingungen Auswahlprozesse begünstigen oder erschweren und ihre konkrete Ausgestaltung beeinflussen.

2.1 Arbeits- und Anforderungsanalyse

"Eignung" heißt im Prinzip immer "Eignung wofür". Wie in der Einleitung dieses Texts ausgeführt, ist dieses "Wofür" - konkretisiert als Berufsweg, als Tätigkeitsfeld, als Organisation oder als Arbeitsplatz - in einer Weise zu beschreiben, daß es den relevanten Merkmalen von Personen gegenübergestellt werden kann (s. Abbildung 1). Im Falle der Tätigkeit stehen vielfältige Methoden der *Arbeits-* und *Anforderungsanalyse* zur Verfügung. Häufig werden diese Begriffe synonym gebraucht; demgegenüber scheint es aber zweckmäßig, den Arbeitsplatz in Situationsbegriffen zu beschreiben und hierfür den Terminus *Arbeitsanalyse* zu verwenden, für den Übergang zur Beschreibung in Personbegriffen dagegen den Ausdruck *Anforderungsanalyse* zu gebrauchen (Schuler & Funke, 1995, S. 237). Die für die Eignungsdiagnostik wichtigsten Arten von Anforderungen - nicht immer scharf trennbar - sind:

- Eigenschaftsanforderungen (z. B. Fähigkeiten und Interessen)
- Verhaltensanforderungen (z. B. Fertigkeiten und Gewohnheiten)
- Qualifikationsanforderungen (z. B. Kenntnisse und Fertigkeiten)
- Ergebnisanforderungen (z. B. Problemlösungen und Qualitätsstandards)

Zur Bestimmung von Anforderungen und Befriedigungsangeboten stehen grundsätzlich drei Wege zur Verfügung (Eckardt & Schuler, 1992, S. 536f.):

"Die *erfahrungsgeleitet-intuitive Methode* kommt zur Abschätzung der Anforderungen und Befriedigungsangebote der Berufe sowie der korrespondierenden Personmerkmale, indem sie sich mit den Eigentümlichkeiten der Berufe beschäftigt, nämlich mit den in ihnen auszuübenden Tätigkeiten, dem "Material" der Tätigkeiten (Werkstoffen, Daten, Menschen), den Werkzeugen oder sonstigen Hilfsmitteln, den Umweltbedingungen physischer, psychischer und sozialpsychologischer Art, den Auslese-, Ausbildungs- und Aufstiegsbedingungen."

Diese Methode findet vor allem im Rahmen der Berufsberatung am Arbeitsamt Anwendung, ist aber durchaus auch in Unternehmen bei der Auswahl von Mitarbeitern noch verbreitet. Sie setzt große Erfahrung sowohl mit der Seite der Arbeitstätigkeit (und deren organisationaler Einbettung) als auch mit den Menschen als Ratsuchenden oder Bewerbern voraus. Ist ein solches Maß an Erfahrung vorhanden, können auf diesem Wege durchaus Zuordnungen zustandekommen, die auch kritischen empirischen Überprüfungen standhalten (Hirsh, Schmidt & Hunter, 1986). Vor allem bei geringerer Erfahrung und sich verändernden Anforderungen ist dagegen die Ergänzung um empirische Methoden günstig oder gar unentbehrlich.

"Die *arbeitsplatzanalytisch-empirische Methode* untersucht die beruflichen Tätigkeiten und Situationen mittels formalisierter Vorgehensweisen (Fragebogen) an konkreten Arbeitsplätzen. Anschließend kann man versuchen, die an einer Reihe von Arbeitsplätzen gewonnenen Ergebnisse zu Aussagen über den betreffenden Beruf zusammenzufassen. Die Übersetzung der ermittelten Tätigkeitselemente in Personmerkmale erfolgt auch hier durch Einschätzung. Diese wird jedoch für alle Tätigkeiten und Situationen an Arbeitsplätzen in den unterschiedlichen Berufen im voraus durchgeführt, so daß der Übergang von den Tätigkeitselementen zu den Ausprägungsgraden der Personmerkmale *am einzelnen Beruf* streng formalisiert abläuft und dem Einfluß von stereotypen Berufsvorstellungen damit keinen Raum gibt (vgl. Hoyos & Frieling, 1977). Bei der Skalierung der Personmerkmale treten allerdings Probleme auf, die bis heute nicht vollständig gelöst sind (vgl. Hoyos, 1986)."

Trotz der genannten Schwierigkeiten hat sich dieser Weg als die Methode der Wahl in den meisten Fällen herausgebildet. Er wird deshalb im weiteren noch genauer dargestellt. Die dritte Art des Vorgehens ist die personbezogen-empirische Methode.

"Die *personbezogen-empirische Methode* versucht, über die statistischen Zusammenhänge zwischen den Merkmalen der in einem

> Beruf tätigen Personen einerseits, Kriterien wie Leistungshöhe und Berufszufriedenheit andererseits die Anforderungen und Befriedigungsangebote nach Art und Höhe zu bestimmen. Wo der Gewinnung der benötigten Daten Hindernisse entgegenstehen, behilft man sich gewöhnlich damit, die Merkmalsausprägungsgrade der im Beruf tätigen und dort erfolgreichen und zufriedenen Personen, oder, wo auch dies nicht möglich ist, die Merkmalsausprägungen *aller* im Beruf angetroffenen Personen zu erheben."

Diese Methode ist naturgemäß weniger geeignet, wenn es sich um Personmerkmale handelt, die in starkem Maße durch Übung und Training beeinflußt werden oder gar erst dadurch zustandekommen, wie Kenntnisse und Fertigkeiten. Im Falle von Fähigkeiten und Temperamentseigenschaften ist dieses Problem geringer. In diesem Fall tritt allerdings ein Selektionsproblem dergestalt auf, daß durch die vormalige Auswahl der Bewerber zum Untersuchungszeitpunkt nur Personen zur Verfügung stehen, die über bestimmte Merkmale bzw. Merkmalsausprägungen verfügen. Bei der durchschnittlichen Stichprobengröße von N = 70 Personen ist damit zu rechnen, daß aufgrund der Vorselektion nur die Hälfte der an sich validen Prädiktoren identifiziert werden kann (Sackett & Wade, 1983).

In gleicher Weise wirkt die Selbstselektion der Bewerber oder Ratsuchenden. Sie kann sich, beispielsweise aufgrund variierender Arbeitsmarktbedingungen, zum Zeitpunkt der Anwendung eignungsdiagnostischer Instrumente stark von der Selbstselektion unterscheiden, die der Auswahl der derzeit in der Organisation vorfindbaren Mitarbeiter zugrundelag. Die Kenntnis solcher Bedingungen wiederum ist Bestandteil der erfahrungsgeleitet-intuitiven Methode der Anforderungsanalyse und verweist auf deren - ergänzende - Bedeutsamkeit.

Die Ergebnisse der Studien zur Validitätsgeneralisierung haben zwar die generelle Erforderlichkeit von Arbeits- und Anforderungsanalysen etwas relativiert, die Entscheidung über ihre Anwendbarkeit auf den gegebenen Fall erfordert allerdings wiederum Übersicht und Erfahrung. Im Regelfall gilt die spezifische Bestimmung der Anfordungen als angemessen, als Methode der Wahl wird heute in den meisten Fällen eines der arbeitsplatzanalytisch-empirischen Verfahren angesehen bzw., dem Gedanken der **Multimodalität** folgend, mehrere verschiedene dieser Verfahren. Dafür, auf die Durchführung einer Anforderungsanalyse im Einzelfall nicht zu verzichten, spricht auch die mehrfach gefundene höhere Validität derjenigen Studien, in denen anforderungsanalytisch vorgegangen wurde (McDaniel et al., 1986; Tett et al., 1991).

Als *Quellen arbeitsanalytischer Information* kommt grundsätzlich alles in Frage, was Aufschluß über Art, Bedingungen und Konsequenzen der Tätigkeit sowie der daraus abzuleitenden Anforderungen und **Leistungskriterien** bieten kann. Die wichtigsten Informationsquellen, bezogen auf die Durchführenden und die Analysemethoden, sind in Abbildung 15 zusammengestellt.

Hauptinformationsquellen der Arbeitsanalyse

A. Durchführende
   1. Arbeitsplatzinhaber
   2. Vorgesetzte
   3. Arbeitsanalytiker

B. Analysemethoden
   1. Beobachtung
   2. Mündliche Befragung/Interview
   3. Fragebogenerhebung
   4. Beschäftigung mit dem Arbeitsmaterial
   5. Auswertung schriftlichen Materials
   6. Arbeitsausführung durch den Arbeitsanalytiker

Abbildung 15:   Hauptinformationsquellen der Arbeitsanalyse

Die Kategorisierung arbeitsanalytischer Verfahren ist auf vielerlei Weise möglich (z. B. nach dem Grad der Standardisierung, nach dem Durchführenden oder nach dem Detaillierungsgrad). Speziell für eignungsdiagnostische Zwecke bietet sich die Unterscheidung *aufgabenbezogener, verhaltensbezogener* und *eigenschaftsbezogener* Verfahren an, nachdem sie die Zuordnung von Kriterien des Berufserfolgs und von eignungsdiagnostischen Verfahren ermöglicht, deren analoge Unterscheidung sich als zweckmäßig erwiesen hat (Abbildung 16). Eignungsdiagnostik und Leistungsbeurteilung können auf diese Weise unmittelbar auf die Arbeitsanalyse bezogen und durch diese begründet werden.

Aufgabenebene
Arbeitsanalyse auf der *Aufgabenebene* bedeutet, daß die objektiven Tätigkeiten oder Tätigkeitselemente (je nach Detaillierungsgrad) beschrieben werden. Analyse dieser Art wird zumeist mittels sogenannter Aufgabeninventare betrieben, deren Items eine Beurteilung bezüglich der Bedeutung der betreffenden Aufgabe, ihrer Häufigkeit, Schwierigkeit oder anderer Gesichtspunkte verlangen. Je detaillierter die Beschreibung der Tätigkeit erfolgt, desto eher bedarf es eines speziellen Inventars und desto schwieriger sind Vergleiche mit anderen Arbeitsplätzen. Auch führt eine sehr detaillierte Beschreibung der Arbeitstätigkeit leicht zur Überdifferenzierung für eignungsdiagnostische Zwecke. Hierfür eignen sich eher Verfahren, die geeignet sind, die allgemeineren, typischeren Charakteristika eines Arbeitsplatzes herauszuarbeiten (Schmidt, Hunter & Pearlman, 1981). Andererseits erlaubt eine detaillierte Arbeitsanalyse auf der Aufgabenebene die Ausarbeitung analoger eignungsdiagnostischer *Arbeitsproben* oder *Simulationen*, die den spekulativen "Umweg" über erfolgsrelevante Eigenschaften nicht nötig machen, um zu einer Eignungsdiagnose zu kommen. Bei den Beurteilungsverfahren entspricht diesem Ansatz die Feststellung von *Leistungsergebnissen*.

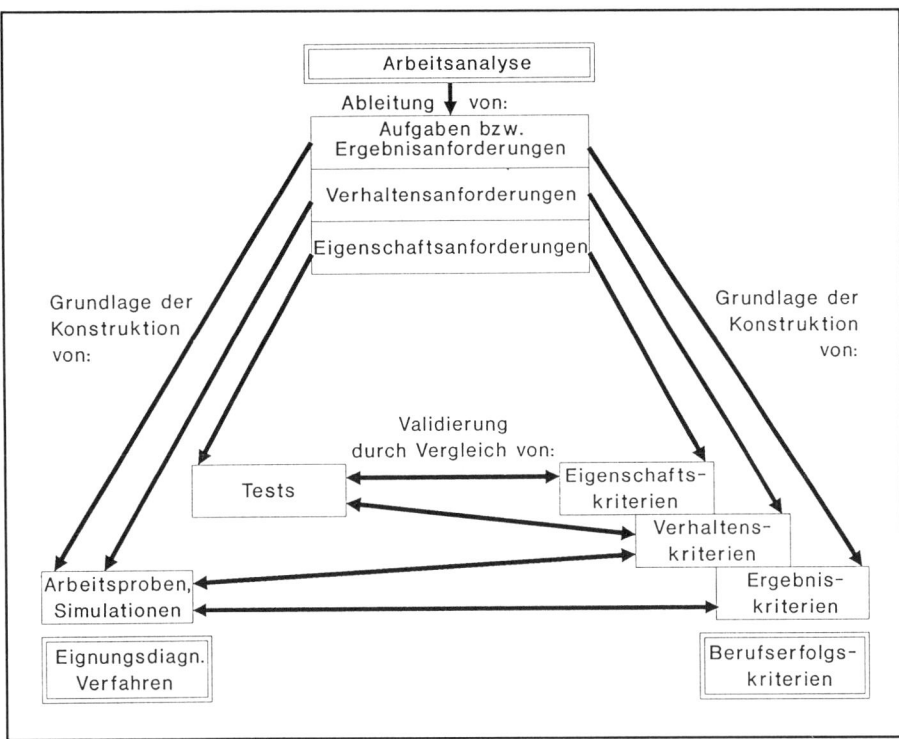

Abbildung 16:   Beschreibungsebenen eignungsdiagnostisch relevanter Instrumente (nach Funke, in Vorbereitung; aus Schuler & Funke, 1995, S. 238)

Verhaltensebene
Die wohl verbreitetste und methodisch reichhaltigste Form der Arbeitsanalyse findet sich auf der *Verhaltensebene.* Analyseverfahren, die verhaltensbezogen formuliert sind, bieten besonders viele Anwendungsmöglichkeiten, darunter die Arbeitsgestaltung, Berufsklassifikation, Personalentwicklung sowie eben die Auswahl von Mitarbeitern. Für diese bietet sich die Konstruktion diagnostischer Verfahren als Arbeitsproben und Simulationen an, für die Leistungsbeurteilung entsprechend die Festlegung verhaltensbezogener Erfolgskriterien. Ein Beispiel für ein *standardisiertes* Verfahren, das gleichzeitig *arbeitsplatzübergreifende* Verhaltensbeschreibungen liefert (dessen Items teilweise allerdings auch aufgaben- und eigenschaftsbezogen formuliert sind), ist der *Position Analysis Questionnaire* (*PAQ,* McCormick & Jeanneret, 1988) bzw. dessen deutsche Übertragung *Fragebogen zur Arbeitsanalyse* (*FAA,* Frieling & Hoyos, 1978). Der FAA ist in vier Hauptteile gegliedert - Informationsaufnahme und -verarbeitung, Arbeitsausführung, arbeitsrelevante Beziehungen sowie Umgebungseinflüsse und besondere Arbeitsbedingungen - und umfaßt insgesamt 221 Items oder Arbeitselemen-

te. Die Beurteilungen jedes Arbeitselements durch den Arbeitsanalytiker erfolgt mittels sogenannter Einstufungsschlüssel, wobei in den meisten Fällen nach "Häufigkeit", "Wichtigkeit" oder "Zeitdauer" eingestuft wird, in manchen Fällen auch nach speziellen, jeweils der Fragestellung angemessenen Beurteilungsaspekten. Einen Ausschnitt aus dem FAA gibt Abbildung 17 wieder.

Informationsaufnahme und Informationsverarbeitung

Arbeitselement 1.01 bis 1.66

Quellen der Arbeitsinformation

Hinweis zur Einstufung der Arbeitselemente 1.01 bis 1.20

Stufen Sie die Arbeitselemente danach ein, wie häufig sie als Informationsquellen vom Stelleninhaber benutzt werden, um die Aufgaben erfolgreich erledigen zu können.

Die Häufigkeit soll dabei auf die Gesamtheit aller am Arbeitsplatz auftretenden Arbeitsprozesse bezogen werden.

Schlüssel (H)	Häufigkeit
0	trifft nicht zu
1	sehr selten
2	selten
3	mittel
4	häufig
5	sehr häufig

Optische Quellen der Arbeitsinformation

Wie häufig dient *gedrucktes, maschinengeschriebenes* oder *in Druckschrift geschriebenes Material*   H 1.01

(z.B. Bücher, Zeitschriften, Zeitungen, Berichte, Dienstschreiben, Texte oder Briefe)

als Quelle der Arbeitsinformation?

Wie häufig dient *handgeschriebenes Material*   H 1.02

(z.B. Entwürfe für Briefe, Notizen, handschriftliche Anweisungen oder Stenogramme)

als Quelle der Arbeitsinformation?

Abbildung 17:   Ausschnitt aus dem *Fragebogen zur Arbeitsanalyse* (Frieling & Hoyos, 1978)

Die Zuverlässigkeit des Verfahrens, gemessen als Beurteilerübereinstimmung, liegt bei $r = .80$, wobei hiervon ein erheblicher Anteil auf die nahezu perfekt übereinstimmende Skalierung der "trifft nicht zu"-Kategorie zurückgeht. Wie eine Simulationsstudie von Harvey und Hayes (1986) zeigte, errechnet sich für den PAQ bereits allein aus einem Anteil von 21 % "trifft-nicht-zu"-Items eine Reliabilität von $r = .50$. Der FAA ist zwar zur Analyse einer Vielfalt verschiedener Berufstätigkeiten geeignet, viele andere - insbesondere komplexere und abstraktere - Aufgaben können aber nicht vollständig beschrieben werden (Moser, Donat, Schuler & Funke, 1989).

Ein anderes verbreitetes Verfahren ist die *Methode kritischer Ereignisse* (*Critical Incident Technique, CIT*). Dieses Instrument, ursprünglich als Verfahren der Leistungsbeurteilung konzipiert (Flanagan, 1954), gehört zur Gruppe der *arbeitsplatzspezifischen* Verfahren. Die Standardisierung beschränkt sich auf die Vorgabe einiger weniger Fragen, um die Bedingungen erfolgskritischen Verhaltens zu erfassen, wobei selbst für diese Fragen verschiedene Varianten möglich sind (Bownas & Bernardin, 1988). Eine typische Formulierung dieser Fragen wird in Abbildung 18 vorgestellt.

Erläuterung zur Formulierung Kritischer Ereignisse (Verfahrensbeispiel)

Denken Sie an ein Beispiel für das Arbeitsverhalten eines Mitarbeiters, das besonders effektive oder besonders ineffektive Arbeitsweise veranschaulicht. Beschreiben Sie die Situation und das fragliche Verhalten möglichst konkret. Stellen Sie sich dazu die folgenden Fragen:

- Was waren die Umstände oder Hintergrundbedingungen, die zu diesem Verhalten führten?

- Beschreiben Sie das konkrete Verhalten des Mitarbeiters. Was war besonders effektiv oder ineffektiv an diesem Verhalten?

- Was waren die Konsequenzen dieses Verhaltens?

Abbildung 18:   Erhebung erfolgskritischer Ereignisse

Das Ergebnis besteht aus der Schilderung erfolgsrelevanten ("kritischen") Arbeitsverhaltens, das sich in günstigen Fällen unmittelbar als Material für eignungsdiagnostische Aufgaben, z. B. situative Fragen, eignet. Nachdem sich Verhaltensweisen in der Regel um so besser trainieren lassen, je spezifischer die Verhaltensaspekte gewählt werden, bietet sich hiermit auch gutes Ausgangsmaterial für die Personalentwicklung (die ja, besonders in Fällen interner Personalauswahl, oft mit der Diagnose gekoppelt ist).

Zur Sammlung erfolgskritischer Ereignisse (man könnte sie im Deutschen auch als *Schlüsselereignisse* bezeichnen) können Dimensionen der jeweils interessierenden Ausschnitte oder Bündelungen des gesamten Arbeitsverhaltens - entweder vorgegeben oder anschließend mittels statistischer Gruppierungsmethoden oder im Expertenkonsens - bestimmt werden. Die Bestimmung psychometrischer Gütekriterien ist (eingeschränkt) möglich, aber eher unüblich. In Fällen neuer Anwendungsfelder (vgl. z. B. Funke, in Vorbereitung; Schuler et al., 1995) kann es angemessen sein, zunächst mittels CIT die Gesamtmenge erfolgsrelevanter Verhaltensweisen zu sammeln, um auf dieser Basis ein standardisiertes Analyseinstrument zu entwickeln.

Bedeutsamkeit und Erfüllungsgrad von Anforderungen

Frage 1: Bitte kreuzen Sie an, wie bedeutsam die folgenden Anforderungen für die erfolgreiche Erfüllung der Aufgaben im Brauereiaußendienst sind.

Frage 2: In welchem Maße werden die einzelnen Anforderungen im allgemeinen von Ihren
Mitarbeitern im Außendienst erfüllt?

		Frage 1 Bedeutsamkeit	**Frage 2** Anforderungen erfüllt

Ein Mitarbeiter im Brauereiaußendienst sollte ...

trifft nicht zu / gering / mittel / hoch / sehr hoch / extrem hoch / unzureichend / teilweise / vollständig

1. die Augen und Ohren für den Markt offen halten   0   1--2--3--4--5

2. imstande sein, schnell das Wesentliche zu erkennen   0   1--2--3--4--5

.
.
.

12. andere Menschen richtig einschätzen können   0   1--2--3--4--5

13. zuverlässig und diszipliniert arbeiten   0   1--2--3--4--5

14. vertrauenswürdig, glaubwürdig, integer sein   0   1--2--3--4--5

.
.
.

72. geschickt und einfallsreich argumentieren, sich klar ausdrücken   0   1--2--3--4--5

73. Gespräche ruhig und besonnen führen, sich nicht vom Ziel abbringen lassen   0   1--2--3--4--5

74. Chancen ergreifen und abschlußorientiert handeln   0   1--2--3--4--5

Abbildung 19:   Das Anforderungsanalyseverfahren "Bedeutsamkeit und Erfüllungsgrad von Anforderungen" am Anwendungsbeispiel
Brauereiaußendienst (Ausschnitte)

Ein jüngst entwickeltes Verfahren der Anforderungsanalyse (bisher unveröffentlicht) arbeitet mit der Kombination von CIT als qualitativer Methode und einem Verfahren der standardisierten Verhaltens- und Fähigkeitsbeschreibung. Der standardisierte Teil enthält Aussagen, die aufgrund von Stellenbeschreibungen, Interviews, Unterlagen zur Weiterbildung und anderem anforderungsrelevanten Material zusammengestellt werden. Die Zahl der Aussagen bestimmt sich nach der Vielfalt der Anforderungen und nach dem erwünschten Differenzierungsgrad. Jede Anforderung wird bezüglich ihrer Bedeutsamkeit für die betreffende Tätigkeit eingeschätzt sowie danach, inwieweit sie von den derzeitigen Mitarbeitern im Durchschnitt erfüllt wird. Einer der bisherigen Anwendungsfälle dieses Verfahrens war der Brauereiaußendienst. Hier diente das Verfahren als Grundlage der Entwicklung eines Auswahlverfahrens für Verkaufsmitarbeiter. Einige Beispielitems aus diesem Anwendungsfall werden in Abbildung 19 vorgestellt.

Eigenschaftsebene
Die dritte mögliche Ebene der Anforderungsbeschreibung ist die der Formulierung von *Fähigkeiten* und anderen *Eigenschaften*, die für die erfolgreiche Ausführung einer Arbeitstätigkeit von Interesse sind. Psychologische *Testverfahren* entsprechen dem bei den persondiagnostischen Meßverfahren, indem sie psychologische Konstrukte erfassen, *Eigenschaftsbeurteilungen* bei der Erhebung von Kriteriendaten.

Schwierig ist die verläßliche Bestimmung der Anforderungen auf der Eigenschaftsebene. Die schlichteste Variante, wie sie nur allzu oft in Unternehmen und Bildungsorganisationen praktiziert wird, Listen von Eigenschaften intuitiv zusammenzustellen und als "Anforderungsprofile" auszugeben, ist gewöhnlich wertlos. Gerade auf der Eigenschaftsebene ist es nur dann von eignungsdiagnostischem Nutzen, erfahrungsgeleitet-intuitiv vorzugehen, wenn den Einschätzungen tatsächlich eine umfangreiche Basis an anforderungsbezogenem Wissen zugrunde liegt, ergänzt um die Kenntnis der Relationen zwischen den Eigenschaftskonstrukten. Information über diese Relationen wird beispielsweise durch die faktorenanalytische Intelligenz- und Persönlichkeitsforschung zusammengetragen.

Als Grundlage *ganzheitlicher Einschätzung* von Arbeitsplätzen wurden in der arbeitsanalytischen Forschung verschiedene Listen von Eigenschaften zusammengestellt. Ein Beispiel hierfür sind die Ability Requirement Scales von Fleishman und Quaintance (1984), die kognitive, psychomotorische und physische Fähigkeiten umfassen. Ein anderer Weg besteht in der *Synthetisierung* eigenschaftsbezogener Anforderungsprofile auf der Basis einer Arbeitsanalyse. Dieser Weg wird beschritten, wenn mit Hilfe des PAQ bzw. FAA Eigenschaftsanforderungen bestimmt werden sollen. Hierfür wird für jedes der relevanten Arbeitselemente die Bedeutung eingeschätzt, die jede aus einer Liste von 59 Eigenschaften hat. Diese Zuordnungen sind, wie Brandstätter (1982) vermerkt, als Hypothesen aufzufassen, die letztlich einer Überprüfung bedürfen, auch wenn sie von Experten vorgenommen wurden. Als Ergebnis der Einschätzungen entsteht eine Matrix, welche die Fähigkeits- und Interessendimensionen enthält (FI in Abbildung 20). Jedes Element w_{jk} der Matrix W stellt die Einschätzung der Wichtigkeit der FI-Dimension k für das Arbeitselement j dar (Mittelwert aus mehreren Expertenurteilen).

Synthetisierung eigenschaftsbezogener Anforderungsprofile

Bestimmung der für spezifische Arbeitsplätze (AP) benötigten Fähigkeiten und Interessen (FI). Die Verknüpfung (V × W = X) der Beschreibung von m Arbeitsplätzen in n Arbeitselementen (Matrix V) mit der Einschätzung von n Arbeitselementen in p Fähigkeits- und Interessendimensionen (Matrix W) ergibt für m Arbeitsplätze die Wichtigkeit von p Fähigkeits- und Interessendimensionen (Matrix X).

AP Arbeitsplätze   AE Arbeitselemente   FI Fähigkeiten und Interessen

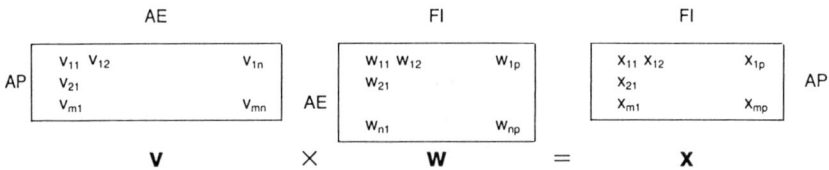

Beschreibung von 3 Arbeitsplätzen anhand von 4 Arbeitselementen (Matrix V). Dieselben 4 Arbeitselemente werden in Matrix W hinsichtlich der dafür bedeutsamen Fähigkeits- und Interessendimensionen eingeschätzt. Die Multiplikation beider Matrizen ergibt die Wichtigkeit dieser Fähigkeits- und Interessendimensionen an den 3 Arbeitsplätzen (Matrix X).

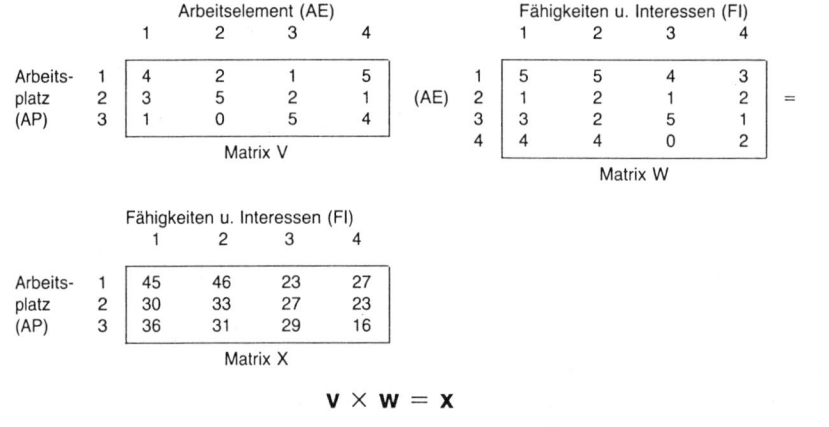

Abbildung 20:   Bestimmung der für spezifische Arbeitsplätze benötigten Merkmale (aus Brandstätter, 1982, S. 27 und 29)

Diese Matrix läßt sich mit jeder Arbeitsplatzanalyse verknüpfen, die mit dem FAA durchgeführt wurde. Neben dem Vertrauen in die Analyseergebnisse selbst und in die Zuordnungen von Eigenschaften zu Arbeitselementen wird hierbei vorausgesetzt, daß diese Zuordnungen unabhängig vom Kontext gültig sind, also für jeden Arbeitsplatz zutreffen. Das Prinzip und ein Beispiel für dieses Vorgehen wird in Abbildung 20 dargestellt.

Leider wird die Vielfalt arbeits- und anforderungsanalytischer Möglichkeiten (z. B. Gael, 1988; Hacker, 1995), das sei zum Abschluß dieses Abschnitts nochmals festhalten, in der Berufseignungsdiagnostik nur unzureichend genutzt, und noch ist die Verknüpfung der Welt der Arbeit mit der Welt der Personen (Dunnette) fast mehr Kunst als Wissenschaft. Zu befriedigenden Ergebnissen wird diese Kunst aber nur dann führen, wenn sie auf der Basis solider Kenntnis der relevanten Ausschnitte dieser beiden Welten ausgeübt wird. In den meisten Fällen ist man gut beraten, mehrere unterschiedliche Verfahren einzusetzen.

Zum Teil dürfte die bislang noch unzureichende Nutzung der eignungsbezogenen Arbeitsanalyse an ihren noch ungelösten methodischen Problemen liegen (Funke, in Vorbereitung; Schuler, 1989f), unter denen unzulängliche oder unbeachtete psychometrische Gütekriterien (v. a. Reliabilität und Validität) nur ein besonders herausgehobenes sind (Moser et al., 1989). Landy (1993) zeigt, daß die Ergebnisse von Arbeitsanalysen auch von den Persönlichkeitsmerkmalen der Respondenten abhängen; bei Körner (1995) ergab sich sogar ein Zusammenhang mit der Beurteilung der Respondenten durch ihre Vorgesetzten.

Angesichts der ubiquitären Proklamation beständigen Wandels entsteht gelegentlich die Forderung, "künftige" Anforderungen festzustellen. Das Problem dabei ist, daß sich die Zukunft zumeist nur dort voraussehen läßt, wo man sie selbst gestaltet - beispielsweise im Falle geplanter Umorganisation und technischer Änderungen. Soweit auf der Basis dieser Änderungsinformation auch bereits die *künftigen Tätigkeiten bekannt* sind, kann die Ableitung der Eignungsmerkmale in gleicher Weise erfolgen wie im Falle derzeitiger Anforderungen. Viel schwieriger ist die Aufgabe dann, wenn nicht Tätigkeiten oder Aufgaben, sondern nur die Änderung wirtschaftlich-gesellschaftlicher oder technischer Kontextbedingungen vorauszusehen ist. In diesem Fall mag es reizvoll sein, Spekulationsketten etwa dergestalt zu flechten, daß die Öffnung internationaler Märkte zu verstärkter wirtschaftlicher Konkurrenz führen werde, diese zu höherem Kostendruck auf die Unternehmen, dieser zu kürzeren Zyklen der Produktentwicklung, diese wiederum zum Abbau von Hierarchieebenen (angeblich zum Zwecke der besseren Kommunikation im Unternehmen, tatsächlich zur Einsparung von Personalkosten) und zur größeren Verbreitung von Gruppenarbeit, was zweifellos ein hohes Maß an "Teamfähigkeit" erfordert. Es darf nur nicht erwartet werden, daß dieses Vorgehen in valideren Schlußfolgerungen resultiert als den wechselnden Anforderungsparolen aus Personalentwicklerkreisen, die gestern Mobilität und Offenheit und heute vernetztes Denken und Lernfähigkeit zum Favoriten machen. (Der Tip des Verfassers für morgen war gestern, damals noch verfrüht, Ambiguitätstoleranz.) Schwierig genug, aber doch etwas näher an der Anforderungsrealität, ist die Berücksichtigung von Organisationscharakteristika, wie im nächsten Abschnitt ausgeführt.

2.2   Organisation

Der Bezug der Personalauswahl zur Organisation läßt sich weniger stringent nachweisen als der zur Arbeitstätigkeit. Gleichwohl sind die Auswirkungen vielfältiger Parameter der Organisation (und auch wiederum ihrer Beziehung zur Umwelt, vgl. Macharzina, 1995; Wilpert, 1995) von zumindest plausibler Bedeutung für Strategien und Methoden der Gewinnung und Auswahl von Mitarbeitern. Ein Beispiel für Zusammenhänge von Unternehmensstrategie und Personalstrategie wird in Abbildung 21 wiedergegeben. Es illustriert die Abhängigkeit unterschiedlicher Präferenzen im strategischen Verhalten und in den Personalmaßnahmen vom Selbstverständnis des Unternehmens. Darüber hinaus wird auch angenommen, daß für unterschiedliche Entwicklungsstufen eines Unternehmens unterschiedliche Personalstrategien angemessen seien (Staehle, 1990).

Nicht zwangsläufig muß der Zusammenhang allerdings so gesehen werden, daß Personalmaßnahmen aus der Organisationsstrategie abgeleitet werden. Es kann auch umgekehrt die Planung der Organisationsziele und -prozesse den Personalressourcen folgen (Bühner, 1987). Eine Synthese der beiden Ansätze stellt die *interaktive Strategieentwicklung* dar (Staehle, 1990). Hierbei wird versucht, Investitionsplanung und Personalplanung so zu verbinden, daß beide in der Art eines iterativen Prozesses frühzeitig miteinander verflochten und in gegenseitiger Abhängigkeit entwickelt werden. Damit soll erreicht werden, daß einerseits personelle Ressourcen bestmöglich für die Weiterentwicklung des Unternehmens genutzt, andererseits die personalbezogenen Auswirkungen ökonomischer und technischer Änderungen schon im Planungsstadium berücksichtigt werden.

Psychologische Methoden der **Organisationsdiagnostik** können hierbei - in Ergänzung zur betriebswirtschaftlichen Personalbedarfsplanung - wertvolle Unterstützung leisten (Brandstätter, 1978; Kühlmann & Franke, 1989; Büssing, 1995). Damit lassen sich Dimensionen des organisationalen Kontexts analysieren, die bei der Arbeitsanalyse im engeren Sinn nicht erfaßt werden (Gebert, 1995; Schneider & Schmitt, 1986). Besonders wichtig dürften die *Organisationsziele* sein. Von ihnen hängt maßgeblich ab, welche Art von Arbeitsplätzen, aber auch von Prozessen (z. B. Interaktionen) geschaffen und aufrechterhalten werden, welche Art von Leistung gefordert wird und welche Arten von Belohnungen dafür zur Verfügung stehen. Zielsetzung hat eine wichtige Orientierungsfunktion nicht nur für individuelles Leistungsverhalten (Kleinbeck, 1991), sondern auch für die Organisation als ganze. Je klarer die Zielformulierung erfolgt, desto schlüssiger kann der Prozeß der Personalauswahl abgeleitet und in die Organisationsgestaltung integriert werden. Auf der Seite der Individuen dürften den Organisationszielen vor allem Interessen, Bedürfnisse und Werthaltungen korrespondieren.

Als weitere Kontextvariable können *Organisationsstil* oder *Organisationskultur* angesehen werden. Hierzu gehört nicht nur die Frage, wie die Hierarchie von Autorität und Verantwortung aufgebaut ist und welches Menschenbild in der Organisation vorherrscht (Schneider & Schmitt, 1986), sondern auch andere

	Verteidiger	Angreifer	Analytiker	Reaktor
Strategisches Verhalten	Positionierung in einer Marktnische bei bestmöglicher Kundenbefriedigung	Entwicklung neuer Produkte und rasche Markteinführung	Aufbau stabiler Produkt-Markt-Beziehungen und wohlüberlegter Zweiter im Markt	Passive Produkt-Markt-Politik und vergleichsweise geringe Risikobereitschaft
Personalorientierung	• kurzfristige Personalplanung	• Betonung von Personalmarketing	• langfristige Personalplanung	• sporadische Personalplanung
	• externe Personalbeschaffung	• formale Personalauswahl und -bewertung zur Personalentwicklung	• hohe Personalentwicklung durch Schulung und Weiterbildung	• informale Personalauswahl, -beurteilung und -entwicklung
	• geringe Personalentwicklung	• monetäre Anreize	• interne Personalbeförderung	• monetäre Anreize

Abbildung 21:   Strategisches Verhalten und Personalorientierung in Abhängigkeit von der Unternehmenstypologie (Bühner, 1987, S. 251)

Werte und Normen, die Wahrnehmung und Verhalten der Organisationsmitglieder beeinflussen (Scholl, 1995). Inwieweit eine Person in einer Organisation erfolgreich wird, dürfte über die unmittelbare Entsprechung der Fähigkeiten hinaus oft eine Frage des "Passens" zur Unternehmenskultur sein. Umgekehrt machen Auswahlprinzipien und -methoden mehr als vieles andere deutlich, "worauf es der Organisation ankommt", was ihr wichtig ist. Während einerseits stark ausgebildete Kulturen heute als wichtige Quelle des Unternehmenserfolgs angesehen werden, bergen sie auf der anderen Seite auch die Gefahr der Überhomogenisierung gerade im Hinblick auf die Gewinnung von Mitarbeitern, wie im Abschnitt "Person und Organisation" beschrieben wurde.

Ein weiterer für Eignungsfragen relevanter Aspekt ist die *Organisationsform*. Beispielsweise wäre plausibel, daß Mehrfachzuordnungen, wie sie bei sogenannten Matrixorganisationen üblich sind, höhere Anforderungen an die Flexibilität und Kooperationsbereitschaft der Mitarbeiter stellen, vielleicht auch an die Fähigkeit, mit Komplexität umzugehen. Auch die Mitte der neunziger Jahre zu beobachtende Umstellung auf Gruppenfertigung legt nahe, die Auswahlprinzipien zu überprüfen und gegebenenfalls "teamdienliche" Fähigkeiten und Verhaltensbereitschaften zu betonen (Prieto, 1993).

Weitere denkbare Einflußgrößen sind *Größe* oder *Überschaubarkeit* einer Organisation, *Regelungsdichte, Arbeitsteilung* und *Belohnungssysteme* (im Sinne der Unmittelbarkeit und des Leistungsbezugs von Belohnungen). Diese und zweifellos noch andere Organisationsparameter dürften von Einfluß sowohl auf die Selektion wie auf die Selbstselektion von Mitarbeitern sein. Die Forschung hierzu ist allerdings noch nicht weit fortgeschritten und gewöhnlich nicht präzise genug, um die Einflußbeziehungen überzeugend nachzuweisen (vgl. hierzu mehrere Beiträge bei Gaugler & Weber, 1992, sowie bei von Rosenstiel et al., 1994).

Als abschließender Gedanke sei noch einmal die Überlegung aus dem einleitenden Teil dieses Texts aufgegriffen, daß Anforderungen einer Tätigkeit an eine Person nur dort und nur insoweit festgestellt werden können, als diese Tätigkeit existiert und analysierbar ist. Veränderungen von Tätigkeiten und deren Bündelung als Arbeitsaufgaben sind nur eingeschränkt vorhersehbar und also bei der Personalauswahl nur bedingt berücksichtigungsfähig; gleiches gilt für unterschiedliche Karrierewege. Es ist deshalb erforderlich, neben den bereits ausgebildeten Kenntnissen und Fertigkeiten auch "Potential" im Sinne von Entwicklungsfähigkeit zu messen, und zwar insbesondere dann, wenn die betreffende Organisation eher als veränderbar anzusehen ist oder wenn es sich um die Einstellung von Personen handelt, deren künftige Aufgaben noch nicht feststehen. Die Regeln der Plazierung und **Klassifikation** (Kapitel 4) sind dementsprechend zu erweitern und flexibler zu halten, auch wenn dies in den formalen Entscheidungsmodellen noch nicht vorgesehen ist. Dies ist einer der Gründe, weshalb fundierte Erfahrung mit der Organisation selbst und mit den Außenbedingungen, von denen sie abhängig ist, eine wichtige zusätzliche Voraussetzung guter Personalentscheidungen ist und durch eignungsdiagnostische Methoden zwar unterstützt, aber nicht ersetzt werden kann.

## 2.3	Weltanschauliche Rahmenbedingungen

Für sozialtechnologische Verfahren gilt vielleicht noch stärker als für solche aus dem technisch-naturwissenschaftlichen Bereich, daß ihre wissenschaftliche Entwicklung wie ihre praktische Nutzung nicht nur von technologischen Standards und von der wirtschaftlichen Entwicklung, sondern auch von ideologischen Bedingungen abhängt. Die Stagnation in der Entwicklung eignungsdiagnostischer Methoden in den 60er und 70er Jahren dürfte zu einem erheblichen Anteil auf die damalige ablehnende Haltung gegenüber der Diagnostik und der Annahme relativ stabiler Eigenschaften zurückzuführen sein. Als Referent auf dem Hohenheimer Kongreß zur Eignungsdiagnostik stellte Wottawa (1991) diese Haltung den inzwischen veränderten Einstellungen gegenüber (Abbildung 22).

In Wottawas Einschätzung ist angedeutet, mit welchen Auffassungen die Haltung zur Diagnostik zusammenhängt - vor allem mit Einstellungen zum Leistungsprinzip und zur Differenzierung. Auch personalistische gegenüber situationistischen (oder, was nur ein Synonym dafür ist, internalistische gegenüber externalistischen) Grundüberzeugungen lassen sich als Hintergrundvariable dafür vermuten, ob jemand zu den Befürwortern oder zu den Gegnern der Eignungsdiagnostik gehört.

Weltanschauliche/ideologische Rahmenbedingungen

Eine der Grundvoraussetzungen für den Einsatz von Eignungsdiagnostik ist die Akzeptanz des Bestehens interindividueller Unterschiede und die Bereitschaft, darauf aufbauend spezifische Maßnahmen für Einzelfälle bzw. Personengruppen abzuleiten. In ideologisch geprägten Gesellschaften oder gesellschaftlichen Subgruppen (u. a. Stalinismus, Nationalsozialismus, die extreme amerikanische Rechte mit ihren Testverbrennungen, aber auch die gesellschaftlich stark spürbaren Auswirkungen der "68er Bewegung" in der Bundesrepublik) fehlt eine solche Bereitschaft. Im Gegensatz zu einem weitgehenden Ablehnen von Eignungsdiagnostik, zumindest im universitären Bereich noch bis in die späten 70er Jahre hinein, läßt sich die derzeitige Situation in etwa wie folgt beschreiben:

- Unterschiede im Leistungsbereich werden akzeptiert, ohne daß sie unbedingt als nichtveränderbar aufgefaßt werden.

- In Persönlichkeit und Motivation werden interindividuelle Unterschiede nicht nur als Fakten angesehen, sondern es wird in zunehmendem Maße von den einzelnen Mitarbeitern erwartet, daß das Unternehmen auf die individuellen Besonderheiten Rücksicht nimmt.

- Parallel dazu ist die Bereitschaft von Unternehmen, vom Konzept einer "Gleichheit" aller Mitarbeiter abzugehen und sowohl in der Führung als auch in nahezu allen Teilbereichen der qualitativen Personalarbeit die Besonderheit des Einzelnen zu berücksichtigen, ebenfalls zunehmend.

Das weitgehende Fehlen des Strebens nach einem "Gleichmachen" der Individuen, gerade hinsichtlich beruflicher Motivation, Interessen, persönlicher Einsatzbereitschaft und der tatsächlichen Leistungsfähigkeit, hat die emotionale Haltung zur Eignungsdiagnostik entspannt. Wenn Unterschiede akzeptiert sind oder der einzelne Mitarbeiter sogar erwartet, daß man auf seine Besonderheiten z. B. bei der Arbeitsgestaltung eingeht, wird die diagnostische Feststellung der Unterschiede nicht mehr als Bedrohung empfunden.

Abbildung 22:   Ideologische Rahmenbedingungen der Eignungsdiagnostik (Wottawa, 1991, S. 1f.)

Ein Beispiel dafür, daß diese Grundhaltungen die Entwicklung bestimmter Konzepte begünstigen, die zur ideengeleiteten Bündelung von Beobachtungen führen und schließlich stärker sein können als alle widersprüchlichen Daten, bietet jenes Konzept der Arbeitszufriedenheit, das in den siebziger Jahren so viel Anklang fand. Dem Grundgedanken dieses Konzepts zufolge stammt nämlich Arbeitszufriedenheit nicht etwa aus dem selbstvergessenen Vertiefen in die Tätigkeit (das wäre "Flow" im Sinne von Csikszentmihalyi, 1992) und auch nicht aus dem eigenen Bemühen oder der Zufriedenheit mit der eigenen Anstrengung und Leistung (das wäre "Leistungszufriedenheit", wie sie aus der Befriedigung eines

Bedürfnisses nach Kompetenzerleben, also eines Leistungsmotivs, entsteht
Schuler, 1991b). Arbeitszufriedenheit nach situationistischer Auffassung resultiert
vor allem aus den Tätigkeits- und Organisationsbedingungen, die den Arbeitenden geboten werden.

Doch damit nicht genug. Nachdem die Messungen der so verstandenen Arbeitszufriedenheit recht konsistent positive Werte ergeben haben, wurden diese
von vielen Arbeitspsychologen als Artefakte deklariert; die Erklärungen er-
streckten sich von unzulänglicher Skalierung über social desirability-Tendenzen
bis zur Uminterpretation der Zufriedenheit zur resignativen Haltung. Dies sind
nicht nur Versuche zur Rettung situationistischer Konzepte, sondern dieses Bemühen reflektiert auch eine Auffassung der Arbeit primär als Last und Beein-
trächtigung.

Andere Beispiele für die Überzeugungsgeleitetheit der Sichtweisen, Konzept-
bildung und Dateninterpretation finden sich bei Fragen der Vererbung (Borkenau, 1993), des Geschlechtsvergleichs (Eagly, 1995) oder der Intelligenz und
ihrer gesellschaftlichen Auswirkungen (Herrnstein & Murray, 1994). Ein für die
Berufseignungsdiagnostik besonders relevantes Beispiel ist die Frage, ob die
Höhe der errechneten Validitätskoeffizienten ausreicht, um Personalentscheidungen zu unterstützen. Dieses Problem wird uns im weiteren noch mehrfach
beschäftigen.

Nicht nur der diffuse "Zeitgeist" ist es, der die Rahmenbedingungen für das
Übergewicht politischer Überzeugungen schafft, auch wissenschaftstheoretische
und methodologische Strömungen stehen immer wieder zur Verfügung, die Prä-
ponderanz der Ideologie gegenüber den Phänomenen zu legitimieren und aus
der Unfähigkeit oder mangelnden Bereitschaft, Wünsche und Tatsachen ausein-
anderzuhalten, eine Tugend zu machen. Ein Teil und eine starke Stütze dieser
Erscheinung ist die Resonanz, die selbst die dilettantischste "Testkritik" auch
heute noch in der Darstellung der Medien findet.

Negative Einstellungen gegenüber der psychologischen Eignungsdiagnostik
äußern sich nicht nur in abfälligen Äußerungen und Unterstellungen, sondern
auch in Handlungen, beispielsweise in der Veröffentlichung von "Testknacker-Literatur" oder in der Veranstaltung von Trainings zur Testvorbereitung. Als integer mag man solche Aktivitäten vielleicht ansehen, wenn ihnen die Überzeugung
von der Verwerflichkeit der "Leistungsgesellschaft" zugrunde liegt. Testtrainings
zu veranstalten, um den Teilnehmern gegen Bezahlung unlautere Vorteile zu
verschaffen, ist dagegen marktwirtschaftlich verständlich, aber ganz sicher keine
moralische Großtat. Abgesehen von Ausnahmefällen, in denen Testtrainings ungleiche Voraussetzungen egalisieren, vermindern sie die Validität der Verfahren.
Verminderte Validität schafft aber keine zusätzlichen Arbeitsplätze und trägt
auch sonst nichts zur sozialen Gerechtigkeit bei, sondern verhindert, daß Arbeitsplätze denjenigen zugutekommen, die aufgrund ihrer Eignung und Neigung
die beste Leistung erbringen und den größten persönlichen Nutzen daraus ziehen würden. Daß es auch gute Gründe gibt, Arbeitsplätze nach dem Sozialprinzip zu vergeben, ist dadurch unbetroffen.

Voraussetzung für eine positive Sichtweise der Eignungsdiagnostik ist freilich, daß sie mit Verantwortung, Augenmaß und hoher Kompetenz betrieben
wird. Daß dies nicht selbstverständlich ist, zeigen leider immer wieder Fälle, in
denen ein dringender Bedarf dazu mißbraucht wird, unzulängliche, allenfalls
dem Augenschein gerechtwerdende Methoden anzubieten und einzusetzen. Ironischerweise ist auch das zum Teil eine Konsequenz der ablehnenden Haltung
gegenüber der Diagnostik, die dazu geführt hat, daß in diesem Kernfach der
Psychologie in den letzten beiden Jahrzehnten zu wenige qualifizierte Kräfte
ausgebildet wurden und daß zu viele andere, weniger Qualifizierte, diesen Platz
heute dankbar einnehmen. Auf diese Weise bildet eine unqualifizierte Ablehnung der Diagnostik eine unheilige Allianz mit ihrer unqualifizierten Anwendung.

Die *Föderation Deutscher Psychologenvereinigungen* hat ein Testkuratorium
ins Leben gerufen, dessen Aufgabe es ist, die Öffentlichkeit vor unzureichenden
diagnostischen Verfahren und vor unqualifizierter Anwendung diagnostischer
Verfahren zu schützen. Der *Berufsverband Deutscher Psychologen* hat Richtlinien
zur Anwendung eignungsdiagnostischer Verfahren veröffentlicht, deren Einhaltung für Psychologen verbindlich ist. Im letzten Kapitel des vorliegenden Texts
werden Fragen der Legitimation und Akzeptanz sowie der Wirkung von Auswahlverfahren auf Bewerber erörtert.

3 Eignungsdiagnostische Verfahren der Personalauswahl

Eine Vielfalt diagnostischer Verfahren wird wissenschaftlich erarbeitet und praktisch eingesetzt. Allein für den am besten dokumentierten Verfahrenstypus, psychologische Tests, dürfte diese Zahl international bereits im fünfstelligen Bereich liegen. Für die Berufseignungsdiagnostik im engeren Sinn ist die Anzahl der eingesetzten Verfahren freilich geringer, allerdings findet sich hier eine besonders große Anzahl nicht dokumentierter, jeweils den beruflichen oder betrieblichen Anforderungen angepaßter Instrumente.

Die Klassifikation eignungsdiagnostischer Verfahren zur Personalauswahl kann nach unterschiedlichen Gesichtspunkten erfolgen, etwa nach den erfaßten Merkmalen (z. B. kognitive vs. nicht-kognitive Verfahren), der Art der Durchführung (z. B. schriftlich - mündlich) oder dem Standardisierungsgrad. Bei Schuler und Funke (1995) wurden die Verfahren nach dem *Prognosekonzept* unterschieden, das ihnen zugrundeliegt: sie können entweder *eigenschaftsorientiert* oder *simulationsorientiert* sein. Als eigenschaftsorientierte Verfahren haben sie (homogene) Merkmale wie räumliches Vorstellungsvermögen oder Leistungsmotivation zum Gegenstand; die typische Form der Erfassung ist der Test, aber auch in anderen Verfahren, beispielsweise im Interview und im Assessment Center, wird teilweise eigenschaftsbezogen diagnostiziert. Die simulationsorientierte Vorgehensweise orientiert sich demgegenüber an dem (heterogenen) Anforderungsbündel, wie es jeweils durch die beruflichen Aufgaben oder erwünschten Verhaltensweisen gegeben ist. Die "dahinterstehenden" Eigenschaften sind oft vielfältig und bleiben im Einzelfall unbestimmt, können auch kompensatorisch wirken, um zu einem gegebenen Leistungswert zu führen. Prototyp eines solchen Verfahrens ist die Arbeitsprobe, aber auch im Interview und im Biographischen Fragebogen wird simulationsorientiert geprüft.

Der Bezug zu den Anforderungen ebenso wie zu den Leistungskriterien liegt also beim eigenschaftsorientierten Prognosekonzept auf der Konstruktebene, im simulationsorientierten Fall auf der Inhaltsebene (vgl. Abschnitt 1.4.6 Validierung). In der Erörterung der Arbeits- und Anforderungsanalyse wurde ausgeführt, daß es angemessen ist, die Analyseebene beizubehalten und beispielsweise dann, wenn *Verhaltensanforderungen* erhoben wurden, ein *simulationsorientiertes Diagnoseverfahren* zu verwenden und die Leistung an *Verhaltenskriterien* zu messen (vgl. Abbildung 16). Bei Funke (in Vorbereitung) wird dieses Konzept weiter ausgeführt und theoretisch begründet; es entspricht dem Symmetrieprinzip des Brunswickschen Linsenmodells, wie es von Wittmann (1987) zur gedanklichen Grundlage einer Theorie der Reliabilität und Validierung gemacht wurde; gemäß diesem Prinzip sind Vergleiche zwischen verschiedenen Messungen dann angemessen, wenn sie auf der gleichen Hierarchiestufe oder Aggregationsebene vorgenommen werden.

Die im folgenden beschriebenen Verfahrenstypen können nicht alle als spezifisch psychologische Instrumente der Eignungsdiagnostik bezeichnet werden. Namentlich bei der Auswertung der Bewerbungsunterlagen und dem **Personalfragebogen** handelt es sich um Maßnahmen, die eher ins Arsenal des praktischen Personalwesens gehören. Der Vollständigkeit und des Vergleichs halber sind aber auch diese Verfahren aufgenommen. Die Sequenz der Darstellung orientiert sich grob an der Komplexität dieser Methoden, gleichzeitig an der Chronologie ihrer Anwendung in einem sequentiellen eignungsdiagnostischen Prozeß. Computerunterstützte Verfahren werden - obwohl sie den gleichen Verfahrensstrategien angehören - gesondert aufgeführt, um die Möglichkeiten der computerunterstützten Diagnostik deutlicher hervorheben zu können.

Der Einsatz der besprochenen Verfahren erfordert Fachkenntnisse, Erfahrung, Augenmaß und nach Möglichkeit auch die Kenntnis der auswählenden Organisation. Klassischerweise ist die Personalauswahl das Metier von Psychologen, die für ihre Tätigkeit eine umfangreiche Ausbildung in Methodenlehre und in psychologischer Diagnostik mitbringen. Auch sind Psychologen - zumindest soweit sie Mitglieder ihres Berufsverbands sind - an die Richtlinien des *Berufsverbands Deutscher Psychologen* gebunden. In neuerer Zeit ist aber immer mehr dieser Aufgaben auf andere Beschäftigte im Personalwesen übergegangen - sie können oft zumindest die bessere Kenntnis der Organisationsbedingungen für sich in Anspruch nehmen.

Für einfachere Verfahren und für Routineanwendungen mag dies vertretbar sein, für aufwendigere Methoden und generell bei der Frage der Neueinführung eignungsdiagnostischer Prozeduren ist die Beteiligung eines einschlägig erfahrenen Psychologen empfehlenswert, wenn nicht unumgänglich. In Großbetrieben verfügt man häufig hausintern über solche Kompetenz, in kleinen und Mittelbetrieben wird man auf externe Beratung angewiesen sein. Die Beschäftigung mit psychologischen Methoden der Personalauswahl ist allerdings nicht nur für diejenigen erforderlich, die sie selbst anwenden, sondern sie kommt auch jenen zugute, die sich lediglich einen Überblick und ein Bild von den Möglichkeiten verschaffen wollen. Dies ist nicht zuletzt erforderlich, um das unüberschaubar gewordene Angebot aus nicht immer seriösen Quellen selbst beurteilen zu können.

3.1 Auswertung der Bewerbungsunterlagen

Den ersten Schritt bei der Auswahl neuer Mitarbeiter stellt gewöhnlich die Auswertung der Bewerbungsunterlagen dar. In deutschen Unternehmen (vgl. Tabelle 1), aber auch von Arbeitgebern in anderen europäischen Ländern (Schuler,

Frier & Kauffmann, 1993) werden schriftliche Bewerbungsunterlagen bei nahezu allen Stellenbesetzungen verlangt und zur Auswahlentscheidung herangezogen. Ausnahmen hiervon findet man fast nur im gewerblichen Bereich und vereinzelt bei höheren Führungskräften im Falle der Direktansprache.

Bewerbungsunterlagen stellen zumeist den ersten Kontakt zwischen Bewerber und Arbeitgeber her und dienen zunächst der Überprüfung der formalen Voraussetzungen für die zu besetzende Stelle (Hollmann & Reitzing, 1995). Nur in Ausnahmefällen stellt die Analyse der Bewerbungsunterlagen den einzigen Auswahlschritt dar. Sie wird deshalb gelegentlich als Stufe der "Vorauswahl" im Selektionsprozeß bezeichnet. Zumindest für die Gruppe der abgelehnten Bewerber kommt ihr allerdings der gleiche entscheidungsbestimmende Charakter zu wie weiteren Stufen des Auswahlprozesses; aber auch für weitergeprüfte Bewerber ist der Stellenwert der Bewerbungsunterlagen insofern kein besonderer, als die erhaltene Information gewöhnlich zur Gestaltung der weiteren Schritte (etwa des Bewerbergesprächs) verwertet und in der abschließenden Entscheidung mitgewichtet wird. Es scheint deshalb angemessener, der Auswertung der Bewerbungsunterlagen keinen besonderen Status einzuräumen, sondern sie als eines von vielen in der Palette der Auswahlverfahren anzusehen, deren Wert für die Auswahlentscheidung prinzipiell auf die gleiche Weise geprüft werden kann wie der anderer Instrumente.

Für die optimale Verwertung von Bewerbungsunterlagen liegen derzeit noch wenig wissenschaftliche Erfahrungen vor (Seibt & Kleinmann, 1991). Machwirth, Schuler und Moser (in Druck) unternahmen den Versuch, mittels des konfiguralen Verfahrens TYPAG (nach Jochmann, 1984, und Wottawa, 1984) die Urteilsbildung der Auswerter von Bewerbungsunterlagen nachzumodellieren. Auch die - zweifellos umfangreiche - Erfahrung der "Personalpraktiker" ist wenig systematisch dokumentiert. Gelegentliche Einsichtsmöglichkeiten in die Arbeitsweise von Personalberatern zeigen, daß die Auswertung von erfahrenen Experten in Form eines iterativen Wechsels von Detailanalyse und gestalthafter Gesamtbetrachtung vorgenommen wird, wobei zuweilen bemerkenswerte Interpretationen zustandekommen (z. B. Mell, 1988). Als Zusammenstellung der Aspekte, die sich in der Personalpraxis zur Verwertung anbieten, soll die Auflistung in Abbildung 23 dienen.

Einige der in Abbildung 23 aufgeführten Punkte sollen im folgenden etwas genauer betrachtet werden. Die Bewertung der Bewerbung in bezug auf *formale Aspekte*, also auf Korrektheit, Fehlerfreiheit, Üblichkeit, Vollständigkeit u. ä., setzt ausreichende Unterschiede hinsichtlich dieser Merkmale voraus. In manchen Bereichen, z. B. kaufmännischen Berufen, ist die Streubreite erheblich eingeschränkt, sind die Bewerbungen heute recht einheitlich gestaltet (allerdings in Deutschland stärker als in anderen europäischen Ländern). Verschiedentlich werden von Bewerbern sogar die Dienste professioneller "Bewerbungsbüros" in Anspruch genommen. Dies hat zur Folge, daß Augenmerk vor allem auf Abweichungen von der jeweiligen Norm gelegt wird, die sich in den verschiedenen Berufsfeldern entwickelt hat.

Auswertung von Bewerbungsunterlagen

1. Formale Aspekte
   - Ist die Bewerbung ordentlich und übersichtlich angelegt?
   - Ist sie fehlerfrei und vollständig?
   - Sind Art und Umfang der Bewerbung der zu besetzenden Position angemessen?
   - Lichtbild

2. Anschreiben und Lebenslauf
   - Sind Anschreiben und ausführlicher oder tabellarischer Lebenslauf enthalten?
   - Simulationsorientierte und eigenschaftsorientierte Auswertung

3. Erforderliche Ausbildung
   - Zeugnisse
   - Praktikumsnachweise
   - sonstige Bescheinigungen
   - ausbildungsbedingter Auslandsaufenthalt

4. Erforderliche Spezialkenntnisse
   - Sprachen
   - EDV-Kenntnisse
   - sonstige Zusatzausbildungen, Lehrgänge etc.

5. Übereinstimmung Lebenslauf/Belege
   - Lückenlosigkeit
   - Zeitfolgeanalyse

6. Plausibilität des Stellenwechsels
   - Abfolge der Positionen
   - Nachvollziehbarkeit der Arbeitgeberwechsel

7. Schulnoten
   - gut geeignet zur Prognose weiterer Ausbildungsleistungen
   - wenig geeignet zur Prognose des Berufserfolgs

8. Studienleistungen
   - falls bekannt, Notenniveau von Hochschule und Studienfach berücksichtigen
   - Qualität der Diplomarbeit ist wichtiger als das Thema

9. Arbeitszeugnisse und Referenzen
   - meist nur verläßlich, wenn von Fachleuten ausgestellt
   - persönliche (mündliche) Referenzen meist aussagekräftiger als schriftliche

10. Ergänzende anforderungsspezifische Aspekte
    - Berufserfahrung
    - Mobilität usw.

11. Offengebliebene Fragen werden für das Gespräch vorgemerkt

Abbildung 23:   Was an Bewerbungsunterlagen ausgewertet werden kann

Die Aussagekraft formaler Aspekte darf dementsprechend nicht überschätzt werden; kleine Unzulänglichkeiten werden häufig als willkommene Gelegenheit gesehen, übergroße Bewerberzahlen mit geringem Aufwand zu reduzieren. Einen rationalen Analogieschluß kann man allerdings in der Auffassung von Personalleuten sehen, die nachlässigen und fehlerhaften Bewerbungen mit der Frage begegnen: "Wenn sich jemand mit seiner Bewerbung so wenig Mühe gibt, wann wird er sich dann Mühe geben!?"

Zumindest bei großen Bewerberzahlen, also geringer Selektionsquote, werden demgemäß relativ strenge Maßstäbe angelegt. Die Bewerberzahlen wiederum sind heute nicht nur aufgrund der Lage am Arbeitsmarkt, sondern auch aufgrund der verbreiteten Vielfachbewerbungen üblicherweise hoch. Auch die Beurteilung des *Anschreibens* unter inhaltlichen Gesichtspunkten wird gewöhnlich im Sinne einer Arbeitsprobe vorgenommen, der erste Hinweise über Persönlichkeit und Arbeitsstil des Bewerbers entnommen werden (Hollmann & Reitzig, 1995). Insbesondere dürften Schlüsse über die sprachliche Ausdrucksfähigkeit gezogen werden, über Sorgfalt, Originalität (die nur in sehr moderater Form positiv gewürdigt wird) sowie über die Fähigkeit, das Anschreiben klar zu strukturieren und in prägnanter Form das für den Empfänger Wichtige mitzuteilen. Regelmäßig beachtet wird auch die Art der Selbstdarstellung, die mit dem Bewerbungsschreiben zum Ausdruck kommt.

Nach ähnlichen Gesichtspunkten wird auch der vorgelegte *Lebenslauf* bewertet; gewichtiger noch ist hier allerdings die Interpretation der mitgeteilten biographischen Daten, speziell natürlich der berufs-, ausbildungs- und qualifikationsbezogenen Nachweise der beruflichen Entwicklung, des Aufgaben- und Stellenwechsels u. ä., aber auch des außerberuflichen Engagements. Vielfach werden die mitgeteilten Erfahrungen gewissermaßen in doppeltem Sinne verwertet, nämlich zum einen als Beleg einer direkt erforderlichen Qualifikation (z. B. Auslandsaufenthalt), zum anderen als Indikator mutmaßlich anforderungsrelevanter Merkmale (z. B. Mobilität, Leistungsmotivation). Wir können also bei der Analyse der Bewerbungsunterlagen beide oben dargelegten Varianten von Schlußfolgerungen erkennen, das simulationsorientierte und das eigenschaftsorientierte Prognosekonzept.

Den meisten Bewerbungen ist ein *Lichtbild* beigefügt, das zumindest dem Auswertenden hilft, "sich ein Bild vom Bewerber zu machen" und als individuelle Identifikation im Gedächtnis zu behalten. Auch dürfte die Fotografie wieder als Mittel der Selbstpräsentation interpretiert und bezüglich ihrer Angemessenheit eingeschätzt werden (z. B. Größe und Qualität; Kleidung im Vergleich zur beruflichen Position).

Inwieweit sich die aus dem Lichtbild erkennbare *physische Attraktivität* von Bewerbern auf ihre Einstellungschancen auswirkt, wurde von Schuler und Berger (1979) untersucht. Dabei wurden 80 Führungskräften, im Personalwesen tätig oder mit Entscheidungsfunktion in kleineren Unternehmen ausgestattet, fiktive vollständige Bewerbungsunterlagen zur Beurteilung und Einstellungsempfehlung vorgelegt. Die Bewerbungen stammten von jungen Betriebswirten beiderlei Geschlechts. Physische Attraktivität wurde mittels vorgetesteter Bewerbungsfotos

variiert, die Berufsqualifikation durch Examensnoten und ergänzende Information. Eine Faktorenanalyse der Beurteilungen ergab einen Sympathie- und einen
Leistungsfaktor. Sowohl die Attraktivität als auch die Qualifikation waren von
signifikantem Einfluß auf beide Urteilsfaktoren und auf die Einstellungsempfehlung. Das Geschlecht der Bewerber blieb dagegen ohne Bedeutung. Die Stärke
der experimentellen Effekte als Anteile an der gesamten Urteilsvarianz wird in
Abbildung 24 wiedergegeben. Es ist erkennbar, daß die besser aussehenden Bewerber tatsächlich bessere Einstellungschancen hatten als die weniger attrakti-
ven, wobei allerdings die qualifikationsbezogene Information einen stärkeren Effekt auf die Empfehlung ausübte.

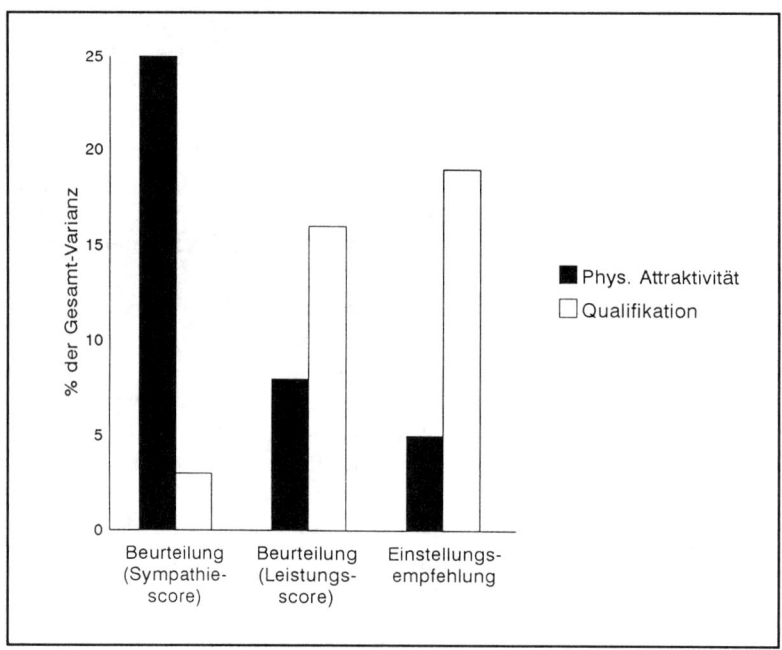

Abbildung 24:   Einfluß von physischer Attraktivität und Qualifi-
                     kation der Bewerber auf Beurteilung und Einstel-
                     lungsempfehlung (aus Schuler & Berger, 1979, S.
                     67)

Als valideste Einzelkomponente der Bewerbungsunterlagen dürfen die *Schul-
und Studienleistungen* gelten. Zwar sind die Ergebnisse von Einzelstudien wider-
sprüchlich und zeigen teils niedrige (z. B. Althoff, 1986), teils hohe Validierungs-
koeffizienten (z. B. Schuler, Barthel & Fünfgelt, 1984) für die Prognose des Ausbildungserfolgs aufgrund von Haupt- und Realschulnoten sowie des Studienerfolgs aufgrund von Abiturnoten auf (Trost & Bickel, 1979). In einem solchen
Fall kann aber die metaanalytische Neuberechnung der vorliegenden Einzelergebnisse Klarheit schaffen. Die Metaanalyse von 63 Einzelstudien mit insgesamt

etwa 30.000 Personen ergab relativ hohe Validität für die Prognose weiterer *Ausbildungsleistungen* aufgrund von Schulabschlußzeugnissen: Die mittlere korrigierte Validität der Haupt- und Realschulabschlußnoten für die Ausbildungserfolgsprognose beträgt r=.41, die der Abiturnote zur Studienerfolgsprognose r=.46. Als validester Einzelwert erwies sich in beiden Fällen die Mathematiknote, deren Aussagekraft aus Reliabilitätsgründen aber gleichwohl unter dem Wert für die Gesamtnote liegt (Baron-Boldt, Funke & Schuler, 1989).

Diese Werte gelten allerdings nur für die Vorhersage des *Ausbildungserfolgs*. Will man *Berufserfolg* vorhersagen, so belaufen sich die berichteten Koeffizienten auf durchschnittlich etwa r=.15. Dies bedeutet angesichts einer mittleren Gesamtvalidität der Bewerbungsunterlagen von r=.18 (nach Reilly & Chao, 1982, die als Erfolgskriterium die Vorgesetztenbeurteilung verwendeten), daß innerhalb der Bewerbungsunterlagen den Schulzeugnissen zwar *relativ* hohes Gewicht zukommt, die Aussagekraft der Bewerbungen insgesamt allerdings recht begrenzt ist. Die Art des *Schulabschlusses* dürfte oft der gewichtigere Faktor sein.

Ähnliches gilt für die Verwendung von *Examensnoten* als Entscheidungsgrundlage. Ein Teil der Unsicherheit dürfte auf die Schwierigkeit zurückgehen, Abschlußergebnisse von verschiedenen Studiengängen und Universitäten zu vergleichen. So war der Publikumspresse zu entnehmen, daß die Noten "gut" und "sehr gut" in wirtschaftswissenschaftlichen Diplomprüfungen an der Universität Kaiserslautern in 90 % der Fälle vergeben werden, in Bamberg und Bonn an knapp 50 % und in Köln und Bochum nur an etwa 30 % der Absolventen.

Für *Arbeitszeugnisse und Referenzen* gilt wie für Anschreiben und Lebenslauf, daß erfahrene Personalfachleute mit gebotener Vorsicht nützliche Information gewinnen können. Zwar steht die Aussagekraft von Arbeitszeugnissen unter der Einschränkung, daß aufgrund des geltenden Arbeitsrechts kaum ausdrücklich Nachteiliges über einen Mitarbeiter ausgesagt wird, weshalb sich eine "Zeugnissprache" entwickelt hat, auf deren Fragwürdigkeit seit langem verwiesen wird (z. B. Schuler, 1972). Werden andererseits nicht die Regeln dieser Zeugnissprache benutzt, ist die Interpretation weniger eindeutig, insbesondere wenn Zeugnisse nicht von Fachleuten ausgestellt werden; in diesem Fall trifft auf die Gestaltung und die Interpretation der Aussagen vieles von der Problematik freier Eindrucksschilderungen zu (vgl. Abschnitt "Leistungsbeurteilung"). Auch ist nicht auszuschließen, daß ein Zeugnis vom Beurteilten selbst verfaßt ist (laut Weuster, 1994, S. 246, in 17 % der Fälle) oder daß der Ausstellende vorrangig das Ziel verfolgt, sich vom Beurteilten konfliktfrei zu trennen, und deshalb wahrheitswidrige Angaben macht. Kurzum treffen gerade auf Arbeitszeugnisse alle Probleme zu, die im Abschnitt "Sozialpsychologische Grundlagen" erörtert wurden.

Andererseits hat Weuster (1991) recht, wenn er davor warnt, Arbeitszeugnisse gänzlich zu verwerfen. Quellen perfekter Validität stehen uns nicht zur Verfügung, und im Rahmen einer sequentiellen Strategie der Informationssammlung kommt auch dem Arbeitszeugnis ein gewisser Wert zu. Weuster (1994) hat den interessanten Versuch unternommen, ein einheitlich formuliertes Arbeitszeugnis an eine größere Zahl von Personalberatern zu schicken und um Analyse zu bitten. Die Zusammenstellung ergibt, daß die Zeugnisaussagen teilweise recht unterschiedlich interpretiert wurden; insgesamt dürften aber die Diskrepanzen nicht größer sein als bei der Beurteilung beobachteten Verhaltens, etwa im Assessment Center.

Arbeitszeugnisse sind bei gehobenen Positionen von größerer Bedeutung. In diesen Fällen werden oft *zusätzliche Referenzen* eingeholt, die oftmals in mündlicher Form informativer, weil offener sind als in schriftlicher. Die vor allem von Personalberatern gelegentlich praktizierte Überprüfung der Referenzinformation kann ergänzenden Aufschluß liefern. Mit *reference check* wird im Englischen neben der Überprüfung auch das aktive Einholen zusätzlicher Beurteilungsinformation von früheren Arbeitgebern bezeichnet. Nach Hunter und Hunter (1984) kommt diesem Verfahren die Validität von r = .26 zu, was ein höherer Wert wäre als der für die Auswertung der Bewerbungsunterlagen selbst errechnete.

Über die Akzeptanz von Bewerbungsunterlagen als Auswahlinstrument seitens der Bewerber ist wenig bekannt; im allgemeinen wird sie als selbstverständlich vorausgesetzt. Allerdings zeigt sich bei jüngeren Bewerbern, daß ausgerechnet die Schulnoten als eine bei dieser Gruppe noch relativ brauchbare Teilkomponente der Bewerbungsunterlagen allenfalls mittlere Wertschätzung als Entscheidungsgrundlage genießen (Fruhner, Schuler, Funke & Moser, 1991).

3.2   Auswahlgespräche

Auswahl- oder Einstellungsgespräche sind nach der Auswertung der Bewerbungsunterlagen die verbreitetste Methode der Personalauswahl in deutschen Unternehmen wie auch in den meisten anderen europäischen Ländern (s. Abschnitt 1.3). Ihr Durchführungsmodus reicht von der völlig freien Gesprächsform über teilstrukturierte bis zu vollstrukturierten Varianten mit standardisierten Abläufen und Fragestellungen. Die gestellten Fragen beziehen sich insbesondere auf Berufserfahrung und Berufsausbildung, auf Aspekte des Lebenslaufs und deren subjektive Verarbeitung, gelegentlich auch auf persönliche Bereiche wie den des familiären Hintergrunds. Die Antworten des Bewerbers wie auch weitere Eindrücke aus dem Gesprächsverlauf, beispielsweise nonverbales Verhalten betreffend, werden gewöhnlich zu einem "klinischen" Urteil - in intuitiver Kombination und Gewichtung - zusammengefaßt (Triebe, 1976).

Kompetent geführte Auswahlgespräche erfordern eine sorgfältige Gesprächsvorbereitung. Die wichtigsten Punkte sind in Abildung 25 aufgeführt. Im Urteil sowohl der Auswählenden als auch der Bewerber ist das Interview die am meisten geschätzte Form der Personalauswahl. In einer Studie von Fruhner et al. (1991) wurde potentiellen Bewerbern unter anderem die Frage gestellt: Wenn Sie sich um eine Stelle bewerben, nach welchem Verfahren möchten Sie ausgewählt werden? In der Rangordnung der Ergebnisse stand das Interview mit Abstand an erster Stelle, gefolgt von der Arbeitsprobe und den Praktikumsleistungen. Zeugnisnoten, psychologische Eignungstests und Lebenslauf rangierten auf Mittelplätzen, und das Ende der Präferenzskala wurde durch Handschriftenprobe und Losverfahren markiert. In Anbetracht weiterer Daten aus der erwähnten

Vorbereitung zum Auswahlgespräch

- Bewerbungsunterlagen bzw. Personalunterlagen auswerten,

- Gesprächsablauf und Fragen auf der Basis der Anforderungen der betreffenden Tätigkeit vorbereiten,

- schriftliche - in Ausnahmefällen telefonische - Einladung noch vor einem kündigungs- relevanten Termin vornehmen; ggfs. fehlende Unterlagen anfordern und Personalbogen zusenden; um Terminbestätigung bitten,

- ggfs. andere Personen informieren, die am Gespräch beteiligt sind oder eigene Gespräche führen,

- ungestörte Gesprächsgelegenheit schaffen,

- angenehme äußere Bedingungen schaffen,

- Unterlagen und Schreibmaterial herrichten,

- evtl. Bewirtung vorsehen,

- "Roten Faden" kurz vor dem Gespräch im Geiste durchgehen.

Abbildung 25:   Vorbereitung des Interviewers für das Auswahlgespräch

Untersuchung liegt der Schluß nahe, daß Verfahren bevorzugt werden, die eige- ne (vorzugsweise aktuelle) Leistung abfordern, in erkennbarem Bezug zu den Arbeitsanforderungen stehen und den Personen Kontrollmöglichkeiten über ihr Handeln in der gegebenen Situation gewähren. Eine solche Konstellation scheint im Einstellungsgespräch in besonderem Maße gegeben zu sein. Von allen Auswahlverfahren ist es sozusagen die "menschlichste" Situation.

Stellt man allerdings die Validität in den Vordergrund und vergleicht das In- terview mit anderen Auswahlverfahren, so stößt man auf eine bemerkenswerte Diskrepanz zwischen subjektiver Wertschätzung und empirischer Bewährung: Schon in frühen Studien erwies sich die prognostische Validität dieser Methode als gering, in einer Vielzahl von Sammelreferaten (z. B. Arvey & Campion, 1982) wurde sie, bei großer Streuung, auf etwa $r = 0.05$ bis $r = 0.25$ beziffert. Die wichtigsten Ursachen für die geringe Validität des konventionell geführten Einstellungsgesprächs (z. B. Webster, 1982) werden in Abbildung 26 aufgelistet.

Hier schlagen sich also in besonderem Maße die Probleme der sozialen Ur- teilsbildung nieder (s. Abschnitt 1.4.5), die zu ausgeprägt subjektiven Einschät- zungen der Bewerber, also zu geringer Objektivität im Sinne der psychologi- schen Testtheorie führen. Tatsächlich sind beim herkömmlichen Auswahlge- spräch sowohl die Durchführungs-, die Auswertungs- als auch die Interpreta- tionsobjektivität so gering, daß für befriedigende Validität kaum ein Spielraum bleibt. In dieser Subjektivität einen Vorteil zu sehen, wie gelegentlich vorge- schlagen wird, ist ein mißlungener Versuch, aus der Not, die durch diagnostische Ignoranz entsteht, eine Tugend zu machen.

Ursachen für die geringe Validität herkömmlicher Einstellungsgespräche

- mangelnder Anforderungsbezug der Fragen,

- unzulängliche Verarbeitung der aufgenommenen Information,

- geringe Beurteiler-Übereinstimmung,

- dominierendes Gewicht früher Gesprächseindrücke,

- Überbewertung negativer Information,

- emotionale Einflüsse auf die Urteilsbildung,

- Beanspruchung des größten Teils der Gesprächszeit durch den Interviewer.

Abbildung 26:   Ursachen für Validitätsdefizite des Einstellungsgesprächs

Angesichts dieser Ergebnisse könnte man zu dem Schluß kommen, das Gespräch als Mittel der Personalauswahl sei entbehrlich - zumal sich überdies gezeigt hat, daß die meisten Bemühungen zum Interviewertraining erfolglos verliefen (Webster, 1982). Dabei würde man allerdings übersehen, daß mit der Auswahl neuer Auszubildender und Mitarbeiter mehrere wichtige Funktionen eng verknüpft sind. Als Hauptfunktionen des Einstellungsinterviews können genannt werden: Vorhersage beruflichen Erfolgs; Information des Bewerbers über Unternehmen, Arbeitstätigkeit, Arbeitsplatz und Arbeitsanforderungen; Kennenlernen der Erwartungen des Bewerbers; Information über den Arbeitsmarkt; persönliches Kennenlernen (Aufbau von Kontakt, Sympathie, Identifikation, Verpflichtung); "Verkaufen" des Unternehmens; Vereinbaren von Bedingungen. Bei Auswahlgesprächen für Personalentwicklungsmaßnahmen sollte vor allem Information über berufliche Entwicklungen und ihre Voraussetzungen (Anforderungen) sowie über die Interessen und Absichten der betreffenden Person ausgetauscht werden.

Die Vielfalt dieser Funktionen, von denen ein Teil nicht durch andere Verfahren in gleichem Maße erfüllbar ist, zeigt, daß das Gespräch selbst dann einen unentbehrlichen Bestandteil der Auswahlprozedur darstellt, wenn seine prognostische Validität zu wünschen übrigläßt. So hat beispielsweise die Arbeit von Schmitt und Coyle (1976) ergeben, daß der Interviewer die im Durchschnitt wichtigste Einflußgröße auf die Annahme eines Einstellungsangebots durch qualifizierte Bewerber ist. Wenngleich diese herausgehobene Bedeutung des Interviews durch spätere Studien relativiert wurde (vgl. Schuler & Moser, 1993), ist doch die Bedeutung des Gesprächs als der ersten eindrucksprägenden Kontaktsituation zwischen Bewerber und Unternehmen kaum zu überschätzen.

Angesichts seiner Unentbehrlichkeit war das Einstellungsgespräch Gegenstand umfangreicher Forschungsbemühungen in den 70er und 80er Jahren. Die Forschung hat gezeigt, daß es eine Reihe von Möglichkeiten gibt, Interviews methodisch so zu verbessern, daß sie zu einem verläßlichen Auswahlinstrument werden. Dies ist nicht ohne methodischen Aufwand zu erreichen, ermöglicht aber Validitätswerte, die in der Höhe der besten sonstigen Auswahlverfahren liegen (Eder & Ferris, 1989).

Maßnahmen zur methodischen Verbesserung des Einstellungsgesprächs

1. Anforderungsbezogene Gestaltung des Interviews; dies kommt sowohl seiner Validität als auch dem Informationsgehalt für die Bewerber zugute.

2. Beschränkung auf das Registrieren von Aspekten/Anforderungen/Merkmalen, die nicht anderweitig zuverlässiger gesammelt werden können (z. B. durch Zeugnisse und kognitive Fähigkeitstests).

3. Durchführung des Interviews in strukturierter bzw. (teil-)standardisierter Form (wobei zu beachten ist, daß die Bewerber freie Gesprächsführung bevorzugen).

4. Verwendung geprüfter und verankerter (vorzugsweise verhaltensverankerter) Skalen während des Interviews.

5. Zumindest Ergänzung des Auswahlprinzips von Interviewfragen nach subjektiver Evidenz durch das der empirischen Prüfung von Einzelfragen; validierte Fragen können beispielsweise aus Testverfahren und biographischen Fragebogen übernommen werden.

6. Je geringer die Standardisierung des Interviews, desto größer ist der Nutzen des Einsatzes zusätzlicher Beurteiler, vorzugsweise in Form der Durchführung weiterer, unabhängig geführter Gespräche. Auch bei (teil-)standardisierten Interviews läßt die gemeinsame oder getrennte Gesprächsführung durch Mitarbeiter der Personalabteilung und ergänzend der jeweiligen Fachabteilung Verbesserungen erwarten.

7. Formen von Gruppengesprächen, insbesondere von Gruppendiskussionen, wie sie sich in ähnlicher Form in Assessment Centers bewährt haben, können ergänzende Beiträge zur Prognose leisten.

8. Trennung von Informationssammlung und Entscheidung, beispielsweise in Form von Notizen oder Skalierungen während des Gesprächs, die erst im Anschluß daran zu einer Gesamtbewertung aggregiert werden.

9. Gestaltung und standardisierte Durchführung der Gewichtungs- und Entscheidungsprozedur nach psychometrischen Prinzipien.

10. Vorbereitung der Interviewer durch ein sorgfältig konzipiertes und kompetent durchgeführtes Training.

Abbildung 27: Maßnahmen zur methodischen Verbesserung des Einstellungsgesprächs (aus Schuler, 1989d)

Vor allem Anforderungsbezug und Struktur haben sich als wirksame Moderatoren der Validität erwiesen. McDaniel et al. (1986) errechneten metaanalytische Werte von $r = .30$ für anforderungsbezogene und $r = .21$ für traditionelle psychologische Interviews. Damit findet die Forderung nach Anforderungsbezug in der

Eignungsdiagnostik auch für die Methode des Interviews eine empirische Stütze. Die Metaanalyse von Wiesner und Cronshaw (1988) resultiert in einem mittleren Validitätskoeffizienten von $r = .13$ für unstrukturierte und von $r = .40$ für strukturierte Interviews. Marchese und Muchinsky (1993) errechneten eine Korrelation von $r = .45$ zwischen der Strukturierung und der Validität von Auswahlgesprächen.

Die Ergebnisse der älteren Validierungsstudien werden von Hunter und Hirsh (1987) dahingehend interpretiert, daß der niedrige Validitätswert, der oft errechnet wurde, nur die inkrementelle, also zusätzliche Validität des Interviews gegenüber anderen Auswahlverfahren repräsentiere. Weitere Ursachen möglicher Unterschätzung sind methodischer Art (vgl. Schuler & Guldin, 1991) - z. B. wiesen Dreher, Ash und Hancock (1988) darauf hin, daß die Berücksichtigung stabiler individueller Urteilstendenzen bei den Beurteilern zu erheblich höheren Koeffizienten führen müßte, da diese Urteilstendenzen beim üblichen Validierungsdesign zum Fehlerterm gerechnet werden.

Aus den Defiziten konventioneller Einstellungsgespräche und teilweise auch bereits aus der Interviewforschung der letzten Jahre läßt sich ableiten, was zur Verbesserung des Interviews als Entscheidungshilfe beitragen müßte (Abbildung 27). Diese Maßnahmen sind als "technische Hilfen" gleichzeitig geeignet, den großen Unterschieden in der Urteilskompetenz der Interviewer zu begegnen und auch bei schwächeren Interviewern ausreichende Ergebnisqualität sicherzustellen.

Im Rahmen eines Interviews, das nach diesen Prinzipien aufgebaut ist, sollten zweckmäßigerweise mehrere Frageformen verwendet werden. Eine dieser Formen ist die sogenannte situative Frage (Latham, Saari, Pursell & Campion, 1980). Hierbei wird jeweils eine "kritische" Situation geschildert, wie sie im Arbeitsablauf auftreten kann. Anschließend wird der Bewerber gefragt, wie er in dieser Situation handeln würde. Man kann diese Prüfungsform also gewissermaßen als "mentale Tätigkeitssimulation" ansehen, bei hohem Erfahrungsanteil als "Wissensarbeitsprobe". Die Antworten der Bewerber werden mit vorgegebenen Skalenverankerungen verglichen und sofort eingestuft. Aus den Ergebnissen mehrerer situativer Fragen wird erst nach Abschluß des Interviews ein Gesamtwert gebildet. Ein Beispiel für eine situative Frage an einen Bewerber um eine Führungsposition wird in Abbildung 28 vorgestellt. Das *situative Interview* basiert auf der Zielsetzungstheorie. Die Theorie nimmt an, daß Intentionen verhaltenssteuernd wirken und ein guter Prädiktor realen Verhaltens sind (Kleinbeck, 1991).

Strukturierte Interviews, die mehrere Fragenprinzipien kombinieren, wurden von Pursell, Campion und Gaylord (1980) und von Schuler (1992) entwickelt. Das Interview von Pursell et al. enthält neben situativen Fragen auch noch Kenntnisfragen und kleinere Arbeitsproben, eignet sich also vor allem zur Auswahl berufserfahrener Bewerber. Das *Multimodale Einstellungsinterview* von Schuler besteht aus einer feststehenden Abfolge von insgesamt sieben Komponenten und wurde mit dem Ziel konstruiert, möglichst viele der in der Interviewforschung festgestellten Defizite zu überwinden.

Beispiel für eine situative Frage

Die Leistung eines Ihrer Mitarbeiter hat nachgelassen. Anläßlich Ihrer jährlichen Gehaltsgespräche müssen Sie ihm erklären, daß seine Gehaltserhöhung geringer ausfällt als die Zulage, die die meisten seiner Kollegen bekommen. Wie gehen Sie vor?

Beispielantwort 1 Punkt:
Ich sage dem Mitarbeiter, daß ich ihm gerne mehr gegeben hätte, daß aber die Geschäftsleitung keinen weiteren Rahmen offenläßt.

Beispielantwort 3 Punkte:
Ich erkläre dem Mitarbeiter, daß er seine Ziele nicht erreicht hat, und stelle ihm bei Verbesserung eine Gehaltsüberprüfung in Aussicht.

Beispielantwort 5 Punkte:
Ich sage dem Mitarbeiter, daß ich mir Gedanken über seine nachlassende Leistung mache, derentwegen die Zulage geringer ausfällt. Ich versuche, gemeinsam mit ihm die Gründe herauszufinden. Dann besprechen wir Maßnahmen, die Leistung wieder zu verbessern, und vereinbaren neue Ziele.

Abbildung 28:   Situative Interviewfrage

Das *Multimodale Einstellungsinterview* wurde in den letzten Jahren in verschiedenen Branchen, für verschiedene Tätigkeitsbereiche und auf praktisch allen Positionsniveaus zur Auswahl von Mitarbeitern und als Grundlage der Personalentwicklung eingesetzt (z. B. Backhaus & Wagner, 1994; Stahl, 1995). Dabei konnte gezeigt werden, daß diese Form des Interviews auch auf spezifische Anforderungskonstrukte - beispielsweise soziale Kompetenz - hin erarbeitet werden kann (Schuler, 1992). Den Aufbau dieses Gesprächsverfahrens zeigt Abbildung 29.

Die Validität des Multimodalen Interviews geht auf mehrere seiner Komponenten zurück, darunter auch auf die biographiebezogenen Fragen. Für ihre Formulierung gelten die gleichen Prinzipien wie beim biographischen Fragebogen, u. a. die Konkretheit des Anforderungsbezugs und des Leistungsbezugs. In verschiedenen Einsatzbereichen werden neben einfachen biographiebezogenen Fragen - etwa: "Wie haben Sie sich auf Ihre Prüfungen vorbereitet?" - auch komplexere oder sequentielle biographische Fragen gestellt; eine Beispielfrage ist in Abbildung 30 wiedergegeben.

Die in Abbildung 30 dargestellte Beispielfrage zeigt, daß auch die biographiebezogenen Fragen nach dem Prinzip der unmittelbaren Antwortbewertung aufgebaut sein können. Dies ermöglicht die Konzentration des Interviewers auf die einzelne Antwort (anstatt ihn mit dem Versuch zur intuitiven globalen Eindrucksbildung zu belasten) und erlaubt die itemweise testtheoretische Prüfung des Interviewverfahrens - und damit seine Verbesserung und Weiterentwicklung. Die im Gesprächsaufbau realisierte Sequenz freier und standardisierter Interviewkomponenten führt zu einem von den Teilnehmern als harmonisch und sachgerecht erlebten sowie positiv bewerteten Gesprächsablauf.

Aufbau des Multimodalen Interviews

1. *Gesprächsbeginn.* Kurze informelle Unterhaltung; Bemühen um angenehme und offene Atmosphäre; Vorstellung; Skizzierung des Verfahrensablaufs; keine Beurteilung.

2. *Selbstvorstellung des Bewerbers.* Bewerber spricht einige Minuten über seinen persönlichen und beruflichen Hintergrund. Beurteilung nach drei anforderungsbezogenen Dimensionen auf einer fünfstufigen Skala.

3. *Freies Gespräch.* Interviewer stellt offene Fragen in Anknüpfung an Selbstvorstellung und Bewerbungsunterlagen. Summarische Eindrucksbeurteilung.

4. *Biographiebezogene Fragen.* Biographische (oder "Erfahrungs-")Fragen werden aus Anforderungsanalysen abgeleitet oder anforderungsbezogen aus biographischen Fragebogen übernommen. Die Antworten werden anhand einer dreistufigen (einfache Fragen) bzw. fünfstufigen (komplexe Fragen) verhaltensverankerten Skala beurteilt.

5. *Realistische Tätigkeitsinformation.* Ausgewogene Information seitens des Interviewers über Arbeitsplatz und Unternehmen. Überleitung zu situativen Fragen.

6. *Situative Fragen.* Auf critical incident-Basis konstruierte situative Fragen werden gestellt, die Antworten werden auf fünfstufigen verhaltensverankerten Skalen beurteilt.

7. *Gesprächsabschluß.* Fragen des Bewerbers; Zusammenfassung; weitere Vereinbarungen.

Abbildung 29:   Der Aufbau des Multimodalen Interviews

Zur Validierung des Multimodalen Interviews liegen mittlerweile mehrere Studien vor (Schuler, 1989a; 1994b; Schuler & Funke, 1989b; Schuler & Moser, 1995; Schuler, Moser, Diemand & Funke, 1995). Zunächst wurde die Konstruktvalidität untersucht. Wichtigstes Ergebnis hierbei ist, daß mit diesem Verfahren sowohl die simulationsorientierte wie die eigenschaftsorientierte Diagnosestrategie verfolgt werden kann. Beispielsweise zeigen die biographiebezogenen Fragen in einem Interview, das zur Messung sozialer Kompetenz im Kundenkontakt konzipiert wurde, die erwartete hohe Übereinstimmung mit Testverfahren, die soziale Kompetenz zum Gegenstand haben, sowie mit einer Gruppendiskussion und anderen interaktiven Verfahren im Assessment Center; die Übereinstimmung mit Schul- und Studienleistungen ist dagegen niedrig. Demgegenüber zeigte eine Verfahrensversion, die auf das Konstrukt "Leistungsmotivation" ausgerichtet war, mit Schul- und Studienabschlüssen hohe Übereinstimmung. Während die Gesprächsteile Selbstvorstellung und biographiebezogene Fragen stärker die *eigenschaftsorientierte* Seite des Diagnoseprozesses repräsentieren, läßt sich durch die anforderungsbezogene Gestaltung der situativen Fragen deutlicher die unreduzierte Anforderungsvielfalt konkreter *Aufgabenstellungen* abbilden. Erwartete *Verhaltensweisen* als Anforderungskategorie lassen sich durch mehrere Fragenarten repräsentieren.

Beispiel für eine komplexe biographiebezogene Frage
(Anforderungsdimension: Kollegialität)

In welchem Fall haben Sie einen Kollegen oder eine Kollegin unterstützt, ein Problem zu
lösen?

Wie haben Sie erkannt, daß er oder sie Hilfe braucht?

Wie sind Sie vorgangen, wie hat er oder sie darauf reagiert?

Antwortbewertung 1 Punkt:
Kein Beispiel oder belangloses Beispiel.

Antwortbewertung 3 Punkte:
Beispiel für Unterstützung, die auf Ersuchen des Kollegen erfolgte, oder Hilfe, die nicht zur
Selbsthilfe führt.

Antwortbewertung 5 Punkte:
Beispiel für Unterstützung, das über den alltäglichen Rahmen hinausgeht; Interesse am
Wohlergehen und Erfolg anderer; aktive Hilfesbereitschaft; Hilfe zur Selbsthilfe.

Abbildung 30:   Komplexe biographiebezogene Frage aus dem Multimodalen
                     Interview

Studien zur prognostischen Validität des Multimodalen Interviews an Bewerbern
um Ausbildungsplätze, an Studierenden und an F&E-Ingenieuren ergaben Validitätskoeffizienten zwischen $r = .27$ und $r = .51$ und Beurteilerübereinstimmungen
über $r = .70$ selbst bei untrainierten Interviewern. Auch in anderen Untersuchungen (z. B. Campion, Campion & Hudson, 1994) konnte inzwischen gezeigt werden, daß ein Interview aus biographiebezogenen und situativen Fragen zufriedenstellende Validität, auch inkrementelle Validität (in Ergänzung zu Tests)
aufweist und sich damit zu einem Auswahlverfahren entwickelt hat, das in Konkurrenz zu den besten anderen diagnostischen Methoden treten kann.

3.3   Personalfragebogen

Ein Zwischenglied in der Auswahl oder "Vorauswahl" von Bewerbern stellt für
viele Betriebe der Personalfragebogen dar. Mit diesem Instrument soll sichergestellt werden, daß über Fragen bzw. Auswahlgesichtspunkte, die dem Arbeitgeber wichtig scheinen, ausreichende und vergleichbare Information vorliegt. Bei
der Auswahl externer Personen wird der Personalfragebogen in vielen Fällen an
die Bewerber verschickt, um von der Beantwortung die Einladung zum Vorstellungsgespräch abhängig zu machen. Häufig wird die grundsätzliche Entscheidung
über die Einladung zum Gespräch aber auch bereits aufgrund der Bewerbungsunterlagen getroffen; der Fragebogen wird in diesen Fällen zum Gespräch mit-

gebracht oder im Betrieb ausgefüllt. In manchen Fällen wiederum stellt der Personalfragebogen, etwa nach telefonischer Vorabsprache, das eigentliche Medium der Bewerbung dar. Bei gewerblichen Arbeitnehmern ist er vielfach sogar die Hauptauswahlmethode.

Für Zwecke der Personalentwicklung sind Personalfragebogen dann eine interessante Methode, wenn sie verwertbare Information zum Bildungsgang und zu Qualifikationen enthalten oder Schlüsse über persönliche Voraussetzungen der Weiterbildung erlauben. Beispielsweise werden in Personalfragebogen gewöhnlich Schulabschlußnoten festgehalten, die sich zwar nicht als gute Prädiktoren des späteren Berufserfolgs, wohl aber des weiteren Ausbildungserfolgs erwiesen haben (Baron-Boldt et al., 1989).

Personalfragebogen sind zumeist betriebsspezifisch, in größeren Unternehmen zusätzlich tätigkeitsspezifisch gestaltet und können nicht im engeren Sinn als eine Methode der psychologischen Eignungsdiagnostik angesehen werden. Für diese ist die Methode aber unter verschiedenen Gesichtspunkten interessant. Zum einen sind in diesen Instrumenten diejenigen Fragen repräsentiert, die vom Arbeitgeber für auswahlrelevant gehalten werden. Der Fragebogen schafft also Zugang zur personalbezogenen Entscheidungsstruktur im Unternehmen, die gegebenenfalls mit anspruchsvollen Verfahren der Entscheidungsanalyse (z. B. policy capturing) aufgeklärt werden kann (Schuler & Guldin, 1991). Daneben schafft die Vorauswahl nach erfragten Merkmalen, Erfahrungen und Kenntnissen Fakten bezüglich der Selektionsquoten, die in formalen Entscheidungsmodellen und bei der Validierung von Auswahlverfahren berücksichtigt werden können.

Eignungsdiagnostisch am interessantesten ist aber vielleicht der Umstand, daß Personalfragebogen den *Ursprung der biographischen Fragebogen* darstellen, wobei letztere als erweiterte, systematisierte und bezüglich der Prognosequalität psychometrisch geprüfte Form des Personalfragebogens angesehen werden können. So wurde von Goldsmith (1922) die Entwicklung eines biographischen Fragebogens für Versicherungsverkäufer, des "Personal History Blank", beschrieben, dessen Fragen zuvor Items von Personalfragebogen waren. Auch zu *Einstellungsinterviews* besteht insofern eine enge Beziehung, als eine Reihe von Fragen gegenseitig austauschbar sind oder der Fragebogen die Grundlage weiterführender Fragen im Gespräch bilden kann.

Personalfragebogen werden nicht nur zur Personalauswahl eingesetzt, sondern dienen auch der Personalverwaltung und der Personalplanung. Gewöhnlich werden sie im Falle der Einstellung gemeinsam mit anderen Unterlagen eines Mitarbeiters in der Personalakte aufbewahrt und stellen die wichtigste Informationsquelle für die sogenannten *Personalstammdaten* dar. Personalstammdaten sind ihrerseits für Detailregelungen des Arbeitsverhältnisses - wie Eingruppierung und Gehaltsbestimmung sowie für sozialversicherungsrechtliche und andere Festlegungen - erforderlich. Der einheitliche Inhalt und Aufbau eines Personalfragebogens erleichtert die vergleichende Datenverwertung und trägt damit zur Vereinfachung und Versachlichung der Personalarbeit bei (Rationalisierungs-Kuratorium der Deutschen Wirtschaft, 1990).

In dem Maße, in dem ein Personalfragebogen qualifikations- oder eignungs-
bezogene Informationen enthält, kann er auch eine Basis der *Personalplanung*
darstellen, indem sowohl für Einzelpersonen wie auch für Gruppen oder die gesamte Belegschaft Vergleiche der vorhandenen Merkmale und Qualifikationen
mit den derzeitig festgestellten oder für die Zukunft erwarteten Anforderungen
vorgenommen werden. Hierdurch werden beispielsweise Entscheidungen bezüglich Fortbildungsmaßnahmen oder innerbetrieblicher Personalbeschaffung erleichtert.

Von anderen Instrumenten der Personalauswahl unterscheiden sich Personalfragebogen auch durch relativ eindeutige und durch vielfältige Rechtsprechung festgelegte Regelungen (vgl. Heinze, 1982; Zeller, 1987). Nach § 94
BetrVG bedürfen Personalfragebogen der *Zustimmung des Betriebsrats*, und zwar
sowohl was die grundsätzliche Entscheidung über ihre Einführung betrifft als
auch bezüglich der Aufnahme einzelner Fragen in den Fragebogen. Das Initia-
tivrecht bleibt allerdings beim Arbeitgeber, der Betriebsrat hat also im Falle des
Personalfragebogens lediglich das Recht der sogenannten Vetomitbestimmung.
Deren rechtliche Begründung liegt im Schutz der Arbeitnehmer vor Fragen, die
der Persönlichkeitssphäre zugehören und weder für den Arbeitsplatz noch für
das berufliche Weiterkommen im Betrieb erkennbar von Bedeutung sind.

Auch wenn es sich hierbei um eine eingeschränkte Mitbestimmung handelt,
ist sie insofern bemerkenswert, als sich das Mitwirkungsrecht des Betriebsrats
grundsätzlich auf die Wahrung der Interessen der bereits im Unternehmen beschäftigten Mitarbeiter beschränkt. In diesem Falle bezieht sich das Betriebsverfassungsgesetz jedoch ausnahmsweise auch auf mögliche künftige Arbeitnehmer,
es dehnt also den kollektivrechtlichen Interessenschutz für die Belegschaft durch
ein vorgelagertes Mitwirkungsrecht des Betriebsrats aus.

Die Gestaltung eines Personalfragebogens ist im einzelnen also von der Zustimmung der Personalvertretung abhängig (wobei deren Verweigerung allerdings begründet werden muß). Darüber hinaus gibt es allerdings eine ganze
Vielfalt von Fragen, die nach gängiger Rechtssprechung generell unzulässig sind,
wobei die Unzulässigkeit auch durch die Zustimmung des Betriebsrats nicht ge-
heilt werden kann. Auf rechtlich unzulässige Fragen müssen Bewerber nicht
wahrheitsgemäß antworten und können später auch für vorsätzlich falsche Antworten nicht zur Rechenschaft gezogen werden. Die für Personalfragebogen gül-
tige Rechtslage ist insofern von generellem Interesse, als sie implizit auch auf
alle anderen Auswahlverfahren übertragen werden kann.

In Abbildung 31 wird eine Zusammenstellung der wichtigsten Fragenbereiche gegeben, die sich in Personalfragebogen finden. Zusätzlich wird danach unterschieden, ob diese Fragen nach gängiger Rechtssprechung als zulässig erach-
tet werden (Quellen: Arbeitsgerichtsurteile; Heinze, 1982; Scholz, 1991; Zeller,
1987). Eine weitergehende Erörterung rechtlicher Fragen, die auch für andere
Auswahlverfahren von Bedeutung sind, erfolgt in Abschnitt 4.5.

Fragenbereiche im Personalfragebogen und ihre rechtliche Zulässigkeit

Fragenbereich	zulässig, Beispiel	unzulässig, Beispiel
Allg. identifizierende Merkmale	Name, Anschrift, Geburtsdatum	
Rechtsstatus	Staatsangehörigkeit, Kranken- und Rentenversicherung	
Familie	Familienstand, Geburtsdaten von Ehepartner und Kindern	Heiratsabsichten, intime Beziehungen
Bildungsweg	Ausbildung, Zeugnisnoten, Lehrgänge	
Bisherige Berufstätigkeit	Arbeitsplätze, Arbeitgeber, Kontinuität	
fachliche Qualifikation	Kenntnisse, Fertigkeiten, Erfahrung	
Einkommen	letztes Einkommen	falls ohne Bezug zur Eignung
Vermögensverhältnisse	bei leitenden Angestellten und in Vertrauensstellungen	falls ohne Bezug zur Position
Wettbewerbsverbot	diesbezgl. besteht sogar Offenbarungspflicht des Bewerbers	
Urlaubsanspruch	gewährter oder abgegoltener Urlaub	
Wehr-/Zivildienst	zulässig	
Vorstrafen	bei Einschlägigkeit; z. B. Unterschlagung bei Kassierer	bei mangelnder Einschlägigkeit
Religions- und Parteizugehörigkeit	in Tendenzbetrieben, z. B. konfess. Einrichtungen, pol. Parteien	grundsätzlich unzulässig
Gewerkschaftszugehörigkeit	in Tendenzbetrieben, etwa Arbeitgeberverbänden; bei Interessenkollision (ltd. Angestellten); wegen Tarifbindung; bei betrieblichem Beitragseinzug	grundsätzlich unzulässig
Schwangerschaft	in Sonderfällen (z. B. Infektionsgefahr, Tänzerin)	nach europäischem Recht grundsätzlich unzulässig
Gesundheitszustand	bei Bedeutung für die Arbeitstätigkeit und Leistungsfähigkeit; gefährliche Infektionskrankheiten (z. B. Tbc, Aids)	allgemein gehaltene Fragen über frühere und derzeitige Krankheiten
Schwerbehinderung	zulässig	

Abbildung 31:   Fragenbereiche im Personalfragebogen und ihre rechtliche Zulässigkeit

3.4   Biographische Fragebogen

Dem Personalfragebogen liegt ebenso wie dem Interview der Gedanke zugrunde, aus dem biographischen Hintergrund einer Person und aus ihrem eigenen Verhalten in der Vergangenheit ihr Verhalten in der Zukunft und damit ihren Berufserfolg vorherzusagen. Im biographischen Fragebogen wurde dieses Prinzip systematisiert, als vor einem dreiviertel Jahrhundert Goldsmith (1922) eine Gewichtung jedes Items nach seinem Beitrag zur Erfolgsprognose vorschlug.

An drei Gruppen von jeweils 50 guten, mittleren und schwachen Verkäufern konnte Goldsmith zeigen, daß die systematische Auswertung des Personalfragebogens der intuitiven Eindrucksbildung überlegen ist - ein Prinzip übrigens, das sich mittlerweile in praktisch allen Bereichen der Diagnostik als gültig erwiesen hat. Zwar waren die ersten biographischen Fragebogen schon in den Jahren davor eingesetzt worden (Owens, 1976), das Prinzip der empirischen Validierung jedes Items an der gegebenen Stichprobe, das heute als konstitutiv für einen biographischen Fragebogen gelten kann, wurde aber hier erstmals demonstriert.

Prinzipien und Themenbeispiele biographischer Fragen	
Prinzip	Themenbeispiel
vergangenheitsbezogen (vs. zukunftsbezogen)	Anzahl beruflicher Wechsel
tatsächliches Verhalten (vs. hypothetisches Verhalten)	Vorgehen in erlebten Konfliktsituationen
konkret/spezifisch (vs. allgemein)	Umsatz des Hauptprodukts
nachprüfbar	Schulnoten
faktisch (vs. interpretativ)	Anzahl Arbeitsstunden
äußere Ereignisse (vs. innere Vorgänge)	Kündigung
aktivitätsbezogen	Klassensprecher
leistungsbezogen	erstes eigenes Einkommen
anforderungsbezogen	Führungserfahrung

Abbildung 32:   Prinzipien und Themenbeispiele biographischer Fragen

Weitere Prinzipien, die biographische Fragebogen kennzeichnen, sind in Abbildung 32 aufgelistet. Die meisten der hier genannten Prinzipien biographischer Fragestellung haben sich erst in neueren Jahren herausgebildet. Noch finden sich in eingesetzten Fragebogen auch Fragen nach Familie, Gesundheit und finanziellen Verhältnissen, deren Akzeptabilität aber - zumindest im deutschen Sprachraum - gering ist.

Aus **Fairneß**gesichtspunkten werden verschiedentlich auch Anforderungen an biographische Items gestellt, die über die obengenannte Liste hinausgehen. Beispielsweise diskutiert Mael (1991) die Forderung, daß die Fragen ausschließlich Verhalten beschreiben, das innerhalb der eigenen Kontrolle liegt (was beispielsweise die Frage nach dem Beruf der Eltern ausschließt), daß sie gleiche Zugangschancen für alle reflektieren (was bei der Position des Klassensprechers der Fall ist, nicht aber bei der des Kapitäns einer Fußballmannschaft) und daß sie nicht in das Privatleben eindringen (was, streng genommen, auch die Frage nach den Kindern ausschließen würde).

Auch wenn man die Auswahl der Items nicht ganz so streng vornehmen möchte, tut man gut daran, auf sensible Fragenbereiche entweder ganz zu verzichten oder ihre Akzeptabilität vorsorglich zu prüfen. In den meisten Fällen wird diese Prüfung ergeben, daß die Fragestellungen gut akzeptiert werden, wenn man sich an die Prinzipien hält, die in Abbildung 32 zusammengestellt sind. Der Verzicht auf die typischerweise inkriminierten Fragenbereiche wird nur in seltenen Ausnahmefällen zu einer Validitätsminderung führen, die den Betrag übersteigt, der durch Reliabilitätsverlust (aufgrund verringerter Fragenzahl) zu erwarten ist. Das bedeutet, durch "Auffüllen" mit Items, die aus akzeptierten Fragenbereichen stammen, dürfte in den meisten Fällen die Ausgangsvalidität wiederhergestellt werden können.

Fragetypen

Biographisches Item
Wie viele Bücher über Antibiotika haben Sie in den letzten zwei Jahren gelesen?

Persönlichkeitsitem
Würden Sie lieber allein neue Antibiotika erforschen oder lieber beim Vertrieb dieser Präparate mitarbeiten?

Interessenitem
Interessieren Sie sich für die Bedeutung und Wirkungsweise von Antibiotika?

Meinungs-/Bewertungsitem
Antibiotika werden häufig unnötigerweise verschrieben.

Wissensitem
Welches Antibiotikum hat Sir Alexander Fleming entdeckt?

Abbildung 33:   Formulierung eines biographischen Items im Vergleich zu anderen Itemformen (aus Knoblauch, 1990, S. 95)

Der typische formale Unterschied in der Formulierung eines biographischen Items im Vergleich zu anderen psychologischen Instrumenten der Personalauswahl wird aus einer vergleichenden Gegenüberstellung von Knoblauch (1990) deutlich. Sie ist in Abbildung 33 wiedergegeben.

Stärker noch als die inhaltliche und formale Besonderheit der Items sind heute biographische Fragebogen durch die Besonderheit der itemweisen Validierung am Erfolgskriterium charakterisiert; bei kategorial skalierten Antwortmöglichkeiten wird sogar jede Antwortmöglichkeit separat validiert. Dadurch unterscheiden sich diese gewöhnlich konstruktheterogenen Instrumente insbesondere von den faktoriell homogenen, eindimensionalen Skalen, wie sie für Persönlichkeitstests typisch sind (Schuler & Funke, 1995).

Biographische Frage

Beispielfrage für den Versicherungsaußendienst (Barthel & Stehle, 1990):

Antwort
Wie wichtig war	O sehr großer Einfluß	(a)
Unabhängigkeit	O großer Einfluß	(b)
als Grundlage für	O gewisser Einfluß	(c)
Ihre Berufswahl?	O geringer Einfluß	(d)
	O gar kein Einfluß	(e)

Validität der Frage (biseriale Rangkorrelation zwischen Wichtigkeit der Unabhängigkeit und Berufserfolg) r = 0.21

Gewichtung der Antwortalternativen (England, 1971, S. 27):

	erfolgreiche Mitarbeiter		nicht erfolgreiche Mitarbeiter				
Ant-wort	*abs.*	*Antworthäufigkeit rel.*	*abs.*	*rel.*	*Häufigk.-differenz*	*Netto-gewicht*	*Grob-gewicht*
(a)	110	43,7 %	38	21,5 %	22,2 %	+ 6	+ 1
(b)	76	30,1 %	71	41,5 %	−11,4 %	− 4	− 1
(c)	28	11,0 %	35	20,5 %	− 9,5 %	− 3	0
(d)	19	7,5 %	8	4,7 %	2,8 %	+ 1	0
(e)	19	7,7 %	19	11,1 %	− 3,4 %	− 1	0

In der Fragebogenauswertung werden nur die Antwortalternativen a) und b) berücksichtigt, da nur sie die Gruppen ausreichend differenzieren.

Abbildung 34:   Gewichtung der Antworten auf eine biographische Frage (aus Schuler & Funke, 1995, S. 250)

Das Grundprinzip der itemweisen Validierung, das schon von Goldsmith (1922) angewandt worden war, wurde mehrfach variiert. Einen Überblick über Validierungsverfahren gibt Hollmann (1991). Das heute verbreitetste Verfahren wurde von England (1971) vorgeschlagen. Hierbei wird der Gesamtwert aus dem Fragebogen als Summe der entsprechend der Itemanalyse gewichteten Antwortausprägungen bestimmt. Ein Beispiel für diese Vorgehensweise gibt Abbildung 34.

Konsequenz dieser Form der Validierung ist eine hohe Anpassung des Verfahrens an die gegebene Stichprobe. Dies hat verminderte **Generalisierbarkeit** zur Folge und bedeutet für die Praxis, daß ein Fragebogen, dessen Validität sichergestellt sein soll, in unterschiedlichen Organisationen jeweils erneut zu validieren ist und auch bei längerem Gebrauch im gleichen Kontext bezüglich seiner Itemgewichte nach mehreren Jahren überprüft werden sollte.

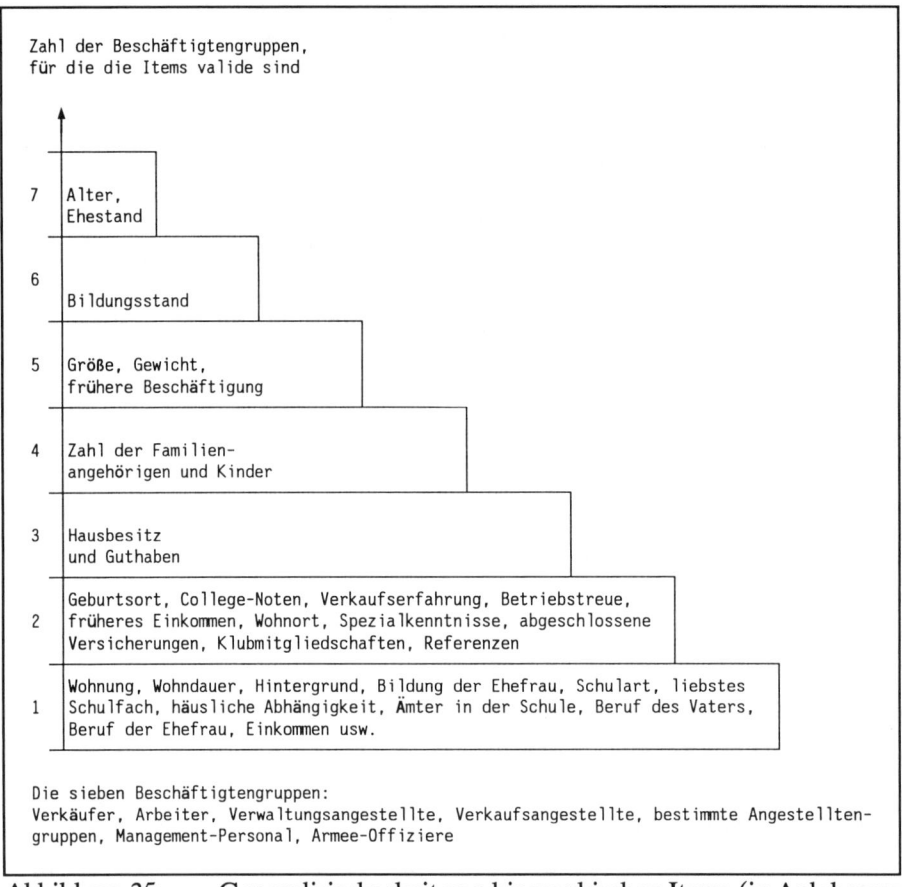

Abbildung 35:   Generalisierbarkeit von biographischen Items (in Anlehnung an England, 1971; aus Funke & Schuler, 1990, S. 124)

England (1971) hat in einer groben Zusammenstellung gezeigt, welche Items sich für verschiedene Beschäftigtengruppen in den USA als valide erwiesen haben. Abbildung 35 zeigt, daß nur eine geringe Zahl von Items in fünf oder mehr der zusammengefaßten 15 Studien brauchbare Prädiktoren waren, während die Mehrzahl der Fragebogenitems spezifisch für die einzelne Organisation waren oder sich in allenfalls zwei Organisationen als valide erwiesen. Dabei ist zu beachten, daß für andere berufliche Tätigkeiten in anderen Organisationen und in anderen Ländern andere Regeln der Generalisierbarkeit gelten können. (Überdies ist auf die rechtliche Zulässigkeit zu achten, s. hierzu auch die Zusammenstellung zum Personalfragebogen.)

Ebenfalls aufgrund der (über-)starken Anpassung der Fragenauswahl und -gewichtung an die gegebene Stichprobe gilt für biographische Fragebogen in besonderem Maße, daß die Höhe der kriterienbezogenen Validität vom jeweils gewählten *Kriterium* abhängt. So ergibt die Metaanalyse von Schmitt, Gooding, Noe und Kirsch (1984) eine Validität von r = .52, wenn als Kriterium die Gehaltshöhe gewählt wurde, während die Ausbildungsleistung durchschnittlich nur mit r = .23 prognostiziert werden kann. Bezogen auf alle Kriterien, resultierte die von Hunter und Hunter (1984) berichtete Metaanalyse in einem durchschnittlichen Validitätskoeffizienten von r = .37.

Auf etwa die gleiche Validitätsschätzung kommt eine neuere Metaanalyse, die von Bliesener (1993) durchgeführt wurde. Bliesener bezog 162 Ergebnisse (Effektstärken) von Einzelstudien mit insgesamt über 90.000 Probanden in seine Reanalyse ein und errechnete eine Validität von r = .39. Anschließend verminderte er allerdings die Validitätsschätzung, indem er regressionsanalytisch den Einfluß potentiell störender Besonderheiten der Studie ("Artefaktquellen") berücksichtigte. Ob dieses Verfahren tatsächlich angemessen ist, müßte sich in der wissenschaftlichen Diskussion noch erweisen - gegebenenfalls hätte es auch auf die Validitätsberechnungen bei anderen Verfahrenstypen Anwendung zu finden, wodurch die Einschätzung der *relativen* Brauchbarkeit der verschiedenen diagnostischen Verfahren vermutlich nicht wesentlich beeinflußt würde.

Daß nicht nur die *Art* des Kriteriums, sondern auch der *Zeitpunkt* seiner Erhebung von Bedeutung sein kann, zeigt eine Untersuchung von Knoblauch (1990), derzufolge für die Umsatzentwicklung bei Außendienstmitarbeitern unterschiedliche Verläufe beobachtet werden konnten (Abbildung 36). Das bedeutet nicht nur, daß man zu unterschiedlichen Zeitpunkten zu abweichenden Rangreihen und Leistungswerten unter den verglichenen Mitarbeitern kommt, sondern auch, daß es zweckmäßig sein kann, nach gewissen Zeiträumen eine Nachgewichtung biographischer Items vorzunehmen.

Neben der *Art* des Kriteriums ist schließlich auch die Zielgruppe von Bedeutung. So ergab die metaanalytische Reanalyse von 50 Studien zur Vorhersage wissenschaftlicher Leistung von Funke, Krauß, Schuler und Stapf (1987) einen Wert von r = .47 und wies damit biographische Fragebogen als validestes Verfahren zur Vorhersage wissenschaftlicher Leistung aus. Demgegenüber fanden sich für Jugendliche vergleichsweise niedrige Prognosekoeffizienten (Funke, 1986), was vermutlich mit der im Jugendalter noch geringen Verhaltensstabilität und auch mit der geringeren Datenbasis - also der kürzeren Biographie - zusammenhängt. Die Berufsgruppe, bei der bisher biographische Fragebogen am häufigsten eingesetzt werden, sind Verkäufer, insbesondere Mitarbeiter im Versicherungsaußendienst, daneben auch Führungskräfte.

In neueren Entwicklungen zum biographischen Prinzip als Diagnostikum kommt verstärkt eine Orientierung an den Arbeitsanforderungen zum Ausdruck. Ein Beispiel hierfür wurde als "accomplishment record" von Schmidt, Caplan, Bemis, Decuir, Dunn und Antone (1979) vorgestellt. Hierbei werden frühere Leistungen erfragt, die in bezug zu den künftigen Anforderungen stehen. Vom Bewerber wird gefordert, zu jeder Leistungskategorie mindestens zwei entsprechende Verhaltensbeispiele aus der Vergangenheit zu nennen und Belege für die Richtigkeit seiner Angaben beizubringen. Die Schilderungen werden von Experten bewertet. Die hierzu vorliegenden Validierungsstudien sprechen für höhere Validität dieses Verfahrens im Vergleich zu anderen Fragebogentypen.

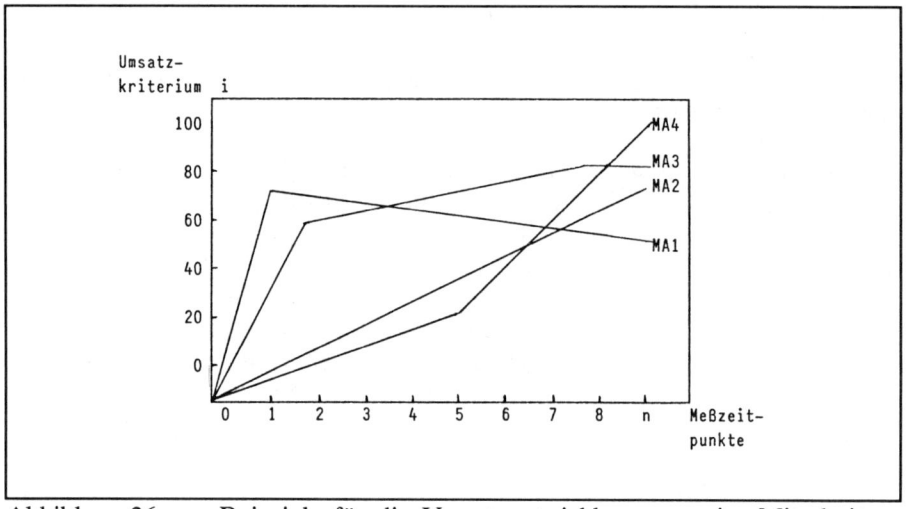

Abbildung 36: Beispiele für die Umsatzentwicklung von vier Mitarbeitern (MA1 - MA4) über acht Quartale (aus Knoblauch, 1990, S. 107)

Ein anderer Ansatz bezieht sich auf die Forderung, in biographischen Fragebogen psychologische Konstrukte umzusetzen. Funke und Schuler (1990) konnten hierzu zeigen, daß mit biographischen Fragebogen ähnliche Merkmale erfaßt werden wie mit Persönlichkeits-, Einstellungs- und Interessentests. Zusätzlich dürften mit manchen biographischen Fragen auch Fähigkeiten im engeren Sinn (z. B. kognitive Fähigkeiten) insofern abgebildet werden, als sich in biographischen Ereignissen die Ergebnisse von Fähigkeits-Persönlichkeits-Konfigurationen niederschlagen.

Eine generelle und umfassende Theorie biographischer Daten existiert allerdings nicht, wenngleich Lern- und Sozialisationstheorien Ansätze hierzu bieten (Jäger, 1992a). Auch Konstruktvalidierungen biographischer Fragebogen, die sich an Persönlichkeitsmodellen orientieren (z. B. Funke & Schuler, 1990; Hollmann, 1991), können hierzu einen Beitrag leisten. Ein theoretisches Modell biographischer Daten, das entwicklungspsychologisch orientiert ist, zu einer Vielzahl psychologischer Variablen Bezüge aufweist und für das eine relativ stabile Faktorenstruktur nachgewiesen werden konnte, stammt von Owens und Schoenfeldt (1979).

Als Begründung für die vergleichsweise hohe Validität biographischer Fragebogen wurden schon genannt: das Prinzip der Fragestellung (z. B. konkret, spezifisch etc.), die itemweise Validierung und die Anpassung an die Stichprobe. Zusätzlich kann die Überlegung angeboten werden, daß Ereignisse, auf die in biographischen Fragen Bezug genommen wird, im technischen Sinne zwar Prädiktoren sind, sinngemäß aber sind es vergangene *Kriterien* (Verhaltensergebnisse), von denen auf künftige Kriterien geschlossen wird. Es wird also auf die "Übersetzung" von Beobachtungen in Eigenschaftskonstrukte verzichtet, die nur im Fähigkeitsbereich, nicht aber im Persönlichkeitsbereich zu guten Ergebnissen führt.

Die lange diskutierte Frage, ob ein biographischer Fragebogen eher konstrukt- oder eher anforderungsorientiert zu sein hat (Hollmann, 1991; Schuler & Stehle, 1990), läßt sich heute so beantworten, daß es zugunsten der Validität wie der Generalisierbarkeit in den meisten Fällen zweckmäßig sein dürfte, beides anzustreben.

Der biographische Fragebogen ist ein interessanter und eigenständiger Ansatz der Personalauswahl, deshalb wurde er hier relativ ausführlich geschildert. Man sollte allerdings bedenken, daß er sich eher als Instrument der Auswahl *externer Bewerber* eignet. Bei interner Auswahl oder als Entscheidungsgrundlage für Personalentwicklungsmaßnahmen wird man, wenn die Items nicht sehr sorgfältig auf den Zweck abgestimmt sind, mit Vorbehalten bei der Zielgruppe rechnen müssen.

3.5   Testverfahren

Einen psychologischen Test können wir mit Brandstätter (1979, S. 82) als ein standardisiertes, routinemäßig anwendbares Verfahren zur Messung individueller Verhaltensmerkmale auffassen, aus denen Schlüsse auf Eigenschaften der betreffenden Person oder auf ihr Verhalten in anderen Situationen gezogen werden können. Bezieht man diese Definition auf unsere Erörterungen zur Validität, so wird erkennbar, daß die wichtigsten Aspekte der Validität explizit angesprochen sind, nämlich der konstruktbezogene Aspekt ("Schlüsse auf Eigenschaften") und der konkurrente oder prognostische Aspekt ("Schlüsse auf Verhalten in anderen Situationen").

In der wissenschaftlich kontrollierten Eignungsdiagnostik sind psychologische Testverfahren die am häufigsten verwendeten Instrumente. Ursache dafür ist nicht nur die lange Tradition des Testens, speziell zur Messung der Intelligenz, sondern vor allem die hochentwickelte Methodologie der Testkonstruktion (Lienert, 1989). Tests sind prinzipiell für alle Berufsgruppen einsetzbar und werden faktisch auch für eine große Zahl von Berufen verwendet.

Wenn psychologische Tests heute im Begriff sind, durch eine Vielfalt anderer Verfahren ergänzt, in manchen Bereichen sogar abgelöst zu werden, darf nicht übersehen werden, daß Theorie und Technik des Testens methodische Standards auch für alle anderen diagnostischen Verfahren setzen. Der Begriff Test wird deshalb oft auch als Sammelbezeichnung für alle Prüfverfahren verwendet, die nach testtheoretischen Prinzipien konstruiert sind.

Die Standardisierung psychologischer Testverfahren bezieht sich auf ihren Inhalt, auf die Durchführung und auf die Auswertung. Im Vergleich zu anderen Verfahrenstypen ist damit die Grundlage hoher Objektivität, also geringen Einflusses subjektiver Beobachtungs- und Urteilsfehler, gegeben. Im Unterschied etwa zum typischen Auswahlgespräch sind beim Test Durchführung und Urteilsbildung getrennt, und der Verfahrensablauf ist voll strukturiert.

Zahl und Vielfalt der verwendeten psychologischen Tests sind groß. Bei Brickenkamp (1975 und 1983) findet sich ein genereller Überblick mit kurzen Testbeschreibungen und teilweise auch kritischen Bewertungen. Eine aktuellere Sammlung bieten Amelang und Zielinski (1994). Brandstätter (1979) nennt die wichtigsten deutschsprachigen Tests zur "Ermittlung personaler Eigenschaften kognitiver Art" - also geistiger Fähigkeiten -, von Rosenstiel (1979) gibt einen Überblick über die verwendeten Methoden zur "Ermittlung personaler Eigenschaften motivationaler Art". Speziell zu eignungsdiagnostischen Zwecken eingesetzte Verfahren werden bei Schneider, Heim und Wacker (1975) und bei Horn (1986) beschrieben sowie in verschiedenen Beiträgen bei Sarges (1995a).

In der heutigen Berufseignungsdiagnostik finden Verwendung vor allem Tests der allgemeinen Intelligenz und ihrer Komponenten (spezifische Intelligenzfaktoren oder anderweitig abgegrenzte kognitive Merkmale wie Gedächtnis oder räumliches Vorstellungsvermögen), Tests der Aufmerksamkeit und Konzentration (in deren Ergebnis nicht nur die kognitiven Voraussetzungen der Konzentrationsleistungen eingehen, sondern auch Willenskraft und emotionale Belastung), Tests sensorischer und motorischer Leistung (z. B. Unterscheidung von Tonhöhen oder feinmotorische Koordination) und sonstige Leistungstests wie Wissens- oder Rechtschreibungsprüfungen. Dazu kommen Persönlichkeitstests, die entweder ein umfassendes Bild der Persönlichkeit liefern sollen oder auf spezifische Merkmale ausgerichtet sind (beispielsweise Machiavellismus oder Kontrollüberzeugung); im weiteren Sinne werden zu den Persönlichkeitstests auch Einstellungs-, Motivations- und Interessentests gerechnet, mittels deren vor allem berufsbezogene Grundhaltungen wie Bedürfnis nach selbständiger Arbeitsgestaltung oder tätigkeitsspezifische Neigungen wie das Interesse an kaufmännischen Tätigkeiten erfaßt werden. Persönlichkeitstests werden in ihrer Mehrzahl in der Form von Fragebogenverfahren durchgeführt, seltener als projektive Methoden. Der Übersichtlichkeit halber sind die wichtigsten Verfahrenstypen in Abbildung 37 nochmals aufgeführt.

Brambring (1983) hat Umfragen über die Anwendungshäufigkeit psychologischer Testverfahren in Privatunternehmen und in Behörden und verwandten

Testverfahren in der Berufseignungsdiagnostik

- Allgemeine Intelligenztests
- Tests spezifischer kognitiver Fähigkeiten
- Tests der Aufmerksamkeit und Konzentration
- Tests sensorischer und motorischer Leistung
- Sonstige Leistungstests
- Allgemeine Persönlichkeitstests
- Spezifische Persönlichkeitstests
- Einstellungs-, Motivations- und Interessentests

Abbildung 37:   Die wichtigsten Arten von Testverfahren, die in der Berufs-
                   eignungsdiagnostik eingesetzt werden

Einrichtungen (Bundesanstalt für Arbeit, Bundeswehr, Berufsförderungswerke, technische Überwachungsvereine) durchgeführt. Seinen Aufstellungen zufolge gehören zu den meistverwendeten Eignungstests: Intelligenz-Struktur-Test (Amthauer), Leistungs-Prüf-System (Horn), Aufmerksamkeits-Belastungs-Test d2 (Brickenkamp), Mechanisch-Technischer Verständnistest (Lienert), Differentieller Wissens-Test (Jäger), Freiburger Persönlichkeitsinventar (Fahrenberg, Selg & Hampel) und Berufs-Interessen-Test (Irle).

Daneben werden von verschiedenen Unternehmen und Verbänden, vor allem aber von der Bundesanstalt für Arbeit und der Bundeswehr, eigene Testverfahren entwickelt und, häufig bereits computergestützt, in großem Umfang angewandt (z. B. Eckardt, 1991; Husted, 1991; Steege & Aschenbrenner, 1991). Ein Beispiel hierfür ist der *Berufswahltest* (BWT; Engelbrecht, 1994) des Psychologischen Dienstes der Bundesanstalt für Arbeit, das Nachfolgeverfahren der langjährig verwendeten Testbatterie EUB. Das Verfahren besteht aus Tests zur Erfassung der wichtigsten kognitiven Fähigkeiten sowie aus Selbstbeurteilungs- und Interessenskalen. Die Ergebnisse jedes Ratsuchenden werden mit Normwerten aus 22 verschiedenen Berufsbereichen verglichen. Außerdem werden auf dem Auswertungsbogen Berufsvorschläge ausgedruckt, die auf dem Vergleich des Interessenprofils des Ratsuchenden mit den Interessenprofilen von Berufsausübenden beruhen. Die individuellen Ausdrucke dienen als Grundlage der Beratungsgespräche.

Ein weiteres Beispiel für eine eigenständige, zielgruppenspezifisch entwickelte Testbatterie ist der *Test für medizinische Studiengänge* (TMS) aus dem Institut für Test- und Begabungsforschung der Studienstiftung des deutschen Volkes (Bartussek, Raatz & Stapf, 1986). Neben der Abiturnote wird dieser Test als Zulassungsverfahren zum Studium der Human-, Tier- und Zahnmedizin eingesetzt. Mit neun Subtests werden ausschließlich kognitive Fähigkeiten gemessen -

die Erfassung anderer Persönlichkeitsmerkmale fiel der testkritischen Haltung der Öffentlichkeit in der Beschlußphase der Verfahrensentwicklung zum Opfer. Als valide zur Prognose des (theoretischen) Studienerfolgs erweisen sich insbesondere diejenigen Subtests, die Bewertung und Verarbeitung komplexer mathematischer, naturwissenschaftlicher und medizinischer Information verlangen (Trost, 1994).

Verwendung psychologischer Tests durch Arbeits- und Organisationspsychologen

Verfahren	Einsatz stand. Tests (proz. Anteil der A&O-Psychologen)	Ablehnung stand. Tests (proz. Anteil der A&O-Psychologen)
Intelligenztests	46,8 %	14,3 %
Persönlichkeits-strukturtests	31,2 %	18,5 %
Spez. Funktionsprüfungs- & Eignungstests	24,7 %	7,8 %
Klinische Tests	23,4 %	11,7 %
Allgemeine Leistungstests	14,3 %	1,3 %
Projektive Testverfahren	5,2 %	27,3 %

Abbildung 38:   Verwendung psychologischer Tests durch Arbeits- und Organisationspsychologen (aus Schorr, 1991, S. 10)

Eine Zusammenstellung, welche Typen von Testverfahren von Arbeits- und Organisationspsychologen bevorzugt verwendet werden, wurde von Schorr (1991) vorgenommen (Abbildung 38). Sie zeigt, daß Intelligenztests die derzeit am häufigsten angewandten Testverfahren sind. Nicht gering ist auch der Anteil unter den Psychologen, die Persönlichkeitstests zur Eignungsfeststellung einsetzen. Ihnen steht jedoch auch eine erhebliche Quote an ablehnenden Einschätzungen gegenüber. Bei den sogenannten projektiven Testverfahren überwiegt der Anteil der Ablehnenden bei weitem (das sind Methoden, die für die Testpersonen undurchschaubar sind und deren Auswertung sehr weitgehende Interpretationsleistungen des Diagnostikers fordert; ihre theoretische Grundlage ist umstritten).

In neueren Jahren werden bevorzugt Tests zur Messung *spezieller* Persönlichkeits- und Fähigkeitsmerkmale entwickelt, die entsprechend geringere Verwendungshäufigkeit aufweisen als bei Brambring (1983) angegeben. Aber auch die Orientierung an allgemeinen Persönlichkeitsmerkmalen hat durch die wiederauflebende Erforschung der "großen fünf" Persönlichkeitsfaktoren (s. Abschnitt 1.4.2) wieder zugenommen (z. B. Tett et al., 1991). In ähnlicher Richtung konvergieren die Belege dafür, daß der Vielfalt kognitiver Leistungen doch nur eine sehr beschränkte Anzahl von Intelligenzfaktoren zugrundeliegt. So konnte Schmidt (1991) an einer großen Zahl von Probanden zeigen, daß sich die Vielfalt der in der eignungsdiagnostischen Praxis eingesetzten Fähigkeits- und Leistungstests auf die Grundfaktoren des Berliner Intelligenzstrukturmodells (Jäger, 1984, vgl. Abbildung 5, S. 26) zurückführen läßt. Solange im Handel kein Testverfahren nach diesem Intelligenzmodell zur Verfügung steht, bietet sich etwa die Verwendung des Wilde-Intelligenz-Tests (WIT; Jäger & Althoff, 1994) oder des Intelligenz-Struktur-Tests (IST-70; Amthauer, 1970) an, die auf dem verwandten Strukturmodell der Intelligenz von Thurstone aufbauen.

Eine relativ neue Entwicklung stellt die Konstruktion und Anwendung von Lernfähigkeits- oder Trainierbarkeitstests dar (Guthke, 1991). Sie stehen in Zusammenhang mit der Erforschung der Veränderbarkeit von Eignungsmerkmalen durch Training. Angesichts der Erwartung, daß sich Tätigkeitsanforderungen weiterhin rapide verändern werden, scheint diese Entwicklungsrichtung aussichtsreich. Die bisher durchgeführten Untersuchungen (z. B. Diemand, Schuler & Stapf, 1991) fanden allerdings durchschnittlich keine höheren Validitäten von Lerntests als von konventionell durchgeführten Tests, speziell wenn Prognosen über längere Zeiträume das Ziel waren (Robertson & Downs, 1989).

Eine weitere Entwicklung, die zur Zeit merklich ist, besteht in der Bevorzugung arbeitsprobenartiger Testverfahren - möglicherweise als Effekt der Verbreitung von Simulationen, wie sie im Assessment Center verwendet werden, vielleicht auch verursacht durch die zunehmende Berücksichtigung der Bewerberpräferenzen, die sehr deutlich in diese Richtung weisen (Fruhner et al., 1991). Beispiele für derartige Verfahren sind der schon erwähnte Mechanisch-Technische Verständnis-Test (Lienert, 1958) und der Revidierte Allgemeine Büroarbeitstest (ABAT-R; Lienert & Schuler, 1994). Das letztgenannte Verfahren wird durch einen Auszug aus dem Subtest *Kundenbriefe-Sortieren* in Abbildung 39 illustriert. Es wird, wie bereits der Name verrät, zur Auswahl von Mitarbeitern für Büroberufe eingesetzt.

Es liegt eine sehr große Zahl von Untersuchungen der Validität psychologischer Tests vor, insbesondere solcher, die der Sammelkategorie *Kognitive Fähigkeitstests* zugerechnet werden. Ihr Hauptergebnis ist, daß es praktisch keinen Beruf gibt, für den Maße intellektueller Fähigkeiten nicht zur Leistungsprognose beitragen können. Dabei lassen sich Ausbildungsleistungen besser vorhersagen als andere Kriterien der Berufsleistung. Beispielsweise wurde in einem großen deutschen Finanzdienstleistungsunternehmen für die dort eingesetzte Intelligenztestbatterie zur Auswahl von Auszubildenden ein Validitätskoeffizient von 0.48 errechnet, bezogen auf die Ergebnisse der Prüfungen der In-

Kundenbriefe-Sortieren

1. Kartei: Alphabet

Aa-Al	Am-Az	Ba-Bi	Bj-Br	Bs-Bz	Ca-Cz	Da-Dk	Dl-Dz	Ea-Ek	El-Ez
1	2	3	4	5	6	7	8	9	10
Fa-Fr	Fs-Fz	Ga-Go	Gp-Gz	Ha-Hj	Hk-Hz	Ia-Iz	Ja-Jz	Ka-Ko	Kp-Kz
11	12	13	14	15	16	17	18	19	20
La-Le	Lf-Lz	Ma-Me	Mf-Mo	Mp-Mz	Na-Nk	Nl-Nz	Oa-Oz	Pa-Pq	Pr-Pz
21	22	23	24	25	26	27	28	29	30
Qua-Quz	Ra-Rz	Sa-Si	Sj-Ss	St-Sz	Ta-Ti	Tj-Tz	U-V	Wa-Wz	X-Y-Z
31	32	33	34	35	36	37	38	39	40

2. Kartei: Branche

Lebensmittel L	Technik T	Behörden B

3. Kartei: Datum

1. Vierteljahr I	2. Vierteljahr II	3. Vierteljahr III	4. Vierteljahr IV

	1.	2.	3.			1.	2.	3.
1. Fuester, Vermessungsamt, 15.09.					19. Kloeters, Klimaanlagen, 10.02.			
2. Hack, Flugzeugbau, 04.01.					20. Luetgens, Oberschulamt, 01.08.			
3. Timmermann, Feinkost, 21.12.					21. Meyerhoot, Metzgerei, 18.10.			

Abbildung 39:   Auszug aus dem Revidierten Allgemeinen Büroarbeitstest (Lienert & Schuler, 1994)

dustrie- und Handelskammer (Backhaus & Wagner, 1994, S. 382). Abbildung 40 zeigt einige typische Aufgaben, die in Tests für allgemeine Intelligenz gestellt werden.

Hunter und Hunter (1984) führten eine Reanalyse der klassischen Validitätssammlung von Ghiselli (1973) durch, wobei sie die bei metaanalytischen Berechnungen üblichen Korrekturen vornahmen, und kamen zu dem Ergebnis, daß die Validität der Leistungsprognose aufgrund eines Intelligenztests um so höher ausfällt, je höher die Komplexität des betreffenden Berufs ist. Je nach Berufsgruppe (Fahrer, Handwerker, Verkäufer, Manager usw.) liegen die Durchschnittswerte zwischen $r = .27$ und $r = .61$. Wichtig ist hierbei jedoch die Berücksichtigung der unterschiedlichen Streuungseinschränkung durch Vorselektion: In der bereits erwähnten Metaanalyse an Wissenschaftlern (Funke et al., 1987), in der sich das Maß an Streuungseinschränkungen in den einbezogenen Studien nicht rekonstruieren ließ, errechnete sich nur eine Validität von $r = .16$ für Tests der allgemeinen Intelligenz; um $r = .30$ lagen dagegen die Werte für spezifische Intelligenztests (insbesondere Kreativitätstests) sowie Persönlichkeitstests.

Einige Beispiele für verbreitete Intelligenztestitems

1. Wortbedeutungen

   "Gesuch" hat etwa die gleiche Bedeutung wie

   a) Erlaß   b) Bescheid   c) Antrag   d) Untersuchung   e) Entsendung

2. Zahlenreihen

   2   5   4   7   6   9   8   ?

3. Bilderreihen

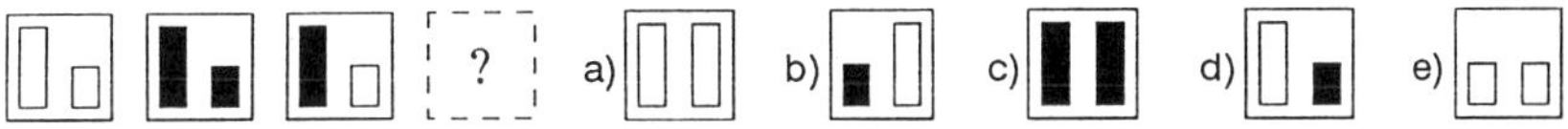

4. Eingekleidete Rechenaufgaben

   Wieviel muß man zur Zahl 8 hinzuzählen, damit die Summe zur Zahl 10 im gleichen Verhältnis steht wie 30 zu 20?

5. Analogien

   "Wachsen" verhält sich zu "wuchern" wie "Verlangen" zu

   a) Gier   b) Lust   c) Wahnsinn   d) Appetit   e) Interesse

6. Würfelaufgaben

   Vorgegeben ist der Würfel 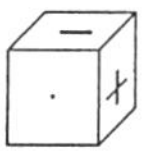 . Seine drei nicht sichtbaren Seiten sind leer. Durch Drehen oder Kippen kann er in vier der fünf folgenden Positionen gebracht bracht werden? werden. In welche Position kann er nicht ge-bracht werden?

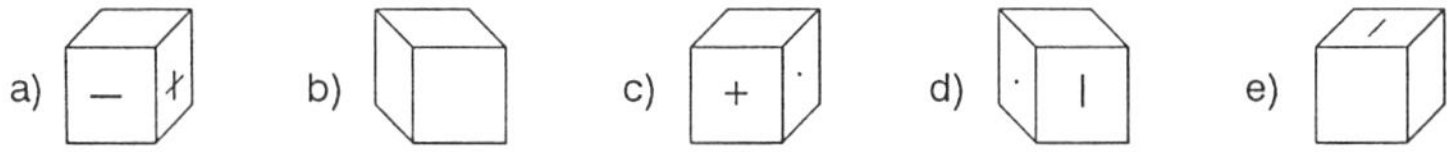

Abbildung 40:   Beispiele für Aufgaben in Intelligenztests

Die Lösungen zu den Intelligenztestaufgaben finden sich auf S. 150

Wenn von der prognostischen Brauchbarkeit von Intelligenzmaßen die Rede ist, sollte allerdings nicht unerwähnt bleiben, daß unter allen gängigen Validierungskriterien das häufigste Kriterium, die Vorgesetztenbeurteilung, neben der Fluktuation am schlechtesten prognostizierbar ist (Tabelle 4, S. 151). Höhere Validitätswerte errechnen sich für die allgemeine Intelligenz, wenn Beförderung oder Arbeitsproben als Erfolgsmaße zugrundegelegt werden, die besten, wenn Ausbildungserfolg der Maßstab ist. Letzteres ist insofern nicht verwunderlich, als Intelligenz weitgehend identisch ist mit dem, was man sinnvollerweise mit "Lernfähigkeit" bezeichnen sollte, nämlich neue Information bestmöglich zu verwerten.

Ein weiteres methodisches Problem stellt die Frage dar, ob die allgemeine Intelligenz oder spezifische Fähigkeitsfaktoren die bessere Prognose liefern. Angesichts der Ergebnisse der Validierungsstudien könnte es angemessen sein, bei geringen Stichprobengrößen auf den "g-Faktor" zu setzen, bei großen Stichproben dagegen stärker anforderungsspezifisch, also auch differenziert nach Einzelfähigkeiten, vorzugehen (Thorndike, 1986).

In den Eingangsüberlegungen zu diesem Text hatten wir erörtert, daß aus der Sicht des einzelnen die Zufriedenheit mit dem Berufsweg ein besonders angemessenes, leider aber selten berücksichtigtes Erfolgskriterium sein kann. In einer bemerkenswerten Studie des psychologischen Dienstes der Bundesanstalt für Arbeit wurde dieses Kriterium gewählt, als ehemalige Ratsuchende der Berufsberatung vier bis sieben Jahre später befragt wurden, in welchem Beruf sie ausgebildet wurden, ob sie die Ausbildung erfolgreich abgeschlossen haben und ob sie mit diesem Beruf zufrieden sind (Engelbrecht, Schröder & Elgert, 1991). Abbildung 41 führt die durchschnittlichen Mittelwerte des "Allgemeinen intellektuellen Leistungsvermögens" derjenigen Personen auf, die ihre Berufsausbildung abgeschlossen haben und mit dem Beruf sehr zufrieden oder zufrieden sind.

Die zweite große Gruppe von Testverfahren sind die *Persönlichkeitstests* (Amelang & Zielinski, 1994; Angleitner & Wiggins, 1986). Im Abschnitt 1.4.2 wurden die psychologischen Grundlagen dieser Instrumente erörtert. Unter anderem war vom Fünf-Faktoren-Modell der Persönlichkeit die Rede, das als Faktoren identifiziert: Extraversion, emotionale Stabilität, Verträglichkeit, Gewissenhaftigkeit und Offenheit für Erfahrungen. Ein Testverfahren, diese Persönlichkeitsfaktoren zu messen, ist der NEO-FFI (dt. Fassung von Borkenau & Ostendorf, 1993). Es handelt sich - ebenso wie bei den meisten anderen in der Diagnostik eingesetzten Persönlichkeitstests - um ein Fragebogenverfahren. Die bisher berichteten Versuche, das Verfahren in der Berufseignungsdiagnostik einzusetzen, führten zu uneinheitlichen Resultaten und größtenteils geringen Validitätskoeffizienten.

Dies mag damit zusammenhängen, daß der Bestimmung der Kriterien zu wenig Aufmerksamkeit gewidmet wird: Wie an genannter Stelle bereits erwähnt, hat eine große eignungsdiagnostische Studie in der US-Army ergeben, daß durch Persönlichkeitsverfahren (auch in diesem Fall handelte es sich um recht allgemein gefaßte Faktoren) manche Kriterienbereiche besser prognostizierbar waren als mittels kognitiver Tests, namentlich Führung/Engagement, Disziplin und rollenentsprechendes militärisches Verhalten (McHenry et al., 1990).

Durchschnittliche Intelligenz zufriedener Berufsangehöriger

Altenpfleger	46	Glaser	46
Apothekenhelfer	51	Hauswirtschafter	47
Arzthelfer	53	Holzmechaniker	48
Augenoptiker	58	Hotelfachmann	52
Bäcker	43	Industriekaufmann	56
Bankkaufmann	59	Informationselektroniker	58
Bauschlosser	44	Karosseriebauer	46
Bauzeichner	58	Kaufmann im Groß- u. Außenhandel	53
Bekleidungsfertiger	46	Kinderpfleger	46
Bekleidungsschneider	49	Koch	46
Beton- u. Stahlbetonbauer	47	Konditor	47
Betriebsschlosser	49	Kraftfahrzeugelektriker	51
Blechschlosser	47	Kraftfahrzeugmechaniker	47
Bürogehilfe	53	Krankenpflegehelfer	44
Bürokaufmann	53	Krankenpfleger	53
Büromaschinenmechaniker	55	Kunststofformgeber	51
Chemielaborant	59	Landmaschinenmechaniker	45
Dachdecker	46	Landwirt	48
Damenschneider	49	Maler u. Lackierer	42
Dienstleistungsfachkr. im Postbetrieb	46	Maschinenbauer	50
Dreher	48	Maschinenschlosser	51
Drogist	52	Masseur	50
Drucker	51	Maurer	43
Druckvorlagenhersteller	55	Mechaniker	50
Einzelhandelskaufmann	50	Nachrichtengerätemechaniker	58
Elektroanlageninstallateur	51	Radio- u. Fernsehtechniker	57
Elektroinstallateur	50	Raumausstatter	47
Elektromaschinenbauer	51	Rechtsanwaltsgehilfe	53
Elektromechaniker	55	Schauwerbegestalter	55
Energieanlagenelektroniker	56	Schlosser	46
Energiegeräteelektroniker	56	Schriftsetzer	55
Erzieher	55	Sozialversicherungsfachangestellter	57
Fachgehilfe in steuerber. Berufen	56	Speditionskaufmann	54
Feinblechner	48	Stahlbauschlosser	46
Feingeräteelektroniker	59	Stahlformenbauer	51
Feinmechaniker	52	Technischer Zeichner	57
Fernmeldeelektroniker	59	Tischler	47
Fernmeldehandwerker	56	Verkäufer	46
Fleischer	43	Verkäufer im Nahrungshandwerk	45
Fliesenleger	43	Vermessungstechniker	58
Florist	49	Versicherungskaufmann	55
Flugzeugmechaniker	54	Werkzeugmacher	53
Friseur	44	Zahnarzthelfer	52
Funkelektroniker	58	Zahntechniker	55
Gärtner	49	Zentralheizungs- und Lüftungsbauer	46
Gas- u. Wasserinstallateur	45	Zimmerer	46

Abbildung 41: Mittelwerte des "Allgemeinen intellektuellen Leistungsvermögens" bei Schülern, die 4-7 Jahre später mit ihrem Ausbildungsberuf zufrieden waren (aus Engelbrecht, 1994, und Engelbrecht, Schröder & Elgert, 1991)

Anmerkung: N=30.477 (je 50 % Haupt- und Realschüler). Angegeben sind T-Werte (Mittelwert = 50, Standardabweichung = 8 oder 9 T-Wert-Punkte).

Ein anderes faktorenanalytisches Persönlichkeitsmodell wurde von R.B. Cattell entwickelt. Es führte zum 16-Persönlichkeits-Faktoren-Test (16 PF; dt. Fassung von Schneewind, Schröder & Cattell, 1983), einem der verbreitetsten Persönlichkeitstests. Die Aufgliederung in 16 Faktoren weist darauf hin, daß dieses Modell mit enger definierten Faktoren arbeitet. Diese Faktoren oder Primärdimensionen der Persönlichkeit sind in Abbildung 42 aufgeführt.

Die Primärdimensionen der Persönlichkeit im 16 PF

A	Sachorientierung	-	Kontaktorientierung
B	Konkretes Denken	-	Abstraktes Denken
C	Emotionale Störbarkeit	-	Emotionale Widerstandsfähigkeit
E	Soziale Anpassung	-	Selbstbehauptung
F	Besonnenheit	-	Begeisterungsfähigkeit
G	Flexibilität	-	Pflichtbewußtsein
H	Zurückhaltung	-	Selbstsicherheit
I	Robustheit	-	Sensibilität
L	Vertrauensbereitschaft	-	Skeptische Haltung
M	Pragmatismus	-	Unkonventionalität
N	Unbefangenheit	-	Überlegtheit
O	Selbstvertrauen	-	Besorgtheit
Q_1	Sicherheitsinteresse	-	Veränderungsbereitschaft
Q_2	Gruppenverbundenheit	-	Eigenständigkeit
Q_3	Spontaneität	-	Selbstkontrolle
Q_4	Innere Ruhe	-	Innere Gespanntheit

Abbildung 42:   Die Primärdimensionen der Persönlichkeit im 16-Persönlichkeits-Faktoren-Test (aus Schneewind, Schröder & Cattell, 1983)

Die Primär- oder Grunddimensionen des 16 PF werden mit insgesamt 192 Fragebogenitems erfaßt, was es ermöglicht, alle mutmaßlich wichtigen Aspekte der Persönlichkeit in etwa 30 bis 45 Minuten abzuprüfen. Die Kehrseite dieser kompakten Form ist allerdings, daß jede Dimension nur mit 12 Fragen erfaßt wird, was zu unbefriedigenden Reliabilitäten führt. Damit kann der Einsatz des 16 PF in der Berufseignungsdiagnostik allenfalls zum "Grob-check" mit anschließender gründlicherer Erfassung der besonders anforderungsrelevanten Merkmale empfohlen werden. Grundsätzliche kritische Überlegungen müssen wir uns dagegen an dieser Stelle versagen, wie z. B. die, ob sich nicht eine "interessante" oder "reife Persönlichkeit" gerade dadurch auszeichnet, daß sie nicht ohne weiteres in das bipolare Schema dieser Merkmalsauffassung einzuordnen ist, sondern etwa ein so weites Verhaltensrepertoire hat, daß sie - situationsabhängig - sowohl als auch flexibel und pflichtbewußt, unbefangen und besonnen, gruppenverbunden und eigenständig sein kann.

Die Items übrigens, das sei abschließend zur "Ehrenrettung" des 16 PF erwähnt, sind großenteils durchaus berufsbezogen formuliert, zumindest nicht offensichtlich irrelevant. Beispielsweise lauten Fragen zum ersten Faktor "Sach vs. Kontaktorientierung": "Bei gleichem Gehalt wäre ich lieber: a) im Management, b) unsicher, c) in der Forschung tätig" oder "Beim Reisen schaue ich lieber auf die Landschaft, als daß ich mit Leuten spreche: a) stimmt, b) dazwischen, c) stimmt nicht" (aus Gründen des Testschutzes ist der Wortlaut gegenüber den Originalfragen verändert). Daß bis heute keine überzeugenden Belege für befriedigende prognostische Validität im Auswahlkontext vorliegen, ist also nicht primär der Itemformulierung anzulasten (obwohl die Fragen zu anderen Dimensionen teilweise weniger Berufsbezug aufweisen).

Eine besonders ökonomische Kurzform des 16 PF hat Brandstätter (1988) mit dem 16 PA vorgelegt. Hierbei wird auf die Beantwortung der eigentlichen Testitems verzichtet; die Probanden nehmen vielmehr eine Selbsteinstufung auf den 16 Dimensionen vor, die ihnen in ihrer Bedeutung erklärt werden. Das Ergebnis ist laut Brandstätter in der Höhe von r = .80 mit dem Ergebnis des 16 PF korreliert und stellt deshalb eine erwägenswerte Alternative dar. An einer Gruppe österreichischer Unternehmer konnte Brandstätter (1995) feststellen, daß sich Gründungsunternehmer von Gründungsaspiranten und Betriebsübernehmern in ihren 16 PA-Werten dahingehend unterschieden, daß sich unter ihnen mehr psychisch stabile und gleichzeitig unabhängige Personen befanden als in den anderen beiden Gruppen.

Für Persönlichkeitstests werden auch aus Metaanalysen generell erheblich niedrigere Validitätswerte berichtet als für kognitive Tests. Schmitt et al. (1984) beziffern die durchschnittliche Validität auf r = .15, Hunter und Hirsh (1987) errechneten demgegenüber allerdings einen Wert von r = .27. Für projektive Tests geben Reilly und Chao (1982) die durchschnittliche Validität aus 5 Studien mit r = .18 an. Die Validitäten von Interessentests, bezogen auf Erfolgskriterien, liegen zumeist noch etwas darunter. Dabei ist jedoch zu bedenken, daß Interessentests häufiger zu Beratungs- als zu Selektionszwecken Verwendung finden (von Rosenstiel, 1979) und daß das hier angemessene Kriterium weniger die Berufsleistung als die Zufriedenheit mit der seinerzeit getroffenen Berufswahl ist.

Bereits im Abschnitt über differentialpsychologische Grundlagen war die Annahme vorgebracht worden, die unbefriedigende Validität von Persönlichkeitstests liege an der unangemessenen "Kalibrierung" und damit auch im geringeren Anforderungsbezug der mit den Tests gemessenen Konstrukte. Dem entsprechen tatsächlich neuere Daten, die höhere Validität beispielsweise der Merkmale Dominanz und Selbstvertrauen (Schuler et al., 1995) oder Integrität (Ones et al., 1993) im Vergleich zu breiter angelegten Konstrukten aufweisen. Nicht außer acht gelassen werden darf aber die schon mehrfach erwähnte Wahl der Kriterien: Persönlichkeitstests scheinen teilweise andere Facetten des Berufserfolgs vorherzusagen als kognitive Tests, letztere scheinen dem affiner zu sein, was als Berufsleistung primär erfaßt wird. Für diesen Unterschied wiederum könnte der Charakter der Testitems Mitverantwortung tragen: Während die Probanden im Persönlichkeitstest sagen, was sie üblicherweise tun oder denken, wird ihnen im

Fähigkeitstest die Leistung tatsächlich abverlangt. Zudem könnte die Schwäche der Persönlichkeitstests im Prinzip der Selbsteinschätzung begründet liegen: Bei Mount, Barrick und Strauss (1994) ergab die Einschätzung durch Kunden und Kollegen höhere Validität für die großen fünf Persönlichkeitsmerkmale als die Testwerte der Probanden.

Daß die Anwendung von *Persönlichkeitstests* in der Berufseignungsdiagnostik umstritten ist, dürfte zum Teil an der Befürchtung liegen, mit diesen Verfahren in Persönlichkeitsbereiche einzudringen, die nichts mit der beruflichen Tätigkeit zu tun haben. Abbildung 43 illustriert, daß Persönlichkeitsitems unterschiedlich "berufsnah" formuliert sein können. Die Akzeptabilität der Fragen resultiert hier mehr aus der Offensichtlichkeit des Bezugs zum Arbeitsleben, der augenscheinlichen Validität, als aus der empirisch bestimmbaren Validität. Insbesondere bei Mitarbeitern, die bereits im Unternehmen beschäftigt sind, ist die Anwendung von Persönlichkeitstests sehr gründlich zu überlegen und empfiehlt sich gegebenenfalls eher in Form "berufsnaher" Itemformulierungen.

"Berufsnahe" und "berufsferne" Formulierung von Persönlichkeitsitems

Merkmal	"berufsferne" Itemformulierung	"berufsnahe" Itemformulierung
Extraversion	Meine Freizeit verbringe ich am liebsten zusammen mit meinem großen Freundeskreis	Ich ziehe eine Berufstätigkeit vor, die mich viel in Kontakt mit verschiedenen Menschen bringt
Angstneigung	Manchmal habe ich so viele Sorgen, daß ich nicht schlafen kann	Ich grüble oft darüber nach, ob ich meine beruflichen Aufgaben auch schaffen werde
Unabhängigkeitsstreben	Frühe Unabhängigkeit von meinen Eltern war mir sehr wichtig	Ich lege großen Wert auf selbstbestimmte Arbeit

---

Abbildung 43:   "Berufsnahe" und "berufsferne" Formulierung von Persönlichkeitsitems

Ein weiterer Vorbehalt gegen Persönlichkeitstests gilt der Verfälschbarkeit ihrer Ergebnisse. Freilich kann im Prinzip jeder Proband in einem Testformular beliebige oder vorsätzlich falsche Antworten ankreuzen. Tatsächlich ist dieser Effekt in Auswahlsituationen nachweisbar, allerdings zumeist geringer als befürchtet. Auch ist keineswegs sicher, daß sich etwa eine beschönigende Selbstdarstellung validitätsmindernd auswirken muß. So konnten Diemand und Schuler (1991) zeigen, daß die eine von zwei grundsätzlich verschiedenen Arten der Selbstdarstellung, die *assertive* Selbstdarstellung, mit berufsrelevanten Merkmalen wie Extraversion, Leistungsmotivation und Kommunkationsfähigkeiten in positivem Zusammenhang steht, nicht dagegen die zweite Art, die *defensive* Selbstdarstellung. Dies macht sogar plausibel, daß eine zum Positiven verzerrende, also beschönigende Selbstdarstellung, die aus einem durch Selbstsicherheit geprägten Bestreben resultiert, "sich gut zu verkaufen", ihrerseits einen positiven Prädiktor des Berufserfolgs speziell in Kontaktberufen darstellen kann, also eher validitätserhöhend als -mindernd wirkt.

Nicht alle denkbaren Verzerrungen wirken sich also zwangsläufig negativ aus, und keineswegs in allen Fällen sind Persönlichkeitsfragebogen einem größeren Verfälschungsrisiko ausgesetzt als andere eignungsdiagnostische Verfahren. Dennoch ergibt sich in der Zusammenstellung in Abbildung 44 eine eindrucksvolle Liste von Fehlerquellen als potentielle Beeinträchtigungen der Meßqualität eines Fragebogentests.

Fehlerquellen bei Fragebogen

- Unterschiedliche Interpretation der Items
- Formal-syntaktische Item-Merkmale
- Gedächtnisprobleme, Erinnerungsfehler
- Mangelnde Sorgfalt; Unaufmerksamkeit
- Defizite der Selbstbeobachtung und Selbsterkenntnis; Selbsttäuschung
- Tendenz zur konsistenten Selbstdarstellung
- Logische Fehler (in impliziten Persönlichkeitstheorien)
- Anker- und Halo-Effekte (in impliziten Persönlichkeitstheorien)
- Semantische Strukturen von Testkonstrukteur und Proband sind unterschiedlich
- Absichtliche Verfälschung (Lügen, Simulation, Dissimulation)
- Tendenz zur unkritischen Zustimmung (acquiescence, Ja-Sagen)
- Tendenz zur unkritischen Ablehnung (Nein-Sagen)
- Tendenz zu extremen Antworten (Schwarz-Weiß-Malen)
- Tendenz zu undifferenzierten Antworten
- Tendenz zu indifferenten Antworten (Tendenz zur Mitte, Ambivalenz)
- Positions- und seriale Effekte

Abbildung 44:   Potentielle Fehlerquellen bei Fragebogen (aus Lösel, 1992, S. 369)

Notorisch unterschätzt wird die Bedeutung von *Interessentests* bei der Personalauswahl. Üblicherweise hält man ihr Anwendungsgebiet für beschränkt auf die

Berufsberatung - wo sie tatsächlich eine besonders wichtige Funktion haben -, übersieht dabei aber, daß Interessen vor allen anderen Parametern die Bestimmungsgrößen der Selbstselektion sind. Daß sie auch gute Prädiktoren der Berufszufriedenheit, Fluktuation und ähnlicher Kriterien sind, muß beim Stand des Wissens leider eher als Plausibilität denn als Faktum dargestellt werden.

Eine Ursache für die Vernachlässigung von Interessentests dürfte in der Vermutung liegen, sie seien für vorsätzliche Verfälschung noch anfälliger als andere Fragebogenverfahren. Das könnte (muß aber nicht) zutreffen auf *Einstufungen* als Skalierungsformat. Wenn die Frage vorgelegt wird, "Wie groß ist Ihr Interesse an der genauen, gewissenhaften Prüfung eingehender Rechnungen?", so mag es verlockend scheinen, auf einer Skala von 1 bis 5 den höchsten Wert anzukreuzen, wenn man annehmen kann, eben dieses Verhalten werde von einem Mitarbeiter verlangt. Nun hat aber dieses Item auch eine Informationsfunktion; es klärt nämlich den Bewerber auf, daß er seine Äußerung später einlösen muß. Dies wird einer unfundierten Übertreibung entgegenwirken, und zwar um so stärker, je konkreter die Items formuliert sind.

Aber es kommt noch etwas hinzu. Die Items müssen nämlich keineswegs zwangsläufig mit einer Einstufungsskalierung verbunden sein. Eine *Rangordnung* beispielsweise zwischen Items, die auf durchschnittlich gleiche Attraktivität vorgeprüft sind, zwingt zur Auswahl und Differenzierung. Eine interessante Variante der Rangordnung ist die sogenannte *Forced-choice-Skalierung*, nach deren Muster der *Berufs-Interessen-Test* (Irle & Allehoff, 1983) aufgebaut ist. Bei diesem Verfahren werden dem Probanden immer gleichzeitig vier Aussagen vorgelegt, die Aufgaben aus verschiedenen Tätigkeitsbereichen benennen und von denen jeweils die am stärksten bevorzugte und die am meisten abgelehnte Aufgabe gekennzeichnet werden muß. Eine Gesamtzahl von 81 Vergleichen ergibt schließlich ein recht aussagekräftiges Profil der Interessen in bezug auf neun Berufsfelder.

Nach diesem Prinzip wurden von der Arbeitsgruppe des Verfassers Interessenfragebogen für eine kreditwirtschaftliche Organisation entwickelt. Sie werden als Teile umfangreicherer Potentialanalyseverfahren organisationsintern eingesetzt, um an den entscheidenden Schwellen des beruflichen Entwicklungswegs herauszufinden, welche von mehreren möglichen Aufgabenbereichen für jeden einzelnen Mitarbeiter gemäß seiner Fähigkeiten *und* Interessen die aussichtsreichste Entwicklungslinie bietet. Gerade auch für die anschließenden Personalentwicklungsgespräche ist diese Verbindung ergiebig, zumal sie noch durch Selbsteinschätzungen der Mitarbeiter bezüglich der Anforderungsdimensionen ergänzt wird, die den **Potentialanalysen** zugrunde liegen.

Der letzte Gedanke im Zusammenhang mit Persönlichkeitstests soll dem Vorschlag von Atkinson (1978) gelten, Interessen als *tätigkeitsfeldspezifische Leistungsmotivation* anzusehen. Zumindest dieser Teil des Leistungsstrebens wäre durch einen Interessentest zu erfassen. Bedauerlicherweise steht für den anderen Teil, die *allgemeine Leistungsmotivation*, trotz intensiver Motivationsforschung (Brandstätter & Gollwitzer, in Druck) bis heute kein zufriedenstellendes Auswahlverfahren zur Verfügung. Die verfügbaren Instrumente sind eher für die

Forschung oder für den pädagogischen Bereich konstruiert und validiert, darüber hinaus erfassen manche Persönlichkeitstests Komponenten der Leistungsmotivation implizit mit (z. B. steckt leistungsförderliche vs. leistungshemmende Prüfungsangst auch im Globalmerkmal psychische Stabilität; auch umfaßt das Merkmal Gewissenhaftigkeit teilweise die Komponenten Ausdauer und Pflichterfüllung). Eine Ersatzlösung ist, mit biographiebezogenen Interviewfragen Indikatoren für Leistungsmotivation zu sammeln, was recht gut gelingt.

Testverfahren werden als aktivierend erlebt und von externen, insbesondere jüngeren Bewerbern meist akzeptiert, zumal wenn es sich um tätigkeitsbezogene Verfahren handelt. In anderen Fällen ist Vorsicht (und Rücksicht) geboten.

3.6   Arbeitsproben

Unter Arbeitsproben werden standardisierte Aufgaben verstanden, die inhaltlich valide und erkennbar äquivalente Stichproben des erfolgsrelevanten beruflichen Verhaltens provozieren. Für Arbeitsproben ist also die Orientierung am *inhaltsbezogenen* Aspekt der Validität charakteristisch. Ihre Entwicklung geht auf die deutsche Eignungsdiagnostik der zwanziger Jahre zurück (Giese, 1924). Die Abgrenzung von Arbeitsproben gegenüber Tests ist schwierig und wird uneinheitlich gehandhabt: Gelegentlich wird von Arbeitsprobe nur dann gesprochen, wenn es sich um motorische Aufgaben handelt, häufig werden Arbeitsproben als Tests bezeichnet, sobald sie in standardisierter und normierter Form vorliegen. Dementsprechend findet sich in der englischsprachigen Literatur häufig die Bezeichnung "work sample test".

Die Konstruktion von Arbeitsproben erfolgt weitgehend nach den gleichen Prinzipien wie die psychologischer Tests. Der wesentliche Unterschied ist, daß man, soweit möglich, darauf verzichtet, die Arbeitstätigkeiten in für deren erfolgreiche Ausführung erforderliche Personenmerkmale zu übersetzen. Anstelle eines "Anzeichens" (Testverhalten) oder einer "Prädisposition" (Eigenschaft) wird von einer Verhaltensstichprobe auf ähnliches künftiges Verhalten geschlossen. Dies sollte um so besser gelingen, je ähnlicher Prädiktor und Kriterium einander sind (Wernimont & Campbell, 1968). Arbeitsproben sind also Prototypen für das Prinzip des *simulationsorientierten Prognosekonzepts* - im Gegensatz zum *eigenschaftsorientierten Prognosekonzept* - wie es im Kontext der Arbeitsanalyse und eingangs zu diesem Kapitel dargelegt wurde. In diesem Sinne wären Beispiele für Arbeitsproben das Halten von Probeunterricht für einen Lehrer oder das Fertigen eines Werkstücks für einen Mechaniker.

In der praktischen Berufseignungsdiagnostik ist allerdings nur selten eine vollständige Trennung des Arbeitsproben- und des Testprinzips erkennbar. Dies war auch bereits für die Art Eignungsdiagnostik charakteristisch, die als "Psychotechnik" um 1920/30 große Verbreitung gefunden hat (vgl. Abbildung 45). Dort hat man, eingekleidet in die "Oberfläche" der Tätigkeitsausführung, diejenigen psychischen Funktionen oder Fähigkeitselemente zu erfassen gesucht, die als ursächlich für die erfolgreiche Arbeitsausführung angenommen wurden, also neben dem Simulationskonzept ein Eigenschaftskonzept verfolgt.

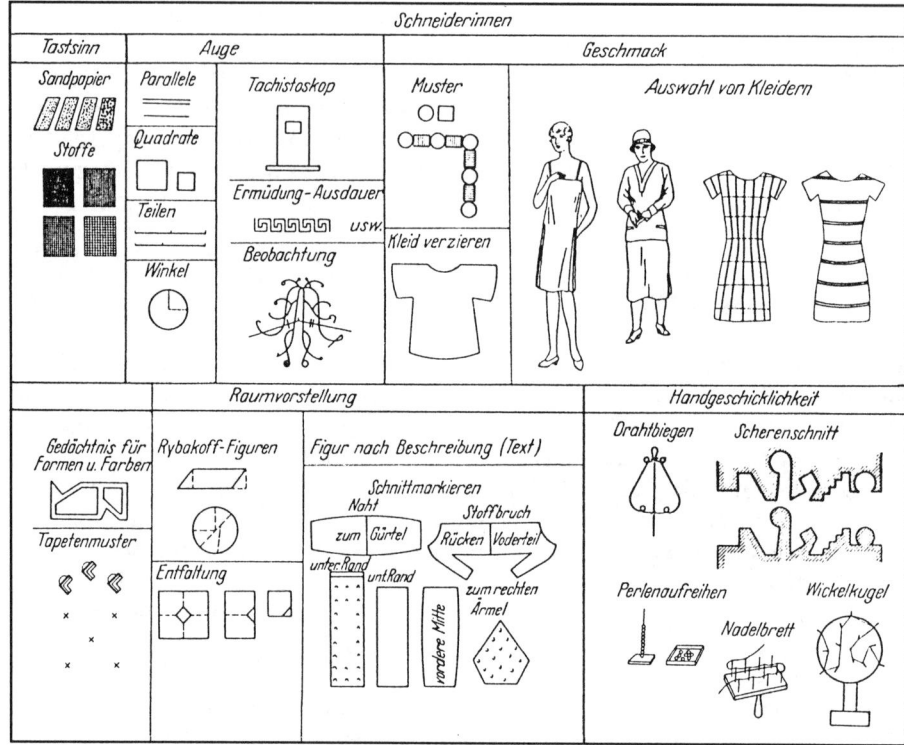

Abbildung 45:   Schneiderinnenprüfungen (aus Moede, 1930, S. 358) als Beispiel für die Verflechtung des simulationsorientierten und
des eigenschaftsorientierten Prognosekonzepts

Für gut gestaltete Arbeitsproben werden relativ hohe Validitätswerte berichtet. Gemessen an beruflicher Leistung (Vorgesetzten-Beurteilung), wurden für "motorische Arbeitsproben" höhere Validitäten errechnet als für "verbale Arbeitsproben". Allerdings ermöglichen verbale Arbeitsproben bessere Prognosen, wenn als Kriterium die Ausbildungsleistung gewählt wird (Robertson & Kandola, 1982). Für Arbeitsproben, wie sie auch als Teilverfahren des Assessment Centers Verwendung finden - Gruppendiskussion, Postkorbaufgabe und Planspiele - stellt Cascio (1987) Bewährungsdaten zusammen, die durchschnittlich etwa bei r = .25 bis .30 liegen. Die Metaanalyse von Schmitt et al. (1984) resultiert sogar in einem durchschnittlichen Validitätskoeffizienten für Arbeitsproben von r = .38.

Schmidt-Atzert und Deter (1993) konnten zeigen, daß die "Drahtbiege-probe", eine als Test standardisierte Arbeitsprobe zur Erfassung von Wahrnehmungsgenauigkeit und feinmotorischem Geschick (Lienert, 1967), als einziges unter mehreren Verfahren eine zusätzliche Prognoseleistung zu einem allgemeinen Intelligenztest (Intelligenz-Struktur-Test, Amthauer, 1970) bei der Vorhersage des Ausbildungserfolgs von Chemikanten erzielte. Abbildung 46 informiert über diese Arbeitsprobe. Hinter der Leistung in arbeitsprobenartigen Verfahren stehen oft allgemeine Fähigkeitsfaktoren, wie Schmidt (1993) am Beispiel des ABAT zeigen konnte.

Die Augenscheingültigkeit von Arbeitsproben fördert die Akzeptanz seitens der Verwender wie der Probanden und kommt der Selbstselektion zugute. Dies konnte durch ein Experiment von Downs, Farr und Colbeck (1978) eindrucksvoll demonstriert werden: Im Anschluß an eine handwerkliche Arbeitsprobe, bei der zusätzlich die Möglichkeit zur Selbstbeurteilung gegeben war, wurde allen Bewerbern eine Anstellung zur Probe angeboten. Von den in der Arbeitsprobe Leistungsstärksten nahmen 91 % das Angebot an, von den Leistungsschwächsten nur 23 %.

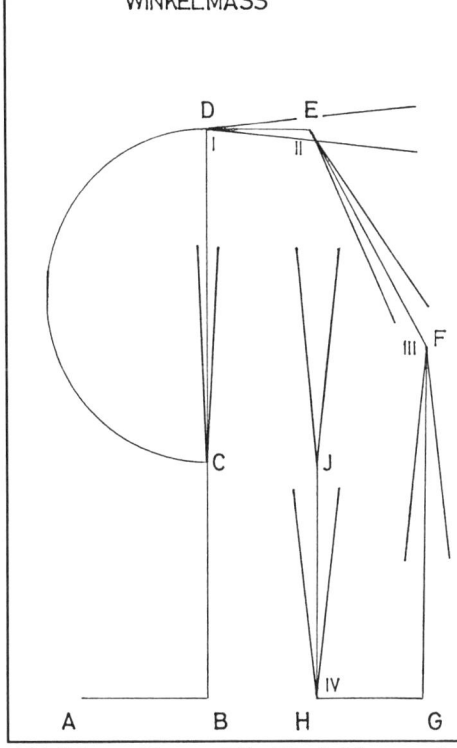

WINKEL.MASS

Die Drahtbiegeprobe

Die "Drahtbiegeprobe" ist eine testartig standardisierte Arbeitsprobe, bei der den Kandidaten die Aufgabe gestellt wird, aus einem Stück Draht eine vorgegebene Figur nachzuformen - allerdings in etwas anderer Größe. Bei der Auswertung mittels Schablone werden die Streckenlängen, Bogen und Winkel auf Korrektheit überprüft. Nebenstehende Abbildung zeigt einen Ausschnitt der Schablone.

Abbildung 46:   Die Drahtbiegeprobe (Lienert, 1967)

Ein besonders deutlicher Ausdruck des Trends zu arbeitsprobenartigen Verfahren sind auch die Simulationen im Assessment Center. Ein weiteres Beispiel für eine Neuentwicklung, die auf dem Simulationsgedanken basiert, sind die im Abschnitt über das Einstellungsgespräch vorgestellten situativen Fragen (Latham et al., 1980).

Den Vorzügen von Arbeitsproben steht allerdings ein recht hoher Aufwand bei der Konstruktion entgegen, jedenfalls dann, wenn sie sachgerecht nach testtheoretischen Prinzipien und anforderungsbezogen gestaltet werden (und nicht nur in oberflächlicher Analogie zu den Arbeitsvollzügen). Oft ist die Zahl der Items geringer als bei Tests und ihre Unabhängigkeit nur beschränkt gegeben. Bei hoher inhaltlicher Validität - also engem Realitätsbezug - ist auf der anderen Seite zu befürchten, daß die Generalisierbarkeit von Arbeitsproben geringer ist als die von Fähigkeitstests. Darüber hinaus ist mit einer raschen Verminderung der Validitätskoeffizienten im zeitlichen Verlauf zu rechnen. Die Metaanalyse von Robertson und Downs (1989) bestätigt diese Vermutung für Arbeitsproben, die als Trainierbarkeitstests ausgelegt sind.

Prinzipiell sind Arbeitsproben bei allen Arten von Berufstätigkeiten einsetzbar. In der üblichen Verwendung des Begriffs finden sie sich in der Praxis häufiger bei motorisch-handwerklichen Tätigkeiten als bei anderen; allerdings kann man durchaus auch die Publikationen als Arbeitsprobe auffassen, die ein Journalist bei einer Zeitung einreicht oder die ein Wissenschaftler, der sich um eine Hochschullehrerstelle bewirbt, einer Berufungskommission vorlegt. Faßt man den Begriff "Arbeitsprobe" gar so weit, auch die probeweise Übertragung einer beruflichen Position darunter zu verstehen (s. Abschnitt 3.10), so dürften Arbeitsproben zu den am häufigsten angewandten Eignungsprüfungen gehören. Was ihren Einsatz begrenzt, ist allerdings - im Vergleich etwa zu Tests -, daß die fragliche berufliche Qualifikation zumindest in Ansätzen schon vorliegen muß. Damit dürften Arbeitsproben gerade für die interne Auswahl von Mitarbeitern eine interessante Alternative zu anderen Verfahren darstellen. Naheliegend ist auch die Verwendung von Arbeitsproben zur Evaluation von Personalentwicklungmaßnahmen.

3.7   Assessment Center

Assessment Center ist der Name einer multiplen Verfahrenstechnik, zu der mehrere eignungsdiagnostische Instrumente oder leistungsrelevante Aufgaben zusammengestellt werden. Ihr Einsatzbereich ist die Einschätzung aktueller Kompetenzen oder die Prognose künftiger beruflicher Entwicklung und Bewährung. Sie wird deshalb sowohl zur Auswahl künftiger Mitarbeiter wie auch als Beurteilungs- und Förderinstrument eingesetzt. Charakteristisch für Assessment Center ist, daß mehrere Personen (etwa 6 bis 12) gleichzeitig als Beurteilte daran teilnehmen und daß auch die Einschätzungen von mehreren unabhängigen Beurteilern (im Verhältnis etwa 1:2 zur Zahl der Beurteilten) vorgenommen werden. Die Beurteilergruppe besteht vor allem aus Linienvorgesetzten (typischerweise zwei Hierarchieebenen über der Zielebene der zu Beurteilenden) sowie aus Psychologen und Mitarbeitern des Personalwesens. Ausführliche Darstellungen des Assessment Centers finden sich bei Fisseni und Fennekels (1995), Jeserich

(1981), Lattmann (1989), Obermann (1992), Schuler und Stehle (1987), Thornton (1992) sowie Thornton und Byham (1982).

Vorläufer des Assessment Centers gab es zur Zeit der Weimarer Republik in der Offiziersauswahl der deutschen Streitkräfte, später auch der britischen Armee und des amerikanischen Nachrichtendienstes. Bestandteile der militärischen Beurteilungsprogramme waren neben individuellen und gruppenbezogenen Arbeitsproben als Grundlage von Ausdrucks- und Verhaltensbeobachtungen auch verschiedene Interviews, Intelligenz- und Persönlichkeitstests, biographische Daten sowie die Einstellung zur eigenen Biographie (Schuler & Moser, 1995).

Eine noch größere Verfahrensvielfalt findet sich in der großen klassischen Assessment Center-Untersuchung, der Management Progress Study, die ab 1956 in der American Telephone and Telegraph Company (AT&T) durchgeführt wurde (Bray, Campbell & Grant, 1974). Damals wurden 422 bereits beim Unternehmen beschäftigte Nachwuchs-Führungskräfte mit einer großen Anzahl psychologischer Tests untersucht und mit Simulationsaufgaben wie Postkorbaufgabe, Wirtschaftsspiel und führerloser Gruppendiskussion konfrontiert, daneben kamen Interviews und biographische Fragebogen zur Anwendung.

Ausgangspunkt der Aufgabensammlung in der AT&T-Studie war eine Liste von 25 mutmaßlich wichtigen Eigenschaften, Fähigkeiten und Werthaltungen erfolgreicher Manager - allerdings nicht auf der Basis von Anforderungsanalysen erstellt. Die Beurteiler stuften die Kandidaten nach gründlicher Diskussion bezüglich jedes dieser 25 Merkmale ein und gaben Einschätzungen ab, ob die Beurteilten im Laufe der darauffolgenden 10 Jahre in das mittlere Management aufrücken würden und sollten. Beurteilungen und Karriereerwartungen wurden später mit dem tatsächlichen Karriereerfolg verglichen. Die Ergebnisse zeigten hohe Vorhersageleistungen des Gesamtverfahrens, wobei die prognostische Validität vor allem auf die Arbeitsproben und die kognitiven Leistungstests zurückgingen, während Persönlichkeitstests und Interviews nur einen geringen Beitrag leisteten (vgl. Tabelle 3).

Tabelle 3: Trefferquoten und Validitätskoeffizienten für die Prognosen der Management Progress Study bei AT&T (Daten aus Howard, 1981 [nach Thornton & Byham, 1982] sowie aus Bray & Grant, 1966)

Prädiktor		Kriterium			
Einschätzung der Beurteiler: Erreicht der Kandidat das Mittlere Management innerhalb von 10 Jahren?	N	nach 8 Jahren		nach 16 Jahren	
		mit College	ohne College	mit College	ohne College
Ja	103	64 %	40 %	89 %	63 %
nein oder fraglich	166	32 %	9 %	66 %	18 %
Validitätskoeffizient		0.46	0.46	0.33	0.40

Zu den methodischen Besonderheiten dieser Validierungsstudie gehört, daß die Daten gegenüber den Beurteilten und ihren Vorgesetzten unter Verschluß gehalten wurden. Bedeutsam ist dies in bezug auf ein Argument, das später in der Methodendiskussion eine wichtige Rolle spielen sollte (Klimoski & Strickland, 1977): Wenn den relevanten Kräften im Unternehmen das Abschneiden der Assessment Center-Teilnehmer bekannt ist, so ist der später als Kriterium erhobene Berufserfolg weder statistisch noch psychologisch unabhängig vom Prädiktor - diese Kontamination könnte die Interpretation der Ergebnisse erschweren und ihren Wert mindern.

Bei der Management Progress Study spielt, wie gesagt, dieses Argument keine Rolle. Generell allerdings ist es ein Problem, das der empirischen Prüfung bedarf. Bemerkenswerterweise hat es sich dabei als unbedeutend erwiesen. So ergaben sich in der Metaanalyse von Thornton, Gaugler, Rosenthal & Bentson (1987) keine Validitätsunterschiede zwischen Studien, deren Ergebnisse betrieblich genutzt wurden, und solchen, in denen sie vertraulich blieben. Solcherlei Falsifikationen nehmen allerdings die Hermeneutiker unter den Kritikern der Eignungsdiagnostik nicht zur Kenntnis und ziehen es stattdessen vor, Zweifel zu kolportieren, die vor Jahrzehnten originell waren und wichtig schienen.

Die wichtigsten Einsatzzwecke des Assessment Centers

- Interne Personalauswahl
- Auswahl externer Bewerber
- Laufbahnplanung
- Ausbildungsberatung
- Beurteilung, insbesondere Potentialbeurteilung
- Trainingsbedarfsanalyse
- Teamentwicklung
- Berufsberatung
- Berufliche Rehabilitation
- Arbeitsplatzgestaltung
- Forschung

Abbildung 47:   Die wichtigsten Einsatzzwecke des Assessment Centers

---

Die heute vielfältige Verwendung des Assessment Centers beruft sich nicht immer zu Recht auf das berühmte Vorbild bei AT&T - wenn Verfahrensvielfalt und Sorgfalt der Durchführung nicht dem Standard des Modells entsprechen, ist auch mit der dort gefundenen hohen prognostischen Validität nicht zu rechnen. An Vorteilen dieser Methode verspricht man sich jedoch nicht nur eine bessere Vorhersagemöglichkeit beruflicher Bewährung. Vorteile des Verfahrens werden auch in "latenten" Funktionen gesehen, wie im Gewinn eines Überblicks über den Nachwuchs, über Leistungsstand und Defizite im Unternehmen (und zwar nicht nur in Hinblick auf Personen, sondern auch auf Organisationseinheiten, Programme, Führungsstile etc.), in der Gelegenheit zu verhaltensbezogenen Formulierungen von Anforderungen und Leistungsniveaus, in der Betonung der Bedeutung von Personalplanung und Personalentwicklung, in der Möglichkeit, Aspekte der "Unternehmenskultur" zu diskutieren und zu inszenieren, die Teilnehmer mit den Anforderungen - auch sozialpsychologischer Art - einer Führungstätigkeit vertraut zu machen, ihre Selbsteinschätzung zu verbessern und ihnen die Gelegenheit zum sozialen Vergleich zu bieten. Schließlich scheint die Aufgabe des Beobachtens im Assessment Center nicht nur, wie schon länger vermutet, ein gutes Beurteilertraining darzustellen, sondern sogar der Erfüllung weiterer Aufgaben einer Führungskraft dienlich zu sein und überdies deren Selbstverständnis entgegenzukommen.

Die wichtigste "manifeste" Zielsetzung des Assessment Centers ist die Auswahl oder Förderung von Führungskräften. Aber auch zur Auswahl und Entwicklung von Personen für eine Vielzahl anderer Tätigkeiten wurde die Methode bereits eingesetzt. Die wichtigsten Einsatzzwecke dürften mit der in Abbildung 47 zusammengestellten Liste erfaßt sein.

Die Verbreitung des Assessment Centers hat in den letzten Jahren gerade angesichts des stärker betonten Teamgedankens beständig zugenommen. Im Jahre 1990 wurde es von etwa 20 % der größeren deutschen Unternehmen zur Auswahl von Führungskräften eingesetzt (1983: 10 %) sowie bei 40 % aller Traineeeinstellungen. Zielpersonen der Assessment Center-Anwendung sind also vor allem Führungskräfte und Hochschulabsolventen, daneben aber auch andere Gruppen wie Journalisten und Studienplatzbewerber. In den USA werden häufig auch Polizisten, Schulleiter und Feuerwehrleute mit dieser Methode ausgewählt.

Eine Vielzahl von Einzelaufgaben wurde im Assessment Center-Kontext entwickelt und eingesetzt (s. Abbildung 48) - die meisten davon wurden in den vorangehenden Abschnitten dieses Texts bereits geschildert. Charakteristisch für viele in neuerer Zeit konzipierte Assessment Center ist, daß sie fast ausschließlich mit Arbeitsproben bzw. Tätigkeitssimulationen arbeiten; diese bieten den Vorteil höherer Transparenz und Partizipation für alle Beteiligten. Zu befürchten ist allerdings, daß die einseitige Betonung von Arbeitsproben auch in mangelnder Kompetenz der Durchführenden zum Einsatz von Testverfahren begründet ist; in solchen Fällen ist leider zu befürchten, daß an der sachkundigen Verwendung jedweder eignungsdiagnostischen Methodik Zweifel angezeigt sind.

Da Assessment Center vorwiegend zur sogenannten Potentialbeurteilung herangezogen werden, also zur Einschätzung weiterer Einsatzmöglichkeiten und künftiger Leistungen, ist für die Verfahrenselemente charakteristisch, daß sie Verhaltensstichproben erfassen, die während der bisherigen Tätigkeit nicht in gleicher Weise beobachtbar waren. Zu beachten ist, daß nicht die am leichtesten verfügbaren oder durchzuführenden Aufgaben gewählt werden sollten, sondern diejenigen, die am besten die Anforderungen der in Frage stehenden Tätigkeit oder Positionsebene repräsentieren, also inhaltlich valide sind.

Die wichtigsten im Assessment Center gebräuchlichen Einzelverfahren

- Individuell auszuführende Arbeitsproben und Aufgabensimulationen (v. a. Organisations-, Planungs-, Entscheidungs-, Controlling- und Analyseaufgaben)

• Gruppendiskussionen mit und ohne Rollenvorgabe

• Sonstige Gruppenaufgaben mit Wettbewerbs- und/oder Kooperationscharakteristik

• Vorträge und Präsentationen

• Rollenspiele (z. B. Einstellungsinterview, Verkaufsgespräch)

• Interviews

• Selbstvorstellung

• Wirtschaftsspiele, Simulation komplexer Entscheidungen

• Fähigkeits- und Leistungstests

• Persönlichkeits- und Interessentests

• Biographische Fragebogen

Abbildung 48:   Die wichtigsten im Assessment Center gebräuchlichen Einzelverfahren

Die Auswahl und Konstruktion der einzusetzenden diagnostischen Verfahren ist trotz anforderungsanalytischer Fundierung bis heute noch eher Kunst als Wissenschaft - Jäger (1992) zählt sie deshalb zu den weißen Flecken innerhalb des diagnostischen Prozesses. Allerdings ist man auch hierbei nicht ohne methodische Möglichkeiten. Ein Beispiel für einen statistisch gestützten Algorithmus der Ableitung von Arbeitsproben und Testverfahren aus den arbeitsanalytischen Ergebnissen wird bei Schuler et al. (1995) ausführlich dargestellt.

Die zwei am häufigsten eingesetzten Aufgaben gehören zu den beiden in Abbildung 48 erstgenannten Kategorien: Es sind die Postkorbaufgabe und die führerlose Gruppendiskussion. Diese beiden Aufgabenarten weisen bereits relativ gute Einzelvaliditäten auf (Cascio, 1987). Ein Beispiel für eine individuell zu bearbeitende Aufgabe (Auszug) wird in Abbildung 49 vorgestellt. Sie wird bei Jeserich (1981) als Teil der Postkorbaufgabe verwendet.

Die Leistungen der Teilnehmer im Assessment Center werden von den Beurteilern üblicherweise anhand vorgegebener Skalen eingeschätzt. Diese Skalierungen haben gewöhnlich die Form der Einstufung, gelegentlich auch die der Rangreihenbildung, und ähneln damit jenen Verfahren, mittels derer in vielen Organisationen regelmäßig oder zu speziellen Anlässen Beurteilungen der Mitarbeiter vorgenommen werden (vgl. Abschnitt 3.10). Wie generell bei Leistungsbeurteilungen sind die Registrierungen der Beurteiler Beschreibungen oder Interpretationen des Verhaltens, Nennungen von Verhaltensergebnissen oder Zuschreibungen von Fähigkeiten und anderen Eigenschaften.

Zeitplanung

Es ist jetzt 17.00. Um 19.00 schließen alle Geschäfte und Büros und Sie müssen wieder zu Hause sein. Sie wollen in diesen 2 Stunden soviel wie möglich persönlich erledigen.

Ihr Auto ist nicht fahrbereit, sonstige Mittel wie Straßenbahn, Fahrrad, Telefon stehen nicht zur Verfügung.

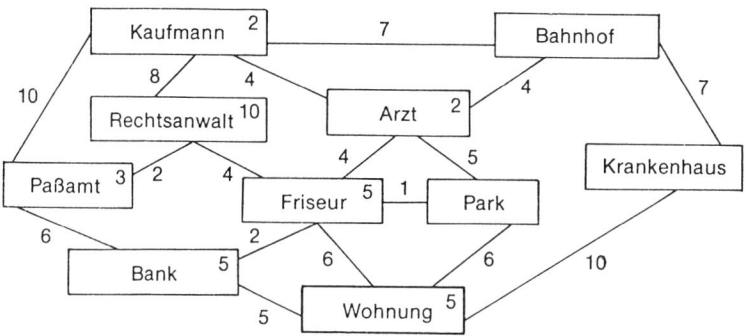

Im obigen Lageplan sind die verschiedenen Anlaufstellen zu ersehen. Die möglichen Wege sind durch Linien gekennzeichnet. Die Zahlen auf den Wegen bedeuten die Zeit, die Sie jeweils zu Fuß benötigen, die Zahlen in den Kästchen bedeuten notwendige Aufenthalte, alles in Minuten ... (Es folgt eine Liste von Aufgaben, die innerhalb der vorgegebenen Zeit zu erledigen sind.)

Abbildung 49:   Auszug aus einer Postkorbaufgabe (aus Jeserich, 1981, S. 185)

Die strikte Beschränkung auf beobachtbares Verhalten wird von manchen Durchführenden ebenso betont wie die Trennung von Beobachtung und Bewertung. Dies mag von didaktischem Nutzen besonders in der Phase des Trainings der Beurteiler sein, entspricht aber nicht den weiter oben erörterten Prinzipien der sozialen Urteilsbildung und hat auch keinen nachweisbaren Nutzen für die prognostische Qualität der Ergebnisdaten; von Nutzen ist die Verhaltensorientierung gegebenenfalls für das Feedback an die Teilnehmer.

Der Praktikabilität halber sollte die Zahl der Urteilsdimensionen gering sein. Um sicherzustellen, daß unter den vorgegebenen Begriffen das gleiche verstanden wird, ist es nützlich, sie durch Verhaltensbeispiele zu illustrieren. Diese Beispiele brauchen nicht erschöpfend zu sein (und können es nicht), sie erfüllen ihre Funktion, wenn sie den Beurteilern klarmachen, durch welche Verhaltensweisen oder Ausdrucksformen die gemeinten Globalaspekte typischerweise operationalisierbar sind. Als Beispiel hierfür werden in Abbildung 50 zwei Dimensionen vorgestellt, die in Gruppendiskussionen gewöhnlich gut zu beobachten

sind. Bei dieser Form der Beurteilung wird typischerweise für jede Beurteilungs-
dimension ein Wert vergeben, etwa von 1 bis 5.

Beispielhafte Beurteilungsdimensionen in der Gruppendiskussion

Kooperation

- ist freundlich und entgegenkommend

- hält Blickkontakt zu anderen Gruppenmitgliedern

- hört zu, läßt andere ausreden

- betont das gemeinsame Ziel

- geht Kompromisse ein

- argumentiert offen und fair

- nimmt Beiträge anderer auf

- unterstützt schwächere Gruppenmitglieder

Dominanz

- meldet sich häufig zu Wort

- macht Vorschläge zur Vorgehensweise

- bewertet die Äußerungen anderer

- argumentiert nachdrücklich und ausdauernd

- fällt auch bei Kritik nicht ab

- erzielt Aufmerksamkeit bei anderen

- spricht laut und deutlich

- wirkt sicher und selbstbewußt

Abbildung 50:   Beurteilungsdimensionen und Verhaltensbeispiele in der
Gruppendiskussion

Eine der möglichen Alternativen zu den in Abbildung 50 skizzierten Beurteilungsdimensionen mit beispielhaften Verhaltensoperationalisierungen sind
Checklisten (bei denen jede auftretende Verhaltensanforderung als erfüllt abge-
hakt wird) oder *verhaltensverankerte Beurteilungsskalen*, wie sie beim Interview
vorgestellt wurden (S. 89). Letztere machen den Bewertungsanteil in der Einschätzung explizit, es wird jeweils ein Vergleich zwischen beobachtetem und er-
wünschtem Verhalten vorgenommen. Dies setzt natürlich die Definition des
Zielverhaltens voraus bzw. Klarheit darüber, welche Verhaltensweisen als er-
wünscht und welche als unerwünscht gelten. Der Einsatz von Checklisten und
verhaltensverankerten Beurteilungsskalen bietet sich deshalb eher dort an, wo

relativ eindeutige Mittel-Ziel-Relationen für Verhalten und Ergebnisse gesehen werden, z. B. bei einem simulierten Verkaufsgespräch. Mit allen drei Arten von Beurteilungen ist zufriedenstellende Beurteilerübereinstimmung zu erreichen.

Von der Wahl der Beurteilungsdimensionen scheint die Prognosekraft des Assessment Centers nicht wesentlich beeinflußt zu werden. Der inhaltlichen Validität kommt es aber allemal zugute, wenn die Beurteilung der Teilnehmerleistungen unmittelbar in den Begriffen vorgenommen wird, die aus der Anforderungsanalyse stammen. In Abbildung 51 wird eine sogenannte *Anforderungs-Aufgaben-Matrix* vorgestellt, wie sie bei einem Assessment Center im Rahmen einer Unternehmensumstrukturierung zur Anwendung kam (Schuler, 1991a).

Aus Abbildung 51 wird erkennbar, daß jeder Anforderungsaspekt durch mehrere Aufgaben erfaßt wurde, was der Verläßlichkeit der Beurteilung zugutekommt. Umgekehrt war jede der Aufgaben geeignet, zumindest eine Art kognitiver Anforderungen zu erfassen. Gleichwohl lag der Schwerpunkt einiger Aufgaben (GD, RS, VA und KA) in der Abdeckung anderer Anforderungsbereiche. In analoger Weise konnten jedem Anforderungsaspekt Maßnahmen der Personalentwicklung zugeordnet bzw. entsprechend den beobachteten Defiziten der Teilnehmer konzipiert und angeboten werden. Auf diese einfache Weise ist eine weitgehende Integration von Eignungsdiagnostik und Personalentwicklung möglich.

Anforderungs-Aufgaben-Matrix am Beispiel des Anforderungsbereichs "Kognitive Anforderungen"

Kognitive Anforderungen	Assessment Center-Aufgaben							
	GD	PK	RS	PR	VA	FB	PA	KA
- Problemanalyse	x	x		x	x	x	x	x
- Informationsverarbeitung		x		x			x	x
- Entscheiden		x	x			x		
- Denken und Handeln in Zusammenhängen		x			x	x	x	

GD = Gruppendiskussion, PK = Postkorb, RS = Rollenspiel, PR = Präsentation, VA = Videoaufgabe, FB = Fallbearbeitungen, PA = Planungsaufgabe, KA = Kognitionsaufgaben

Abbildung 51:   Anforderungs-Aufgaben-Matrix am Beispiel des Anforderungsbereichs "Kognitive Anforderungen"

Die Vielfalt der als Beschreibungsdimensionen verwendeten Begriffe ist groß, ihre Abbildungspräzision gering. In einer von Maukisch (1989) berichteten Untersuchung ließ sich nahezu die vollständige Varianz aus 26 Dimensionen auf einen Faktor zurückführen. Dementsprechend konnten Sackett und Dreher

(1982) in ihrer klassischen Untersuchung zur Konstruktvalidität von Assessment Center-Beurteilungen feststellen, daß die Beobachter in ihrer Einstufung der verschiedenen Dimensionen innerhalb einer Aufgabe nicht wirklich differenzieren - statistisch ausgedrückt: die Korrelation zwischen den verschiedenen Dimensionen ist hoch, die *diskriminante Validität* folglich gering. Gleichzeitig errechnet sich eine geringe Korrelation zwischen den gleichen Dimensionen aus verschiedenen Aufgaben, die eigentlich ein übereinstimmendes Bild ergeben sollten; letzteres wird als geringe *konvergente Validität* interpretiert, beides zusammen als *unzulängliche Konstruktvalidität* des Assessment Centers.

Angesichts unserer Überlegungen zur sozialen Urteilsbildung kann uns dieses Ergebnis nicht weiter verwundern: Beurteilungen werden in einem gegebenen Situationsrahmen eher gestalthaft und in globalen Kategorien vorgenommen, Beobachtung und Bewertung werden nicht wirklich getrennt. Doch auch wenn man die Urteilsdimensionen selbst betrachtet - ist hierbei das vermeintlich Gleiche wirklich gleichbedeutend? "Mündliche Kommunikation" beispielsweise ließen Sackett und Dreher sowohl in der Gruppendiskussion wie in der Postkorbaufgabe bewerten. Selbst wenn man diese Einschätzung auf die Präsentation und Erläuterung der Postkorbentscheidungen beschränkt, hat doch das Verhalten hier eine etwas andere Bedeutung als die mündliche Kommunikation in einer Gruppensituation. Schließlich sind die verschiedenen Aufgaben in einem Assessment Center nicht nur daraufhin konzipiert, mehrfache Beobachtungsgelegenheiten für das gleichartige Verhalten zu schaffen, sondern vor allem dazu, den Grad der Repräsentativität für die berufliche Aufgabe zu erhöhen und dazu jeweils teilweise unterschiedliche Anforderungen zu stellen (Neidig & Neidig, 1984). Gerade hieraus und aus der Erfahrung, daß ein Diagnoseergebnis immer die Kombination von Verhalten/Eigenschaft und spezifischer Meßmethode ist, begründet sich die Forderung nach multimodaler Messung in der Eignungsdiagnostik (Schuler & Schmitt, 1987).

Die Sichtweise scheint deshalb zu eng, die Einschätzung der Konstruktvalidität allein an die Multitrait-Multimethod-Analyse (S. 55) zu binden. Konsequenterweise untersuchte Guldin (1995) die Frage der Konstruktvalidität anhand der subjektiv - für die Beurteiler und die Teilnehmer - bestimmten Ähnlichkeit von Aufgaben und Dimensionen und kam zu höherer konvergenter Validität für ähnliche im Vergleich zu weniger ähnlichen Situationen. In anderen Arbeiten des Hohenheimer Forschungsprogramms wurden die im Assessment Center erfaßten Merkmale anhand von Außenkriterien erfaßt, wobei sich hohe Korrelationen zwischen Dimensionsbeurteilungen (v. a. "Aktivität") und den Merkmalen Extraversion, Erfolgspotential, Dominanz und Gehemmtheit aus Persönlichkeitstests ergaben sowie mittlere Korrelationen mit Intelligenztestwerten (Zimmermann & Schuler, 1991); ähnliche Ergebnisse erbrachte die Studie von Diemand und Schuler (1991), bei der die Selbstdarstellung im Vordergrund stand. In der bereits referierten Metaanalyse von Scholz und Schuler (1993) erwiesen sich Intelligenz, soziale Kompetenz, Leistungsmotivation, Dominanz und Selbstvertrauen als die deutlichsten persönlichkeitspsychologischen Korrelate des Abschneidens im Assessment Center.

Die oft proklamierte Verhaltensorientierung in diesem Diagnoseverfahren erfährt damit eine Einschränkung zugunsten einer gleichzeitigen Eigenschaftsorientierung. Daß es sich bei den hier festgestellten Merkmalen gerade um diejenigen Eigenschaften handelt, die auch als *allgemeine* Erfolgsfaktoren gerade in Kontaktberufen gelten können, ist ein deutliches Argument gegen die kritische Mutmaßung, es würden im Assessment Center nur *self-fulfilling prophecies* aufgestellt, deren Existenz die Dynamik ihrer späteren Bestätigung in Gang setze.

Zurück zu den Einschätzungen. Die für einzelne Beurteiler nur mäßige Reliabilität der Einzelwerte wird erhöht durch die Mehrzahl der Aufgaben und durch die Mehrzahl der Beurteiler. Die *Aggregation* der Werte hängt vom Zweck der Veranstaltung ab: Möchte man spezifische Hinweise auf Trainingsbedarf gewinnen, wird die Auswertung aufgabenspezifisch erfolgen - aggregiert werden in diesem Falle nur die Meinungen der verschiedenen Beobachter. Hat man Potentialanalysen im Auge, werden eher die groben Anforderungsdimensionen die angezielte Einheit darstellen. Ist gar nur eine Auswahlentscheidung zu treffen, so kann - evtl. korrigiert durch Gewichtungsfaktoren und nach der Bildung von Standardwerten - sogar über alle Dimensionen aufsummiert werden.

Die Aggregation der Werte erfolgt entweder rechnerisch oder auf dem Wege der Diskussion im Rahmen einer sogenannten *Assessorenkonferenz*. Entgegen einer verbreiteten Annahme erhöht die Diskussion der Einzelwerte durchschnittlich nicht die prognostische Validität der Gesamtaussage im Vergleich zum einfachen Rechenverfahren - im Hinblick auf dieses Ziel ist sie also wertlos. Nicht ohne Wert ist sie dagegen für das Selbstverständnis der Assessoren und für ihre Versorgung mit ergänzenden Sichtweisen und Argumenten für die anschließenden Gespräche mit den Kandidaten. Auch läßt sich eine gründliche Diskussion der Beobachtungen und deren Transformation in Bewertungen als Teil eines *Beurteilertrainings* auffassen, das für unerfahrene Beurteiler obligatorisch ist und auch für erfahrene zur gelegentlichen Auffrischung von Nutzen.

Nach der Durchführung und Auswertung aller Aufgaben wird mit jedem Teilnehmer ein Gespräch - genannt *Feedback* - über sein Abschneiden und eventuell auch bereits über künftige Entwicklungsmöglichkeiten oder Aufgaben geführt. Ein solches Feedback wird von allen Assessment Center-Autoren empfohlen, nach Thornton et al. (1987) allerdings nur in etwas mehr als der Hälfte der Fälle auch durchgeführt. Dieses Gespräch sollte gleichzeitig so informativ und rücksichtsvoll sein, daß die Teilnehmer die Möglichkeit haben, ihr Selbstbild mit den Eindrücken kompetenter anderer Personen zu vergleichen und in offener partnerschaftlicher Haltung mit ihnen mögliche Konsequenzen für die künftige Arbeitsgestaltung zu erörtern. Dabei sollte nicht vergessen werden, daß es sich bei den gesammelten Eindrücken um Hinweise mittlerer, aber keinesfalls perfekter Validität handelt. Einige Ratschläge für das Führen von Feedback-Gesprächen werden in Abbildung 52 zusammengestellt. Auch die Prinzipien zum Führen von Beurteilungsgesprächen sind hier einschlägig (Farr, 1991; Leonhardt, 1991). Begünstigt wird die Aufnahme und Verarbeitung dieser diagnostischen Information durch eine Kultur des **Day-to-day-Feedback** im Unternehmen (Schuler, 1991b).

Feedback-Gespräch

Ablauf: Vorstellung der Gesprächspartner
              Grad der Vertraulichkeit klären
              Zweck des Gesprächs erläutern
              Zum offenen Gespräch ermuntern
              Diagnostische Verfahren erklären
              Selbsterleben schildern lassen
              Leistungen/Beobachtungen der Assessoren referieren
              Vergleich der Leistungen (konzentriert auf Zielsetzung)
              Mögliche Schlußfolgerungen
              Mögliche Konsequenzen
              Gesprächsabschluß. Ergebnis festhalten

Stil: Dialogform, kooperativ
              Freundlich, wohlwollend, glaubwürdig
              Offenheit, Rücksicht, Fairneß
              Beabsichtigte und mögliche Wirkungen berücksichtigen
              Kognitive, emotionale, motivationale Reaktionen beachten
              Nur Versprechungen, die eingehalten werden können
              Sachlichkeit, ohne Gefühle auszublenden
              Rücksichtnahme auf Selbstbild
              Positiver Abschluß

Abbildung 52:   Einige Ratschläge für das Feedback-Gespräch

Inwieweit ist das Assessment Center nun tauglich, die berufliche Bewährung vorherzusagen? Thornton et al. (1987) prüften alle veröffentlichten und zugänglichen unveröffentlichten Validierungsuntersuchungen, inwieweit sie den Richtlinien der *Task Force on Assessment Center Standards* entsprachen und ob in den Daten ein als Korrelation angegebener Validitätskoeffizient angegeben oder aus ihnen errechenbar war. Es fanden sich 50 Studien mit insgesamt 107 verwertbaren Validitätskoeffizienten. Diese Koeffizienten wiesen eine Streubreite von $r = -.25$ bis $r = .74$ auf. Als Mittelwert wurde nach metaanalytischer Korrektur bezüglich statistischer Artefakte ein Validitätskoeffizient von $r = .37$ errechnet.

Angesichts des hohen Aufwands mag dieser Wert enttäuschend scheinen, liegt er doch nicht höher als der für gute Einzelverfahren, die in der Konstruktion und vor allem in der Durchführung wesentlich weniger aufwendig sind. Vor allem die große Streubreite der Koeffizienten könnte beunruhigen, sagt sie doch aus, daß es keineswegs gesichert ist, mit einem gegebenen Assessment Center auch nur einen befriedigenden mittleren Wert zu erreichen - offensichtlich kann in unglücklichen Fällen die Entscheidung auch schlechter ausfallen, als sie durch Zufallsauswahl zustandegekommen wäre. Dies ist glücklicherweise nur in extremen Einzelfällen zu befürchten, zumal sich das Bild der enormen Streubreite nur bei den unkorrigierten Koeffizienten ergibt, die einen hohen Anteil an Stichprobenfehlern enthalten. Für die korrigierten Werte liegt das 95 %-Konfidenzintervall zwischen $r = .11$ und $r = .63$, d. h. in 95 % aller Fälle ist ein "wahrer" Wert innerhalb dieser Spanne zu erwarten.

Gleichwohl - der Aufwand dürfte sich für viele Anwender nur dadurch rentieren, daß sie die "unternehmenskulturellen" Wirkungen dieser Methode in Rechnung stellen, also bereit sind, gruppen- und organisationsdynamische Effekte als Nutzenskomponenten sui generis anzuerkennen. Denn das Vertrauen darauf, daß das eigene Assessment Center bestimmt zu den überdurchschnittlich validen Verfahren zählen werde, ist so lange unbegründet, als sich dieses nicht durch Spezifika auszeichnet, die ihrerseits als validitätserhöhend nachgewiesen sind. Wir wollen uns deshalb im weiteren mit der Frage beschäftigen, was zu einer Verbesserung des Assessment Centers beitragen kann.

In ihrer Metaanalyse haben Thornton et al. (1987) nach solchen *Moderatorvariablen* - also Größen, die Einfluß auf die Validität haben - gesucht. Nicht alle diesbezüglichen Ergebnisse sind klar interpretierbar, aber es ließen sich doch einige plausible Aspekte finden, deren Beachtung eine Validitätsverbesserung erwarten läßt. Hierzu gehört die Verwendung einer möglichst großen Zahl unterschiedlicher Einzelaufgaben sowie die Beteiligung von Psychologen als Beurteiler. Auch die Einbeziehung gegenseitiger Beurteilungen der Teilnehmer hat sich als validitätsfördernd erwiesen. Diese Maßnahme ist allerdings sorgfältig gegen mögliche Nachteile wie die Erhöhung von Streß und Konkurrenzdruck abzuwägen; falls man ihr überhaupt zuneigt, sollten allenfalls Positivnennungen Verwendung finden. Bemerkenswert ist auch, daß methodisch gute Studien höhere Validitätskoeffizienten erbringen als solche geringerer methodischer Qualität (was bedeutet, daß das Assessment Center solide Prüfungen nicht zu scheuen braucht); weniger gut interpretierbar ist die Beobachtung, daß höhere Koeffizienten dort errechnet wurden, wo der Anteil der Frauen unter den Teilnehmern hoch war (was nicht bedeutet, daß Frauen besser abschneiden; es könnte bedeuten, daß die Validität für diese Gruppe höher ist - angesichts anderer Untersuchungen ist aber auch dies nicht der Fall).

Als weitere Maßnahmen können die (Wieder-)Anreicherung des Verfahrens durch psychologische Tests (die teilweise auch als Arbeitsproben gestaltet werden können) und strukturierte Interviews sowie konstrukt- und zeitbezogene Optimierung angeraten werden. Letzeres bezieht sich darauf, daß häufig ein großer Teil der Assessment Center-Zeit damit verbraucht wird, die gleichen Merkmale zu erfassen, während eventuell andere, wichtige Fähigkeiten nicht abgebildet werden. Eine konsequentere Konstruktvalidierung des Verfahrens könnte hier zu Fortschritten verhelfen.

Was der Qualität eines Assessment Centers überdies zugutekommen kann, ist eine auf das Verfahren abgestimmte Vorselektion, des weiteren ein erhöhter Standardisierungsgrad. Zur Zeit wird verschiedentlich an einer *Flexibilisierung* oder *Dynamisierung* von Assessment Center-Durchführungen gearbeitet, womit den Teilnehmern Gelegenheit gegeben werden soll, ihre Arbeitszeit nach eigenem Gutdünken auf die Einzelaufgaben zu verteilen. Obwohl dies den Eindruck macht, dem Arbeitsalltag der meisten Menschen und speziell der Führungskräfte besser zu entsprechen als detaillierte Vorgaben, läuft es dem in der Diagnostik nötigen Bemühen um Standardisierung - also um das Konstanthalten der Bedingungen - entgegen. Tatsächlich konnten bisher keine Belege erbracht werden, daß Dynamisierung den Wert des Verfahrens erhöht (Scholz, 1994). Dies bedeutet natürlich nicht, daß es nicht interessant sein kann, einen inneren Zusammenhang zwischen den einzelnen Aufgaben herzustellen. Es sollte aber das Abschneiden in den Einzelaufgaben separat bewertbar sein.

Verwandt hiermit ist die Frage, an welchen Normen die Teilnehmer eines Assessment Centers gemessen werden. Auch wenn es gelegentlich als Vorzug erscheinen mag, das Verhalten mehrerer Personen unmittelbar miteinander vergleichen zu können - etwa in einer Gruppendiskussion -, ergibt sich eine normorientierte Messung, die testtheoretischen Standards entspricht, doch erst durch die Akkumulation von Daten über viele Einzeldurchführungen hinweg.

Wissenschaftlich noch ungeklärt ist, ob ein "Lernfähigkeits"- oder "Lernpotential"-Assessment Center (Sarges, 1995b) als erfolgversprechende Weiterentwicklung gelten kann. Derzeit wird dieser Terminus in der Literatur in dreifachem Sinne gebraucht: Erstens als Synonym oder Steigerung des Begriffs "Dynamisierung", wobei im Bemühen um Realitätsnähe sogar Aufgaben gestellt werden, die teilweise über den Rahmen der eigentlichen Assessment Center-Veranstaltung hinausreichen, etwa das vorlaufende Einholen von Information, die dann im Laufe der Veranstaltung zur Aufgabenbewältigung gebraucht wird. Das kann sinnvoll sein, wenn es gelingt, das Attributionsproblem zu lösen, also die Verantwortung für das Ergebnis tatsächlich den Teilnehmern - und nicht den Umständen - zuzuschreiben. Das Ergebnis indiziert allerdings nicht nur "Lernfähigkeit", sondern je nach Beschaffungssituation auch Kontaktfähigkeit, Organisationsgeschick, Leistungsmotivation etc. Auf das methodische Problem des Stellens abhängiger Aufgaben wurde schon hingewiesen, es konterkariert das Bemühen um Multimodalität.

Das zweite Bedeutungsverständnis entspricht dem der Lerntests: Die gleiche Aufgabe wird zweimal (oder mehrfach) gestellt, dazwischen findet Feedback oder Training des fraglichen Verhaltens statt. Diese Form der Diagnostik scheint einem pädagogischen Impetus eher weltanschauungskonform als die schulmäßige Art des Testens, aus jener Perspektive auch gern als "Statusdiagnostik" apostrophiert, entspricht sie doch irgendwie dem Bemühen um Entwicklung, jedenfalls dem Glauben an die Veränderbarkeit der Menschen. Allerdings hat man es hier mit einigen methodischen Problemen zu tun - z. B. mit dem Problem der unterschiedlichen Ausgangswerte und damit unterschiedlichen Veränderungswahrscheinlichkeiten oder auch mit der vergleichsweise geringen Reliabilität von Veränderungsmessungen, weshalb der "Posttest", also der zweite Meßwert, zumeist der bessere Indikator ist als der Differenzwert. Vielleicht sind hier die Ursachen dafür zu finden, weshalb die Lerntestforschung selbst bei gut kontrollierten Testverfahren noch keinen überzeugenden Gewinn gegenüber der Einzelmessung demonstrieren konnte - wahrscheinlich sind die Gründe aber tieferliegend, wie bereits an anderer Stelle erörtert wurde.

Die Überlegenheit der Zweitmessung gegenüber der Veränderungsmessung führt zum dritten Verständnis des Begriffs Lernfähigkeits-Assessment Center:

Unzweckmäßigerweise wird darunter gelegentlich auch verstanden, daß durch eine erstmalige Aufgabenbearbeitung - evtl. ergänzt wiederum um Feedback oder Training - ungleiche Ausgangsbedingungen egalisiert werden sollen. Ein solches Verfahren ist in vielen Fällen vernünftig, reduziert es doch Fehlerquellen wie die unterschiedliche Vertrautheit mit der Prüfungssituation und den Aufgaben. Werden mit dem Verfahren relativ stabile Eigenschaften gemessen, so reduziert sich die Fehlervarianz stärker als die wahre Varianz, und der erhaltene Wert wird valider als ohne die vorauslaufende Exposition. Dies ist der Grund, weshalb die *Studienstiftung des Deutschen Volkes* Übungsaufgaben an die Bewerber um die Zulassung zum Medizinstudium ausgibt (Trost, 1994; s. a. Westhoff, 1989).

Ein wichtiger Anlaß zu einer solchen "Erprobungsrunde" kann die in bestimmten Bewerbergruppen mittlerweile erheblich unterschiedliche Vertrautheit mit dem Assessment Center sein. Von manchen Studienabsolventen erzählt man sich, daß sie sich mit Bedacht zunächst bei Unternehmen bewerben, die ihnen "Übungsgelegenheiten" bieten, um erst dann bei ihrem Arbeitgeberfavoriten vorzusprechen. Bedauerlicherweise ist bisher wenig darüber bekannt, inwieweit die Mehrfachteilnahme oder gar ein systematisches Training die Leistung im Assessment Center verbessert. Brannick, Michaels und Baker (1989) zeigten, daß bereits ein kurzes Training im Postkorb die Leistung ansteigen ließ. Ein solcher Effekt dürfte besonders bei den Aufgabentypen zu erwarten sein, bei denen die Art des Herangehens starke Auswirkungen auf das Ergebnis zeigt, daneben bei Aufgaben von hohem Neuigkeitsgrad für die Kandidaten. Die Frage des Lerngewinns stellt sich sowohl für die verschiedenen Aufgaben, für die Anforderungs- oder Beurteilungsdimensionen wie für das Assessment Center als ganze Einheit. Diesbezügliche Forschung ist dringend geboten.

Ein weiterer wichtiger Punkt, über den bisher wenig Klarheit besteht, ist die Frage, welche Aufgaben eher *maximale* und welche eher *typische* Leistung abbilden. Während Fähigkeitstests zu maximaler Leistung herausfordern und nonreaktive Beobachtung des alltäglichen Arbeitsverhaltens zu einem Eindruck über die typische Leistung führt, ist der Charakter der meisten Aufgaben im Assessment Center weniger klar: Zwar weist der Aufforderungscharakter der Situation zunächst in Richtung maximalen Bemühens, die Dynamik des Geschehens etwa in einer Diskussion oder einem Rollenspiel läßt dann aber wohl doch typische Verhaltensmuster, Verhaltensgewohnheiten in Erscheinung treten. Für die Generalisierung der Beobachtungen auf den Arbeitskontext wäre es von großem Nutzen, Genaueres vor allem über die motivationalen Verhaltensbestimmungen zu wissen. Beispielsweise wäre es im Falle eines unternehmensinternen Assessment Centers um so wichtiger, das Ergebnis durch eine systematische Leistungsbeurteilung zu ergänzen, je stärker ausgeprägt die Maximalcharakteristik ist.

Einige Beachtung hat in der Forschung die These von Bungard (1987) gefunden, das Ergebnis eines Assessment Centers könne durch "Reaktivitätseffekte" verfälscht sein (z. B. Guldin, 1991; Kleinmann, 1991). Damit ist gemeint, daß diejenigen Teilnehmer im Vorteil sind, die durchschauen, welche Erwartungen an sie gerichtet werden (was also beispielsweise mit den einzelnen Aufgaben erfaßt wird), und sich bemühen, diesen Erwartungen zu entsprechen. *Situationistisch* gedacht - Bungards Überlegung stellt eine Analogie zum vermuteten Verhalten von Versuchspersonen in sozialpsychologischen Experimenten dar -, situationistisch gedacht, kann dies die Quelle von Fehlurteilen sein. In *personalistischer* Sichtweise dagegen sollte man annehmen, daß es nicht auf Zufall beruht, wer die an ihn gerichteten Erwartungen erkennt und zu erfüllen trachtet. Beides dürfte für den Erfolg im Berufsleben förderlich, wenn nicht unabdingbar sein und sich in Eigenschaftsbegriffen mit Intelligenz und Anpassungsbereitschaft bezeichnen lassen. Nachdem mittlerweile nachgewiesen werden konnte, daß allgemeine Intelligenz sowohl im Assessment Center als auch in der Berufstätigkeit erfolgsbestimmend ist und gleiches für die Anpassungsbereitschaft zumindest plausibel gemacht werden kann (Schuler & Barthelme, 1995), scheint es angemessener, die "Reaktivität" der Teilnehmer nicht als Fehler, sondern als veritablen Teil des Wirkungszusammenhangs aufzufassen.

Wenn hier von Prüfung und Fortentwicklung des Assessment Centers die Rede ist, wird möglicherweise auch ein Wort zum "Einzel-Assessment" erwartet. Wenn dieser Begriff gebraucht wird, um psychologische Methoden auch jenen nahezubringen, die erst durch das Assessment Center Zugang zur Eignungsdiagnostik gefunden haben und folglich die Gruppenprüfung für das originäre Diagnosemodell halten, wenn also die Marketingabsicht im Vordergrund steht, so sei die Bezeichnung hingenommen. Ansonsten hat sie allerdings für die mit der Eignungsdiagnostik gründlicher Vertrauten insofern den Charakter der Begriffsverwirrung, als Eignungsdiagnostik traditionellerweise *Individualdiagnostik* ist - dies gilt für Arbeitsproben, für biographische Fragebogen, für Interviews und auch für Tests (auch wenn letztere der Ökonomie halber oft bei mehreren Personen gleichzeitig durchgeführt werden). Freilich bedarf die Einzeldiagnostik des besonders erfahrenen Diagnostikers - insbesondere dann, wenn auch nichtstandardisierte Verfahren zum Einsatz kommen. Davor, aus der Not der Subjektivität rhetorisch eine Tugend zu machen, muß jedoch gewarnt werden, denn wo die Einmaligkeit des interaktiven Geschehens keine Generalisierung auf nichtdiagnostische Situationen erlaubt, ist die Diagnose wertlos.

Was als Entwicklung aber zu begrüßen ist, ist die Abkehr von der Orthodoxie der strikten Verfahrenstypen. Mit zunehmender Anwendungsvielfalt wachsen auch die Möglichkeiten, diagnostische Verfahren auf den spezifischen Bedarf einer Organisation und der in ihr arbeitenden Menschen zuzuschneiden. Ein wichtiger Entwicklungsschritt in der Personalarbeit eines Unternehmens kann darin bestehen, ein spezifisch konzipiertes Assessment Center in die qualitative Personalplanung zu integrieren. Dies kann vor allem dadurch geschehen, daß zum einen Projektionswerte aus einer zukunftsgerichteten Personalentwicklungsplanung der Gestaltung des Potentialanalyseverfahrens zugrunde gelegt werden und zum anderen dessen Ergebnis nicht nur zur Selektion, sondern als Grundlage der Einsatz- und Entwicklungsplanung für jeden beteiligten Mitarbeiter genutzt wird. Auf diese Weise kann den Mitarbeitern zu einem frühen Zeitpunkt ihrer beruflichen Entwicklung ein Vergleich ihrer persönlichen Interessen- und Fähigkeitspotentiale mit den Entwicklungsmöglichkeiten in der Organisation angeboten werden. Dabei kann es angemessen sein, die Diagnose auf verschiedene Zeitpunkte aufzuteilen, die den beruflichen Weichenstellungen und den dann jeweils aktuellen Anforderungen eng korrespondieren. Steht der Entwicklungsaspekt im Vordergrund oder zumindest gleichrangig neben dem Auswahlgesichtspunkt, so kann das Verfahren sehr partizipativ gestaltet sein und die Interessen und Lebensplanungen der Mitarbeiter als wesentliche Entscheidungsparameter einbeziehen.

In Anbetracht der zunehmenden Verbreitung des Assessment Centers scheint es schließlich angebracht, auch auf ein Wort der Warnung nicht zu verzichten. An den Aspekten der "sozialen Validität" gemessen (s. Kapitel 4.4), scheint das Assessment Center eine sehr fortschrittliche Methode zu sein. Die diesbezügliche positive Bewertung im Vergleich mit anderen eignungsdiagnostischen Methoden (Schuler & Stehle, 1983) bezieht sich allerdings auf den Idealtypus - in praxi finden sich inzwischen manche Verwendungsweisen, die das Assessment Center zu einem problematischen Instrument machen, z. B. die Erhöhung der Belastung für die Teilnehmer durch zusätzliche streßinduzierende Maßnahmen oder die Etikettierung erfolgreicher (und deshalb ausgewählter) Mitarbeiter, die die Prüfung nicht bestanden haben, als "durchgefallen", mit unüberschaubaren Folgen innerhalb der Organisation und sogar in der Familie.

Bei verantwortungsbewußter und rücksichtsvoller Anwendung ist das Assessment Center allerdings eine Methode, die genügend Spielraum gibt, sie so zu gestalten, daß sie von Nutzen für die Teilnehmer ist und von ihnen gut akzeptiert wird (z. B. Holling, Leippold & Gebert, 1990). Nicht von ungefähr verwendet die *Equal Opportunity Commission*, jene Behörde, die in den USA auf die Einhaltung von Fairneßregeln bei der Einstellung von Mitarbeitern achtet, zur Auswahl ihrer eigenen Mitarbeiter ein Assessment Center. Wenn es auch keine verbindlichen methodischen und ethischen Richtlinien für die Gestaltung und Durchführung gibt, sind doch die *Guidelines and Ethical Considerations for Assessment Center Operations* (abgedruckt u. a. bei Thornton, 1992) eine brauchbare Grundlage der eigenen Urteilsbildung. Eine Beurteilung des Assessment Centers im Auftrag des Testkuratoriums hat Hossiep (1994) vorgenommen.

3.8   Computerunterstützte Verfahren

Wie in den meisten anderen Lebens- und Arbeitsbereichen, nimmt auch in der Berufseignungsdiagnostik der Gebrauch von Computern laufend zu. Im Prinzip kann für alle Phasen der Verfahrensentwicklung, Durchführung, Auswertung, Interpretation und Entscheidungsfindung Computerunterstützung in Anspruch genommen werden. Im einzelnen sind es vor allem die in Abbildung 53 aufgeführten Schritte in der Eignungsdiagnostik und Personalauswahl, die computergestützt erfolgen können:

Schritte des Diagnose- und Entscheidungsprozesses, die computergestützt erfolgen können

- Itemkonstruktion

- Sonstige Berechnungen im Rahmen der Verfahrenskonstruktion

- Verfahrensvorgabe

- Verfahrenssteuerung (z. B. bei Simulationen)

- Auswertung: a) Antwortbewertung (Scoring)
  b) Anwendung von Auswertungsalgorithmen wie bei Bildung von Prozeß-kennwerten, Fehlerwerten, Normwerten etc.

- laufende Normierung

- Vergleich mit Anforderungen

- Interpretation

- Feedback an die Kandidaten

- Auswahl- oder Zuordnungsentscheidungen

Abbildung 53:   Phasen möglicher Computerunterstützung

Die besonderen Vorteile der computergestützten Diagnostik werden von verschiedenen Autoren und Anwendern in unterschiedlichen Einsatzschwerpunkten gesehen, aber es läßt sich auch mit der Zeit ein Wandel beobachten. In früheren Jahren stand die Entwicklung "adaptiver", also den Fähigkeiten des jeweiligen Probanden sich bestmöglich anpassender Testprogramme im Mittelpunkt des Konstruktionsinteresses. Auf der Anwenderseite stand die Darbietung von Tests auf dem Bildschirm und die dafür mögliche Oberflächengestaltung und Auswertung im Vordergrund (Booth, 1986).

In neueren Jahren wird der Vorteil der Computerisierung, speziell in Großorganisationen, vor allem in der organisationalen Hilfestellung und Unterstützung im Gesamtablauf gesehen, daneben in der computerspezifischen Durchführung und Auswertung von Arbeitsproben und Simulationen (vgl. Bartram, 1993, Hilke, 1993, Rauch, Weber & Wildgrube, 1993, mehrere Beiträge in Schuler & Funke, 1991, sowie im Themenheft *Computerunterstützte Diagnostik* der Zeitschrift für Arbeits- und Organisationspsychologie, Wottawa, 1993). Einsatzmöglichkeiten für die computergestützte Diagnostik gibt es sowohl im Testparadigma wie im Arbeitsprobenparadigma. Die wichtigsten generellen Vorteile computerunterstützter Eignungsdiagnostik werden in Abbildung 54 zusammengestellt.

Der größte Teil der computergestützten Diagnostik dürfte sich heute noch auf die Vorgabe von Testverfahren beschränken, die im Prinzip auch mit Papier und Bleistift durchgeführt werden könnten. Hierbei stellt sich die Frage nach der Äquivalenz der beiden Testformen. Während in vielen Fällen Itembedeutung und -schwierigkeit durch die Darbietungsform nicht beeinflußt zu werden

---

Vorteile computerunterstützter Eignungsdiagnostik

- volle Standardisierung der Durchführung und Auswertung sowie Kontrolle der Zeitvorgabe für Items und Verfahrensteile

- Möglichkeit zur Registrierung von Zusatzdaten wie Latenzzeiten, Fehlerreaktionen und Korrekturen, allerdings z. T. mit Problemen bei der Validierung und Interpretation

- Rationalisierung bei Durchführung und Auswertung, schnellere Ergebnisverfügbarkeit, Einsparung separater Dateneingaben für spätere Analysen

- erhöhte Schutzmöglichkeiten gegen unzulässige Verbreitung des Verfahrens (Kopierschutz)

- Akzeptanz computergestützter Verfahren bisher meist höher als die vergleichbarer Papier-Bleistift-Verfahren: Computererfahrung hat in der Mehrzahl der Studien positiven Einfluß

- reduziertes "impression management" der Bewerber mit allerdings teilweise widersprüchlichen Ergebnissen und noch unklarer Verursachung

---

Abbildung 54:   Vorteile computerunterstützter Eignungsdiagnostik (aus Schuler & Funke, 1995, S. 254)

scheinen (Klieme & Stumpf, 1990), liegen auch Belege für unterschiedliche Itemkennwerte oder Bearbeitungszeiten vor (z. B. Neubauer & Urban, 1991), die zumindest gesonderte Normierung der Testergebnisse erforderlich machen. Weitere testtheoretische Probleme der Computerdiagnostik werden bei Kubinger (1993) erörtert.

Als aufgabengemäßes Medium wird der Computer (PC) derzeit auch für Arbeitsproben (J. Funke, 1993) und insbesondere für komplexe Simulationen (U. Funke, 1993) angesehen. J. Funke (1993) beschreibt detailliert zwei Versuche, eine Postkorbaufgabe - eine der im Assessment Center verbreitetsten Verfahrenskomponenten - computergestützt vorzugeben. In beiden Fällen handelt es sich um analoge Übertragungen des schriftlichen "Postkorb-Prinzips" auf das neue Medium. Funkes Bewertung der Verfahren speziell hinsichtlich psychometrischer Ansprüche fällt kritisch aus, trifft allerdings im wesentlichen auch für die Papier-und-Bleistift-Version des Postkorbs zu. Die augenscheinliche Relevanz dieser und anderer Arbeitsproben stellt offenbar eine Verführung dar, auf kritische Anforderungsableitung und testtheoretische Prüfung zu verzichten. Aber es lassen sich, wie Funke demonstriert, auf der Basis allgemeinpsychologischer und sozialpsychologischer Überlegungen Perspektiven aufzeigen, wie das prinzipiell wertvolle Instrument "Arbeitsprobe" zu einem ergiebigen diagnostischen Verfahren weiterentwickelt werden kann.

Mit der Nutzung des Computers für komplexe dynamische Problemlöseaufgaben oder "Szenarios" bietet sich schließlich eine Verwendung an, die durch andere Medien nicht ersetzt werden kann. Diese aus der kognitionspsychologischen Forschung (Dörner, Kreuzig, Reither & Stäudel, 1983) stammenden Aufgabentypen verlangen vom Probanden, ein System so zu steuern, daß bestimmte Zielgrößen erreicht oder vermieden werden. Indikatoren für Zustände des Systems werden dem Probanden rückgekoppelt und stellen so die Ausgangsbedingungen für den nächsten Durchgang dar. Eine grobe Charakterisierung solcher Systeme gibt Abbildung 55, eine ausführliche Erörterung computersimulierter Szenarien in der Personalarbeit geben die Beiträge in Strauß und Kleinmann (1995).

Merkmale einer komplexen dynamischen Simulation

- Komplexität: hohe Zahl von Systemvariablen mit Konsequenzen für Informationsmenge und Belastung der Verarbeitungskapazität

- Vernetztheit: multiple Wirkungsrelationen zwischen den Variablen mit netzwerkartiger Effektausbreitung und der Konsequenz von konfundierten Wirkungen, Nebenwirkungen und Fernwirkungen

- Dynamik: eingriffsbedingte Systemveränderung aufgrund vorhergehender Eingriffe; bei *Eigen*dynamik ändert sich das System auch ohne Eingriffe, was Zeit- und Handlungsdruck erhöht

- Intransparenz; Unzulänglichkeit von Informationen über Systemvariablen, Variablenverknüpfungen oder Konsequenzen von Eingriffen mit der Notwendigkeit von Informationsbeschaffung, -bewertung und -reduktion

- Polytelie: gleichzeitig oder aufeinanderfolgend gegebene multiple, eventuell gegensätzliche Teilziele

---

Abbildung 55:   Merkmale einer komplexen dynamischen Simulation (U. Funke, 1993, S. 109)

In Ergänzung zu *Ergebnisvariablen* (z. B. Umsatz) erlaubt die computergestützte Durchführung *Prozeßvariablen* zu erheben, beispielsweise Entscheidungen, Strategien, Informationsabfragen, Korrekturen. Diese differenzierte Betrachtungsweise mag zunächst vor allem aus der mißlichen Situation entstanden sein, daß die Simulationsergebnisse weder mit konventionellen Intelligenzmaßen noch mit Kriterien des Berufserfolgs in größerer Übereinstimmung standen, haben sich aber gleichwohl als interessanter Ansatz erwiesen. In Abbildung 56 ist ein Momentzustand eines Simulationsverfahrens ("DISKO") wiedergegeben, das innerhalb einer Untersuchung zur Berufseignung von Wissenschaftlern und Ingenieuren (Schuler et al., 1995) entstanden ist. Dabei wird eine Diagnose auf drei Ebenen angestrebt (U. Funke, 1991, S. 117):

1)   Systemsteuerung (Zustand der kritischen Variable im Verlauf bzw. am Ende der Durchführung)

2)   Strategien (Auswertung der protokollierten PC-Aktionen bezüglich des Umgangs mit dem System)

3) Wissenserwerb (Angabe richtiger Variablenzusammenhänge nach der Auseinandersetzung mit dem System).

Computergestützte komplexe Simulationsaufgabe

DISKO (*d*iagnostisches *i*nteraktives *S*ystem zur *Ko*mplexitätssimulation) ist ein als ökonomisches System (Leitung eines fiktiven elektrotechnischen Betriebs) eingekleidetes Scenario, konzipiert als eignungsdiagnostisch orientierte Weiterentwicklung komplexer Systeme von der Art der Schneiderwerkstatt/Taylorshop (Funke, 1991). Nach einer 15minütigen Einführung arbeitet der Teilnehmer 50 Minuten selbständig an der Lösung der Aufgabe, die sowohl das Erkennen der Zusammenhänge im System als auch die Erhöhung des Gesamtvermögens der Firma verlangt.

Handlungsmöglichkeiten für den Teilnehmer sind dabei: unterschiedlich detaillierte Informationsabfragen, Analyse von Systemzusammenhängen mittels "Testläufen" bzw. "Experimenten", Aufstellen und Prüfen von Hypothesen, Hochrechnen zukünftiger Verläufe ("Trendvorschau"), Darstellung von Ergebnisdaten aus Testläufen oder Entscheidungen in Form systemverändernder Eingriffe.

```
41:12              DISKO Version 2.0      (c) Uwe Funke

                                  PROGNOSE DER ERGEBNISSE VON TESTEINGABEN
        TESTEN = WERTE ÄNDERN     ----------------------------------------
     ----------------------       Materialbestand      Sachanlagen
     Zahl Testdurchläufe 12       Materialpreis        Flüssigkapital
     TESTEN VON:     EINGABE      Materiallagerkost.   Schulden
AKTION Materialeinkauf    600                          Gesamtvermögen  +
     Personalstellen      22      Arbeitszufriedenh.-
Inform Bruttolohn       5000      Qualifikation        Produktökologie
     Sozialausgaben      800                           Recyclingerlöse
Analys Weiterbildungsausg. 300    Patenteinnahmen      Entsorgungskost.
     Mitbestimmung        50      Forschungsaufträge
Testen Forschung Produkte 10000                        Firmenimage
     Forschung Verfahren 10000    Maximalkapazität +   Produktinnovat.
Entsch Halbautomaten       5      Maschinenschäden     Nachfrage
     Vollautomaten         1      Produktionsausfall-  Verkauf
     Instandhaltungsausg.7500     Produktionsmenge +   Fertiglager
     Recyclingausgaben 10000      Produktqualität +
     Emissionsfilter       1      ----------------------------------------
     Werbungsausgaben  16800      Basis: Veränderung nach 12 Durchläufen
     Serviceausgaben   15000      + / - = Zunahme / Abnahme (mehr als 10%)
     Transportausgaben  5000      0     = konstant
     Preis pro Chip      250      frei  = keine Angabe
      Liste testen mit <┘           Prognose sichern mit <┘
```

Die automatische Auswertung liefert neben Daten zur Systemsteuerung v. a. Strategiemaße zum Umgang des Teilnehmers mit dem System. In einer ersten Validierungsstudie mit 61 Naturwissenschaftlern, Ingenieuren und technischen Führungskräften aus industriellen Forschungs- und Enwicklungslabors erwiesen sich vor allem Strategien, weniger die reinen Steuerungsleistungen als aussagekräftig. Sehr intensive Informationsabfragen ("Herumfragen") und das Aufstellen vieler falscher Hypothesen ("Herumprobieren") standen z. B. in signifikant negativem Zusammenhang mit dem beruflichen Problemlöseerfolg. Die Durchführung vieler Testläufe, v. a. mit erfolgreichem Testergebnis, starke Testeingriffe (zur Erzielung deutlicher Wirkungen) und die Analyse von Ergebnissen, v. a. als Effektkontrolle direkt vorausgehender Testläufe, korrelierten dagegen signifikant positiv mit beruflicher Problemlöseleistung (alle $r > 0.25$).

Abbildung 56:   Computergesteuerte komplexe Simulationsaufgabe (aus Schuler & Funke, 1995, S. 256)

Was bei aller Attraktivität dieser Entwicklungen definitiv nicht eingetreten ist, ist der von den Protagonisten der kognitiven Prozeßforschung noch vor wenigen Jahren prophezeite Ersatz konventioneller Intelligenztests durch computersimulierte Szenarien. Noch sind die psychometrischen Probleme dieser Verfahren nicht befriedigend im Griff, und die Validitäten liegen größtenteils nicht im erhofften Bereich. Die ihnen zugrundeliegende Forschung ist trotz ihres Zulaufs über ein hermeneutisches Stadium (Wittmann & Matt, 1986) bis heute noch nicht hinausgekommen.

Auf Grenzen computergesteuerter Verfahren im Kontext eines Assessment Centers weist Thornton (1992) hin. Insbesondere scheint ihm die Beobachtung aktiven Verhaltens nicht durch Computervorgabe ersetzbar, auch wenn dadurch der mangelnden Standardisierung etwa von Rollenspielen entgegengewirkt werden kann. Die weiterhin kritisierte Vorgabe von Mehrfachwahlaufgaben anstelle offenen Verhaltens und das Fehlen wirklich interaktiven Geschehens bei den bisher verfügbaren Systemen sind wohl nicht als zwangsläufig anzusehen, stellen aber wichtige Merkposten bei der Gestaltung computergestützer Auswahlverfahren dar. Zu beachten sind sicherlich auch die Warnung vor dem Einsatz von Computern nur um ihrer selbst willen (Kubinger, 1993), spezifische Probleme des Datenschutzes sowie die ethische Problematik, die sich dadurch ergibt, daß die Computertechnologie die Erfassung von Reaktionsweisen ermöglicht, ohne daß dies den Probanden bewußt wäre (Booth, 1986). Die Reaktion der Diagnostizierten generell ist - entgegen anfänglicher Befürchtungen - in den meisten Fällen nicht negativer als die auf vergleichbare Papier- und Bleistift-Tests, bei den mit Computern vertrauten Personen häufig sogar positiver.

3.9   Weitere Verfahren

Neben den geschilderten Verfahrenstypen werden sowohl eine Reihe traditioneller Methoden wie laufender neuer Entwicklungen erprobt und eingesetzt. Eine Auswahl hiervon sowie einige Beispiele für zielgruppenspezifische Verfahren werden im folgenden vorgestellt.

Erfassung von Fachkenntnissen

Noch ist es unüblich, Fachkenntnisse als eignungsdiagnostischen Prädiktor anzusehen. Zum Teil dürfte dies darauf zurückzuführen sein, daß Fachkenntnisse selten in Form eines singulären, relativ eindeutigen Indikators vorliegen. Bei externer Auswahl, also der Selektion von Mitarbeitern, die erstmalig in das Unternehmen aufgenommen werden, erschließt man Fachkenntnisse aus formalen Bildungsabschlüssen, Prüfungsleistungen, Arbeitszeugnissen, dem beruflichen Werdegang, man führt vielleicht im Rahmen des Auswahlinterviews in Ansätzen auch ein Fachgespräch. Auch in spezifischen Leistungstests werden Fachkenntnisse oft (mit-)erfaßt. Aber man verfügt auch bei berufserfahrenen Bewerbern nicht über einen Indikator, der als eindeutiger Beleg der Fachkenntnisse interpretierbar wäre.

Auch bei der unternehmensinternen Auswahl von Mitarbeitern liegt ein solcher Wert zumeist nicht vor. Immerhin werden im Rahmen der Leistungsbeurteilung durch den Vorgesetzten oder Ausbilder die Fachkenntnisse als Urteilsaspekt behandelt und einer Bewertung unterzogen. Zumindest auf informelle Weise dürfte eine Einschätzung der Fachkenntnisse bei den meisten innerbetrieblichen Personalentscheidungen berücksichtigt werden.

Zu einem anderen Teil mag die geringe Nutzung fachlicher Kenntnisse als Erfolgsprädiktor auch auf ihre relative Geringschätzung in neuerer Zeit zurückzuführen sein. Im Vergleich etwa zu sozialen Kompetenzen stehen Fachkenntnisse oftmals im Ruf, rasch überholt zu sein oder im aktuellen Bedarfsfall schnell beschaffbar und damit durch geschickten Informationszugriff ersetzbar zu sein ("Man muß nicht alles wissen, man muß nur wissen, wo es steht"). Auch mögen Prüfungen von Fachkenntnissen von der Unterschätzung der psychometrischen Qualität der (schulischen) Notengebung in Mitleidenschaft gezogen worden sein, die sich im Gefolge einer "kritischen" Pädagogik in den letzten Jahrzehnten ergeben hat.

Tatsächlich gehören Fachkenntnisse, verstanden als Wissen über die Fakten, Abläufe und Zusammenhänge innerhalb der eigenen Berufstätigkeit, zu den wichtigsten Voraussetzungen beruflichen Erfolgs und deshalb auch zu seinen validesten Prädiktoren. Dye, Reck und McDaniel (1993) errechneten eine durchschnittliche Validität von nicht weniger als $r = .45$ für "Job knowledge".

Diesem Ergebnis korrespondiert das hohe Gewicht, das den Fachkenntnissen für die Leistungseinschätzung einer Person durch ihren Vorgesetzten zukommt. Das auf S. 57 abgebildete pfadanalytische Modell weist den Fachkenntnissen hohe Bedeutung für die Urteilsbildung des Vorgesetzten zu: ihr Gewicht übertrifft das der Leistung in praktischen Arbeitsproben bei weitem. Die in Abbildung 14 wiedergegebenen Pfadkoeffizienten helfen auch, die Eignungsstruktur beruflicher Leistung aufzuklären: Fachkenntnisse sind demgemäß sowohl durch Intelligenz als auch durch Arbeitserfahrung bedingt, und sie sind ihrerseits wiederum die wesentliche Quelle berufspraktischer Leistungen. Noch detailliertere Analysen als die von Schmidt, Hunter und Outerbridge (1986) vorgenommenen könnten ergeben, daß es auch kognitive Fähigkeiten sind, die es ermöglichen, aus der Arbeitserfahrung Fachkenntnisse zu gewinnen.

Die starke Abhängigkeit der Fachkenntnisse von der Intelligenz und wohl auch von der Motivation sollte die Berufseignungsdiagnostik darauf hinweisen, daß sie sich zu Unrecht für nicht zuständig erklärt, wenn es um die Erfassung von Fachkenntnissen geht. Kenntnisse stellen gewissermaßen das theoretische Pendant zur praktischen Leistung in Arbeitsproben dar und lassen erwarten, als Ergänzung zu Arbeitsproben, Persönlichkeitsmaßen oder Assessment Center-Ergebnissen nennenswerte inkrementelle Validitäten zustandezubringen.

Sollen Fachkenntnisse einen gewichtigen Beitrag zur Prognose beruflichen Erfolgs leisten, so ist freilich ein möglichst hoher Standardisierungsgrad ihrer Erfassung erforderlich. Im Einstellungsinterview kann dies durch eine größere Zahl fachbezogener oder situativer Fragen versucht werden. Zusätzlich können Prüfungsergebnisse herangezogen werden, wie sie speziell in weiterbildungsin-

tensiven Berufen anfallen. Beispielsweise werden im Kreditgewerbe Mitarbeiter
in umfangreichen Seminaren weitergebildet, die mit fachlichen Prüfungen ab-
schließen. Der prognostische Wert dieser Daten wurde nach Kenntnis des Verfassers noch keiner Validierung unterzogen. Ungewöhnlicher - und deshalb wohl
auch weniger akzeptiert - wären Fachprüfungen, die speziell aus Anlaß von Beförderungen oder zur Zulassung zu Weiterbildungsprogrammen vorgenommen
werden. In verschiedenen Berufen sind allerdings auch wiederholte Kenntnisprüfungen zur Verlängerung einer Lizenz zu absolvieren (beispielsweise für Piloten,
in einigen amerikanischen Bundesstaaten auch für Ärzte).

Während bei jungen Leuten und zum Berufseinstieg Intelligenztests die Seite
der kognitiven Berufsanforderungen abdecken und deshalb in vielen Fällen den
besten Prädiktor des Berufserfolgs darstellen, könnte diese Rolle bei berufserfahrenen Personen von Prüfungen der Fachkenntnisse übernommen werden. Bei
geeigneter Gestaltung könnten sie sich als die ergiebigere Form von "Lerntests"
im Vergleich zu kurzzeitigen Erfassungen des Lerngewinns erweisen.

Filmszenen

Ein Versuch, neue Medien für die Eignungsdiagnostik nutzbar zu machen, besteht in der Vorgabe anforderungsbezogen gestalteter *Filmszenen*. In Analogie
zum Prinzip der *situativen Interviewfragen* wurden von Schuler, Diemand und
Moser (1993) Filmszenen zusammengestellt, um zwei Aspekte sozialer Kompetenz zu erfassen, nämlich *Kundenorientierung/verkäuferische Fähigkeiten* und
Teamorientierung/Teamfähigkeit. Jeweils nach der Vorführung einer kurzen Vi-
deosequenz aus dem Arbeitsalltag in einer Bank wurden den Probanden Fragen
gestellt, die sie zu beantworten hatten. Ein Beispiel sah folgendermaßen aus:

> In einer Filmszene der Anforderungsgruppe "Kundenorientierung/
> verkäuferische Fähigkeiten" tritt ein etwas unkonventionell geklei-
> deter junger Mann auf, der von einer Kundenberaterin nähere In-
> formationen erbittet und einen Kredit für seinen Urlaub aufneh-
> men möchte. Die Beraterin reagiert hierauf zunächst erstaunt, be-
> rät aber dann den Kunden. Im Anschluß erscheinen zwei Fragen
> am Bildschirm: "Beschreiben Sie das Verhalten der Beraterin!"
> und "Wie könnte sich die Beraterin besser verhalten?"

Noch ist die Filmmethode nicht ausreichend erforscht, um definitive Aussagen
über Meßeigenschaften, Einsatzmöglichkeiten und Nutzen zu treffen. Im Falle
des zitierten Beispiels scheint aber ein Meßbereich erschlossen zu werden, der
sich anderweitig nicht in gleicher Weise erfassen läßt: Die Leistungen der Probanden luden auf einem Faktor, der sich als *soziale Urteilskompetenz* bezeichnen
läßt und sich statistisch abgrenzt vom Faktor *soziale Handlungskompetenz*, der
sich im gleichen Kontext aus dem Verhalten in interaktiven Situationen (Interview, Rollenspiel und Gruppendiskussion) ergeben hat. Für die Weiterentwicklung und den künftigen Einsatz dieser Methode werden sich die technischen

Möglichkeiten der Computersteuerung von Video- und Bildplattensequenzen nutzen lassen (Fricke, 1995; Hornke, Schiff & Hausen, 1991).

Ausdrucksdiagnostik
Eine Gruppe von Methoden verdient wohl der Erwähnung, die in früheren Jahren explizit eingesetzt, heutzutage aber negiert oder sogar tabuisiert wird - obwohl sie implizit keine geringe Rolle spielt, beispielsweise im Interview oder im Assessment Center. Gemeint ist die **Ausdrucksdiagnostik**, deren Gegenstand die Beobachtung und Interpretation vielfältiger Ausdruckserscheinungen ist, beispielsweise der Mimik (Lersch, 1932), der Stimme oder der Bewegungen. Während in unserer Alltagswahrnehmung Ausdrucksqualitäten der verschiedensten Art eine große Rolle für die Urteilsbildung und Interaktionssteuerung spielen und während sie in anderem Kontext auch Gegenstand des wissenschaftlichen Interesses sind (vgl. z. B. Ekman, 1988), hat sich die Diagnostik - von wenigen Ausnahmen abgesehen (z. B. Brandstätter, Kunkel & von Rosenstiel, 1968) - seit Jahrzehnten nicht um diesen Bereich gekümmert oder ihn sogar bewußt gemieden.

Erst in neuester Zeit mehren sich wieder die Hinweise darauf, daß hier möglicherweise eine ergiebige Erkenntnisquelle vernachlässigt wurde. So fanden Albright, Kenny und Malloy (1988) mittelhohe Übereinstimmungen zwischen Selbst- und Fremdbeurteilungen, wobei letztere allein aufgrund kurzer Beobachtung des Verhaltens und äußerer Merkmale zustandegekommen waren. Insbesondere die Merkmale Extraversion und Gewissenhaftigkeit, in geringerem Maße auch Intelligenz, scheinen mit gewisser Validität einschätzbar zu sein (vgl. auch Borkenau, 1991).

Die Ursachen dieser Zusammenhänge sind noch nicht geklärt, und noch weniger liegen methodisch akzeptable Untersuchungen vor, die etwas über die Brauchbarkeit ausdrucksdiagnostischer Methoden speziell für die Berufseignungsdiagnostik aussagen würden. Leider gilt dies auch für die *Graphologie*, obwohl sie in Frankreich - nicht aber in Deutschland und den meisten anderen europäischen Ländern - zu den verbreitetsten Methoden der Personalauswahl zählt (s. Schuler, Frier & Kauffmann, 1993).

Klimoski und Raffaeli (1983) referieren die geringe Zahl von Untersuchungen, die zur Frage der Validität graphologischer Gutachten vorliegen. Mit einer einzigen Ausnahme geben diese Arbeiten, deren methodische Qualität allerdings größtenteils zu wünschen übrig läßt, keine Hinweise auf Prognoseleistungen von überzufälliger Trefferhäufigkeit. Zum gleichen Ergebnis kommt die Metaanalyse von Neter und Ben-Shakar (1989). Auch hinsichtlich Konstruktvalidität zeigen sich keine systematischen Zusammenhänge zwischen Handschriftmerkmalen und Persönlichkeitsmerkmalen des Schreibers (Heinze, 1995). Als eine Ursache für die Validitätsüberschätzung der Graphologie konnten Ben-Shakhar, Bar-Hillel, Bilu, Ben-Abba und Flug (1986) den Einfluß "harter Fakten" in handgeschriebenen Lebensläufen demonstrieren. Nichtgraphologen (klinische Psychologen) kamen zu ebenso validen Eigenschaftsbeurteilungen der Schreiber wie Graphologen (Korrelation jeweils $r = 0.20$ mit Vorgesetztenurteilen), aber beide wurden übertroffen durch ein statistisches, lineares Modell, in das die harten (biographischen) Fakten der Lebensläufe eingegeben wurden. Wurden neutrale Texte zur Beurteilung vorgelegt, so war keinerlei Validität mehr festzustellen (Neter & Ben-Shakar, 1989). Weitere Ursachen möglicher Validitätsüberschätzung sind zu sehen in der unabweisbaren Individualität und Stabilität der Handschriftmerkmale und deren fälschlicher Gleichsetzung mit Validität sowie schließlich im unbeachteten Phänomen der Grundrate, da bei weitgehender Vorselektion (alle Bewerber geeignet) selbst Zufallsauswahl erfolgreich ist.

Nachdem nicht auszuschließen ist, daß diese negativen Ergebnisse für die Graphologie auf die unzulängliche - "klinische" - Urteilsbildung bei den Graphologen zurückzuführen sind, könnte es interessant sein, mit Computerhilfe andere und objektiver bestimmbare Auswertungskategorien zu suchen. Evtl. sind Schrifterkennungssysteme in der Lage, den Aufbau eines solchen Kategoriensystems zu unterstützen. Auch könnte die Auswertung von Schriften durch Erkennungssysteme sich auf die für eine Person jeweils charakteristischen Schriftmerkmale beschränken und damit zu "schärferen" Diagnosen gelangen als die herkömmliche Verfahrensweise.

Zielgruppenspezifische Verfahren

In manchen Bereichen kommen heute *zielgruppenspezifische* Verfahren oder Verfahrenssysteme zur Anwendung. Ein prominentes Beispiel hierfür sind die bereits unter den Testverfahren erwähnten Testbatterien, die vom *Institut für Test- und Begabungsforschung* in Bonn zur Auswahl von Studienbewerbern für die medizinischen Fächer entwickelt und sorgfältig geprüft wurden (Trost, 1994). Sie werden alljährlich an einer großen Zahl von Studierwilligen eingesetzt.

Auch für die Auswahl von Verkehrsflugzeugführern existieren elaborierte multiple Methoden. In einer Untersuchung von Maschke und Hörmann (1991) wurde die Validität der Auswahlverfahren an Linienflugzeugführern überprüft (die bereits durch Vorauswahl und Ausbildung streng vorausgelesen sind). Als valide Methoden der Erfolgsprognose erwiesen sich Leistungstests zu Raumorientierung, rechnerischem Denken und Psychomotorik/Mehrfacharbeit. Valide Persönlichkeitsskalen waren Leistungsmotivation und Vitalität.

Ein weiteres Beispiel für ein zielgruppenspezifisch konstruiertes Verfahrenssystem ist das bereits erwähnte multiple Diagnosesystem für Ingenieure und Industriewissenschaftler (Schuler et al., 1995). Unter den vielfältigen eingesetzten Tests erwiesen sich vor allem als valide zur Prognose des (ebenfalls multiplen) Leistungskriteriums: Selbstvertrauen, intrinsische Leistungsmotivation und Durchsetzungsfähigkeit; unter den Simulationsverfahren waren es vor allem: Interview, PC-Simulation, Rollenspiel und Kurzvortrag. Insgesamt höher als erwartet war die Bedeutung sozialer Kompetenzen für den Berufserfolg (Schuler, 1994a). Teilweise ergaben sich unterschiedliche Validitätswerte in Abhängigkeit davon, ob die Leistung an generellen oder an jeweils aspektspezifischen Erfolgskriterien gemessen wird.

3.10 Verfahren der internen Personalauswahl

Ein großer Teil der Auswahlentscheidungen wird nicht über die Einstellung externer Bewerber getroffen, sondern über die (Be-)Förderung bereits im Unternehmen befindlicher Mitarbeiter. Auch zu diesem Zweck sind grundsätzlich alle Verfahren geeignet, die bisher besprochen wurden - wenn man sie unter dem Gesichtspunkt der Validität betrachtet. Unter den Aspekten der Praktikabilität oder Akzeptabilität sieht es dagegen anders aus: Beispielsweise dürften Mitarbeiter wenig erfreut darauf reagieren, wenn sie Tests zu bearbeiten oder einen biographischen Fragebogen auszufüllen hätten, während ihre bisher erbrachten Leistungen unberücksichtigt blieben (wobei allerdings das Assessment Center einen Kontext zu schaffen scheint, innerhalb dessen manches akzeptiert wird, was andernfalls auf Widerstand stieße).

Das Übliche und Erwartete aber sind Verfahren, denen die bisherige oder probeweise im künftigen Kontext erbrachte Leistung zugrunde liegt - die Leistungs- oder Mitarbeiterbeurteilung, die probeweise Übertragung von Aufgaben der Zielposition, der Vorschlag des Vorgesetzten. Sehr häufig praktiziert werden Verfahren, die bisherige Leistungen mit den Erwartungen für die Zukunft verknüpfen können, das sind auch Arbeitsproben und Probeausübungen künftiger Tätigkeiten, vor allem aber ist es das Interview in der Form des Entwicklungs- oder Karrieregesprächs. Assessment Center werden intern inzwischen mindestens ebenso oft eingesetzt wie extern. Im folgenden wollen wir uns aber auf diejenigen Verfahren beschränken, die ausschließlich bei interner Auswahl Verwendung finden.

Probezeit
Gewissermaßen am Übergang zwischen den "externen" und den "internen" Auswahlverfahren steht die *Probezeit*. Sie ist in den meisten Berufen und Positionen üblich und stellt einen durchaus brauchbaren Prädiktor des späteren Berufserfolgs dar. Den Bewerbern bietet sie die Möglichkeit des Einblicks in die Tätigkeit und die Organisation, der Selbsteinschätzung und damit auch Selbstselektion.

Der diagnostische Charakter der Probezeit als zeitlich ausgedehnter Arbeitsprobe mit Lerntestaspekten kommt bei entsprechender Planung der übertragenen Aufgaben und bei systematischer Beobachtung des Verhaltens und Leistungsergebnisses besonders zum Tragen. Die Validität von Leistungsdaten in der Probezeit wird von Hunter und Hunter (1984) mit $r = .44$ angegeben. Dies liegt vermutlich unterhalb des Möglichen, entspricht aber der Realität der Arbeitsverhältnisse und Beobachtungsgelegenheiten in den meisten Organisationen.

Die in der Probezeit zum Einsatz kommenden Beurteilungsinstrumente sind größtenteils die gleichen, wie sie hier im nachfolgenden Abschnitt "Leistungsbeurteilung" besprochen werden. Besteht allerdings Grund zur Annahme, daß während der Probezeit andere Anforderungen gestellt werden oder andere Leistungskomponenten wirksam sind als während des späteren Tätigkeitszeitraums

(z. B. im Falle sehr lernintensiver Einarbeitung), ist die Beurteilung darauf abzustimmen.

Vorschlag durch Vorgesetzte

Unter den hier zur internen Auswahl genannten Vorgehensweisen ist der Vorschlag durch den direkten oder durch weitere Vorgesetzte besonders schwer von anderen Verfahren abzugrenzen, beruht er doch in den meisten Fällen auf Beobachtungen und Urteilen, die mittels Leistungsbeurteilung, Gespräch, übertragener Aufgaben etc. zustandegekommen sind. Im Regelfall gehen in Auswahlvorschläge - speziell in die Auswahl für Beförderungen - auch betriebspolitische, administrative und andere Gesichtspunkte ein.

Wenn Beförderungsvorschläge vor allem auf dem Ergebnis von Gesprächen mit den betreffenden Mitarbeitern beruhen, so werden diese gewöhnlich nach bestimmten Leitlinien geführt und umfassen häufig eine Bilanz der (gemeinsamen) Arbeit des vergangenen Zeitraums, die Formulierung von Zielen für die Zukunft, die Erörterung von Verbesserungs- und Fördermöglichkeiten sowie die Voraussetzungen der Übernahme der neuen Funktion. Die Schilderung eines derartigen Mitarbeitergesprächs als Alternative zu einem formalisierten Beurteilungssystem findet sich bei Leonhardt (1991).

Hakel (1986) belegte, daß die Einschätzungen der Vorgesetzten zu einem wesentlichen Teil die "typischen Arbeitsleistungen" erfassen und nicht die Maximalleistungen. Obwohl Vorgesetztenvorschläge gewöhnlich als relativ subjektive und teilweise durch emotionale Faktoren geprägte Entscheidungsgrundlage aufgefaßt werden, liegt ihre Validität doch in der gleichen Höhe wie die guter Auswahlverfahren, nämlich um $r = .40$ (Schuler, 1989e). Für Vorgesetztenurteile am Schluß der Probezeit nennen Hunter und Hunter (1984), wie oben bereits erwähnt, eine Validität von $r = .44$.

Während bezüglich der Akzeptanz förmlicher Leistungsbeurteilungen einiges an Information vorliegt, stehen systematische Erhebungen speziell zum Vorschlagsverfahren als Entscheidungsgrundlage aus. Wenn Kritik an einer solchen Vorgehensweise geübt wird, dürfte sie sich vor allem auf deren Subjektivität und mangelnde Transparenz beziehen.

Leistungsbeurteilung

Die Funktionen von Mitarbeiter- oder Leistungsbeurteilungen sind vielfältig. Als Grundlage von Auswahlentscheidungen sind Leistungsdaten besonderen Ansprüchen hinsichtlich ihrer Vergleichbarkeit (und schließlich Validität) ausgesetzt. Beispielsweise hat sich in Fällen betrieblicher Umstrukturierung das Vorliegen verläßlicher Leistungsdaten oft als Voraussetzung befriedigender Personalentscheidungen erwiesen. Als Grundlage der Personalentwicklung hängt es von der Art der ins Auge gefaßten Maßnahmen ab, welche Art von Leistungsmaß die geeignetste Form der Qualifikationsbeschreibung liefert. Die wichtigsten Arten von Leistungsmaßen werden in Abbildung 57 aufgeführt.

Verschiedene Maße der Leistungsbeurteilung

1. Tätigkeiten
    Beispiel: Niedergelassene Ärzte zu Informationsveranstaltungen einladen

2. Kenntnisse
    Beispiel: Mit der einschlägigen pharmakologischen Literatur vertraut sein

3. Ziele
    Beispiel: Das Image des Unternehmens in der Öffentlichkeit verbessern

4. Ergebnisse
    Beispiel: Den Marktanteil eines eingeführten Produkts erhöhen

5. Verhalten
    Beispiel: Die Wirkungsweise neuer Präparate prägnant erklären

6. Fähigkeiten/Eigenschaften
    Beispiel: Kontaktfähigkeit

Abbildung 57:   Verschiedene Leistungsmaße am Beispiel des Pharma-Außendiensts

An Methoden zur systematischen Leistungsbeurteilung steht eine ganze Bandbreite zur Verfügung (ein Überblick findet sich bei Brandstätter, 1970a, sowie bei Schuler, 1991c und bei Liebel & Oechsler, 1992). Nachdem es sich bei Leistungsbeurteilungen gewöhnlich nicht um objektivierte Werte (wie etwa bei Tests) handelt, sondern um subjektive Einschätzungen - zumeist durch den Vorgesetzten -, werden seit langem die Probleme der sog. *Urteilstendenzen* - systematische fehlerhafte Abweichungen vom "wahren Wert" - diskutiert. Eine Form der Einstufungsskala, mit der man Urteilstendenzen zu vermindern sucht, ist die *Verhaltensverankerte Einstufungsskala*. Sie geht auf Smith und Kendall (1963) zurück. Bei diesem Verfahren werden zu jedem Urteilsaspekt positive, wertneutrale und negative Verhaltensbeispiele zusammengestellt und auf relative Eindeutigkeit des Skalenwerts vorgeprüft. Diese Verhaltensbeispiele, die gewöhnlich aus Anforderungsanalysen stammen, werden als Markierungen verschiedener Skalenpositionen vorgegeben und dienen als beispielhafte Verankerungen für das einzustufende Verhalten. Ein Beispiel aus dem industriellen Bereich "Forschung und Entwicklung" wird in Abbildung 58 dargestellt.

Der Vorteil verhaltensverankerter Einstufungsskalen wird vor allem im Anforderungsbezug und in der deutlichen Verhaltensorientierung gesehen, die sie zu einer brauchbaren Grundlage für Personalentwicklungszwecke machen. Der Konstruktionsaufwand für ein solches Verfahren ist allerdings relativ hoch (die wichtigsten Konstruktionsschritte werden bei Domsch & Gerpott, 1985, geschildert).

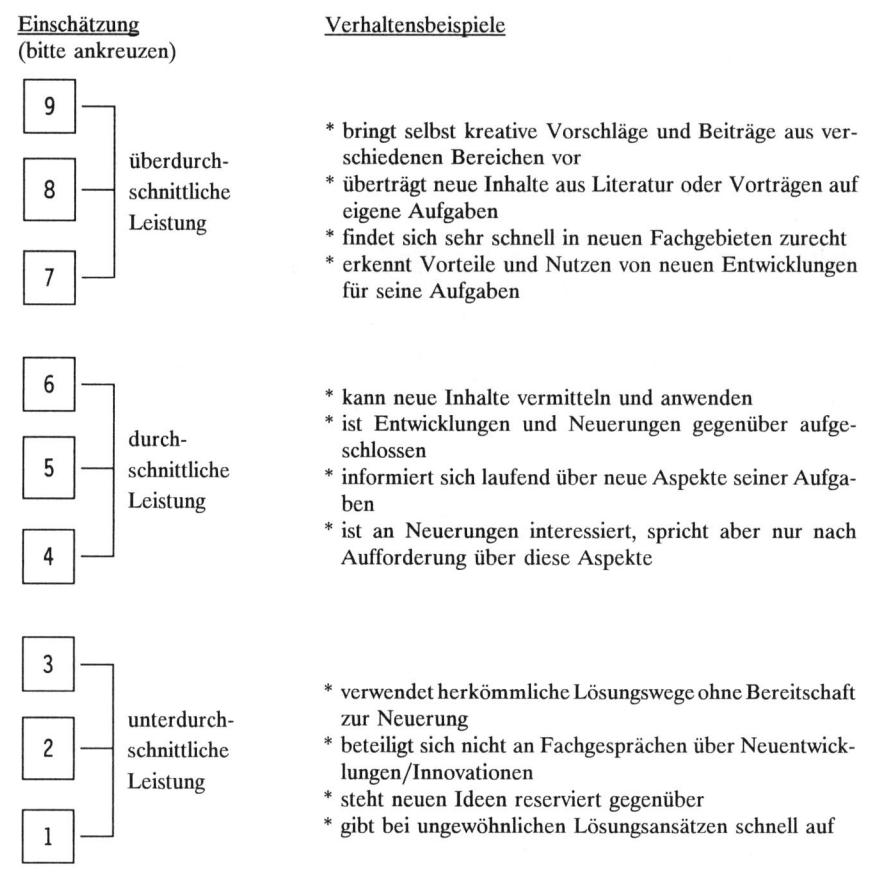

Verhaltensverankerte Einstufungsskala

Welche Bedeutung hat die Verhaltensdimension "INNOVATION" (z. B. Neuerungen erkennen, aufgreifen und umsetzen) für die Leistung Ihres Mitarbeiters?

0	1	2	3	4	5
keine	geringe	'	mittlere		hohe

Bitte bewerten Sie anhand der Verhaltensbeispiele für "INNOVATION" die Leistungen Ihres Mitarbeiters in dieser Dimension.

Einschätzung   Verhaltensbeispiele
(bitte ankreuzen)

9 ┐
      überdurch-   * bringt selbst kreative Vorschläge und Beiträge aus ver-
                          schiedenen Bereichen vor
8 ─ schnittliche   * überträgt neue Inhalte aus Literatur oder Vorträgen auf
      Leistung   eigene Aufgaben
                         * findet sich sehr schnell in neuen Fachgebieten zurecht
7 ┘   * erkennt Vorteile und Nutzen von neuen Entwicklungen
                          für seine Aufgaben

6 ┐
                         * kann neue Inhalte vermitteln und anwenden
      durch-   * ist Entwicklungen und Neuerungen gegenüber aufge-
                          schlossen
5 ─ schnittliche   * informiert sich laufend über neue Aspekte seiner Aufga-
      Leistung   ben
                         * ist an Neuerungen interessiert, spricht aber nur nach
4 ┘   Aufforderung über diese Aspekte

3 ┐
                         * verwendet herkömmliche Lösungswege ohne Bereitschaft
      unterdurch-   zur Neuerung
2 ─ schnittliche   * beteiligt sich nicht an Fachgesprächen über Neuentwick-
      Leistung   lungen/Innovationen
                         * steht neuen Ideen reserviert gegenüber
1 ┘   * gibt bei ungewöhnlichen Lösungsansätzen schnell auf

Abbildung 58:   Verhaltensverankerte Einstufungsskala (aus Schuler, Funke, Moser & Donat, 1995, S. 64)

Einfacher aufgebaut sind *Verhaltensbeobachtungsskalen*, die von Latham und Wexley (1977) vorgeschlagen wurden. Sie basieren auf dem sogenannten Likert-Format und umfassen fünf Skalenstufen, deren Extremausprägungen mit adverbialen Häufigkeitsbezeichnungen markiert sind. Grundsätzlich soll bei diesem Verfahren nur beobachtbares Verhalten eingestuft werden. Die relevanten Aussagen werden auf arbeitsanalytischem Weg gewonnen, zumeist mittels der Methode der Kritischen Ereignisse nach Flanagan (1954). Die einzelnen Skalen werden nach teststatistischen Prinzipien geprüft und meist nach Leistungsdimensionen geordnet (zur Skalenentwicklung siehe Latham, Fay & Saari, 1979). Je nach Zielsetzung werden die Einzelwerte nach Dimensionen summiert oder zu einem Gesamtwert zusammengefaßt, der durch die große Auswahl von Einzelskalen (etwa 50) relativ reliabel ist. Beispiele für Verhaltensbeobachtungsskalen sind in Abbildung 59 dargestellt.

Verhaltensbeobachtungsskalen (einige Aspekte der Teamfähigkeit)

Unterstützt und hilft Kollegen

| fast nie | 1 | 2 | 3 | 4 | 5 | fast immer |

Nimmt Kritik an

| fast nie | 1 | 2 | 3 | 4 | 5 | fast immer |

Nimmt an Gruppenarbeiten mit eigenen Beiträgen teil

| fast nie | 1 | 2 | 3 | 4 | 5 | fast immer |

Nimmt Rücksicht auf die Ziele der Kollegen

| fast nie | 1 | 2 | 3 | 4 | 5 | fast immer |

Bringt Kritik konstruktiv vor

| fast nie | 1 | 2 | 3 | 4 | 5 | fast immer |

Abbildung 59:   Verhaltensbeobachtungsskalen

Die Konstruktion von Verhaltensbeobachtungsskalen ist nicht ganz so aufwendig wie die von Verhaltensverankerten Einstufungsskalen, die Handhabung ist weniger erklärungsbedürftig. Die psychometrische Datenqualität (Reliabilität und Validität) ist ungefähr die gleiche. Bezüglich der Akzeptabilität werden für Verhaltensbeobachtungsskalen positivere Werte berichtet als für Graphische Einstufungsskalen (Tziner, 1986). Für weitere Skalentypen siehe Schuler (1991c).

In der betrieblichen Praxis wird allerdings bislang nur sehr beschränkt Gebrauch von den methodischen Möglichkeiten der Leistungsbeurteilung gemacht. Ergänzend zur Beurteilung durch Vorgesetzte wurden in den letzten Jahren Erfahrungen mit *Selbsteinschätzungen* (Donat, 1991) und *Kollegenbeurteilungen* (Jochum, 1991) gemacht. Speziell gegenüber der Kollegenbeurteilung sind allerdings Vorbehalte am Platze - nicht in bezug auf die psychometrische Qualität der Daten, sondern auf die Reaktion der Betroffenen.

Die Selbstbeurteilung kann demgegenüber - insbesondere zu Personalentwicklungszwecken - eine ergiebige Ergänzung der Beurteilung durch Vorgesetzte sein. Bei einem Vergleich dieser beiden Beurteilungsquellen fanden Moser, Donat, Schuler, Funke und Roloff (1994) geringere Korrelationstendenzen (Halo) bei den Selbstbeurteilungen. Die Korrelation der beiden Einschätzungen war mit $r = .42$ (attenuationskorrigiert $r = .51$) höher als zumeist in der Literatur angegeben (z. B. Mabe & West, 1982).

Die durchschnittliche Validität von Leistungsbeurteilungen liegt etwa in gleicher Höhe wie sie für die Probezeit berechnet wurde (ca. $r = .45$). Sie hängt von einer Reihe von Bedingungen ab, unter anderem von der Komplexität der Tätigkeit und der Kompetenz der Beurteiler. In einer Studie an Entwicklungs-Ingenieuren zeigte sich, daß die Beurteilungsdaten erst nach etwa zwei Jahren der Zusammenarbeit brauchbare Information lieferten (s. Abbildung 70). Ein verläßliches Gesamtkriterium ergab sich in dieser Untersuchung aus der Zusammenfassung von Fähigkeits-/Eigenschafts-, Verhaltens- und Ergebniskriterien.

Ein Beurteilungsversuch von Sackett, Zedeck und Fogli (1988) ergab, daß *typische Leistung* und *Maximalleistung* nur gering korreliert waren. Dies bedeutet, daß auf die Bedingungen, unter denen Leistungsdaten gewonnen werden, zu achten ist, und daß es zweckmäßig sein kann, Daten aus verschiedenen Quellen und mit verschiedenen Methoden zu kombinieren.

Wenn es auch zur Akzeptanz von Leistungsbeurteilungen wenig systematische Erhebungen gibt - eine Zusammenstellung findet sich bei Dickinson (1993) -, so ist das Dilemma doch bekannt: Auf der einen Seite wirkt die "allgemeinmenschliche" Abneigung, bewertet zu werden, auf der anderen Seite steht die Forderung nach einer möglichst objektiven und leistungsgerechten Basis beispielsweise für Beförderungsentscheidungen; überdies muß sich das Verfahren in das Wertesystem der Organisation einfügen (Ilgen, 1993). Eine der Maßnahmen, Beurteilungen akzeptabel zu machen, besteht darin, die drei erforderlichen Ebenen der Beurteilung - *Day-to-day-Feedback, Regelbeurteilung* und *Potentialbeurteilung* - nicht zu vermengen (Schuler, 1991d). Problematisch in dieser Hinsicht scheinen die Möglichkeiten der Leistungskontrolle bei EDV-gestützter Arbeit (Aiello & Kolb, 1995). Empfehlungen für Feedback-Gespräche finden sich im Abschnitt "Assessment Center" sowie bei Farr (1991) und bei Leonhardt (1991).

Probeweise Übertragung der Aufgaben der Zielposition
Dieses Verfahren hat den Charakter der Arbeitsprobe, wobei allerdings der Aufgabenumfang größer ist - im Einzelfall sogar mit dem der angezielten Position identisch -, der Standardisierungsgrad dementsprechend geringer. Die Möglichkeit, nicht nur Verhaltensstichproben zu beobachten, sondern die Bewältigung ganzer Abläufe und komplexerer Tätigkeitsvollzüge, bietet sich beispielsweise im Vertretungsfall oder bei Umstrukturierungen. Besonders bei Führungskräften ist eine solche Verfahrensweise nicht unüblich, aber auch die Traineezeit kann man als Beurteilungsgelegenheit unter verschiedenen, den Zielpositionen ähnlichen Anforderungsbedingungen auffassen. Ob man die Einnahme von "Zwischenpositionen", beispielsweise der des Gruppenleiters, noch als probeweise Aufgabenübertragung oder bereits als eigenständige Position auffaßt, hängt nicht zuletzt von der Dauer der Ausübung ab.

Über Validität und Akzeptanz sind keine systematischen Daten bekannt. Bezüglich der Validität läßt sich eventuell eine Parallele zur prognostischen Validität der Probezeit ($r = .44$) herstellen. Zumeist wird man hier aber eher im Sinne der inhaltlichen Validität argumentieren und bei hoher Überschneidung von übertragener Aufgabe und Zielposition die Brauchbarkeit des Verfahrens als evident empfinden.

Bezüglich der Akzeptabilität des Verfahrens kann Analogie hergestellt werden zur positiven Einstellung gegenüber Arbeitsproben und Praktikumsleistungen als Entscheidungsgrundlage (Fruhner et al., 1991). Leistungs- und Potentialaussagen auf dieser Basis dürften weniger dem Spekulationsverdacht ausgesetzt sein als solche aufgrund anderer diagnostischer Urteilsquellen. In besonders realistischer Weise bietet diese Vorgehensweise auch Möglichkeiten zur Selbsteinschätzung und zur Information über die Tätigkeitsanforderungen.

Wie bei externen Auswahlentscheidungen, werden auch bei internen Entscheidungen zumeist mehrere Datenquellen zur Entscheidung herangezogen. Ein Beispiel hierfür aus der betrieblichen Praxis wird in Abbildung 60 wiedergegeben. Es handelt sich um die Verfahrensweise in einem großen, international tätigen Unternehmen, in dem der personalpolitische Schwerpunkt auf der Personalentwicklung liegt (es werden fast alle Leitungspositionen aus der Mitarbeiterschaft besetzt). Beurteilungen vor Beförderungsentscheidungen werden deshalb mit besonderer Sorgfalt vorgenommen und durch mehrere Verfahrenskomponenten begründet.

Diagnostische Situation	Leistungsbeurteilung	1. Mitarbeitergespräch	2. Mitarbeitergespräch	Assessment Center
Wer diagnostiziert?	direkter Vorgesetzter	direkter Vorgesetzter	Vorgesetzter (3. Ebene), Personalfachkraft	Vorgesetzte (3. und 4. Ebene), Personalfachkräfte
Ziel	Feststellen des aktuellen Leistungsstands	Kommunikation der Leistungsbeurteilung, Zielsetzung, Entwicklungsplanung	Verdichtung und Bestätigung der Diagnose aus dem ersten Mitarbeitergespräch (Laufbahnentwicklung und Potentialeinschätzung)	Beurteilung der Kandidaten, Fördervorschläge, Potentialeinstufung
Inhalt	- vergangenes Leistungsverhalten - Zielerreichungsgrad	- Gründe für Differenzen - Fähigkeiten/Fertigkeiten - Förder- und Entwicklungsmaßnahmen - Überlegungen zu Laufbahn und Potentialanalyse - besondere Belastungen - Entwicklungsalternativen	Vergangenheit/Gegenwart: - Erfahrungen - bisherige Tätigkeit - bisherige Entwicklung - Umfeld Zukunft: - Laufbahnvorstellung - Maßnahmenplanung	Beispiel Führungskraft (Anforderungen): - Durchsetzung und Aktivität - logisch-systematisches Entscheiden - Kommunikationsfähigkeit - Gruppenverhalten - soziale Urteilsfähigkeit - sprachlicher Ausdruck - Auftreten
Methoden	formalisierte Leistungsbeurteilung	strukturiertes dyadisches Interview	strukturiertes triadisches Interview	Rollenspiele, Planspiele, psychologische Testverfahren, biographische Verfahren, Arbeitsproben
Wie oft?	regelmäßig	regelmäßig	bei Bedarf	bei Bedarf
Auf welcher Ebene?	Abteilung	Abteilung	Bereich	Bereich, evtl. Unternehmen
Ergebnis	Bestimmung des individuellen Beitrags des Mitarbeiters zu den Zielen der Organisation	Zielsetzung bis zur nächsten Leistungsbeurteilung, individueller Entwicklungsplan	Potentialdiagnose	Potentialdiagnose
Ergebnisdokumentation	schriftlich formulierte Leistungsbeurteilung	schriftliches Protokoll und Entwicklungsplan	schriftliches Protokoll des 2. Mitarbeitergesprächs	Entwicklungsbericht
Intervention	Gehalts- und Prämienplanung, bei negativen Abweichungen Fördermaßnahmen zur Anpassung der Qualifikation	prinzipiell alle Maßnahmen der Personalentwicklung, z. B.: - Job rotation - Auslandsaufenthalt - Förderseminare - Förderkreise	prinzipiell alle Maßnahmen der Personalentwicklung, z. B.: - Job rotation - Auslandsaufenthalt - Förderseminare - Förderkreise	Beförderung, Fördermaßnahmen

Abbildung 60:   Verfahrensbeispiel bei internen Auswahlentscheidungen (aus Schuler & Prochaska, 1992, S. 181)

Die Lösungen der Aufgaben von S. 107 lauten:
1. c), 2. 11, 3. d), 4. 7, 5. a), 6. e)

4 Entscheidung und Evaluation

Es gibt vielfältige Möglichkeiten der Bewertung eignungsdiagnostischer Methoden, ganz entsprechend der Vielfalt der Zielsetzungen und Erfolgskriterien. Vor allem an den testtheoretischen Gütekriterien ist die Bewertung diagnostischer Verfahren durch das Testkuratorium der Föderation deutscher Psychologenvereinigungen orientiert, es werden aber auch darüber hinausgehende Aspekte berücksichtigt. Die in den Formulierungen zum Ausdruck kommende Konzentration auf psychologische Tests bedeutet nicht, daß die in Abbildung 61 wiedergegebene Auflistung nicht auch wichtige Hinweise zur Bewertung aller anderen Auswahlverfahren geben könnte.

Die Beurteilungskriterien des Testkuratoriums sind ein geeignetes Raster für die detaillierte Bewertung einzelner Verfahren. Für unseren Zweck des Überblicks ist demgegenüber eine gröbere Gliederung vorzuziehen. In der folgenden Erörterung sind deshalb die verschiedenen Bewertungsaspekte in vier Gruppen gegliedert: Validität, **organisationale Effizienz**, Akzeptanz sowie ethische und rechtliche Aspekte.

Vorangestellt ist allerdings ein Abschnitt über die Entscheidungsfindung als solche, über die im Anschluß an die Eignungsdiagnose zu treffende Wahlhandlung - Annahme oder Ablehnung von Bewerbern bzw. Zuordnung von Personen und Arbeitsplätzen. Dies wird uns zeigen, daß wir die weitere Bewertung (Evaluation) nicht auf einzelne Diagnoseverfahren beschränken sollten, sondern auf den ganzen Vorgang der Personalauswahl auszudehnen haben.

4.1 Auswahl und Klassifikation

Mit vollzogener Eignungsdiagnose, wie einfach oder umfänglich sie auch immer war, ist noch keine Entscheidung getroffen. Am Schluß des Prozesses steht die Entscheidung oder Empfehlung, einen Bewerber einzustellen oder abzulehnen, einem von mehreren Arbeitsplätzen bestmöglich zuzuordnen oder für eine Person die adäquate Aus- oder Weiterbildungsmöglichkeit zu bestimmen. Freilich kann die Empfehlung auch in einem Ratschlag an die Person bestehen, ein Arbeitsplatzangebot anzunehmen oder abzulehnen, eine von mehreren Ausbildungsrichtungen zu wählen oder sich für Maßnahmen der Personalentwicklung zu entscheiden.

In beiden Fällen ist festzuhalten, daß die Entscheidung ein von der Diagnose unabhängiger Vorgang ist, auch wenn beide in einer Mittel-Zweck-Relation

Die Kriterien der Testbeurteilung durch das Testkuratorium

1. Testgrundlage
   1.1 Diagnostische Zielsetzung
   1.2 Theoretische Grundlagen
   1.3 Nachvollziehbarkeit der Testkonstruktion

2. Testdurchführung
   2.1 Durchführungsobjektivität
   2.2 Transparenz
   2.3 Zumutbarkeit
   2.4 Verfälschbarkeit
   2.5 Störauffälligkeit

3. Testverwertung
   3.1 Auswertungsobjektivität
   3.2 Zuverlässigkeit
   3.3 Gültigkeit
   3.4 Normierung
   3.5 Bandbreite
   3.6 Informationsausschöpfung
   3.7 Änderungssensitivität

4. Testevaluation
   1.4 Ökonomie
   4.2 Fairneß
   4.3 Akzeptanz
   4.4 Vergleichbarkeit
   4.5 Bewährung

5. Äußere Testgestaltung

Abbildung 61:   Kriterien der Testbeurteilung (Testkuratorium der Föderation deutscher Psychologenvereinigungen, 1986)

stehen (Jäger, 1970): Man braucht sich nur den Fall vor Augen zu halten, daß sich in einem gegebenen Auswahlprozeß alle Bewerber als geeignet erweisen (also aufgrund ihrer Fähigkeiten beruflichen Erfolg erwarten lassen), gleichwohl aber nur einer von ihnen eingestellt werden kann. Es wäre falsch - und den Personen gegenüber unverantwortlich - die nicht angenommenen Bewerber als ungeeignet zu bezeichnen, wenn der Grund ihrer Ablehnung tatsächlich die mangelnde Verfügbarkeit einer ausreichenden Zahl von Arbeitsplätzen ist. Umgekehrt ist eine Person nicht allein dadurch geeignet, daß sie ihren Konkurrenten überlegen ist - auch der bestqualifizierte von mehreren Bewerbern kann in bezug zu den Tätigkeitsanforderungen als ungeeignet eingestuft und deshalb abgelehnt werden.

Auswahlentscheidungen haben typischerweise die Form a in Abbildung 62 - aus mehreren Personen wird die geeignetste für den in Frage stehenden Arbeitsplatz ausgewählt. Der typische Fall der Berufsberatung liegt mit Form b vor: für eine Person wird die für sie beste Arbeitstätigkeit (oder Fortbildungsmaßnahme, Berufslaufbahn etc.) ausgewählt. Besonders in großen Organisationen haben personelle Entscheidungen oft die Form c in Abbildung 62: mehrere Personen sind - unter Optimierungsgesichtspunkten - mehreren Arbeitsplätzen zuzuordnen. Da auch in diesen Fällen die Zahl der Bewerber gewöhnlich die Zahl der verfügbaren Stellen übersteigt, hat diese Zuordnung meist die Form einer kombinierten Selektions- und Klassifikationsentscheidung (Form d).

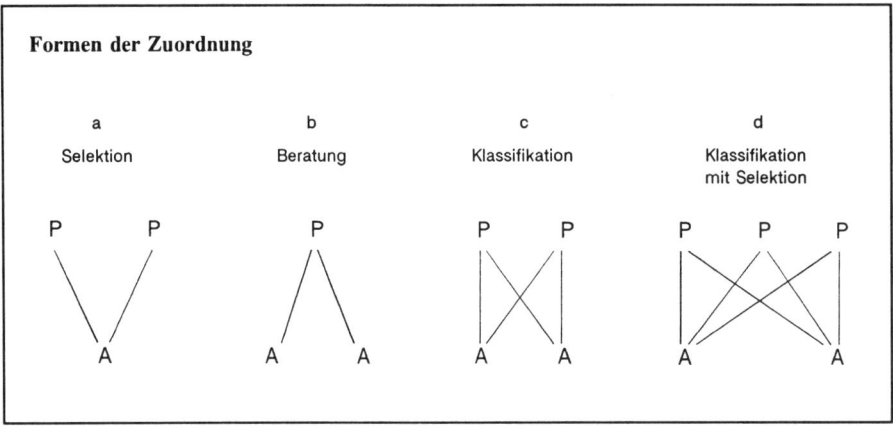

Abbildung 62:   Vier Formen der Zuordnung von Personen (P) und Arbeits-
                  plätzen (A)

Um festzulegen, welches die Optimierungsgesichtspunkte bei Zuordnungsentscheidungen sein sollen, müssen die *Ziele* der Organisation und der Personen bekannt sein; nur dann können angemessene *Kriterien* (Erfolgsmaße) formuliert werden. Die Wahl der Kriterien richtet sich selbstverständlich auch nach psychometrischen Gesichtspunkten - insbesondere wenn sie zum Zweck der Validierung festgelegt werden, wird man sich zweckmäßigerweise um valide, operationalisierbare Erfolgsmaße bemühen. Aber ihr Bezug zu den Zielen als Richtgrößen personeller Entscheidungen ist zunächst der primäre Maßstab. Abbildung 63 bietet eine umfangreiche, aber keineswegs erschöpfende Auflistung möglicher Kriterien an (oder Operationalisierungen hiervon), wie sie Zielgrößen für Personalentscheidungen und Maßstab nachfolgender Überprüfungen sein können.

Primär sind in Abbildung 63 Leistungsziele aufgeführt, aber auch Maße des Befindens gehören hierzu. Innerhalb der Kriterienarten können noch weitere Differenzierungen getroffen werden: Soll sich, beispielsweise, die Beurteilung durch die Vorgesetzten nur auf "Leistung" im engeren Sinn beziehen (etwa auf Fachkenntnisse und gewissenhafte Arbeitsausführung) oder soll sie auch Commitment, Loyalität und den Beitrag zum Organisationsklima umfassen? Daneben

Kriterien (Erfolgsmaße) personeller Entscheidungen

- Beurteilung durch Vorgesetzte
- Beurteilung durch andere Quellen (Selbst, Kollegen, Kunden)
- Objektive Leistungsergebnisse
- Finanzieller Nutzen
- mittelbare Nutzensaspekte (z. B. Image)
- Gehalt
- Beförderungen
- Karrieremaße (z. B. Positionsniveau/Alter)
- Ausbildungs- und Trainingsergebnisse
- Produkte (z. B. Werkstücke, Programme, Veröffentlichungen, Patente)
- Qualitätsmaße (z. B. Fehlerzahl)
- Öffentliche Reaktionen (z. B. Aufträge, Angebote, Nachfrage, Einladungen)
- Preise und Auszeichnungen
- Fluktuation
- Fehlzeiten
- Vermeidung von Fehlbeanspruchung sowie Über- und Unterforderung
- Physische und psychische Gesundheit
- Arbeitszufriedenheit und allgemeines Wohlbefinden
- Leistungszufriedenheit
- Berufszufriedenheit
- Kompetenzentwicklung und Erweiterung beruflicher Möglichkeiten
- Leistung zugeordneter Mitarbeiter
- Weitere Erfolgsindikatoren zugeordneter Mitarbeiter
- Qualität von Zuordnungsentscheidungen
- Leistung auf Gruppenebene
- Leistung auf Organisationsebene (Umsatz u. a. betriebswirtschaftliche Ergebnisse)
- gesellschaftliche Auswirkungen
- Aggregierte/synthetische Kriterien

Abbildung 63:   Beispiele für Kriterien

ist zu entscheiden, welchen Zeitraum die Erfolgsmaße abdecken sollen - er kann vom Kenntnistest unmittelbar nach Seminarabschluß bis zur Feststellung reichen, ob eine lange Berufslaufbahn zu einem befriedigenden Ergebnis führt.

Weitere Differenzierungen beziehen sich auf die Art der (individuellen) Erfolgsindikatoren (Eigenschaften, Verhalten, Ergebnisse), auf die Quelle der Beurteilung und darauf, ob nur die eigene Leistung einer Person Gegenstand der Einschätzung ist oder auch ihre Wirkung auf die Ergebnisse anderer.

Schließlich unterscheiden sich die Kriterien nach der fokussierten Einheit oder dem Niveau der Kollektivität: Zumeist beschränkt sich die Erhebung auf den Versuch, *individuellen* Erfolg zu erfassen. Ebenso kann aber auch die Leistung einer Gruppe, Organisationseinheit oder des ganzen Unternehmens Gegenstand der Bewertung sein. Sogar gesellschaftliche Auswirkungen können in Betracht gezogen werden: Für die Bundeswehr wäre es beispielsweise nützlicher, ihre Rekruten nach einem hohen Minimalwert für bestimmte Grundmerkmale (etwa kognitive Fähigkeiten und soziale Anpassung) auszuwählen; in diesem Fall würden aber gerade diejenigen jungen Menschen von dieser Form der sekundären Sozialisation ausgeschlossen, die bereits primäre Defizite aufweisen und auch bei der Vergabe von Ausbildungsplätzen nur nachrangig berücksichtigt werden. Dieses Beispiel mag zeigen, daß die verschiedenen Kriterien in Widerspruch zueinander stehen können.

Ziele und Kriterien sind aber nur ein Teil der Einflußgrößen, die zur Komplexität der Entscheidungen beitragen. Ein weiterer Teil ergibt sich durch die unterschiedlichen organisationalen Rahmenbedingungen, von denen die Einstellungspolitik beeinflußt wird, und hängt auch vom Arbeitsrecht (etwa von der Bindungsdauer des Arbeitsvertrags) sowie vom Arbeitsmarkt ab: Während in der wirtschaftlichen Wachstumsphase der 80er Jahre für jeden Neueingestellten gute Chancen der beruflichen Weiterentwicklung erwartet werden konnten, stehen bei schrumpfenden Unternehmensgrößen in den 90er Jahren andere Gesichtspunkte der Personalausstattung im Vordergrund. (Auch für die Funktionsweise der Selbstselektion als Regulativ ist der Arbeitsmarkt von großer Bedeutung.)

Ein besonders wichtiger Aspekt, von dem die Komplexität der Entscheidung abhängt, ist die Zahl der Anforderungsdimensionen und deren Beziehung zueinander. Nimmt man an, eine Leistung könne beispielsweise sowohl durch Ausdauer als auch durch Einfallsreichtum erbracht werden, so kann für die Auswahlentscheidung ein Gesamtwert aus beiden Merkmalen (Prädiktoren) gebildet werden - ein Defizit in dem einen Merkmal kann durch einen hohen Wert im anderen Merkmal kompensiert werden (*Kompensationsmodell* in Abbildung 64). Setzt man dagegen voraus, daß beide Merkmale in Mindestausprägungen vorhanden sein müssen, um Berufserfolg zu gewährleisten, so wird man ein *Konfigurationsmodell* für angemessen halten.

Leider steht uns nur wenig systematisches Wissen über das Zusammenwirken verschiedener Merkmale zur Verfügung. Deshalb wird man einem strikten Konfigurationsmodell meist nur bei (mutmaßlich) offensichtlich zwingenden Anforderungen folgen - etwa wird man Farbenblindheit bei einem Modedesigner nicht durch andere Eignungsvoraussetzungen für kompensierbar halten.

Mit Bedacht wurde für dieses Beispiel ein dichotom vorliegendes Merkmal (vorhanden oder nicht vorhanden) gewählt. Für kontinuierlich ausgeprägte Merkmale ist nämlich eine gewisse Kompensierbarkeit selbst dann nicht auszu-

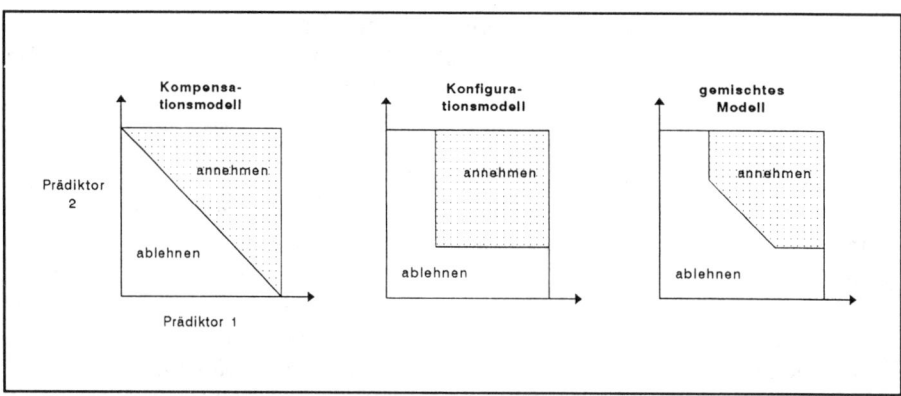

Abbildung 64:   Drei Modelle für Auswahlentscheidungen auf der Basis
                   zweier Prädiktoren (adaptiert nach Cronbach & Gleser,
                   1965)

schließen, wenn das Merkmal als sehr wichtig angesehen wird - etwa könnte
Konzentrationsfähigkeit bei Fluglotsen in gewissen Ausprägungsbereichen kompensierbar sein durch Wahrnehmungsgeschwindigkeit). Dichotom ausgeprägte
Merkmale wiederum, vor allem wenn es sich um offensichtliche Eignungsvoraussetzungen handelt, fallen zumeist der Selbstselektion zum Opfer: Ein Blinder
wird sich ebensowenig zur Pilotenausbildung bewerben wie ein Einbeiniger als
Hürdenläufer.

Dies hat zur Folge, daß zumeist eine Kompensationsstrategie verfolgt oder
nach einer *Mischform* verfahren wird, dem dritten Modell in Abbildung 64: Mindestausprägungen werden für beide Merkmale gefordert, im mittleren Merkmalsbereich kann kompensiert werden.

Das faktische Vorgehen beim Einsatz mehrerer Auswahlinstrumente wird
häufig eine *sequentielle Strategie* sein. Ein solches *mehrstufiges Modell* mit vorläu-
figer Zurückstellung von Bewerbern halten Cronbach und Gleser (1965) bei
konsequenzenreichen Entscheidungen für die beste praktische Vorgehensweise:
Hierbei werden nach jedem Einzelverfahren vorläufige Zuweisungen zu den Kategorien "angenommen" und "abgelehnt" getroffen, die gegebenenfalls wieder re-
vidiert werden können.

Etwa könnte ein Uhrmacher bei der Auswahl seiner Lehrlinge so vorgehen,
daß er zunächst nur Bewerber mit guten Schulnoten in die engere Wahl zieht,
deren feinmotorisches Geschick mit einer Arbeitsprobe prüft und schließlich mit
den Besten ein Interview führt, um sich über ihre Kundenorientierung ein Bild
zu machen. Bei seiner abschließenden Entscheidung kann er quasi konfigural
vorgehen - ab einem kritischen Feinmotorik-Wert nur nach Kundenorientierung
entscheiden - oder in gewissem Maße Kompensationen zulassen, z. B. gewisse
Defizite bei der Kundenorientierung als durch großes motorisches Geschick aus-
gleichbar ansehen. Bei Bedarf kann er auch Bewerber aus früheren Phasen
nachträglich zu den späteren Auswahlschritten einladen. (Die optimale Sequenz

und Gewichtung der Einzelverfahren läßt sich empirisch bestimmen, wofür allerdings große Personenzahlen erforderlich sind; Cascio, 1987.) Im Beispielfall
kann die Auswahlsequenz weitergeführt werden durch die Einrichtung einer
"Schnupperwoche" und durch die Probezeit.

Auch wenn es gelingt, verschiedene Eignungsmerkmale untereinander angemessen zu gewichten und sogar mit den Interessen der Bewerber zu kombinieren, ist bei Klassifikationsentscheidungen (s. Abbildung 62) noch ein anderes
Problem zu lösen: Wonach soll optimiert werden, welcher Nutzensaspekt steht
im Vordergrund? Nehmen wir an, drei Bewerber sollen drei Arbeitsplätzen optimal zugeordnet werden. Was meinen wir mit "optimal" - so, daß für jeden der
Arbeitsplätze das beste Leistungsergebnis zu erwarten ist? Oder daß jede Person
nach ihrer Qualifikation (bzw. ihren Interessen) bestmöglich zugeordnet wird?
Oder daß jede Stelle so besetzt wird, daß zumindest die Minimalanforderungen
erfüllt sind? Nur in glücklichen Fällen werden diese drei Strategien zum gleichen Ergebnis führen.

In Abbildung 65 (sie geht auf eine Idee von Ghiselli & Brown, 1955, zurück)
wurden die Eignungswerte (bzw. prognostizierten Leistungswerte) so gewählt,
daß jedes der drei Ziele zu einer anderen Stellenbesetzung führt: Möchte man
nach höchster Leistungserwartung besetzen (Klassifikation I), so ist für alle drei
Stellen Person A vorzuziehen - am klarsten sogar bei Arbeitsplatz 3, für den sie
am deutlichsten überqualifiziert (also unterfordert) wäre. Stellt man die Fähigkeiten der Personen in den Vordergrund (Klassifikation II), so hätte dies zur
Folge, daß nur auf einem Arbeitsplatz die Anforderungen erfüllt werden. Achtet
man schließlich primär darauf, daß keine der Stellen völlig unzureichend besetzt
wird (Klassifikation III), so landet keiner der drei Bewerber auf dem Arbeitsplatz, der seinen Fähigkeiten am besten entspricht.

Vermutlich wird man Strategie III dennoch als besten Kompromiß ansehen,
denn es wird zuerst der anspruchsvollste Arbeitsplatz 1 mit der dafür bestgeeig-
neten Person A besetzt, danach der zweitwichtigste Arbeitsplatz 2 mit der dann
besser geeigneten Person B, und auch bei der dritten Tätigkeit sind mit Person
C noch die Minimalanforderungen erfüllt. Was die Personen betrifft, so muß nur
Bewerber C mit der dritten Präferenz vorlieb nehmen, die beiden anderen sind
zwar nicht subjektiv bestmöglich, aber doch qualifikationsentsprechend zugeordnet.

Gerade wenn man nicht der enggefaßten Überzeugung ist, es gebe für jede
Person eine und nur diese eine ideale berufliche Tätigkeit, wird man sich vermutlich mit dieser Klassifikation abfinden können. Die bereits eingangs zu diesem Text angesprochene "Mehrgleisigkeit" der Eignungsdiagnose - nach Fähigkeiten, Interessen und Entwicklungspotential - entspricht einer solchen "weither-
zigen" Auffassung. Auch grundsätzlich darauf zu achten, daß die Mitarbeiter eines Unternehmens nicht nach zu engen, homogenen Gesichtspunkten ausgewählt
werden, kommt der Flexibilität bei Besetzungsentscheidungen entgegen (und
möglicherweise auch der Organisation, s. Kandola, 1995).

Immerhin zeigt das Beispiel in Abbildung 65 aber, daß es für Personalentscheidungen nicht immer eindeutige Lösungen gibt und daß - darin gleichen sie

Drei Klassifikationsstrategien und ihre Wirkungen

	Arbeitsplatz 1	Arbeitsplatz 2	Arbeitsplatz 3
Minimalqualifikation	7	4	1
Qualifikation von Person A	8	7	9
Qualifikation von Person B	6	5	4
Qualifikation von Person C	2	3	1
Klassifikation I (nach Leistungs- erwartung)	Person A	Person A	Person A
Klassifikation II (nach individ. Qualifikation)	Person B	Person C	Person A
Klassifikation III (nach anforderungs- gemäßer Besetzung aller Stellen)	Person A	Person B	Person C

Effekte der Zuordnung von Personen und Arbeitsplätzen für die Organisation (O) und die Personen (P) im Falle der Klassifikationsstrategien I, II und III:

I   O: Nur 1 Stelle besetzt (bestmöglich)
     P: Nur 1 Person zugeordnet (bestmöglich)

II   O: Nur 1 Stelle anforderungsgemäß besetzt
     P: Alle 3 Personen bestmöglich zugeordnet

III O: Alle 3 Stellen anforderungsgemäß besetzt
     P: Keine Person bestmöglich zugeordnet

Abbildung 65:   Zuordnung von Personen und Arbeitsplätzen nach drei Klassifikationsstrategien (adaptiert nach Cascio, 1987, S. 331)

anderen Investitionsentscheidungen - es von den übergeordneten Zielsetzungen und Strategien abhängt, welche der möglichen Alternativen unter den gegebenen Bedingungen als die beste angesehen wird. Daß beim Stand des Wissens nicht alles "algorithmisiert" werden kann, mögen die einen bedauern, die anderen begrüßen. Zweifellos handelt es sich hierbei teilweise auch um Wertentscheidungen. Bei aller Liebe zur Subjektivität sollte man allerdings aufpassen, sich durch Nachlässigkeit in dieser Stufe der Personalauswahl nicht die Mühe zunichtezumachen, die in den vorangegangenen Stufen aufgebracht wurde.

Die bisherigen Erörterungen dürften deutlich gemacht haben, daß es recht unterschiedliche Ansätze gibt, der Komplexität personeller Entscheidungen gerecht zu werden. Schuler und Funke (1989a) haben versucht, diese Ansätze in vier Gruppen oder Modelle einzuteilen, das *Zuordnungs- und Veränderungsmodell*, das *Expertenmodell*, das *Präzisionsmodell* und das *Nutzenmodell*. Diese vier Modelle sind durch unterschiedliche Schwerpunktsetzung und Vorgehensweisen im Entscheidungsprozeß gekennzeichnet. Sie werden im folgenden kurz beschrieben.

Zuordnungs- und Veränderungsmodell
Bei "Personalauswahl" denkt man primär an die Auswahl von Personen für feststehende Arbeitsplätze. Die bisherigen Erörterungen haben aber gezeigt, daß die Auswahl von Arbeitsplätzen für Personen im Prinzip den gleichen Diagnose- und Entscheidungsregeln folgt. In einer noch erweiterten Sichtweise hat man zu erwägen, ob in einem gegebenen Fall nicht die Veränderung einer Person (etwa durch Training oder durch Verhaltenssteuerung) oder auch des Arbeitsplatzes (z. B. durch technische Verbesserung) der angemessene Ansatzpunkt ist.

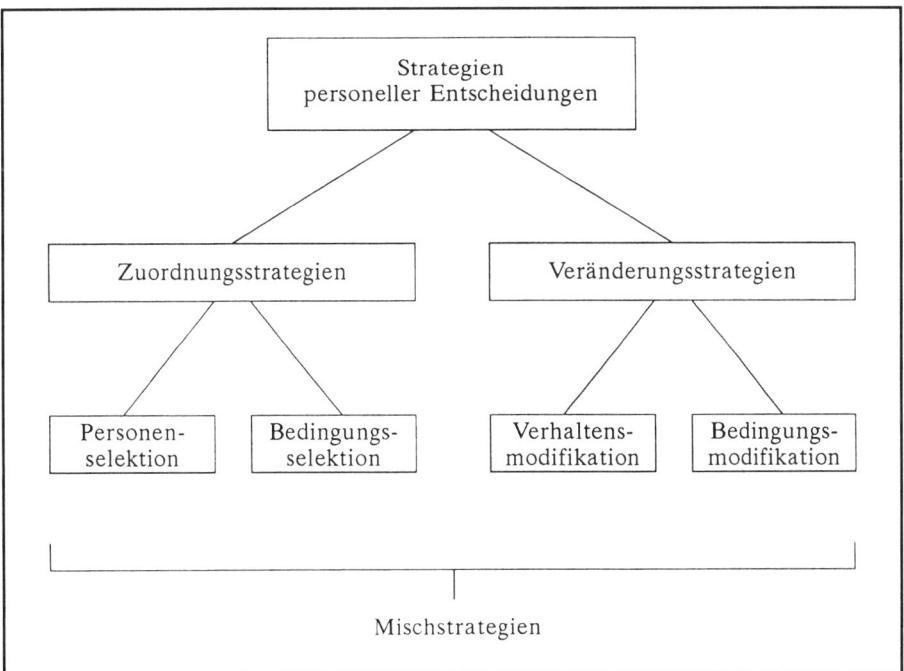

Abbildung 66:   Strategien personeller Entscheidungen (adaptiert nach Jäger, 1992b, S. 159)

Die Wahl erfolgt also zunächst zwischen einer Zuordnungs- und einer Veränderungsstrategie (Maukisch, 1978; Pawlik, 1976). Gerade in einer Zeit der Restrukturierung von Unternehmen ist es naheliegend, anläßlich von Personalentscheidungen auch an eine kompetenz- und präferenzorientierte Restrukturierung der Aufgaben zu denken (Brandstätter, 1982; Lawler, 1994) und damit auch die Chance wahrzunehmen, Arbeitsplätze nach persönlichkeitsförderlichen Prinzipien umzugestalten (Hacker, 1986; Richter, Jordan & Pohlandt, 1994; Ulich, 1995). In Abbildung 66 sind die vier Vorgehensweisen, die sich daraus ergeben, graphisch geordnet.

In vielen praktischen Fällen werden kombinierte oder Mischstrategien die günstigste Vorgehensweise ergeben. Auf der Personseite sieht diese Kombination gewöhnlich so aus, daß erstens schon zum Zeitpunkt der Auswahl auf die Trainierbarkeit geachtet wird und zweitens sequentiell das anforderungsentsprechende Training der Annahmeentscheidung nachfolgt. Differenzierte eignungsdiagnostische Daten liefern hierzu eine gute Basis.

Expertenmodell

Im Zusammenhang mit der Arbeitsanalyse war von der *erfahrungsgeleitet-intuitiven Methode* als einer der möglichen Vorgehensweisen bei der Feststellung von Anforderungen und Befriedigungsangeboten die Rede (Eckardt & Schuler, 1992). Hauptcharakteristik ist der Verzicht auf formale, statistisch abgesicherte Regeln, die Entscheidungen werden von "Experten" auf der Grundlage ihrer Kenntnisse, Erfahrung und Intuition getroffen. Dieses Vorgehen läßt sich selbstverständlich auch in den Phasen der Diagnose und der Entscheidung beobachten, und man wird wohl nicht fehlgehen in der Vermutung, es handle sich alles in allem um das verbreitetste "Modell" der Personalauswahl.

Zur Rechtfertigung des intuitiven Prinzips konnte lange Zeit nur die subjektive Evidenz der Verwender ins Feld geführt werden - denn ohne formale Methoden fehlen natürlich auch die Validierungsdaten -, daneben die Einfachheit des Verfahrens und, wie oben besprochen, die Komplexität der Zusammenhänge und andere Widrigkeiten wie ungünstige Bedingungen und kleine Stichproben. Mittlerweile hat die Methode der Metaanalyse eine gewisse Rechtfertigung von Expertenentscheidungen etwa bei der Klassifikation von Berufen nach Anforderungsähnlichkeit ergeben (Cornelius, Schmidt & Carron, 1984).

Die Mehrzahl der Vergleiche bestätigt allerdings die in der Psychologie seit langem bekannte Überlegenheit der "statistischen" gegenüber der "klinischen" Urteilsbildung (z. B. Jäger, 1982). Auf Entscheidungsprozesse in der Personalberatung wandte Jochmann (1984) das HYPAG-Verfahren von Wottawa (1984) an und konnte damit den geringen Nutzungsgrad der vorliegenden diagnostischen Information für die Auswahlentscheidungen aufzeigen.

Leider ist bis heute zu wenig geklärt, was einen "Experten" der Diagnostik bzw. Personalentscheidung auszeichnen muß, um diese Distinktion zu rechtfertigen. Westmeyer (1976) fordert von Diagnostikern, über Bedingungswissen, Änderungswissen, technologisches Wissen, Vergleichswissen und Kompetenzwissen zu verfügen. Vermutlich unterscheiden sich auch die Mitglieder dieser Gruppe ganz erheblich in ihrer diagnostischen und Entscheidungskompetenz, wobei gerade im Falle intuitiver Vorgehensweise besondere Erfahrung und Kompetenz erforderlich ist. Relativ günstige Bedingungen dürften dort vorliegen, wo große Zahlen von Entscheidungen getroffen werden und zusätzlich die Möglichkeit zur formalen Teilunterstützung und Entscheidungskontrolle besteht, wie etwa in Großunternehmen, Behörden oder in der Berufsberatung der Bundesanstalt für Arbeit (Eckardt & Hilke, 1986). Auch für die Formulierung von Eignungsgutachten stellen die für die Beratung an den Arbeitsämtern formulierten Richtlinien eine brauchbare Verfahrensweise dar (Bundesanstalt für Arbeit, 1985).

Präzisionsmodell
Grundprinzip personeller Entscheidungen auf empirisch-statistischer Basis ist, daß anhand der Prädiktor- und Kriteriendaten einer größeren Zahl von Personen optimale Zuordnungsregeln formuliert werden, die dann auf anstehende Entscheidungsfälle angewandt werden können. Ziel dieser Regeln ist die Unterstützung bei Auswahlentscheidungen, vor allem aber bei Zuordnungsentscheidungen dahingehend, daß die Wahrscheinlichkeit von Richtigzuordnungen maximiert, die von Falschzuordnungen minimiert werden soll. Darstellungen der Anwendung statistischer Prognose- und Optimierungsverfahren finden sich bei Brandstätter (1982), bei Cascio (1987) und bei Jäger (1970), ihre Grundlagen in anspruchsvolleren Statistiktexten (z. B. Moosbrugger, 1978). Der klassische Text zur Methodik personeller Entscheidungen stammt von Cronbach und Gleser (1965), neuere Beiträge (aus dem militärischen Bereich) finden sich bei Rumsey, Walker und Harris (1994).

Standardverfahren zur Vorhersage des individuellen Erfolgs aus mehreren normalverteilten Variablen ist die *multiple Regressionsanalyse*, bei der den Einzelprädiktoren optimale Gewichte in bezug auf eine gegebene Personenstichprobe zugeordnet werden. Dabei wird vorausgesetzt, daß die verschiedenen Fähigkeiten, Interessen oder sonstigen Prädiktoren normalverteilte Werte zeigen, additiv zueinander wirken, daß ihnen unterschiedliche Gewichte für eine optimale Prognose zukommen und daß die verschiedenen Fähigkeiten einander kompensieren können. Angestrebt wird eine möglichst hohe *multiple Korrelation* zwischen den Prädiktoren und den Kriterien.

Problematisch ist die Frage der Stabilität der ermittelten Gewichte über die Analysestichprobe hinaus - sie ist um so geringer, je größer die Anzahl der Prädiktoren und je niedriger die Anzahl der Personen ist. Von den Verfechtern der Validitätsgeneralisierung (Schmidt, Pearlman, Hunter & Hirsh, 1985) wird deshalb empfohlen, für relativ große Gruppen von Arbeitsplätzen mit Einheitsgewichten zu arbeiten. Skeptiker gegenüber der metaanalytischen Auffassung (Sackett, Tenopyr, Schmitt, Kehoe & Zedeck, 1985) weisen demgegenüber darauf hin, daß sich der kausale Einfluß der relevanten Fähigkeiten in verschiedenen Berufen beträchtlich unterscheiden kann, was zu Unterschieden in den Regressionsgewichten selbst unter den Berufen führt, zwischen denen die metaanalytische Forschung nur geringe Validitätsdifferenzen gefunden hat.

Der gleiche Zwiespalt zwischen den Grundgedanken der differentiellen Validität und jenen der Validitätsgeneralisierung ergibt sich auch für alle anderen statistischen Verfahren, deren Ziel die bestmögliche Anpassung eines Datensatzes an die spezifischen Gegebenheiten ist. Ein weiteres dieser Prognosemodelle ist die Klassifikation nach dem *Wahrscheinlichkeitstheorem von Bayes*. Beispielsweise erwiesen sich zur Auswahl von Rechtspflegern bei Brandstätter (1970b) Klassifikationsregeln, die auf dem Prinzip der größten bedingten Wahrscheinlichkeit von Merkmalskonfigurationen basieren, regressionsanalytisch bestimmten Regeln überlegen.

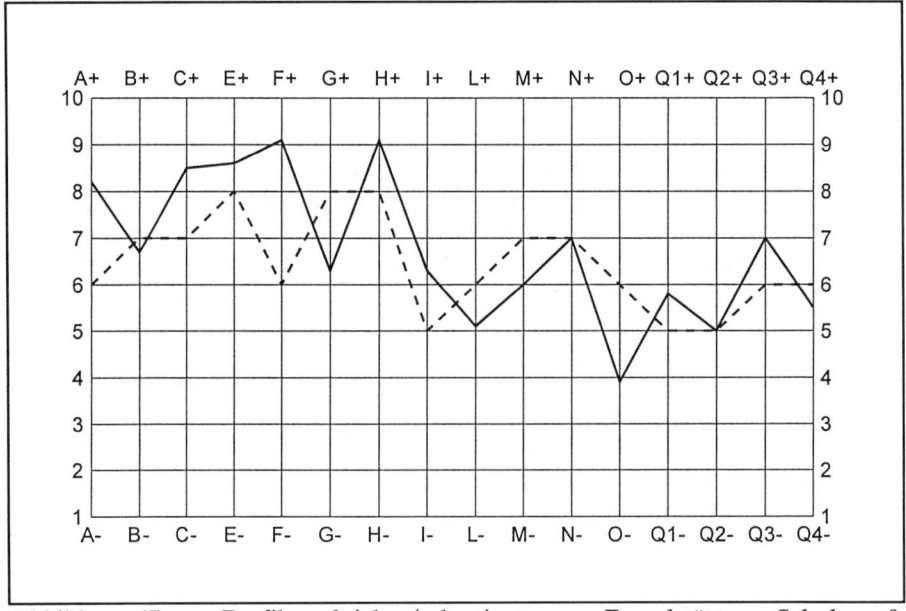

Abbildung 67:   Profilvergleich (adaptiert aus Brandstätter, Schuler & Stocker-Kreichgauer, 1978, S. 182)

Ein anderer Ansatz der Zuordnung von Personen und Arbeitsplätzen ist der *Profilvergleich*. Hierbei werden die "Profile" der Merkmalsausprägungen von Bewerbern mit den "Profilen" typischer oder erfolgreicher Stelleninhaber verglichen. Die Ähnlichkeit der Merkmalsprofile wird entweder nach visuell-intuitivem Vergleich oder nach Distanzmaßen bestimmt. Abbildung 67 gibt den Vergleich der Persönlichkeitstestwerte durchschnittlicher Verkäufer aus dem 16 PF (Daten nach Cattell, 1965, S. 347) mit dem Profil der Testwerte eines fiktiven Ratsuchenden oder Bewerbers wieder.

Ein Profilvergleich, der auf der Grundlage von Distanzvergleichen arbeitet, berücksichtigt die Möglichkeit auch *oberer cut-offs*, d. h. er hilft, auch mögliche Unterforderungen der Kandidaten hinsichtlich bestimmter Merkmale oder Anforderungen zu erkennen. Was er ungünstigerweise nicht berücksichtigt, ist die Korrelation der Prädiktoren untereinander. Hierfür stehen anspruchsvollere, multivariate Methoden des Profilvergleichs zur Verfügung.

Eine dieser Methoden ist das *Centour-Verfahren* (Cooley & Lohnes, 1971). Bei dieser Methode wird für jede Person die Wahrscheinlichkeit berechnet, mit der sie verschiedenen Klassen angehört. Ein Beispiel hierfür demonstriert Brandstätter (1982) mit der Frage der optimalen Zuordnung von Bewerbern um Lehrstellen (oder Ratsuchenden) entweder zur Gruppe der Schlosser oder der Feinmechaniker. In jeder der beiden Gruppen werden Testwerte (oder andere eignungsdiagnostische Daten) der erfolgreichen Auszubildenden erhoben und die Mittelwerte, Varianzen und Kovarianzen dieser Prognoseveriablen berechnet. Unter der Annahme normalverteilter Werte läßt sich die Ähnlichkeit der Bewerberdaten zu den "Erfolgsprofilen" schätzen. In Abbildung 68 wird dies für den einfachen Fall zweier Gruppen und zweier Prädiktoren graphisch veranschaulicht. Die Ellipsen geben, analog zu Höhenlinien, Orte gleicher Verteilungsdichte an; sie zeigen, wieviel Prozent der Fälle außerhalb der Umgrenzung liegen. Im Falle des Beispiels spricht die Wahrscheinlichkeit für eine Zuordnung von Person A zur Gruppe der Schlosser und von Person C zur Gruppe der Feinmechaniker. Bei Person B sind beide Wahrscheinlichkeiten gleich hoch, die Entscheidung müßte also nach zusätzlichen Gesichtspunkten erfolgen.

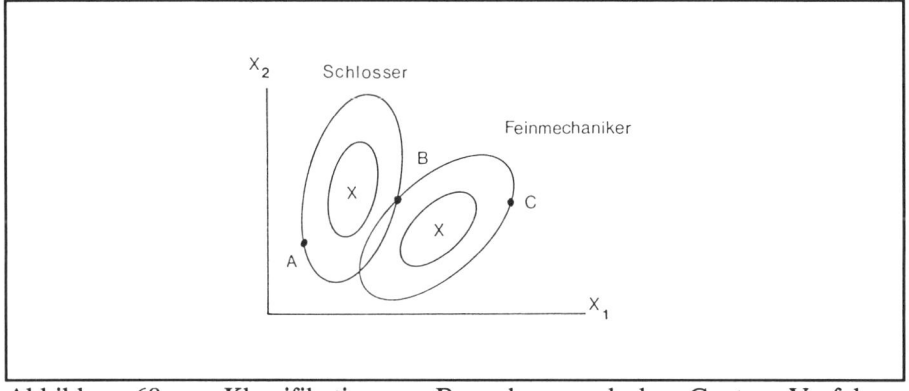

Abbildung 68:   Klassifikation von Bewerbern nach dem Centour-Verfahren
                  (nach Cooley & Lohnes, 1971, aus Brandstätter, 1982, S. 37)

Anmerkung: Die Prädiktoren sind mit x_1 und x_2, die Gruppenschwerpunkte mit x bezeichnet; die Testwertkombinationen der drei Bewerber A, B und C sind durch Punkte repräsentiert.

Zwei weitere Verfahrenstypen sollen noch kurze Erwähnung finden. Ohne die Voraussetzungen der multiplen Regression und des Centour-Verfahrens (Normalverteilung, Additivität, Kompensierbarkeit) arbeitet die *Konfigurationsfrequenzanalyse* (Krauth & Lienert, 1973). Hierbei wird für jede Merkmalskombination die Erfolgswahrscheinlichkeit bestimmt (was bei anderen Merkmalen na-

türlich große Personenzahlen erfordert). Einem auftretenden Einzelfall wird
dann derjenige Wert als Erwartungswert zugeordnet, der seiner Kombination
(oder Konfiguration) entspricht.

Wenn die Zahl der Personen und/oder der Stellen, die es zuzuordnen gilt,
nicht so gering ist wie in unserem Beispiel in Abbildung 65, übersteigt die Zahl
der Zuordnungsmöglichkeiten schnell die Grenze der Überschaubarkeit. Schon
bei 5 Personen und 5 Arbeitsplätzen gibt es 120 Varianten der Zuordnung. In
einem solchen Fall kann mittels der *linearen Optimierung*, eines in den Wirt-
schaftswissenschaften verbreiteten Verfahrens (Moser, 1979), die bestmögliche
Zuordnung vorgenommen werden. Bestmöglich heißt in diesem Fall, daß die
Zuordnung nach Berechnung des zu erwartenden Nutzens erfolgt, den jede Person an jedem der Arbeitsplätze erbringen würde. Wie in der intuitiven Verfahrensweise zu Abbildung 65 werden dann die ergiebigsten Kombinationen vorrangig berücksichtigt.

Nutzenmodell

Mit der Klassifikation von Personen und Arbeitsplätzen gemäß dem zu erwar-
tenden Nutzen sind wir bereits bei dem, was die Zuordnung einer Strategie zum
Nutzenmodell ausmacht. Während alle Verfahren eine optimierende Zuordnung
nach empirischen Zusammenhängen zwischen Prädiktoren und Kriterien zum
Ziel haben, steht hier explizit der Beitrag einer Person zu den Zielen der
Organisation zur Debatte oder, in anderen Worten gesagt, das Verhältnis von
Aufwand und Ertrag einer Personalmaßnahme. Die Werte in Abbildung 65 dürfen also bei dieser Betrachtungsweise nicht Fähigkeitswerte oder prognozierte
Leistungswerte repräsentieren, sondern "Auszahlungswerte". Dieser Gesichtspunkt wird in Abschnitt 4.3 zum Gegenstand einer gründlichen Betrachtung gemacht und bedarf deshalb hier keiner detaillierten Erörterung. Festhalten sollten
wir aber an dieser Stelle, daß die Antwort auf die Frage nach den besten Prädiktoren davon abhängt, ob man die prognostische Validität maximieren will
oder die Effektivität der Klassifikation.

4.2   Validität

Was unter Validität zu verstehen ist, wurde schon im ersten Kapitel erläutert.
Generell ist damit der Grad des Zutreffens der Schlüsse gemeint, die aus dem
gegebenen Material gezogen werden, und je nach Zielsetzung, Ausgangsmaterial
und Vorgehensweise spricht man von konstrukt-, inhalts- oder prognosebezoge-
ner Validität oder Strategie der Validierung.

Bei der konstruktbezogenen Facette der Validität stehen als Ziele Erklärung
und Theorieentwicklung im Vordergrund. Bei der inhaltsbezogenen Betrachtungsweise ist es vor allem der Gesichtspunkt der Repräsentativität (z. B. für die
Gesamtmenge der Kenntnisse); sie stellt oft eine Notlösung dar, und es wird
immer wieder angezweifelt, ob der Inhaltsvalidität tatsächlich ein eigenständiger
Charakter zukommt (z. B. Moser, 1987). In der Praxis der Personalauswahl -

aber auch in der eignungsdiagnostischen Forschung - ist es vor allem die prädiktive Validität, der das Hauptaugenmerk gilt. Dies mag vor allem pragmatisch begründet sein aus dem Bemühen, die jeweils tauglichsten und nützlichsten Methoden zu verwenden; wie die Überlegungen im Abschnitt "Metaanalyse" gezeigt haben, können Studien zur prädiktiven Validität aber auch zum Verständnis von Zusammenhängen, also zur Theoriebildung, beitragen.

Auch in unserem Kontext steht die prädiktive oder prognostische Validität im Vordergrund. Wie bereits erörtert, ist es allerdings problematisch, von *der* Validität eines Verfahrens zu sprechen. Neben den Zufallsfehlern (v. a. Stichprobenfehlern) sind nämlich auch mehrere systematische Größen von Einfluß, darunter die Qualität des spezifischen Instruments, die Kompetenz der Durchführenden (vor allem bei unstandardisierten Methoden), die Zielgruppe und das Kriterium.

Wie stark die Bedeutung der Zielgruppe ist, wird deutlich, wenn man die Prognosewerte vergleicht, die mit biographischen Fragebogen erzielbar sind: Bei Wissenschaftlern wurde metaanalytisch eine Validität von $r = .47$ bestimmt (Funke et al., 1987). Der Wert aus einer einschlägigen Untersuchung bei Jugendlichen lag bei $r = .15$ (Funke, 1986). Gerade umgekehrt sehen die Verhältnisse für Intelligenztests aus, die bei Jugendlichen regelmäßig hohe Validität erzielen (z. B. Schmidt-Atzert & Deter, 1993), während bei Wissenschaftlern (v. a. wohl aufgrund der starken Vorselektion bezüglich kognitiver Fähigkeiten) die dadurch noch aufklärbare Varianz im Erfolgskriterium gering ist. Abbildung 69 faßt dieses auf den ersten Blick überraschende, bei genauerer Überlegung aufgrund von Vorselektion und Stichprobencharakteristika plausible Ergebnis schematisch zusammen.

Stichprobenabhängigkeit der Validität		
	Intelligenz-tests	Biographische Fragebogen
Jugendliche	$r > .40$	$r < .20$
Wissenschaftler	$r < .20$	$r > .40$

Abbildung 69:   Stichprobenabhängigkeit der Validität von Intelligenztests und biographischen Fragebogen

Ein anderes Beispiel für die Stichprobenabhängigkeit der Validität hat sich bei der Validierung eines biographischen Fragebogens ergeben. Tabelle 4 zeigt die Abhängigkeit des Erfolgs im Versicherungsaußendienst vom Familienstand - diesen Daten zufolge schneiden verheiratete Mitarbeiter erfolgreicher ab als ledige oder verwitwete. Bei einer anderen Stichprobe sahen die Verhältnisse allerdings ganz anders aus, hier waren nämlich die ledigen Mitarbeiter tendenziell erfolgreicher. Die Lösung des Rätsels lag nicht in einem undefinierten

Zufallsfehler (was oft der Fall ist), sondern im *Geschlecht* der Mitarbeiter: während die erste Stichprobe fast nur aus Männern bestand, waren in der zweiten Gruppe Frauen in der Überzahl. Eine Erklärungsmöglichkeit lautet, daß die Ehepartnerinnen der männlichen Mitarbeiter, die ihrerseits großenteils nicht berufstätig waren, deren Berufserfolg unterstützt haben (sei es durch direkte Maßnahmen wie Führen der Kundenkartei oder durch die Erledigung des Haushalts), während dies nicht analog bei weiblichen Mitarbeitern der Fall war.

Tabelle 4:   Familienstand und Berufserfolg bei einer Stichprobe von Außendienstmitarbeitern (aus Barthel & Stehle, 1990)

	ledig	getrennt lebend	geschieden	verwitwet	verheiratet	
erfolgreiche Mitarbeiter	6,7	3,5	9,8	0,3	78,2	100 % = 299 MA
weniger erfolgreiche Mitarbeiter	17,2	4,3	11,5	4,4	64,4	100 % = 246 MA

Auch bezüglich der Kriterien liegen Daten vor, die zeigen, wie unterschiedlich die Validität eines eignungsdiagnostischen Verfahrens ausfallen kann. Schmitt et al. (1984) führten eine Metaanalyse durch, bei der sie nach Kriterientypen unterschieden (Tabelle 5). Ergebnis war, daß "die Validität" verschiedener Auswahlverfahren ganz unterschiedliche Höhe erreichte, je nachdem, mittels welchen Kriteriums der Erfolg gemessen wurde. Beispielsweise errechnete sich die Validität biographischer Daten mit $r = .32$, wenn Vorgesetztenbeurteilungen das Erfolgsmaß waren; gemessen am Kriterium Gehaltshöhe belief sie sich hingegen auf $r = .52$.

Diese Zusammenstellung beruht zwar auf einer großen Datenmenge, wie die Spalte "Gesamtstichprobe" erkennen läßt, die Anzahl der unabhängigen Studien, die in die jeweiligen Berechnungen eingehen, ist jedoch gering (s. Spalte "Anzahl der Validitäten"), so daß mit sogenannten "Stichprobenfehlern höherer Ordnung" gerechnet werden muß. Das heißt, die Generalisierbarkeit der Werte ist um so geringer, je kleiner die Zahl der einbezogenen Untersuchungen ist, zumal damit die Gefahr steigt, daß in diesen Fällen besondere Bedingungen vorlagen (z. B. was das Alter oder das Positionsniveau der Probanden betrifft), die Repräsentativität also in Frage steht. Wir stehen hier erneut vor dem Zwiespalt zwischen Generalisierbarkeit und differentieller Validität.

Einsichtig ist, daß nicht nur die *Art*, sondern auch die *Qualität* der Kriterien bedeutsam für die resultierende Validität ist. Ein wichtiges Ergebnis der bereits erwähnten "F&E-Studie" (Schuler et al., 1995) war, daß die Validität des gesamten Auswahlverfahrens stark von der Dauer der Zusammenarbeit zwischen Mitarbeitern und beurteilenden Vorgesetzten abhängig ist, das heißt, daß die Mitarbeiterkenntnis als **Validitätsmoderator** wirkt (Abbildung 70): Erst nach mehr als

Tabelle 5:   Durchschnittliche Validitätskoeffizienten für Prädiktor-Kriterien-Kombinationen (aus Schuler & Schmitt, 1987, S. 262; Koeffizienten unkorrigiert, gewichtet nach Stichprobengröße)

Prädiktor	Anzahl der Validitäten	Gesamtstich- probe	$\overline{r}$	σ_r^2
Leistungsbeurteilungen				
Spezielle Fähigkeiten	14	838	.162	.02841
Persönlichkeit	32	4065	.206	.03531
Allgemeine Intelligenz	25	3597	.220	.01563
Biographische Daten	29	3998	.317	.03566
Arbeitsproben	7	384	.319	.01081
Assessment Center	6	394	.428	.00259
Vorgesetzten-/Kollegenbeurteilungen	12	1389	.315	.03140
Fluktuation				
Persönlichkeit	5	15927	.121	.00104
Allgemeine Intelligenz	8	12449	.141	.01877
Biographische Daten	28	28862	.209	.01444
Körperliche Fähigkeiten	3	852	.154	.00762
Ausbildungsleistung				
Spezielle Fähigkeiten	8	1093	.275	.03622
Persönlichkeit	6	980	.152	.01406
Allgemeine Intelligenz	5	888	.437	.02209
Biographische Daten	9	1744	.226	.07841
Arbeitsproben	3	95	.314	.01876
Assessment Center	3	289	.312	.00692
Körperliche Fähigkeiten	4	976	.281	.00327
Produktivität				
Biographische Daten	19	13655	.203	.00362
Statusveränderung				
Persönlichkeit	7	561	.126	.03139
Allgemeine Intelligenz	9	21190	.282	.00880
Biographische Daten	6	8008	.332	.00144
Assessment Center	8	14361	.412	.00151
Vorgesetzten-/Kollegenbeurteilungen	9	4224	.512	.01537
Körperliche Fähigkeiten	3	245	.613	.00028
Gehalt				
Persönlichkeit	10	1720	.268	.00903
Biographische Daten	7	1544	.525	.01571
Arbeitsproben	4	1191	.438	.00547
Assessment Center	4	301	.237	.00531
Vorgesetzten-/Kollegenbeurteilungen	4	301	.206	.00737
Arbeitsproben				
Spezielle Fähigkeiten	3	1793	.280	.00423
Allgemeine Intelligenz	3	1793	.426	.00660
Arbeitsproben	3	1793	.353	.01126
Körperliche Fähigkeiten	11	959	.419	.08924

zweijähriger Kenntnis des Mitarbeiters und seiner Leistungen waren die Vorgesetztenbeurteilungen als Erfolgskriterien zu gebrauchen.

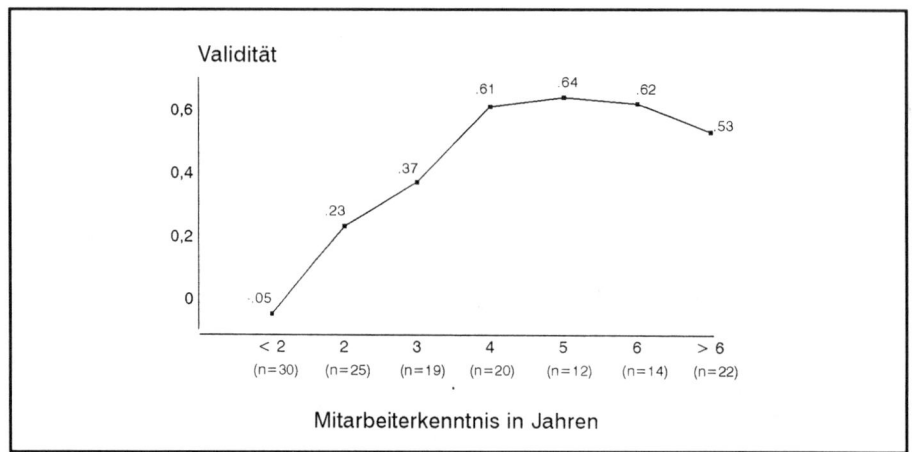

Abbildung 70:   Dauer der Mitarbeiterkenntnis als Validitätsmoderator (aus
                    Schuler, Funke, Moser & Donat, 1995, S. 153)

Es ist zu vermuten, daß bei den komplexen und relativ autonom durchgeführten
Tätigkeiten in der Forschung und Entwicklung die Dauer der Mitarbeiterkenntnis für die Urteilsqualität besonders entscheidend ist. Es könnte aber auch sein,
daß hier ein genereller Effekt gefunden wurde, der für die Unterschätzung der
Validität vieler Auswahlverfahren in der Vergangenheit verantwortlich ist, da bei
prädiktiven Studien die Kriterien zumeist nach wesentlich kürzerer Zeit erhoben
werden.

Der Verdacht, die Kriterien seien schlechter als die Prädiktoren, drängt sich
oft auf - beispielsweise dann, wenn die Übereinstimmung verschiedener Kriteri-
en untereinander geprüft wird. So hat die Validierung eines Assessment Centers
durch Jansen und Stoop (1994) folgendes gezeigt: Als Korrelation zwischen dem
Assessment Center-Gesamtergebnis und der Gehaltshöhe der untersuchten
Nachwuchsführungskräfte ergab sich r = .51. Die Korrelation der Gehaltshöhe
mit der Leistungsbeurteilung durch den Vorgesetzten betrug demgegenüber nur
r = .23; Gehaltshöhe und Einschätzung des Managementpotentials waren in
Höhe von r = .15 korreliert, Leistungsbeurteilung und Managementpotential mit
r = .35. Der Einfluß der spezifischen Methode auf das Ergebnis, die *Methoden-
varianz* also, ist bei den Kriterien wohl nicht geringer als bei den Prädiktoren.

Damit kommen wir zu der Schlußfolgerung, daß Validitätsvergleiche streng-
genommen nur zwischen Verfahren sinnvoll sind, die auf gleiche Weise an der
gleichen Zielgruppe durchgeführt wurden und deren Effekt schließlich auch am
gleichen Kriterium gemessen wird. Unstrukturiert durchgeführte Interviews
könnten z. B. auf diese Weise mit strukturierten Interviews verglichen werden.
Die durchgängig höhere Validität spricht in diesem Fall eindeutig für die

strukturierte Form. Auch ließen sich Intelligenztests mit Persönlichkeitstests vergleichen, wobei der Vergleich in den meisten Fällen zugunsten der Intelligenztests ausgeht; hier spielten aber Zielgruppe, Vorselektion und Kriterium (Ausbildungsleistung vs. Berufsleistung!) schon eine größere Rolle. Validierungen an verschiedenen Kriterien sind nur dann vergleichbar, wenn diese Kriterien die gleiche Reliabilität aufweisen oder bezüglich ihres Reliabilitätsmangels korrigiert wurden.

Auch ist, wie wir im Zusammenhang mit dem Validierungsprinzip biographischer Fragebogen erörtert haben, die Generalisierbarkeit der Validität bei verschiedenen Verfahren unterschiedlich, etwa für Tests (zumindest für Leistungstests) höher als für biographische Fragebogen. Von konstruktbezogenen Testverfahren ist dem Prinzip nach generellere (nicht immer *höhere*!) Validität zu erwarten als von Arbeitsproben, die sich gewöhnlich an spezifischeren Anforderungen ausrichten.

Übrigens gilt dies auch für *Merkmale* - so kann man für Intelligenz, Leistungsmotivation und Selbstvertrauen eher generelle Validität annehmen, während beispielsweise feinmotorisches Geschick oder räumliches Vorstellungsvermögen für manche Berufsfelder sehr wichtig ist, für andere dagegen unerheblich. Selbst eine heute so hoch geschätzte Tugend wie Kontaktfähigkeit ist keineswegs für alle Tätigkeitsbereiche gleichermaßen bedeutsam; es könnte sogar sein, daß ein besonders hohes Maß an Kontaktbedürfnis längerfristiger konzentrierter Einzelarbeit im Wege steht. Dies zu erkennen und entsprechenden empirischen Daten Geltung zu verschaffen ist um so schwieriger, je ausgeprägter die öffentliche Meinung über ein Merkmal ist.

Auswahlverfahren durchschnittlich geringerer und höherer prognostischer Validität	
eher geringe Validität	eher höhere Validität
Bewerbungsunterlagen	Arbeitsproben
Arbeitszeugnisse, Referenzen	Leistungsbeurteilung (auch Probezeit)
Schulnoten (für Berufserfolg)	Schulnoten (für Ausbildungserfolg)
Personalfragebogen	Biographischer Fragebogen
Unstrukt. Einstellungsgespräch	Strukt. anford.bez. Einstellungsgespräch
Graphologisches Gutachten	Assessment Center
Persönlichkeitstest	Kogn. Fähigkeitstest (Intelligenztest)

Abbildung 71:   Unterscheidung von Auswahlverfahren nach ihrer prognostischen Validität

Durchschnittswerte für "die Validität eines Auswahlverfahrens" anzugeben, ist also nur möglich, wenn man von allen genannten Differenzierungen absieht. Das ist heikel und von fraglichem Wert. Aber eine grobe Kategorisierung danach, ob vom Einsatz eines Verfahrens - bei bzw. trotz sinnvoller und kompetenter Anwendung - eher höhere oder eher geringere prognostische Validität zu erwarten ist, scheint nicht übertrieben riskant und wird deshalb in Abbildung 71 angeboten. "Höhere Validität" beginnt in dieser Auflistung schon bei r=.30. Bei einem solchen Wert ist der (zusätzliche) Einsatz eines Verfahrens bereits von beträchtlichem Nutzen (vgl. Abschnitt 4.3).

Die in Abbildung 71 vorgenommene Zusammenstellung stimmt recht gut mit der Einschätzung überein, die von erfahrenen Personalpraktikern vorgenommen wird. Diese Zielgruppe in großen deutschen und europäischen Unternehmen war nach ihrer Verwendung und Beurteilung von Auswahlverfahren befragt worden (Schuler, Frier & Kauffmann, 1993). In Abbildung 72 werden die Einschätzungen der für *externe* Bewerber eingesetzten Verfahren aus *deutschen* Unternehmen wiedergegeben; es wird ersichtlich, daß die meisten Verfahren von ihren Anwendern für valider gehalten werden als von dem Personenkreis, der sie nicht einsetzt. Deutliche Unterschiede gegenüber der empirisch bestimmten

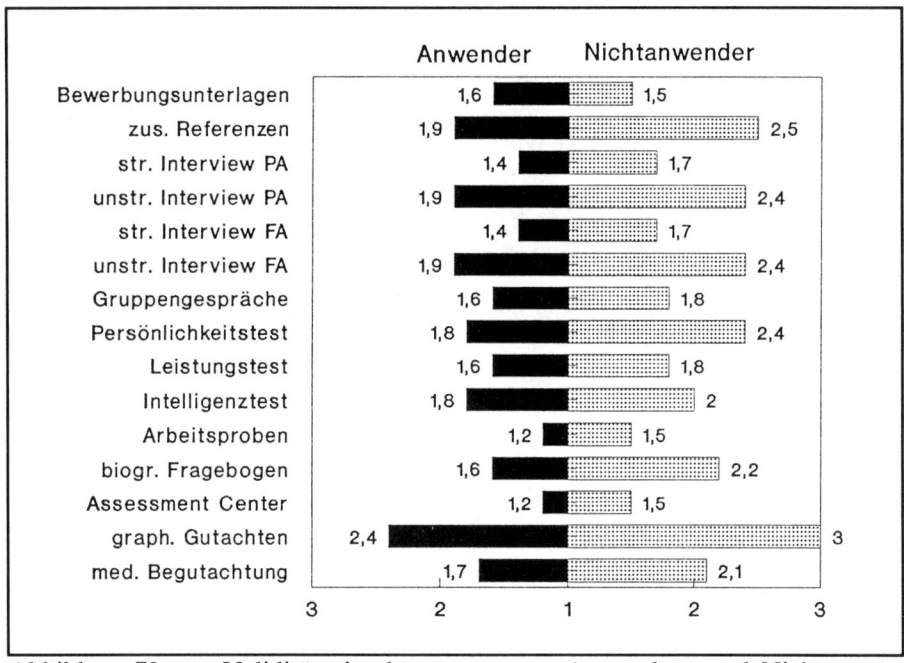

Abbildung 72:   Validitätseinschätzungen von Anwendern und Nichtanwendern der betreffenden Auswahlverfahren in deutschen Unternehmen (aus Schuler, Frier & Kauffmann, 1993, S. 49)

Anmerkung: Niedrige Werte indizieren positive Urteile; str.=strukturiert, unstr.=unstrukturiert, PA=Personalabteilung, FA= Fachabteilung

Datenlage finden sich am ehesten in der Überschätzung der Bewerbungsunterlagen und in der Unterschätzung biographischer Fragebogen sowie Intelligenztests.

Durch den kombinierten Einsatz mehrerer Auswahlverfahren kann die Validität erhöht werden. Allerdings müssen hierzu tatsächlich Merkmale erfaßt werden, die unabhängig voneinander sind (und die selbstverständlich alle erfolgsrelevant sind). Auch die Meßmethode ist hierfür von Bedeutung, denn es hat sich gezeigt, daß es schwierig ist, mit einer Methode (z. B. Interview oder Arbeitsprobe) gleichzeitig mehr als einen Fähigkeitsfaktor zu erfassen (Sackett & Dreher, 1982); verläßlich gelingt dies meist nur mit psychologischen Tests. Generell empfiehlt es sich, den Grundsatz der Multimodalität zu beachten (Fahrenberg, 1987).

Wichtig ist, daß die Korrelation der Auswahlverfahren untereinander wenig darüber aussagt, inwieweit diese sich zur Voraussage des Berufserfolgs ergänzen. Wenn wir annehmen, daß Berufserfolg durch mehrere Merkmale (Leistungskomponenten) bedingt ist (neben den vielfachen Einflußgrößen außerhalb der Person), so können wir uns die Beziehung zwischen dem Kriterium (Berufserfolg) und zwei Prädiktoren (Auswahlverfahren) vergegenwärtigen wie in Abbildung 73 illustriert. Die Auswahlverfahren können beide valide sein, es kann aber auch nur eines davon oder keines valide sein. Darüber hinaus können die Ergebnisse beider Verfahren korreliert oder unkorreliert sein.

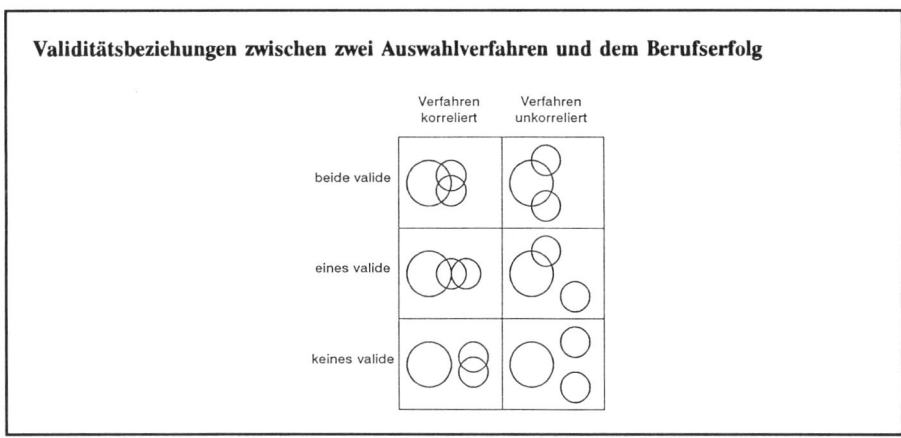

Abbildung 73:   Validitätsbeziehungen zwischen zwei Auswahlverfahren und dem Berufserfolg

Anmerkung: ◯ Meßbereich Berufserfolg
               o Meßbereich Auswahlverfahren

Aus Abbildung 73 wird deutlich, daß aus der Korrelation zwischen zwei Einzelverfahren nicht geschlossen werden darf, daß auch das zweite Verfahren valide sein müsse, wenn sich für das erste Validität errechnen läßt. Umgekehrt kann sich ein zweites Verfahren als valide erweisen, auch wenn es unabhängig von dem ersten validen Verfahren ist. Ein Sonderfall besteht darin, daß zwei Verfahren den gleichen Merkmalsbereich umfassen, aber aufgrund unterschiedlicher Methodenkomponenten oder mangelhafter Reliabilität doch nicht perfekt korreliert sind. In diesem Fall wären beide Verfahren valide und würden trotz nur mittlerer Korrelation untereinander keine weitere Varianz im Kriterium aufklären als eines der Verfahren allein.

Für ein einzelnes Verfahren hat sich etwa $r = .50$ als die Obergrenze der Validität erwiesen, für die Kombination mehrerer Verfahren liegt diese Grenze ungefähr bei $r = .70$ und läßt sich auch durch Artefaktkorrekturen (z. B. bezüglich Meßbereichseinschränkungen, s. Abschnitt "Metaanalyse") nur noch wenig erhöhen. Darin spiegeln sich nicht nur die methodischen Probleme in Prädiktoren und Kriterien, sondern zu einem guten Teil einfach auch die Grenzen der Prognostizierbarkeit menschlichen Verhaltens.

Im einzelnen war von den vielfältigen Gründen für die Grenzen der Validität bereits an vielen Stellen dieses Texts die Rede, denn sie offenbaren sich in allen Phasen des Auswahlprozesses - von der Bestimmung der Anforderungen bis zur schließlichen Personalentscheidung. Zusammengefaßt dürften folgende Ursachen als die wichtigsten gelten:

- Abhängigkeit der Arbeitsanalyse, Prädiktoren und Kriterien von Meßmethoden und Meßebenen

- Stichprobencharakter aller Methoden, v. a. der diagnostischen Verfahren

- Unzulänglichkeiten von Arbeitsanalyse, Prädiktoren, Kriterien und Entscheidungen

- mangelnde Korrespondenz von Arbeitsanalyse, Prädiktoren und Kriterien

- Veränderung der Tätigkeitsanforderungen über die Zeit

- Veränderung menschlichen Verhaltens über die Zeit (erfolgreiche Personalentwicklung trägt dazu bei, Erfolgsprognosen zu falsifizieren!)

- Ausrichtung personeller Entscheidungen an Erfordernissen außerhalb der Prädiktor-Kriterien-Zusammenhänge (z. B. betriebliche Personalpolitik)

Angesichts dieser vielfältigen Beschränkungen scheinen die erzielbaren Validitätskoeffizienten gar nicht mehr so gering. Anders denken allerdings manche Kritiker der Eignungsdiagnostik darüber - von ihrer Seite wird immer wieder argumentiert, Validitätskoeffizienten in der möglichen und üblichen Höhe rechtfertigten nicht, Auswahlentscheidungen auf ihrer Basis zu treffen. Doch was wäre die Alternative? Und: Sind diese Werte wirklich so gering?

Ein gängiges Verfahren zu ihrer rhetorischen Diminution besteht darin, sie ins Quadrat zu erheben. Der quadrierte Korrelationswert, der sogenannte *Determinationskoeffizient*, wird dann häufig so interpretiert, als gebe er den Anteil an inhaltlicher Gemeinsamkeit zweier Variablen an. Diese Annahme ist meistens falsch.

Ein Beispiel: Die Korrelation zwischen Intelligenzleistung und Ausbildungsergebnis betrage r=.40. Mittels einer Regressionsgleichung läßt sich für jeden
Intelligenzwert ein Ausbildungsergebnis schätzen - und umgekehrt. Das Quadrat
der Korrelation, r^2=.16, gibt den Anteil der Varianz der Schätzwerte an, $1-r^2$
den Anteil der Varianz der Schätzfehler (Stelzl, 1982, S. 240f.). Weder der Korrelationskoeffizient noch sein quadrierter Wert gibt uns allerdings an, inwieweit
Prädiktor und Kriterium durcheinander inhaltlich *erklärt* (also verursacht) werden, also wie hoch der Anteil der Intelligenz am Ausbildungsergebnis ist. Eine
solche Interpretation wäre nur dann zulässig, wenn der Prädiktor, also der Intel-
ligenztestwert, nur Komponenten enthielte, die in gleicher Weise in die Ausbildungsleistung eingehen, und die übrigen Komponenten des Kriteriums (des Aus-
bildungsergebnisses) vom Prädiktor unabhängig wären. "Beide Voraussetzungen
sind mit Sicherheit nicht erfüllt" (Stelzl, 1982, S. 241).

Wichtiger noch scheint aber eine andere Überlegung: Hinter dem Argument
der geringen Varianzaufklärung steckt (soweit es sich nicht um die Rationalisierung anderer Ablehnungsgründe handelt) offenbar die Annahme, mit irgend-
einer anderen Variable könne man menschliches Verhalten besser vorhersagen
als mit Testwerten. Die gleichen Kritiker scheuen sich nicht, den Einfluß des
Erziehungsstils, der Familienkonstellation oder verschiedener Umweltfaktoren
auf den Menschen zu betonen. Sie wissen offenbar nicht, daß sie dabei von
Zusammenhängen sprechen, die weit geringer sind als die in der eignungsdiagnostischen Forschung gefundenen.

Selbst der Zusammenhang zwischen Rauchen und Lungenkrebs wird auf ein
r von nur .15 - also auf r^2=.0225 oder 2,25 % - geschätzt (Eysenck, persönliche
Mitteilung). Rosenthal (1990) berichtet von einer Untersuchung über den Einfluß von Aspirin auf die Verminderung von Herzinfarkten. Dieses Experiment
wurde vorzeitig abgebrochen, weil es ethisch nicht länger für vertretbar gehalten
wurde, den Patienten der Kontrollgruppe das Medikament vorzuenthalten, nachdem sich seine Wirksamkeit herausgestellt hatte. Die Stärke des Effekts (aufge-
klärte Varianz) lag bei 0,1 %.

Angesichts der vielfältigen Bedingtheit menschlichen Verhaltens sind Koeffizienten der prädiktiven Validität von r=.30 oder gar r=.50 also alles andere als
gering. Es handelt sich bei korrelativen Berechnungen von Zusammenhängen,
das müssen wir uns vor Augen halten, allerdings um *Wahrscheinlichkeitsbeziehun-
gen*, die an großen Personengruppen gefunden und unter gewissen Voraussetzungen auf neue gleichartige Personengruppen übertragen werden können. Sie liefern uns Erwartungswerte auch für Einzelpersonen, aber niemals die Gewißheit
im Einzelfall. Dies ist aus der Verteilung in Abbildung 11a (S. 49) erkennbar,
die bei r=.50 viel Raum läßt für "Ausreißer". Abbildung 11b zeigt aber auch,
daß man bei dieser Korrelationshöhe schon mit einer außerordentlich deutlichen
Werteverteilung rechnen kann.

Unter technischen oder betriebswirtschaftlichen Gesichtspunkten mag man
es bedauern, daß eignungsdiagnostische Aussagen nicht perfekt sind. In anthropologischer Hinsicht sollte es uns dagegen eher beruhigen, daß man unser Verhalten nicht fehlerfrei voraussagen kann - würde das doch bedeuten, daß es voll-

ständig determiniert ist und daß alle unsere Vorstellungen über Willens- und Entscheidungsfreiheit pure Illusion sind.

4.3   Organisationale Effizienz

Der Bewertungsgesichtspunkt *organisationale Effizienz* bezieht sich auf die Teilaspekte ökonomischer Nutzen, Aufwand, Ziel, Schwierigkeit (Mühe, Kompetenzerfordernis) und Verfügbarkeit. Man könnte ihn auch als *Praktikabilität* eines Verfahrens bezeichnen. Unter dieser Bezeichnung wurde er von den Respondenten der erwähnten Befragung bewertet (wobei dort dem Gesichtspunkt der praktischen Durchführbarkeit besonderes Gewicht beigemessen wurde, weniger der gesamten Nutzen/Kosten-Relation, wie sie im Begriff der organisationalen Effizienz repräsentiert ist).

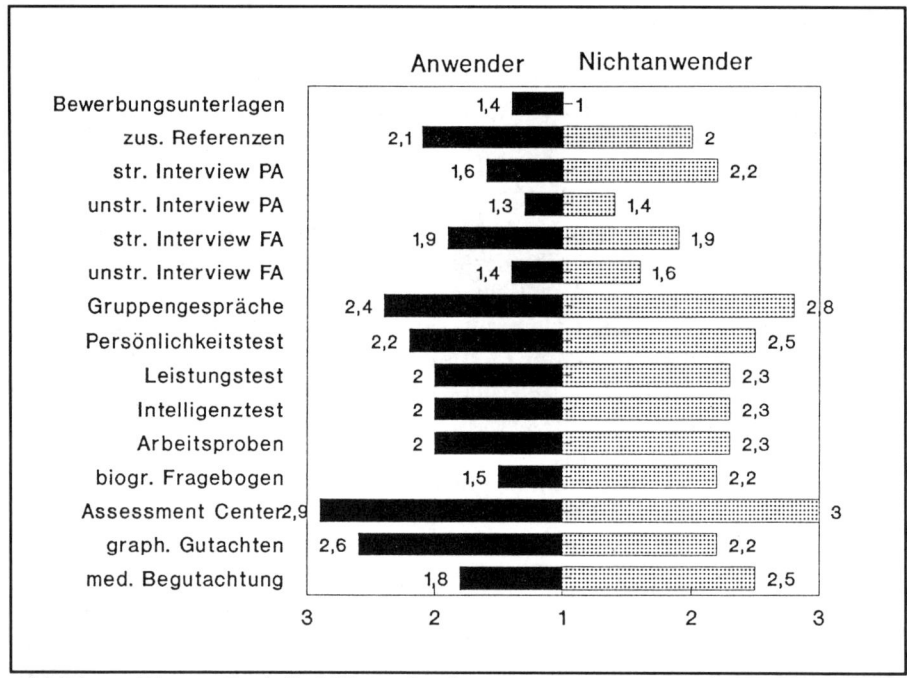

Abbildung 74:   Praktikabilitätseinschätzungen von Anwendern und Nichtanwendern (aus Schuler, Frier & Kauffmann, 1993, S. 51)

Anmerkung: Niedrige Werte indizieren positive Urteile; str. = strukturiert, unstr. = unstrukturiert, PA = Personalabteilung, FA = Fachabteilung

Abbildung 74 gibt diese Einschätzungen wieder, wiederum getrennt für Anwender und Nichtanwender. Erkennbar ist, daß die meisten Verfahren hinsichtlich ihrer Praktikabilität kritischer eingeschätzt werden als bezüglich ihrer Validität. Aus dieser Beurteilung wird auch verständlich, weshalb die multiple Methode "Assessment Center" trotz ihres Renommees nicht häufiger eingesetzt wird.

Möchte man den Nutzen bestimmen, den ein Selektionsverfahren für die auswählende Organisation hat, so ist der Validitätskoeffizient allein kein ausreichendes Maß. Validitätskoeffizienten dürfen nicht als Prozentsatz richtiger Entscheidungen interpretiert werden. Taylor und Russel (1939) haben erstmals demonstriert, daß hierzu noch zwei andere Parameter erforderlich sind, nämlich die *Selektionsquote* (das ist der Anteil der Ausgewählten unter den Bewerbern) und die *Grundquote* (der Anteil der Geeigneten unter den Bewerbern). Kennt man die Parameter Validität, Selektionsquote und Grundquote, so läßt sich der zu erwartende Anteil Erfolgreicher unter den Ausgewählten errechnen. In Abbildung 75 sind diese Zusammenhänge anhand von vier Beispielen dargestellt.

Die Beispiele in Abbildung 75 lassen erkennen, daß der Einsatz eines validen Verfahrens um so wichtiger ist, je geringer der Anteil Geeigneter unter den unausgelesenen Bewerbern und je geringer die Selektionsquote ist. Es wird daraus auch deutlich, daß allein die Angabe von Erfolgsquoten - "80 % richtige Entscheidungen getroffen!" - keine Aussagekraft hat, wenn nicht die zusätzlichen Parameter bekannt sind. Beträgt im gegebenen Fall die a priori-Eignung (Grundquote) 90 %, so hätte bereits eine Zufallsauswahl in 9 von 10 Fällen eine "richtige Entscheidung" ergeben. Demgegenüber wäre bei einem Eignungsprozentsatz von nur 20 eine Trefferquote von 80 % ein ausgezeichneter Wert.

Das Taylor-Russel-Modell war ein wichtiger Schritt in Richtung nutzenorientierter Personalauswahl. Gleichwohl haften ihm einige Unzulänglichkeiten an (s. Cascio, 1987, S. 290). Eine Unzulänglichkeit besteht darin, daß "Erfolg" nur als dichotomes Kriterium angesehen wird - "erfolgreich" oder "nicht erfolgreich" -, während tatsächlich in den meisten Fällen der Nutzen mit dem Grad des Erfolgs zunimmt. Durch diese Begrenzung wird der Nutzen der Personalauswahl mit dem Ansatz nach Taylor und Russel in vielen Fällen unterschätzt.

Fortschritte in dieser Hinsicht erbrachten die Modelle von Brogden (1949) und Cronbach und Gleser (1965). In diesen Ansätzen wird der finanzielle Wert einer Leistungsverbesserung durch die Standardabweichung der Leistung in Geldeinheiten ausgedrückt. Schätzverfahren für diesen Wert wurden von Brandstätter (1969b) und von Schmidt, Hunter, McKenzie und Muldrow (1979) vorgeschlagen (für einen systematischen Vergleich dieser und weiterer Kalkulationsmodelle s. Funke & Barthel, 1995).

Möchte man den Nutzen einer Personalentscheidung in Geldbeträgen ausdrücken, benötigt man darüber hinaus Angaben über die Kosten des Auswahlverfahrens (Konstruktion und laufender Einsatz) und den Zinssatz für das eingesetzte Kapital. Auf der Basis dieser Größen läßt sich der betriebswirtschaftliche Nutzen eines Verfahrenseinsatzes für einen vorgesehenen Zeitraum kalkulieren und mit anderen Investitionen vergleichen.

Diese Berechnung ergibt gewöhnlich selbst bei bescheidenen Validitätszuwächsen gegenüber den bisher eingesetzten Verfahren erhebliche Gewinne für den Einsatz verbesserter Auswahlmethoden. Der Nutzen beruht nicht nur

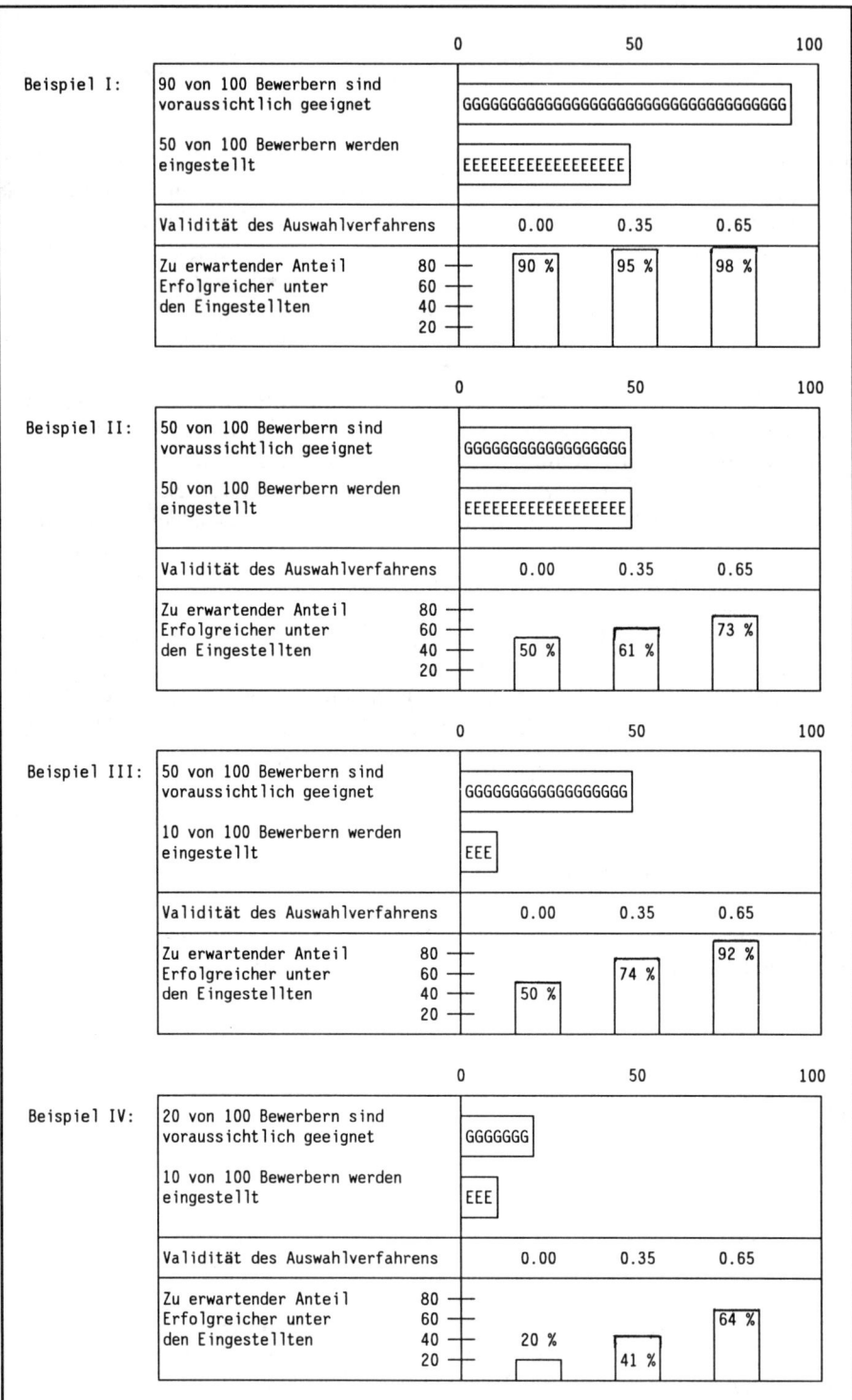

Abbildung 75: Zu erwartender Anteil Erfolgreicher unter den Eingestellten in Abhängigkeit von Eignung, Selektionsquote und Validität des Auswahlverfahrens (Berechnungen nach Taylor & Russel, 1939; aus Schuler, 1990, S. 9)

darauf, daß einzelne gravierende Fehlentscheidungen verhindert werden, sondern auch darauf, daß die Personalentscheidungen *im Durchschnitt* verbessert werden, was sich selbst bei wenigen Prozent Verbesserung zu beträchtlichen Summen addiert.

Am (realen) Beispiel der Auswahl von Außendienstmitarbeitern in einer Versicherungsgesellschaft wurde von Barthel und Schuler (1989) der Nutzen des Einsatzes eines biograpischen Fragebogens kalkuliert. Als Kalkulationsgrundlage wurde das Modell von Boudreau (1983) zugrundegelegt, das mehrere Zeitabschnitte und die jeweiligen Zu- und Abgänge berücksichtigt (im Versicherungsaußendienst ist die Fluktuation relativ hoch). Das Kalkulationsmodell wird in Abbildung 76 dargestellt.

Kalkulationsmodell zur Nutzenberechnung

$$\Delta U = \sum_{k=1}^{F} \left[\sum_{t=1}^{k} \left(N_{at} - N_{st} \right) \right] \left[1/(1+i)^k \right] r_{xy} \ SD_y \ \Phi/p - \sum_{k=1}^{F} \left[C_k \ 1/(1+i)^{k-1} \right]$$

wobei

ΔU = der Betrag, um den der Nutzen durch den Einsatz des verbesserten Auswahlverfahrens wächst

r_{xy} = Validität des eingesetzten Verfahrens. Eingeszetzt wird der Zuwachs an Validität gegenüber dem bislang verwendeten Verfahren (inkrementelle Validität)

SD_y = Standardabweichung des Leistungskriteriums

Φ = Ordinate der Standardnormalverteilung am kritischen Testwert

p = Auswahlquote

F = Anzahl der Zeitabschnitte, in denen das Verfahren eingesetzt wird

t = Zeitabschnitt, in dem Zu- bzw. Abgang stattfindet

N_{at} = Anzahl der Zugänge im Zeitabschnitt t

N_{st} = Anzahl der Abgänge im Zeitabschnitt t

i = Kalkulationszinsfuß

k = Anzahl der Zeitabschnitte, in denen ein Einsatz des Verfahrens aus einem Zeitabschnitt wirkt (durchschnittliche Verweildauer)

C_k = Kosten für den Einsatz des Verfahrens pro Zeitabschnitt

---

Abbildung 76:   Berechnung des zusätzlichen Nutzens durch den Einsatz eines Auswahlverfahrens (aus Barthel & Schuler, 1989, S. 77f.)

Als zusätzliche Validität des eingesetzten Fragebogens wurde ein Wert von 0,18 kalkuliert. Die Standardabweichung konnte aufgrund der vorliegenden Leistungsdaten geschätzt werden, die Auswahlquote war bekannt, die Zugangszahl wurde mit 237 Personen pro Jahr angenommen, die Abgangzahlen wurden aus der Beschäftigtenstatistik der letzten Jahre geschätzt. Der Verfahrenseinsatz wurde für drei Jahre kalkuliert, die Wirkungsdauer für zusätzliche weitere drei Jahre (so lange noch Mitarbeiter an der Stelle im Unternehmen bleiben, für die sie ausgewählt wurden). Als Kalkulationszinsfuß wurden 7 % eingesetzt. Die Testkosten waren in diesem Fall relativ hoch, da der Fragebogen unternehmensspezifisch angepaßt und validiert wurde; neben diesen Entwicklungskosten fielen Lizenzgebühren und Durchführungskosten an.

Als Ergebnisschätzung errechnet sich mit diesen Werten ein Ertrag von DM 594.424,--, von dem Kosten in Höhe von DM 121.159,-- abzuziehen sind, woraus sich ein Nutzensbetrag von DM 473.265,-- ergibt. Die durchschnittliche Leistung der mit dem biographischen Fragebogen ausgewählten Mitarbeiter liegt um 9 % über der gesamten Durchschnittsleistung. Wie der Originaldarstellung (Barthel & Schuler, 1989) zu entnehmen ist, wurden die Eingangsgrößen zur Nutzenbestimmung recht konservativ angesetzt, so daß der resultierende Wert eher als Unterschätzung des tatsächlichen Nutzens aufzufassen ist. Die Verwendung eines nur in unzulänglicher Abstufung vorliegenden Erfolgskriteriums verstärkt diesen Effekt.

Weitere Verfeinerungen der Kalkulationsmethoden werden dahingehend vorgenommen, daß Parameter der *dynamischen Investitionsrechnung* ergänzt wurden (Boudreau, 1989). Dazu gehört beispielsweise die Diskontierung künftig zu erwartender Einnahmen und Kosten sowie auch die Berücksichtigung der höheren Ausgaben, die bei höherer Leistung erforderlich sind (bessere Bezahlung qualifizierter Mitarbeiter). Eine Zusammenstellung der Komponenten, die in eine Nutzenanalyse von Personalauswahlprogrammen eingehen, wird in Abbildung 77 wiedergegeben.

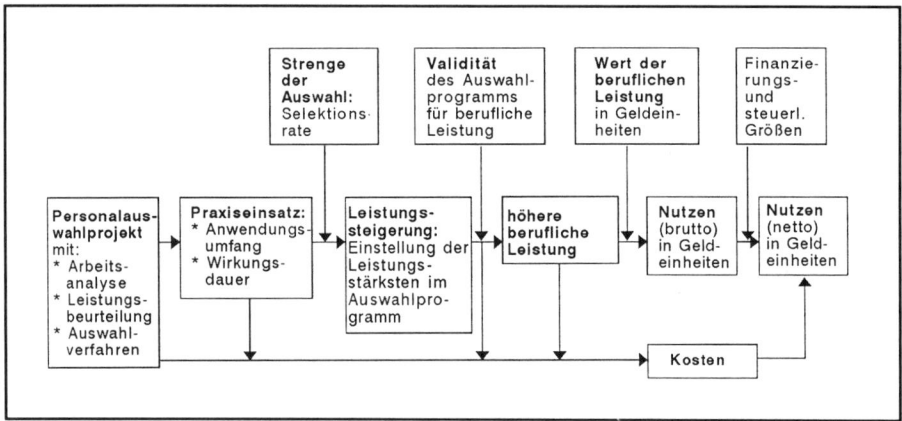

Abbildung 77:   Komponenten der Nutzenanalyse von Personalauswahlprogrammen (adaptiert aus Funke, Schuler & Moser, 1995, S. 141)

Zu bedenken ist auch die Minderung des Nutzens, die sich dadurch ergibt, daß eine Stelle nicht immer mit dem bestqualifizierten Bewerber besetzt werden kann und stattdessen Ersatzkandidaten akzeptiert werden müssen (Murphy, 1986). Den auf der Präferenzliste Zweitplazierten einzustellen, ist statistisch gesehen ein Nachteil, glücklicherweise aber nicht in jedem Einzelfall: Im Jahre 1723 lehnte Georg Friedrich Telemann den an ihn ergangenen Ruf als Thomaskantor nach Leipzig ab, woraufhin ein Ersatzkandidat berufen werden mußte - Johann Sebastian Bach.

Bei Arbeitsplätzen mit hoher Wertschöpfung und großen Leistungsdifferenzen lassen sich hohe Nutzensbeträge selbst dann errechnen, wenn ein aufwendiges zielgruppenspezifisches Verfahren konstruiert wird; im Falle einer Kalkulation aus dem F&E-Bereich (Funke, Schuler & Moser, 1995) wurde bei 10jährigem Einsatz des Auswahlverfahrens und einer jährlichen Einstellung von 25 Personen ein Betrag von über 7,5 Mio DM nach Steuern errechnet. Zeidner und Johnson (1994) demonstrieren den Nutzen einer verbesserten Klassifikation, der sich für eine Organisation wie die US-amerikanische Armee jährlich in dreistelliger Millionenhöhe bewegt.

Ein Überblick über verschiedene Ansätze zum Controlling von Personalprogrammen findet sich bei Gerpott und Siemers (1995), Beispiele für Bildungsoder PE-Controlling bei Backhaus und Wagner (1994). Zur Verbindung von Entscheidungsmodellen mit betrieblicher Personalplanung siehe auch Wimmer (1985) sowie verschiedene Beiträge in Gaugler und Weber (1992). Was noch aussteht, sind Bemühungen, auch Nutzen und Kosten für die Bewerber analog zu quantifizieren. Ein erster, noch tastender Versuch, das Prinzip der Nutzenskalkulation auf die Durchführung eines Kalküls für die Bewerber zu übertragen, wurde von Smith, Farr und Schuler (1993) unternommen.

Eine interessante Interpretation von Validitätskoeffizienten bietet sich mit der Auslegung als Prozentsatz des maximalen Nutzens an, der sich im Falle einer perfekten Prognose ($r = 1.0$) bzw. Auswahl auf der Basis des Kriteriums selbst ergeben würde (Brogden, 1946). Demgemäß sind durch einen Validitätskoeffizienten von $r = .40$ 40 % des Nutzens zu erzielen, die bei maximaler Validität möglich wäre. Entsprechend hat jede Steigerung der Prädiktorwerte um eine Standardabweichung eine Produktivitätssteigerung von 0,4 Standardabweichungen zur Folge.

Herrnstein und Murray (1994) führen eine Kalkulation des Produktivitätszuwachses durch (auf der Basis der Daten und Schätzungen aus der Schmidt/ Hunter-Gruppe), der durch den Einsatz von Auswahlverfahren verschiedener Validität und unterschiedlicher Selektionsquoten zu erwarten ist. Abbildung 78 zeigt, daß der wesentliche Anteil des Produktivitätszuwachses bereits bei einer Bewerberzahl von 3 bis 5 pro Stelle erreicht wird.

Was in betriebswirtschaftliche Kalkulationen nicht eingeht, sind Nutzen- und Kostenelemente, die indirekt mit dem verbesserten Auswahlverfahren zusammenhängen. Insbesondere bei internen Auswahlentscheidungen können diese sehr gewichtig sein. Beispielsweise hat die Einführung des Assessment Centers anläßlich der Umstrukturierung eines Unternehmens (Schuler, 1991a) dazu bei-

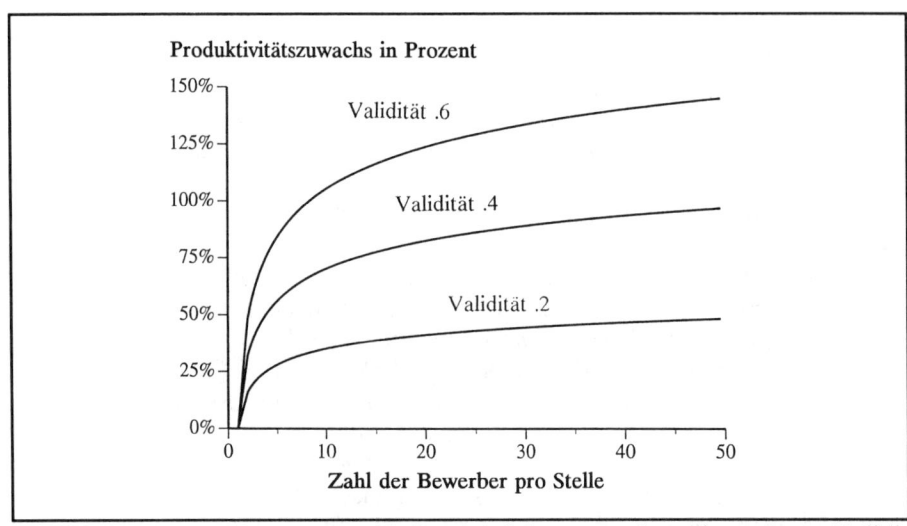

Abbildung 78:   Zu erwartender Produktivitätszuwachs aufgrund von Validi-
                 tät und Selektionsquote (übs. aus Herrnstein & Murray,
                 1994, S. 84)

getragen, daß über die Anforderungen an Führungskräfte gründlicher nachge-
dacht wurde als je zuvor. Damit war die Basis gegeben, Führungsprinzipien und
Führungsverhalten den neuen Erfordernissen gemäß zu vereinbaren und zu trainieren. Die Personalentwicklung erfuhr durch dieses Projekt eine Aufwertung,
nachdem festgestellt wurde, daß der Veränderungsbedarf groß war und nicht
durch das bestehende Bildungsangebot abgedeckt werden konnte. Darüber hinaus wurde die Verpflichtung der Führungskräfte für die Entwicklung ihrer Mitarbeiter deutlich, und es wurden Maßnahmen in die Wege geleitet, die Kommunikation in vertikaler wie in horizontaler Richtung zu verbessern. Der Einsatz
der Vorgesetzten als Assessment Center-Beobachter hat ihre Fähigkeit verbessert, leistungsrelevantes Verhalten zu erkennen und zu fördern. Insgesamt hatten
alle Beteiligten, auch die Betriebsräte, den Eindruck, daß dieses Projekt sehr
hilfreich war, die schwierige Umstrukturierung zu meistern, und daß es zur Entwicklung einer positiven Leistungskultur einen ganz wesentlichen Beitrag geleistet hat.
     Auf der anderen Seite sind auch mögliche Kosten oder Risiken zu beden-
ken, die sich betriebswirtschaftlicher Kalkulation weitgehend entziehen. Bei
ungeschickter oder inkompetenter Einführung eines Auswahlverfahrens kann das
gegenseitige Vertrauen in einem Unternehmen Schaden nehmen. Bei internen
Auswahlprozessen kann die Verwertung der diagnostischen Daten ein Problem
sein: Einerseits ist es von Vorteil, beispielsweise Assessment Center-Ergebnisse
möglichst detailliert aufzubewahren, um sie für künftige Maßnahmen der Personalentwicklung und für Evaluationen zu nutzen, andererseits können gespei-
cherte Daten auch zu Zwecken verwendet werden, für die sie nicht vorgesehen

waren, und dadurch für Konfliktstoff sorgen. Für Fragen wie diese sind partizipativ gefundene Lösungen gewöhnlich die beste Verfahrensbasis.

4.4   Akzeptanz

Damit sind wir aber schon bei der Einstellung von Beteiligten und Betroffenen
gegenüber Auswahlsituationen und ihrer Reaktion auf spezifische Methoden und
Verfahrensweisen. Die traditionelle Perspektive der psychologischen Eignungsdiagnostik ist die des Funktionierens der diagnostischen Methoden im technischen Sinn, wie dies in den testtheoretischen Gütekriterien zum Ausdruck
kommt. Die Sichtweise von Bewerbern wurde seitens der Diagnostiker wie der
Verwender kaum explizit berücksichtigt, wohingegen die öffentliche Testkritik
vor allem in den siebziger Jahren sehr eindringlich gegen die Intransparenz und
fragliche Tätigkeitsrelevanz von Auswahlverfahren zu Felde zog. In vielen Fällen
kleidete sich diese Kritik in den Vorwurf technischer Unzulänglichkeit der Test-
methodik (z. B. Grubitzsch & Rexilius, 1978) oder der Chancenungleichheit
(z. B. Haney, 1981). Tatsächlich wurde aber wohl eher einem anthropologischen
Unbehagen darüber Ausdruck gegeben, daß Auswahlsituationen Prüfungssitua-
tionen sind, die Bewertungsangst wecken, vielfach intransparent sind und in denen das Machtgefälle zwischen Auswählendem und Bewerber als bedrohlich erlebt werden kann (Spitznagel, 1982).
    Nur vereinzelt wurde demgegenüber die Möglichkeit erkannt, die Perspekti-
ve der Bewerber empirisch zu untersuchen und Auswahlsituationen auch in
dieser Beziehung zu verbessern. Schmitt und Coyle (1976) fanden, daß die Entscheidung von Bewerbern, ein Einstellungsangebot anzunehmen, wesentlich vom
Interviewer abhängt, der für sie gewissermaßen der Repräsentant des Unternehmens ist, und regten damit weitere Untersuchungen individueller Entscheidungen an. Rynes, Heneman und Schwab (1980) unternahmen eine erste Zusammenstellung von Untersuchungen, die individuelle Reaktionen auf Auswahlprozesse zum Gegenstand hatten. Wanous (1992) demonstrierte die Nützlichkeit
realistischer Tätigkeitsinformation, um den Kandidaten eine informierte Entscheidung zu ermöglichen und um Desorientierung und frühzeitige Fluktuation
zu vermeiden (für einen Anwendungsfall s. Strunz, 1987). Herriot (1989) be-
schrieb die Bewerberauswahl als Interaktionsprozeß. Brandstätter (1982) äußerte
den Gedanken, die Einstellungsentscheidung als gemeinsames Problemlösen von
Unternehmensrepräsentant und Bewerber aufzufassen.
    Schuler und Stehle (1983) schlugen vor, vier Parameter als maßgeblich anzu-
sehen, von denen das Erleben der Auswahlsituation als sozial akzeptabler Situation - und damit ihre soziale Qualität oder "soziale Validität" - abhängt: Information, Partizipation, Transparenz und Urteilskommunikation. Die Erläuterung
dieser vier Aspekte in einer gegenüber der Ausgangsversion weiterentwickelten
Fassung ist in Abbildung 79 wiedergegeben. In den darauffolgenden Jahren wurden eine ganze Reihe empirischer Untersuchungen durchgeführt, die sich auf
das Konzept der sozialen Validität bezogen.

Aspekte der "sozialen Validität"

Information

- über die Aufgabenbereiche der Tätigkeit,
- über erfolgskritische Anforderungen,
- über die wichtigsten Organisationsmerkmale und -ziele,
- über Organisationskultur und -stil (z. B. Interaktion, Führung, Klima),
- über Möglichkeiten persönlicher und beruflicher Entwicklung und weitere Aspekte, die sich als bedeutsam für Leistung und Befinden erwiesen haben und Selbstselektion erleichtern.

Partizipation/Kontrolle

- im engeren Sinn als Beteiligung an der Gestaltung der Auswahlsituation oder -instrumente oder an der Entscheidung (in entweder direkter oder repräsentativer Form, also etwa mittels Arbeitnehmervertretung),
- im weiteren Sinn als Möglichkeit, Kontrolle über die Situation auszuüben oder über das eigene Verhalten oder über das Verhalten oder die Entscheidung relevanter anderer, oder verstanden als Freiheit von der Machtausübung anderer.

Transparenz

- der Auswahlsituation incl. der handelnden Personen, ihrer Rollen, Intentionen und Kompetenzen sowie der Verhaltenserwartungen an die Bewerber,
- der Bedeutung und des Aufgabenbezugs der diagnostischen Instrumente (dieser Aspekt ist der Augenscheingültigkeit eng verwandt),
- des Bewertungsprozesses und der Bewertungsregeln, d. h. der Beurteilungskriterien, Standards, Prinzipien des diagnostischen Schlusses und der Aggregation von Daten sowie der Transformation der Daten in Urteile oder der Urteile in Entscheidungen,
- des diagnostischen Prozesses in einer Form, die Selbstbeurteilung begünstigt (und in deren Konsequenz Selbstselektion erleichtert wird, wie beispielsweise durch Arbeitsproben oder via sozialem Vergleich im Assessment Center).

Urteilskommunikation/Feedback

- diagnostische Information durch die Verfahren und die Beurteiler,
- inhaltlich: offen, wahrhaftig, bezogen auf Erfolgswahrscheinlichkeiten und Entwicklungsmöglichkeiten,
- formal: verständlich (semantisch und pragmatisch), rücksichtsvoll, unterstützend; Selbsteinsicht, Integration in das Selbstkonzept und informierte Entscheidung der Kandidaten erleichternd.

Abbildung 79:   Erlebensrelevante Aspekte einer Auswahlsituation (adaptiert aus Schuler, 1990, S. 185)

Ein Zwischenresümee dieser Arbeiten lautet (Schuler, 1990, S. 190):

- Die postulierten Situationscharakteristika scheinen für die Reaktion der Teilnehmer bedeutsam zu sein. Ihre Relation zueinander und ihre relativen Effekte bedürfen weiterer Untersuchung. Als Gemeinsamkeiten positiv bewerteter Verfahren treten hervor ihr Informationsgehalt, Transparenz oder Validitätsvermutung (basierend auf gegenwärtiger Leistung als höher eingeschätzt als basierend auf vergangener Leistung) und die (subjektiv wahrgenommene) Möglichkeit zur Situationskontrolle.

- Die Qualität der Information, die Bewerber als nötig für ihre eigene Entscheidung angeben, kann durch Betonung sozialpsychologischer und entwicklungsbezogener Aspekte verbessert werden.

- Mündlich erhaltene Information wird bevorzugt und als glaubwürdiger angesehen als schriftliche Information.

- Als Einzelmethode ist das Einstellungsinterview das bestakzeptierte Auswahlverfahren; verschiedene Arten von Interviews provozieren unterschiedliche Reaktionen.

- Arbeitsproben und Simulationen im Assessment Center (insbesondere solche interaktiver Art) werden als transparent und belastend erlebt und positiv bewertet.

- Fähigkeits- und Leistungstests werden besser akzeptiert als Persönlichkeitstests.

- Die Wirkung der Urteilskommunikation scheint von Rollen und Persönlichkeitsvariablen wie Geschlecht und Selbsteinschätzung sowie von der Erfahrung abhängig zu sein.

Die Operationalisierung der vier Aspekte der sozialen Validität wurde auf verschiedene Weise vorgenommen. Eine Auswahl typischer Fragen ist in Abbildung 80 zusammengestellt.

Die Fragenbeispiele in Abbildung 80 und die in Abbildung 79 versuchte Erläuterung mögen auch deutlich machen, daß der Begriff *soziale Validität* weit über das hinausgeht, was mit augenscheinlicher Gültigkeit gemeint ist und auch über das, was üblicherweise unter Akzeptanz oder Akzeptabilität verstanden wird: Ein Auswahlverfahren kann beispielsweise so gestaltet sein, daß es vordergründig als vernünftig (valide) erscheint und gut akzeptiert wird, obwohl - oder gar weil - die eigentliche Meßintention kaschiert wird. Oder es kann ein Verfahren zunächst Bewertungsangst auslösen, aber gerade diejenige diagnostische Information liefern, die der Selbsteinschätzung und Berufsfindung der Kandidaten dienlich ist.

Fragen zur sozialen Validität

Information

- Ich wurde über meine künftigen Aufgaben informiert
- Mir ist klar, welche Anforderungen künftig an mich gestellt werden
- Ich fühle mich über das Unternehmen gut informiert
- Die Aufgabe half mir, meine beruflichen Pläne zu präzisieren

Partizipation/Kontrolle

- Ich konnte meine Stärken zum Einsatz bringen
- Ich konnte die Situation zu meinen Gunsten beeinflussen
- Ich konnte durch eigene Anstrengung etwas erreichen
- Ich fühlte mich ernstgenommen und respektiert

Transparenz

- Die Aufgabenstellung war verständlich
- Mir ist klar, welche Fähigkeiten untersucht wurden
- Mir ist klar, welches Verhalten von mir erwartet wurde
- Ich kann mir vorstellen, daß hierdurch berufliche Eignung festgestellt wird

Urteilskommunikation/Feedback

- Ich wurde offen und klar informiert, wie ich abgeschnitten habe
- Ich wurde fair und rücksichtsvoll über mein Abschneiden informiert
- Durch die Aufgabe weiß ich jetzt mehr über meine Fähigkeiten als zuvor
- Die Aufgabe hat mir geholfen, mir über meine berufliche Eignung klarzuwerden

Abbildung 80:   Ausgewählte Fragen zu den vier Aspekten der sozialen Validität

Analog zum Konzept der "persönlichkeitsförderlichen Arbeitsgestaltung" (Ulich, 1995) geht der Anspruch nach sozialer Validität also über die unmittelbare emotionale Bewertungsreaktion hinaus (auch wenn diese nicht unwichtig ist und in den meisten Fällen die Basis der Einschätzung sein mag). Ein solches Verständnis ist nicht ohne Gefahr des Paternalismus, die aber wohl unter Kontrolle gehalten werden kann, wenn man sich bei der Gestaltung der Auswahlsituation an den Grundsätzen fairer Partnerschaft orientiert (s. hierzu auch Abschnitt 4.5).

Im Rahmen einer neueren Studie wurden die Teilnehmer eines Potential-analyseverfahrens nach ihrer Einschätzung der vier Aspekte der sozialen Validität befragt, zusätzlich nach der erlebten Belastung, der Fairneß und der Gesamt-bewertung. Gegenstand der Einschätzung waren die diagnostischen Einzelverfahren eines Potentialanalyseverfahrens, das von der Arbeitsgruppe des Verfassers für eine kreditwirtschaftliche Organisation ausgearbeitet worden war.

Wie die Mittelwerte der in Tabelle 6 zusammengestellten Beurteilungen zeigen, ist der Interessenfragebogen mit knappem Vorsprung das insgesamt am besten bewertete Instrument. Als bestes unter den im engeren Sinn diagnostischen Verfahren schneidet das Interview ab (bestehend aus biographiebezogenen und situativen Fragen); es wurde in der Gesamtbewertung von keinem Teilnehmer mit einem geringeren Skalenwert als 3 eingestuft. Damit bestätigt sich auch in dieser Stichprobe die Wertschätzung des Interviews durch die Kandidaten (Fruhner et al., 1991). Auf den nächsten Plätzen folgen die beiden anderen interaktiven Verfahren Gruppendiskussion und Kundengespräch (ein dyadisches Rollen-spiel).

Tabelle 6:   Einschätzung der diagnostischen Einzelverfahren eines Potential-analyseverfahrens durch die Teilnehmer (Daten nach Schratten-ecker, 1994, S. 54-80)

	Informa-tionsgehalt	Partizipa-tion	Transpa-renz	Feedback	Fairneß	Belastung	Bewertung
Interessen-fragebogen	3.02	3.79	3.73	2.44	4.18	1.63	4.29
Interview	3.36	3.75	3.80	2.87	4.27	2.50	4.28
Gruppen-diskussion	3.07	3.52	4.08	2.75	3.93	1.94	4.22
Kunden-gespräch	3.35	3.72	4.21	2.96	4.07	2.64	4.06
Konzentra-tions-Ar-beitsprobe	2.64	3.11	4.30	2.55	4.16	2.04	4.03
Kogni-tions-aufgaben	2.37	2.78	3.61	2.35	4.06	2.38	3.88
Filmszenen	2.84	2.69	3.78	2.44	3.97	2.14	3.78
Postkorb	3.07	2.72	3.79	2.52	3.95	2.44	3.75
Trend-analyse	2.71	2.77	3.21	2.42	4.01	2.59	3.73

Anmerkung: Wiedergegeben sind die durchschnittlichen Einschätzungen durch die Teilnehmer ($\overline{x}$). Skalenwerte von 1 bis 5. 5 indiziert jeweils den Höchstwert.

Als fair wurden alle Einzelverfahren eingestuft, was sicher auch eine Frage der Durchführung und nicht nur der Diagnosemethoden als solcher ist. Die Belastung der Teilnehmer blieb für alle Verfahren unterhalb des Skalenmittelwerts. Die Funktion der Urteilskommunikation (Feedback) kann von den diagnostischen Verfahren nur in beschränktem Maße erfüllt werden und verbleibt damit als gesonderte Aufgabe der Durchführenden.

Weitere Forschung hat dafür zu sorgen, daß genauer aufgeklärt wird, welche Charakteristika von Auswahlverfahren es im einzelnen sind, von denen die Teilnehmerreaktion abhängt. Beispielsweise identifizieren Latham und Finnegan (1993) den Strukturierungsgrad von Interviews als eine Determinante ihrer Bewertung. Rynes (1993) und Thornton (1993) erörtern die Wirkung der gesamten Auswahlsituation auf die Bewerber und ihr Bild von der Organisation.

Nicht nach Einzelverfahren differenziert, sondern nach Zeitpunkten wurde von Schuler und Fruhner (1993) die Wirkung eines Assessment Centers auf das Selbstbild der Teilnehmer erkundet. Zu vier Zeitpunkten - vor Beginn, nach Abschluß des ersten Tages, nach Abschluß des Gesamtverfahrens und nach dem Feedback - wurde die Ausprägung verschiedener Facetten des Selbstkonzepts erfaßt. Wesentliches Ergebnis war, daß bei einigen dieser Facetten - verbale und mathematische Fähigkeiten sowie Problemlösen/Kreativität - ein vorübergehendes Absinken der Selbsteinschätzungen zu beobachten war, das nach dem Feedback wieder auf den Ausgangsstand zurückgeführt wurde. Die emotionale Facette des Selbstkonzepts und die Gesamtbewertung der eigenen Person lagen zum Zeitpunkt der vierten Messung etwas höher als zu Beginn des Verfahrens.

Weitere Untersuchungen von Teilnehmerreaktionen werden jetzt zunehmend unternommen (z. B. Smither, Reilly, Millsap, Pearlman & Stoffey, 1993) und lassen erwarten, daß die Wirkung von Auswahl- und Beurteilungsprozessen auf Bewerber und Mitarbeiter soweit bekannt wird, daß auch in dieser Hinsicht Optimierungsmaßnahmen ebenso selbstverständlich werden wie unter psychometrischen Gesichtspunkten. Zusammenstellungen neuerer Untersuchungen und Konzepte finden sich bei Nevo und Jäger (1993) sowie bei Schuler, Farr und Smith (1993); Nerdinger (1994) sowie Schuler und Moser (1993) geben einen Überblick speziell zur Frage der individuellen Organisationswahl; zur Reaktion auf Leistungsbeurteilungen s. Dickinson (1993).

Von Interesse dürfte auch bezüglich des Aspekts "Akzeptanz" sein, wie die verschiedenen Auswahlverfahren durch die Verwender - bzw. Nichtverwender - in großen deutschen Unternehmen eingeschätzt werden. Wie aus Abbildung 81 ersichtlich, gilt für die Akzeptanz noch stärker als für Validität und Praktikabilität, daß sich die Einschätzungen von Anwendern und Nichtanwendern unterscheiden.

Handelte es sich um die Akzeptanz der Anwender, so wären diese Differenzen trivial, denn selbstverständlich wendet eher derjenige eine Methode an, der von ihr überzeugt ist. Gegenstand der Einschätzung ist jedoch die vermutete - oder erfahrene - Akzeptanz seitens der Bewerber. Wir werden die Daten also besser dahingehend interpretieren, daß die Skepsis der Nichtanwender teilweise unbegründet ist (wobei wir allerdings die Gegenthese nicht von der Hand weisen können, daß die Überzeugung bezüglich einer Maßnahme - Festinger läßt grüßen! - bereits durch ihre schiere Anwendung gefördert wird). Die Bedeutung der Akzeptanz wird dadurch unterstrichen, daß die diesbezügliche Einschätzung höher mit der Einsatzhäufigkeit der Verfahren korreliert ist als die der Aspekte Validität und Praktikabilität (r = .86 gegenüber .46 bzw. 57).

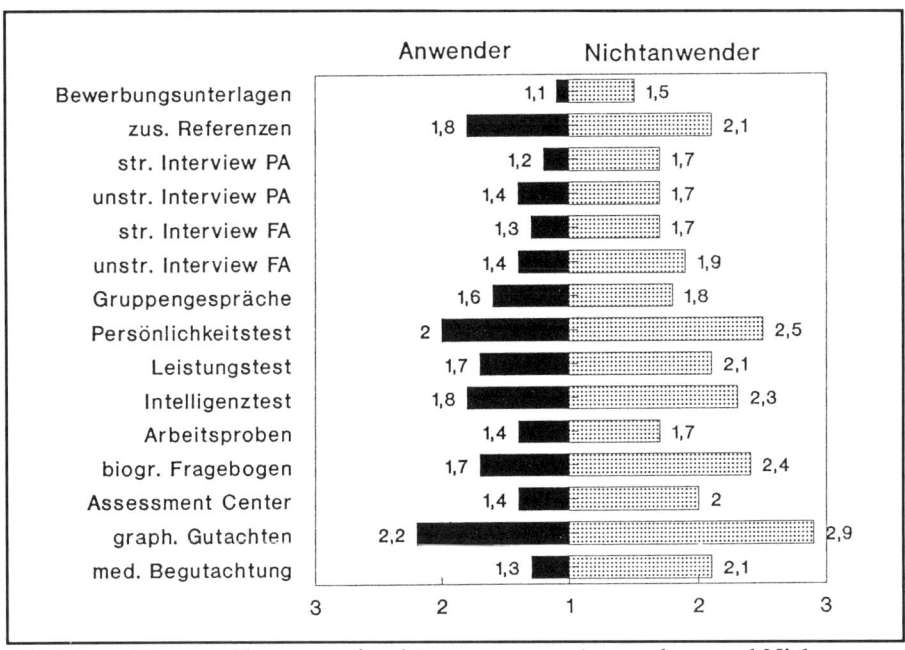

Abbildung 81:	Akzeptanzeinschätzungen von Anwendern und Nichtanwendern (aus Schuler, Frier und Kauffmann, 1993, S. 53)
Anmerkung:	Niedrige Werte indizieren positive Urteile; str. = strukturiert, unstr. = unstrukturiert, PA = Personalabteilung, FA = Fachabteilung

In den Abschnitten zu den Evaluationsaspekten "Validität", "Organisationale Effizienz" und "Akzeptanz" (4.2 bis 4.4) wurde nur über die Bewertung der Verfahren berichtet, die von den befragten Unternehmen zur Auswahl *externer* Bewerber eingesetzt wurden, jeweils differenziert in Anwender und Nichtanwender. Ohne diese Differenzierung und in einer einzelnen Zusammenstellung soll nun auch noch die Meinung über die Verfahren zur *internen* Auswahl referiert werden. In Abbildung 82 wird eine solche Zusammenstellung vorgenommen. Sie zeigt, daß in der Gesamtbewertung das Interview am besten abschneidet, gefolgt vom Vorschlag durch den direkten Vorgesetzten und der probeweisen Übertragung von Aufgaben der Zielposition. Das Assessment Center liegt, wie auch in der "externen" Einschätzung, am Schluß der Rangreihe, vor allem aufgrund des hohen Durchführungsaufwands; allerdings auch von der Akzeptanz sind die Befragten nicht sehr überzeugt - die es mehrheitlich *nicht* einsetzen, wodurch ein insgesamt schlechteres Bild entsteht als für die Mitarbeiterbeurteilung, die von der Mehrzahl durchgeführt wird und deshalb im Gesamtwert von der positiveren Meinung der Anwender profitiert.

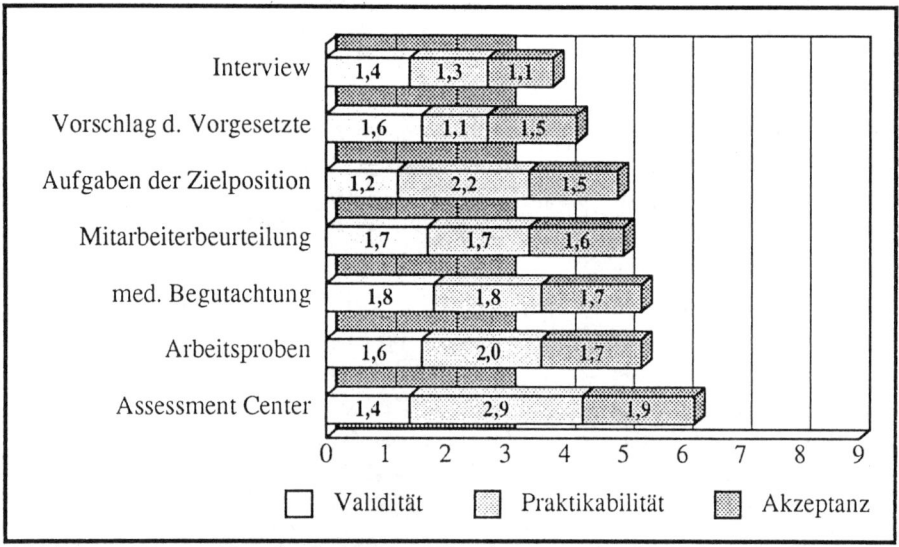

Abbildung 82:	Durchschnittliche Einschätzung der Verfahren zur internen Personalauswahl unter Berücksichtigung aller Aspekte bei gleicher Gewichtung (aus Schuler, Frier & Kauffmann, 1993, S. 61)
Anmerkung:	Für die Summe der drei Urteilsaspekte beträgt der positivste Wert 3, der negativste Wert 9

4.5   Ethische und rechtliche Aspekte

Unter beruflichem Ethos versteht man die (Selbst-)Verpflichtung zu kompetentem, sachgerechtem Handeln, gewissenhaft im Tätigkeitsvollzug und gegenüber den Objekten des Handelns, orientiert an selbstgesetzten oder vereinbarten Zielen und deren übergeordneten Prinzipien sowie loyal gegenüber der beschäftigenden Institution, den Auftraggebern, Vorgesetzten, Kollegen, Mitarbeitern, Klienten, Kunden oder anderen Kontraktpartnern. Besondere Aufmerksamkeit fanden in den letzten Jahren speziell ethische Aspekte der Forschung und die Frage nach der Verantwortung des Wissenschaftlers angesichts seiner relativ großen Handlungsfreiheit und den teilweise unabsehbaren Konsequenzen der Forschung (vgl. hierzu die Beiträge bei Lenk, 1991b). Fragen der Wissenschaftsethik sind in unserem Kontext insofern von Bedeutung, als sich die Legitimation der

Eignungsdiagnostik auch nach der Qualität ihrer Methoden bemißt, die ein Produkt wissenschaftlicher Arbeit sind, und als eignungsdiagnostische Anwendung häufig von Wissenschaftlern beeinflußt, veranlaßt oder selbst praktiziert wird.

Aus Sicht der Standesorganisation der Psychologen, in Deutschland des *Berufsverbands Deutscher Psychologen* (BDP), ist die ethische Problematik der Diagnostik natürlich ein wichtiger Grund, die Verwendung eignungsdiagnostischer Verfahren einem Berufsstand vorzubehalten, dessen Mitglieder an die Einhaltung ethischer Verpflichtungen gebunden sind - zumal hierzu besonders auch die Verpflichtung auf Qualitätsstandards gehört (Gebert, 1992). Ergänzend zu kompetenzbezogenen und verwendungspragmatischen Gesichtspunkten wird immer wieder die Frage diskutiert, wer zur Testanwendung befugt sein soll (z. B. Trost, 1992; Wottawa, 1990), ohne daß sich bisher einfache und endgültige Lösungen haben finden lassen. Faktisch wird nur ein geringer Teil der Diagnostik von Diplom-Psychologen durchgeführt: In den befragten Unternehmen (Schuler, Frier & Kauffmann, 1993, S. 42) sind selbst für die Anwendung psychologischer Tests nur in 19 % der Fälle Psychologen zuständig.

In den siebziger Jahren wurde Diagnostik in wirtschaftlichem Kontext, wie im vorangegangenen Abschnitt schon erwähnt, vor allem aus anthropologischer und sozialpolitischer Sicht in Frage gestellt. Die Hauptvorwürfe lauteten, psychologische Eignungsdiagnostik schaffe einseitige Vorteile für die durchführende Organisation zu Lasten der Arbeitssuchenden, sie stelle ein Instrument der Stabilisierung ungleicher Chancen dar, sei an fragwürdig gewordenen Leistungsnormen orientiert, wirke konservierend auf Arbeitsbedingungen und Organisationsstrukturen, verletze die Privatsphäre der Bewerber und untergrabe ihre persönliche Autonomie (vgl. hierzu einige Beiträge bei Pulver, Lang und Schmid, 1978). Diese Argumentation verschanzte sich häufig hinter der Behauptung, die Validität eignungsdiagnostischer Methoden sei unzureichend, um Auswahlentscheidungen zu rechtfertigen - ein Argument, das sich bis in die testkritische Literatur unserer Tage zieht und *im Grundsätzlichen* unzutreffend ist, wie unsere diesbezüglichen Erörterungen gezeigt haben.

Leider müssen wir gleichzeitig eingestehen, daß in vielen *praktischen Anwendungsfällen* sehr wohl die eingesetzten Verfahren hinter den methodischen Möglichkeiten zurückbleiben oder gar die Intransparenz der Diagnostik für Außenstehende genutzt wird, um unfundierte Beratungsleistungen an Unternehmen zu verkaufen. Dies wiederum wurde allerdings durch den Rückzug wissenschaftlich arbeitender Psychologen aus der Diagnostik eher gefördert als behindert.

Ironischerweise wurde aus testkritischer Perspektive auch nie gesehen, daß sozialpolitische Probleme potentiell eher aus zu hoher Validität entstehen als aus zu geringer - insofern nämlich, als bei zunehmend leistungsgerechter Zuteilung von Arbeit (gleiches gilt für Bildung) die Verfügbarkeit entlastender Attributionen für Arbeitslosigkeit (und geringe Bildung) abnimmt. So gesehen, wäre die Argumentation nicht von der Hand zu weisen, daß eine funktionierende und in großem Maßstab praktizierte Eignungsdiagnostik die Stabilisierung unserer Meritokratie unterstützt. Ihr Beitrag wäre allerdings nur ein mittelbarer, denn Aufgabe der eignungsdiagnostisch gestützten Personalauswahl ist die fähigkeitsgemäße Zuordnung von Personen und Tätigkeiten, nicht aber die *Bewertung* von Merkmalsausprägungen und von Arbeitsaufgaben, die zu gesellschaftlicher Differenzierung führt.

Ein ausgeglichener Arbeitsmarkt würde dieses Problem entschärfen, er würde zumindest das "Deckel-Topf-Problem" dadurch lösen, daß sich für jeden Deckel (Arbeitssuchenden) ein Topf (geeignete Tätigkeit) finden läßt (sieht man von wirtschaftlichen und arbeitsrechtlichen Beschränkungen ab, aufgrund deren die Zahl der Töpfe die der Deckel übersteigen müßte, um Vollbeschäftigung zu erreichen).

Was die Sache erleichtert: jeder Deckel paßt nicht nur auf einen Topf, sondern auf mehrere. Was sie erschwert: manche Deckel passen auf sehr viele Töpfe, andere auf wenige. Das heißt in Eignungsterminologie: Weil Berufserfolg nicht nur durch spezifische und für jedermann mit dem gleichen Aufwand erwerbbare Fertigkeiten und Kenntnisse zustandekommt, sondern auch durch einige relativ stabile allgemeine Merkmale, in deren Ausprägung sich die Menschen unterscheiden, deshalb ist für den einen nicht nur der Gabentisch seiner Talente reich gedeckt, sondern auch der der beruflichen Angebote, während es für den anderen, der über wenig Eigenschaften verfügt, die auf dem Arbeitsmarkt nachgefragt werden, schwierig ist, überhaupt eine Beschäftigungsmöglichkeit zu finden.

Wirklich lösbar ist dieses Problem weder durch die Eignungsdiagnostik noch durch den Verzicht auf sie; es erfordert vielmehr die Ergänzung des gesellschaftlichen Leistungsprinzips um das Sozialprinzip: Jenen, die nicht, noch nicht oder nicht mehr imstande sind, hohen Tätigkeitsanforderungen zu genügen, muß Unterstützung zuteil werden - wobei die Subventionierung wirtschaftlich unrentabler Ausbildungs- und Arbeitsplätze in vielen Fällen die menschenfreundlichere Alternative im Vergleich zur reinen Fürsorgeleistung sein dürfte. Beispielsweise haben Jugendliche mit geringen kognitiven Fähigkeiten und womöglich zusätzlich sozialisationsbedingten Defiziten in anderen Verhaltensbereichen immer schlechtere Aussichten, einen angemessenen Arbeitsplatz zu bekommen. Innerhalb der gesellschaftlichen Probleme, die hierdurch entstehen, sind die unmittelbaren Kosten der Arbeitslosen- oder Sozialhilfeleistung wohl nur ein geringer Teil.

Einen gewissen Beitrag allerdings kann die Berufseignungsdiagnostik hierzu leisten, indem sie gerade in Problemfällen eingesetzt wird, um die vorhandenen Fähigkeiten und Interessen auszuloten, aber auch, um deren Entwicklungsmöglichkeiten zu erkennen und ihre Förderung vorzubereiten. Um diesem Ziel besser als heute dienen zu können, ist noch viel Forschung zu leisten. Allerdings sind auch die derzeitigen Möglichkeiten der Berufseignungsdiagnostik bei weitem nicht ausgeschöpft.

Für die Anwender der Berufseignungsdiagnostik bedeutet es die Verpflichtung, auch dann in die Qualifizierung ihrer Mitarbeiter zu investieren, wenn die Auswahl die zunächst ausreichende Alternative zu sein scheint, und nicht allein nach dem Prinzip der Bestenauslese zu verfahren, sondern sich um eine insgesamt optimierende Klassifikation zu bemühen. Dies mag sich auf kurze Sicht nicht immer mit dem einzelwirtschaftlichen Interesse decken, entspricht aber auf lange Sicht den volkswirtschaftlichen und sozialpolitischen Erfordernissen.

Ob wir Ungleichheit als Chance oder als Ungerechtigkeit ansehen, ist eine Frage der Weltanschauung und Gegenstand beständigen Aushandelns in einer Gesellschaft. Mit einem gewissen Ausmaß an Ungleichheit werden wir uns abfinden müssen, denn es ist in Unterschieden begründet, die nur wenig beeinflußbar sind. Daß große, kräftige, gutaussehende Männer mit ausgeprägtem Selbstbewußtsein und Durchsetzungsvermögen bessere Aussichten auf eine Managementposition haben als Menschen mit gegensätzlichen Merkmalsausprägungen, mag uns - zumindest denen unter uns, die nicht mit diesen Attributen ausgestattet sind - ungerecht erscheinen. Wir zollen deshalb unseren Respekt auch (eher?) jenen, die es "trotzdem" geschafft haben, die durch "eigene" Anstrengung, durch Hartnäckigkeit, Fleiß und durch (trotz?) Rücksichtnahme das gleiche Ziel erreicht haben. Leider wissen wir nicht wirklich, für welche Eigenschaften, Verhaltensweisen und Verhaltensergebnisse Menschen in welchem Ausmaß selbst verantwortlich sind (von den dahinterstehenden Motiven gar nicht zu reden: Schätzen wir jemandes Sorgfalt und Ausdauer noch ebenso, wenn wir Hinweise bekommen, daß sie auf Ängstlichkeit und Geltungsbedürfnis beruhen?).

Es ist also schwierig, das Prinzip der Selbstverantwortlichkeit zur ethischen Rechtfertigung des Selektionsprinzips heranzuziehen. Aber es ist nicht aussichtslos und sollte uns nicht davon abhalten, wenigstens in klaren Fällen diesen Gedanken zu berücksichtigen. Bei der Auswahl von Mitarbeitern nach biographischen Daten, beispielsweise, wäre es, würde man nur nach Validität entscheiden, statistisch vermutlich gut begründbar, niemanden für eine Verantwortungsposition einzustellen, dessen Eltern geschieden, kriminell und suchtkrank waren. Die Konsequenz wäre, daß man dazu beitrüge, jemandes - in diesem Fall wirklich unverschuldetes - Unglück aus der Vergangenheit in die Zukunft zu verlängern.

Ein Grundsatz für die verwendeten Auswahlverfahren könnte also lauten, im Zweifelsfall solchen Instrumenten den Vorzug zu geben, die Verhalten zum Gegenstand haben, von dem wir annehmen können, daß es innerhalb der eigenen Kontrolle liegt (im Falle biographischer Fragebogen vgl. Mael, 1991).

Die Vorprüfung neuer Verfahren hinsichtlich ihrer Akzeptabilität für die Zielgruppe ist hierbei immer in Betracht zu ziehen, wenngleich sie (speziell im Falle der Intransparenz) natürlich keine Gewähr für ethische Unbedenklichkeit darstellt. Was durch eine solche Prüfung weitgehend verhindert werden kann, ist die Verwendung von Instrumenten, die *in den Augen der Respondenten* unbillig in die Privatsphäre vordringen.

Ein anderes ethisches Problem, das bei der Personalauswahl nicht grundsätzlich zu umgehen ist, besteht darin, daß Diagnose und Entscheidung nicht in allen Fällen im subjektiven Interesse des Diagnostizierten sein können - wie bei allen Arten von Prüfungen und wie bei aller Verteilung knapper und nicht beliebig teilbarer Ressourcen. Auch dies ist zum Teil eine Frage des Arbeitsmarkts - der Vorschlag Brandstätters (1982), Personalauswahl als gemeinsame Problemlösung aufzufassen, läßt sich leicht realisieren, wenn für jeden Arbeitssuchenden mindestens eine für ihn geeignete Stelle zur Verfügung steht (und Mobilitätsprobleme keine Rolle spielen). Aber selbst dann werden die Stellen unterschiedlich attraktiv sein, und man wird aufgrund von Mehrfachbewerbungen geeigneten Bewerbern absagen müssen, ohne daß diese die Entscheidung gutheißen. Am anderen Ende der Kompetenzverteilung ist es noch schwieriger, denn man wird Bewerber ablehnen müssen, die an anderer Stelle noch geringere Chancen haben.

Auch hier ist allerdings mit dem Fehlen einer radikalen und vollständig zufriedenstellenden Lösung nicht der Grundgedanke obsolet - Auswahl kann fair, kooperativ, in gewissem Maße tatsächlich ein "gemeinsames Problemlösen" sein, auch wenn grundsätzliche Interessengegensätze zwischen Anbieter und Abnehmer von Arbeit sich nicht aus der Welt schaffen lassen - wie dies ja für fast alle Arten sozialer Beziehungen gilt; Entscheidungen im eigenen Interesse können auch unter Berücksichtigung der Interessen des Partners getroffen werden. Berufseignungsdiagnostik läßt sich auch positiv ethisch begründen: sie kann dazu beitragen, Arbeit fähigkeits- und bedürfnisgerecht zuzuteilen, was vielen anderen Verteilungsprinzipien vorzuziehen ist (Lenk, 1991a).

Sie kann helfen, unfair diskriminierende und abergläubische Selektionspraktiken zu überwinden, sie stellt ein Gegengewicht dar zur Auswahl nach Geschlecht und Rasse, nach dem Äußeren und nach persönlicher Sympathie, nach impliziten Persönlichkeitstheorien und anderen nur subjektiv begründeten Leistungserwartungen.

Eignungsdiagnostisch gestützte Entscheidungen sind dem Prinzip nach kontrollierbar; die Verfahrensweisen sind damit der Diskussion zugänglich und verbesserungsfähig. Die Verbraucher können dadurch vor unzulänglichen Angeboten geschützt werden.

Personen und Arbeitstätigkeiten fähigkeits- und interessengerecht zuzuordnen bedeutet auch, die Unterschiedlichkeit der Menschen und die Begrenztheit ihrer Wandelbarkeit - "Erziehbarkeit" - anzuerkennen, sie so zu respektieren, wie sie sind, und sie nicht Anforderungen auszusetzen, denen sie nicht oder nur unter unbilligen Belastungen gewachsen sind.

Schon 1912 hat Münsterberg darauf hingewiesen, daß eine fähigkeitsgerechte Personalauswahl auch im Interesse des Individuums liegt, weil es dadurch vor Über- und Unterforderung geschützt wird. Diese Hypothese wird indirekt durch viele Belege aus der arbeitspsychologischen Streßforschung und aus der Befindensforschung gestützt. (Direkte Belege allerdings sind rar, weil Befindensmaße selten als Erfolgskriterien erhoben werden. Hier besteht dringlicher Forschungsbedarf, dem unter anderem deshalb nicht einfach nachzukommen ist, weil die Beziehung zwischen Auswahl und Zufriedenheit durch das Merkmal Neurotizismus kontaminiert sein dürfte.)

Die Ergänzung von Fähigkeitsdiagnosen durch Interessen- und Bedürfnisdiagnosen hilft, dem Kantschen Diktum gerecht zu werden, daß Menschen nicht allein als Mittel zum Zweck gebraucht werden dürfen. Begünstigt wird dies durch die Funktion der Eignungsdiagnostik, Ratsuchende, Mitarbeiter und Bewerber über sich selbst zu informieren und sie damit zu unterstützen, ihre berufsbezogenen Entscheidungen fundierter, auch selbstverantwortlicher zu treffen.

In der heutigen Diskussion berufsethischer Probleme stehen demgegenüber eher pragmatische Fragen im Vordergrund und ist eine Annäherung an rechtliche Normen zu beobachten (z. B. Comelli, 1995). Eine Verbindung ethischer Grundverpflichtungen mit Anforderungen an berufspraktisches Handeln kennzeichnet die *Berufsordnung für Psychologen* des BDP (1986). Ethische, berufsständische wie auch rechtliche Fragen der Berufseignungsdiagnostik werden in den *Grundsätzen für die Anwendung psychologischer Eignungsuntersuchungen in Wirtschaft und Verwaltung* der Sektion Arbeits- und Betriebspsychologie im Berufsverband Deutscher Psychologen (1988) angesprochen. Probleme des Interessenkonflikts werden bei Volpert (in Druck) diskutiert.

Konkrete ethische Probleme beim Einsatz der Berufseignungsdiagnostik für die Personalauswahl sind beispielsweise folgende:

- Verwendung unzulänglicher Diagnosemethoden

- Vernachlässigung des Anforderungsbezugs

- Anwendung unnötig belastender Verfahren

- Eindringen in die Privatsphäre der Kandidaten

- Nötigung zur Exposition unerwünschten Verhaltens (z. B. in Gruppensituationen)

- Mangelnde Vertraulichkeit der erhobenen Daten

- Mißbrauch diagnostischer Daten

- Mangelnde Rücksichtnahme in der Urteilskommunikation

- Informationsverweigerung bezüglich der Ergebnisse

- Konflikt zwischen der Informationsverpflichtung gegenüber dem Auftraggeber und den Interessen des Klienten

Die grundsätzliche Orientierung auch am Wohlergehen der Bewerber sollte ein Gegengewicht zur Prävalenz der "technischen" (psychometrischen) und ökonomischen Zielgrößen in der Diagnostik und Personalauswahl darstellen. Eine prospektive teilnehmerentsprechende Gestaltung von Verfahren und Auswahlsituation könnte vermeiden, daß Probleme nur fallbezogen-präventiv oder gar erst korrektiv bewältigt werden; dazu wären Parameter, wie sie das Konzept der *sozialen Validität* vorsieht, bei der Weiterentwicklung diagnostischer Methoden und Auswahlprozesse mitzuberücksichtigen. Ihr theoretischer Hintergrund ist ein Modell des sozialen Kontrakts, das die Beziehung zwischen Versuchsleiter und Versuchsperson im humanwissenschaftlichen Experiment regeln soll (Schuler, 1980; Kurzdarstellung in Lenk, 1991b).

Kerngedanke dort ist die Konzeptualisierung dieser Beziehung als Austauschrelation, die durch beiderseitige Verpflichtung mit definierten Rollen und gegenseitigen Erwartungen gekennzeichnet ist. Während in "gewöhnlichen" sozialen Beziehungen jeder der Partner die Abwägung seines Nutzens und seiner

Aufwendungen selbstverantwortlich für sich vornimmt, fällt im psychologischen Experiment diese Aufgabe dem Versuchsleiter ganz oder teilweise auch für die Versuchsperson zu. Da sich die Versuchsperson selbst zum Zeitpunkt der Vereinbarung kein realitätsgerechtes Bild von dieser Situation machen kann, ist sie auch nicht in der Lage, die für den Kontrakt relevanten Parameter abzuschätzen. Deshalb hat der Versuchsleiter - im Maße der Intransparenz und der mangelnden Situations- und Verhaltenskontrolle - auch im Sinne der Versuchsperson für eine gerechte, ausgewogene Beziehung zu sorgen. Unbillig ist es dabei, den Kontrakt, den er mit seiner Versuchsperson eingeht, "kurzzuschließen" mit dem anderen Kontrakt, den er mit seinen "Auftraggebern" Wissenschaft, Gesellschaft, Forschungsträgern geschlossen hat, und die Kosten aus dieser zweiten Vereinbarung kurzerhand den Partnern in der ersten, den Versuchspersonen, aufzubürden. (Dieses ist der Weg, auf dem die Argumentation entsteht, der hohe wissenschaftliche Wert einer Untersuchung rechtfertige es, den Versuchspersonen ein bestimmtes Schädigungsrisiko zuzumuten.)

In Analogie nun zu diesem Kontraktmodell des psychologischen Experiments läßt sich argumentieren, daß die Berücksichtigung der Parameter der "sozialen Validität" bei der Gestaltung von Auswahlsituationen geeignet sind, Machtgefälle, Intransparenz und mangelnde Situationskontrolle auszugleichen: Anforderungsgerechte *Information* soll Bewerbern die Selbstselektion und eigenverantwortliche Entscheidung erleichtern; *Transparenz* und *Partizipation* sind Schlüsselvariablen zur Förderung von Einsicht und Situationskontrolle sowie zur Verminderung einseitiger Machtausübung, und *Urteilskommunikation* (Feedback) ist eine Gegenleistung gegenüber dem Kandidaten, die durch rücksichtsvolle Förderung der Einsicht in die eigenen Stärken und Schwächen zu seiner fähigkeitsgemäßen beruflichen Orientierung und Weiterentwicklung beitragen soll.

Trotz aller ethischer Richtlinien, trotz allen Vertrauens auf verantwortungsbewußtes Handeln und aller darauf zielender Appelle sind *rechtliche* Bestimmungen erforderlich, die den Einsatz eignungsdiagnostischer Verfahren in der Personalauswahl regeln - besonders angesichts des zunehmenden Kommerzialisierungsgrads. Die Rechtslage ist allerdings alles andere als klar und übersichtlich, da die psychologische Diagnostik nicht direkt gesetzlich geregelt ist.

Um Klarheit über die rechtlichen Bestimmungen zu schaffen, an denen sich die psychologische Eignungsdiagnostik zu orientieren hat, wurde deshalb vom BDP ein Rechtsgutachten in Auftrag gegeben, das in Buchform veröffentlicht wurde (Gaul, 1990). Darüber hinaus wird vom Bundesgeschäftsführer des BDP eine Sammlung von Rechtsvorschriften im *Report Psychologie* publiziert, die auch über einschlägige Regelungen informiert (Pulverich, ab 1991). Zusammenfassungen der wichtigsten Rechte und Pflichten im Rahmen betrieblicher Eignungsdiagnostik geben Comelli (1995) und Dingerkus (1991). Weitere Information findet sich bei Heitkamp (1986) sowie bei Kühne (1987). Vor allem an den letztgenannten Arbeiten und an der von Gaul (1990) sowie an der dort referierten Rechtsprechung sind die folgenden Ausführungen orientiert. Sie können nur eine grobe Orientierung über die Rechtslage geben und keine Gewähr bieten. Zur genaueren Information muß auf die genannte Literatur verwiesen werden.

Als grundsätzlich einschlägig für die Frage nach der Zulässigkeit der Eignungsdiagnostik wird Artikel 1 des Grundgesetzes angesehen, in dem die Würde des Menschen unantastbar erklärt wird. Dies setzt eignungsdiagnostischem Vorgehen dort Grenzen, wo es nicht durch die Anforderungen der Tätigkeit legitimiert ist, insbesondere hinsichtlich des Eindringens in die Intimsphäre.

Auch aus dem allgemeinen Persönlichkeitsrecht läßt sich ein Schutz vor unangemessener charakterlicher Ausforschung begründen. Dies kann auf die Art der eingesetzten Verfahren bezogen werden, aber auch auf die Schlüsse, die aus den diagnostischen Daten gezogen werden. Wo die Grenzen der Angemessenheit liegen, ist jeweils abzuwägen und ergibt sich u. a. aus der Art der zu besetzenden Position; etwa wird bei Führungskräften eine persönlichkeitsbezogene Diagnose und Interpretation eher als gerechtfertigt angesehen als auf niedrigerem Positionsniveau. Im Zweifelsfall hat der Persönlichkeitsschutz Vorrang vor betriebswirtschaftlichen Nutzensbegründungen. Teil des Persönlichkeitsrechts ist auch das Recht auf informationelle Selbstbestimmung, das spezifischer durch das Bundesdatenschutzgesetz geregelt ist.

Eignungsdiagnostische Untersuchungen dürfen nicht nach Belieben durchgeführt werden, sondern nur, wenn ein sachlich begründeter Anlaß vorliegt. Dieser Anlaß wird als gegeben dadurch angesehen, daß geprüft werden soll, inwieweit der Bewerber den Tätigkeitsanforderungen gewachsen ist. Dabei sind die Anforderungen im einzelnen zu bestimmen. Können durch unqualifizierte Berufsausübung Gefahren entstehen, so besteht sogar eine Verpflichtung zur eignungsgerechten Auswahl von Mitarbeitern (Hoyningen-Huene, 1991, S. 6). Für Bewerber im Mitarbeiterverhältnis kann sich ein vertretbarer Anlaß auch durch Weiterbildungserfordernisse ergeben. Im Auswahlverfahren gilt für beide Beteiligten eine gegenseitige Sorgfalts-, Rücksichts- und Diskretionspflicht, die sich aus dem vorvertraglichen Vertrauensverhältnis ergibt (auf der Rechtsgrundlage der *culpa in contrahendo*).

Die Durchführung einer Eignungsuntersuchung hat *de lege artis* zu erfolgen, d. h. von einer hierfür kompetenten Person - im strengen Sinne als ausgewiesen dürften nur einschlägig ausgebildete Diplom-Psychologen gelten (siehe allerdings die oben erwähnte neue Diskussion dieser Frage) - und mit Hilfe von Verfahren, die wissenschaftlichen Ansprüchen - also den Prinzipien der psychologischen Testtheorie - genügen. Im Einzelfall hat sich der Durchführende von der wissenschaftlichen Dignität des Verfahrens zu überzeugen.

Die Einwilligung des Bewerbers zur Untersuchung ist einzuholen, wobei der Diagnostiker nach dem "wirklichen Willen" des Untersuchten zu forschen hat. Beispielsweise ist es unzulässig, ohne das Einverständnis des Bewerbers ein graphologisches Gutachten einzuholen. Die Übersendung eines handgeschriebenen Lebenslaufs mit den Bewerbungsunterlagen kann jedoch als *konkludentes Einverständnis* interpretiert werden.

Voraussetzung einer rechtswirksamen Einwilligung ist gewöhnlich, daß die eignungsdiagnostischen Verfahren in ihren wesentlichen Grundzügen und Zielsetzungen erklärt werden.

Ein wichtiges Thema für Auswahluntersuchungen ist die Zulässigkeit der im Auswahlgespräch, Fragebogen und ähnlichen Instrumenten gestellten Fragen. Am besten ist dieser Sachverhalt für Personalfragebogen geklärt, deshalb wurde im Zusammenhang mit deren Erörterung auch der Frage der Zulässigkeit nachgegangen (vgl. Abschnitt 3.3). Auch wenn von Bewerbern mündlich gestellte Fragen erfahrungsgemäß eher akzeptiert werden als schriftlich gestellte, ist es empfehlenswert, sich generell an diese Richtlinien zu halten.

Werden unzulässige Fragen gestellt, so darf der Bewerber sie wahrheitswidrig beantworten, ohne daß dem Arbeitgeber daraus später ein Anfechtungsgrund für den Arbeitsvertrag entstünde. Gerichtlich wird gegebenenfalls im Einzelfall nach Interessenabwägung entschieden, nachdem die allgemeine Rechtslage noch viele Unklarheiten aufweist und sich zudem durch europäische Rechtsnormen noch verschiedentlich ändern wird.

Auf Testverfahren trifft die Möglichkeit der Falschbeantwortung nur eingeschränkt zu, gleichfalls auf Simulationsverfahren. Sie können vom Bewerber gewöhnlich nur insgesamt durchgeführt oder abgelehnt werden. Für diese Verfahren wird von juristischer Seite vor allem der Tätigkeitsbezug betont. Die deutsche Rechtsauslegung orientiert sich stärker an der inhaltsbezogenen als an der prognosebezogenen Seite der Validität. Leistungs- und Fähigkeitstests werden als weitgehend unproblematisch eingeschätzt. Manche, nicht aber alle Rechtsgutachter, halten undurchschaubare Verfahren, v. a. projektive Tests, für unzulässig (z. B. Klein, 1982). Bei manchem Rechtskundigen ist allerdings, mit Verlaub gesagt, das Verständnis diagnostischer Verfahren kein über alle Zweifel erhabenes.

Diagnostische Verfahren müssen, wie schon erwähnt, wissenschaftlichen Ansprüchen genügen (nicht dagegen die Auswahl nach persönlichem Eindruck aufgrund des Lichtbilds und des persönlichen Auftretens, nach Handschrift oder astrologischen Daten, die persönlichem Aberglauben beliebigen Spielraum läßt und keiner Rechtfertigung bedarf).

In diesem Zusammenhang ist vielleicht nicht uninteressant, daß weder an den Bundesausschuß Berufsethik des Berufsverbands Deutscher Psychologen noch an die Ethikkommission der Deutschen Gesellschaft für Psychologie seit ihrer Gründung in den Jahren 1981 bzw. 1985 Klage wegen der Verwendung zweifelhafter eignungsdiagnostischer Verfahren gerichtet wurde. Die Zuständigkeit dieser Gremien beschränkt sich allerdings auf die Mitglieder der beiden Vereinigungen.

Eignungsdiagnostische Daten unterliegen dem Datenschutz. Ihre Erfassung, Speicherung und Verwendung darf also nur zweckgerichtet erfolgen. Im Regelfall darf vom Diagnostiker an den Auftraggeber nur das Ergebnis über die Verwendungseignung weitergegeben werden, nicht dagegen alle Einzelergebnisse (gegebenenfalls müßte hierfür eine ausdrückliche Einwilligung des Probanden eingeholt werden).

Der Bewerber hat kein Recht auf Herausgabe der Unterlagen, die Eigentum des Diagnostikers oder des Unternehmens sind; zunehmend wird ihm allerdings das Recht auf Information über die Ergebnisse attestiert. Die von ihm mit der Bewerbung eingesandten Unterlagen sind ihm auf Verlangen zurückzuerstatten (was üblicherweise auch ohne ausdrückliches Verlangen als Regelverfahren praktiziert wird). Bei Ablehnung sind die Unterlagen auf Wunsch des Bewerbers zu vernichten.

Will der Diagnostiker die Daten (in anonymisierter Form) zu wissenschaftlichen Zwecken weiterverwenden, sollte er sich dafür die Genehmigung erteilen lassen. Als Psychologe hat er die Aufzeichnungen laut Berufsordnung (VII/2/3) fünf Jahre aufzubewahren; eine Rechtspflicht zur Aufbewahrung der Unterlagen gibt es weder für den Arbeitgeber noch für den Diagnostiker.

Bei Einstellung des Bewerbers kann das Eignungsgutachten in die Personalakte aufgenommen werden (einige Sachverständige sagen: in versiegelter Form). Laut Betriebsverfassungsgesetz ist der Arbeitnehmer in diesem Fall zur Einsicht berechtigt. Werden die Unterlagen nicht vernichtet, sind Diagnostiker und Arbeitgeber zur Verschwiegenheit gegenüber Dritten verpflichtet. Für das ganze Verfahren gilt für Psychologen die Schweigepflicht nach § 203 des Strafgesetzbuches.

Die Rechte der Arbeitnehmervertretung nach Betriebsverfassungsgesetz (ähnlich im Personalvertretungsgesetz) sehen eine Mitbestimmung ausdrücklich nur beim Personalfragebogen vor, andernfalls nur dann, wenn das Ergebnis der Untersuchung als verbindlicher Maßstab - und nicht nur als Entscheidungshilfe - für die Personalauswahl Verwendung findet. Ausdrücklich verneint wird ein Recht auf Mitbestimmung bei der Festlegung oder Konstruktion eines Auswahlverfahrens (für externe Bewerber).

Auch besteht für den Betriebsrat kein Einsichtsrecht in die Untersuchungsergebnisse, nachdem eine auf Veranlassung des Arbeitgebers durchgeführte Eignungsuntersuchung nicht zu den Bewerbungsunterlagen gehört. Dies wäre allerdings dann der Fall, wenn der Psychologe vom Bewerber beauftragt wurde und das Gutachten vom Bewerber selbst zum Bestandteil der Bewerbungsunterlagen gemacht würde.

Dem Betriebsrat kommt allerdings das Recht zu, das Untersuchungsverfahren als Regelwerk kennenzulernen. Auch kann er sich durch Kontrollen beim Arbeitgeber (nicht beim Psychologen) vergewissern, daß der Auftrag zur Eignungsdiagnose zweckgerichtet ergangen ist. Unterlaufen dem Diagnostiker Fehler, so kann der Betriebsrat in einem Streitfall mit dem Arbeitgeber mittels Beschlußverfahren die Unrichtigkeit feststellen lassen. Einen Anspruch auf Korrektur hat jedoch allein der Bewerber.

Wird bei der Personalauswahl nicht rechtmäßig verfahren, hat der Bewerber einen zivilrechtlichen Anspruch auf Nichtverwertung oder Vernichtung der Unterlagen. Bei schweren Verletzungen des Datenschutzes (z. B. Aufzeichnung von Telefongesprächen ohne Einwilligung des Bewerbers) sind auch strafrechtliche Konsequenzen möglich. Auf der anderen Seite hat der Arbeitgeber das Recht zur Kündigung, wenn der Bewerber zulässige Fragen im Auswahlgespräch falsch beantwortet hat.

Berufsrechtlich relevante Leitsätze für die Verwendung diagnostischer Verfahren wurden durch das Testkuratorium der Föderation Deutscher Psychologenvereinigungen in den *Richtlinien für den Einsatz und Vertrieb psychologischer*

RICHTLINIE
für den Umgang mit psychologischen Eignungsuntersuchungen

1. Die Durchführung einer psychologischen Eignungsuntersuchung ist von der ausdrücklichen und schriftlichen Einwilligungserklärung des Bewerbers abhängig zu machen. Die Beauftragung des Diplom-Psychologen darf erst erfolgen, wenn die Einwilligungserklärung vorliegt.

2. Dem Bewerber ist Gelegenheit zu geben, auf ausdrücklichen schriftlichen Wunsch hin innerhalb eines Zeitraumes von 2 Wochen nach der Mitteilung über die getroffene Personalentscheidung Einblick in das Untersuchungsergebnis zu nehmen. Er ist im Zusammenhang mit der Bitte um Abgabe der Einwilligungserklärung zu einer dahingehenden Stellungnahme aufzufordern.

3. Der zu beauftragende Diplom-Psychologe ist über das Vorliegen der Einwilligungserklärung und über die Berechtigung der untersuchten Person, in das Untersuchungsergebnis Einblick nehmen zu dürfen, zu unterrichten.

4. Eignungsuntersuchungsergebnisse sind als besonders vertraulich zu behandeln und gegebenenfalls in verschlossenem Umschlag aufzubewahren. Sie dürfen nur den unmittelbar mit der in Betracht kommenden Personalentscheidung befaßten Personen zur Kenntnis gelangen.

5. Soweit ein Bewerber von sich aus eine anderweitig erstellte Eignungsuntersuchung als Teil seiner Bewerbungsunterlagen selbst einreicht, gehört dieses Untersuchungsergebnis zu den Bewerbungsunterlagen und ist im Zusammenhang mit der Unterrichtung des Betriebsrates nach § 99 Abs. 1 BetrVG diesem mit zur Kenntnis zu geben. Hingegen sind von uns veranlaßte Eignungsuntersuchungen als Teil der eigenen Auswahlentscheidungshilfen anzusehen; sie gehören nicht zu den Bewerbungsunterlagen und sind daher auch dem Betriebsrat im Rahmen seiner Mitbestimmung beim Einstellungsvorgang nicht mit vorzulegen. Dies gilt sowohl für abgelehnte als auch für als einzustellende in Aussicht genommene Bewerber.

6. Für die Behandlung der Eignungsuntersuchung nach der getroffenen Personalentscheidung gilt folgendes:

a) Wurde der Bewerber arbeitgeberseitig abgelehnt, sind die Unterlagen über die Eignungsuntersuchung unverzüglich zu vernichten, sofern nicht der Bewerber um eine Einsichtnahme ersucht hat. In diesem Fall ist die Vernichtung nach erfolgter Einsichtnahme, spätestens innerhalb von 2 Wochen nach der mitgeteilten Personalentscheidung vorzunehmen.

b) Ist der Bewerber für die Einstellung in Aussicht genommen, liegt es im Ermessen der Personalabteilung, ob Unterlagen über die Eignungsuntersuchung wie zu 6a) dargestellt behandelt oder zum Inhalt der Personalakte genommen werden. Geschieht letzteres, sind die Unterlagen über die Eignungsuntersuchung in einem geschlossenen Umschlag innerhalb der Personalakte zu verwahren. Der betreffende Arbeitnehmer hat dann bei einer möglichen Einsichtnahme in seine Personalakte (§ 83 BetrVG) auch das Recht, diese Unterlagen zu einem späteren Zeitpunkt einzusehen. Durch entsprechende Sicherungsmaßnahmen ist Sorge zu tragen, daß der Umschlag alsdann wieder ordnungsgemäß verschlossen wird.

7. Soweit die Unterlagen über die Eignungsuntersuchung vernichtet werden, ist der Reißwolf zu benutzen. Die Vernichtung ist in Gegenwart des Datenschutzbeauftragten vorzunehmen und in geeigneter Weise zu vermerken.

8. Da der Arbeitgeber sich die Verhaltensweise seines Erfüllungsgehilfen nach § 278 BGB wie eigenes Handeln zurechnen lassen muß, sind wir genötigt, im Auftragsschreiben an den Diplom-Psychologen darauf hinzuweisen und hinzuwirken, daß er mit der Abgabe des Eignungsuntersuchungsergebnisses an uns darauf aufmerksam gemacht wird, unverzüglich nach Abschluß des Bewerbungsverfahrens die noch in seinem Besitz befindlichen Unterlagen der Eignungsuntersuchung zu vernichten.

Abbildung 83:   Richtlinie für den Umgang mit psychologischen Eignungstests (Gaul, 1990, S. 109-112)

Testverfahren und den *Richtlinien für den Einsatz elektronischer Datenverarbeitung in der psychologischen Diagnostik* formuliert (Föderation Deutscher Psychologenvereinigungen, 1986) sowie durch den Berufsverband Deutscher Psychologen in der *Berufsordnung für Psychologen* (Berufsverband Deutscher Psychologen, 1986) und in den *Grundsätzen für die Anwendung psychologischer Eignungsuntersuchungen in Wirtschaft und Verwaltung* (Sektion Arbeits-, Betriebs- und Organisationspsychologie im Berufsverband Deutscher Psychologen, 1988). Diese Richtlinien haben keine unmittelbare Rechtskraft, sind aber für Mitglieder der Vereinigungen bindend und werden bei Gerichtsentscheidungen als Orientierungsmaßstäbe herangezogen.

Eine informative Zusammenstellung der für die praktische eingungsdiagnostische Arbeit im Betrieb relevantesten Bestimmungen gibt Gaul (1990) in Form einer "Richtlinie für den Umgang mit psychologischen Eignungstests". Sie ist in Abbildung 83 wiedergegeben. Über rechtliche Grundsätze der Gutachtenerstellung informiert eine Schrift des Psychologischen Dienstes der Bundesanstalt für Arbeit (Bundesanstalt für Arbeit, 1985).

In den Vereinigten Staaten von Amerika steht bei der Diskussion ethischer und rechtlicher Probleme die *Fairneß* im Vordergrund, d. h. die Frage, inwieweit bei personellen Entscheidungen Angehörige bestimmter sozialer Gruppen - v. a. ethnische Minoritäten und Frauen - benachteiligt werden. (Landy, 1986, führt darauf sogar die Überbewertung der prädiktiven Validität zurück, da diese am ehesten geeignet ist, gerichtlich verwertbare Daten zu liefern.) Der amerikanische Kongreß hat deshalb eine Kommission damit beauftragt, Fairneßprobleme am Beispiel der General Aptitude Test Battery, des vom amerikanischen Arbeitsamt (U.S. Employment Service) meistverwendeten Testverfahrens, zu untersuchen.

Ein Beispiel aus der Arbeit dieses Komitees des U.S. National Research Council (Wigdor & Sackett, 1993) zeigt, daß es sich bei Fairneß-Problemen um ein Gemenge aus ethischen, rechtlichen, statistisch-methodischen und sozialpolitischen Aspekten handelt. Abbildung 84 verdeutlicht den Effekt, der sich dann ergibt, wenn Testwertdifferenzen in Teilpopulationen vorliegen, die nicht exakt den Kriteriendifferenzen für diese Gruppen entsprechen (im Beispielfall sind die Kriteriendifferenzen geringer als die Prädiktordifferenzen).

Der Effekt der Auswahl mittels eines an sich bewährten, validen Testverfahrens ist, daß der Prozentsatz der angenommenen Schwarzen noch geringer ist, als es ihrer (ohnehin schon geringeren) Erfolgsquote entspricht. Die Abbildung läßt erkennen, daß von den Arbeitern in dieser Beispieluntersuchung - es handelt sich um Zimmerleute - 35 von 45 Weißen erfolgreich sind (d. h. als leistungsstark beurteilt werden) und 16 von 45 Schwarzen; dies entspricht einem Verhältnis von 0,46. Durch die Anwendung des Fähigkeitstests werden nur 14 % der Weißen, hingegen 50 % der Schwarzen (potentiell Erfolgreichen) abgelehnt. Das Ergebnis ist, daß sich in der Gruppe der erfolgreichen Angenommenen 30 Weiße und 8 Schwarze befinden, was einer Proportion von nur mehr 0,27 entspricht. Der Testeinsatz hat also in diesem Fall die Chancen der schwarzen Bewerber überproportional reduziert. Ein solcher Effekt ergibt sich immer dann, wenn die Verteilung der Fähigkeiten in zwei Gruppen ungleich ist und gleichzeitig mehrere Fähigkeiten für den Berufserfolg erforderlich sind, aber nur ein Teil davon im Auswahlverfahren erfaßt wird. Inwieweit sich daraus das Erfordernis gruppenspezifischer Normierung ergibt, ist umstritten und wurde zuletzt in Heft 11/1994 des *American Psychologist* diskutiert.

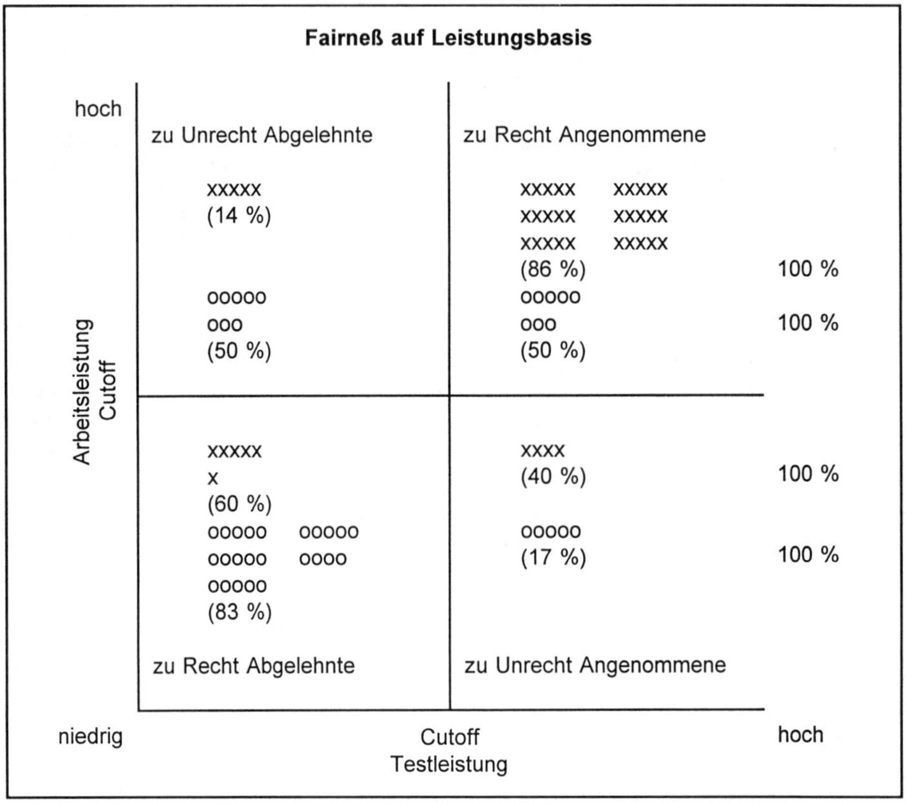

Fairneß auf Leistungsbasis

hoch	zu Unrecht Abgelehnte	zu Recht Angenommene
	xxxxx (14 %)	xxxxx xxxxx xxxxx xxxxx xxxxx xxxxx (86 %) 100 %
	ooooo ooo (50 %)	ooooo ooo (50 %) 100 %
	xxxxx x (60 %)	xxxx (40 %) 100 %
	ooooo ooooo ooooo oooo ooooo (83 %)	ooooo (17 %) 100 %
	zu Recht Abgelehnte	zu Unrecht Angenommene

Arbeitsleistung — Cutoff

niedrig   Cutoff   hoch
Testleistung

Abbildung 84:   Kombin. Häufigkeitsverteilungen für Testleistung und Arbeitsleistung v. 45 weißen u. 45 schwarzen Arbeitern sowie die Anteile zu Unrecht angenomm. und abgelehnter Bewerber (übs. aus Wigdor & Sackett, 1993, S. 198)

Anmerkung: x = weiße Arbeiter, o = schwarze Arbeiter

Als Konsequenz hieraus sollte mitnichten der Schluß gezogen werden, daß der Verzicht auf einen Testeinsatz die Fairneß der Auswahl verbessern würde - ganz im Gegenteil würde dies der unkontrollierbaren Diskriminierung Tür und Tor öffnen. Es ist vielmehr darauf zu achten, daß alle wesentlichen Anforderungskomponenten erkannt und bei der Auswahl auf methodisch bestmögliche Weise berücksichtigt werden. Zusätzlich verlangt die Anwendung berufsbezogener Auswahlverfahren - wie die aller Sozialtechnologien - ein scharfes Auge für ihre Konsequenzen, die erwünschten wie die unerwünschten, um im Sinne der erstrebenswerten Gesamtziele zu handeln.

Daß uns ein Teil des Zustandekommens beruflichen Erfolgs ein Rätsel bleibt, muß uns nicht davon abhalten, den aufklärbaren Teil aufzuklären und vorherzusagen. Wir sollten allerdings vor der Hybris gewarnt sein, die Erfolge, die wir dabei erzielen können, für das Ganze zu halten und über den "Durchschnittszusammenhängen" die Vielfalt der individuellen Wege zum Erfolg zu ignorieren. Eine mittlere Korrelation kommt durch viele "Treffer" zustande, aber auch durch viele "Restabweichungen" von der Ideallinie, der Regressionsgeraden. Sie sind die Rätsel der statistisch begründeten Forschung und müssen als Feld des ideographischen Vorgehens verbleiben, der staunenden Betrachtung des Einzelfalls.

Auch dies sollte ein Grund sein, die Vorgehensweisen der Berufseignungsdiagnostik besonnen zu handhaben. Sie können viel leisten, aber sie leisten, wie alle Technologie, nicht automatisch Gutes - dazu bedarf es der Klugheit und des Verantwortungsbewußtseins der Verwender.

Literatur

Aiello, J.R. & Kolb, K.J. (1995). Electronic performance monitoring and social context: Impact on productivity and stress. *Journal of Applied Psychology, 80,* 339-353.

Albright, L., Kenny, D.A. & Malloy, T.E. (1988). Consensus in personality judgements at zero acquaintance. *Journal of Personality and Social Psychology, 55,* 387-395.

Althoff, K. (1986). Zur Aussagekraft von Schulzeugnissen im Rahmen der Eignungsdiagnostik. *Psychologie und Praxis. Zeitschrift für Arbeits- und Organisationspsychologie, 30,* 77-85.

Amelang, M. & Bartussek, D. (1990). *Differentielle Psychologie und Persönlichkeitsforschung* (3. Aufl.). Stuttgart: Kohlhammer.

Amelang, M. & Zielinski, W. (1994). *Psychologische Diagnostik und Intervention.* Berlin: Springer.

Amthauer, R. (1970). *Intelligenz-Struktur-Test I-S-T 70.* Göttingen: Hogrefe.

Anastasi, A. (1985). The use of personality assessment in industry: Methodological and interpretive problems. In H.J. Bernardin & D.A. Bownas (Eds.), *Personality assessment in organizations* (pp. 1-20). New York: Praeger.

Angleitner, A. & Wiggins, J.S. (Eds.). (1986). *Personality assessment via questionnaires.* Berlin: Springer.

Arvey, R.D. & Campion, J.E. (1982). The employment interview: A summary and review of recent research. *Personnel Psychology, 35,* 281-322.

Atkinson, J.W. (1978). Motivational determinants of intellective performance and cumulative achievement. In J.W. Atkinson & J.O. Rynor (Eds.), *Personality, motivation, and achievement* (pp. 221-242). Washington: Hemisphere.

Backhaus, J. & Wagner, R. (1994). *Ausbilder-Taschenbuch 1995.* Stuttgart: Deutscher Sparkassenverlag.

Baron-Boldt, J., Funke, U. & Schuler, H. (1989). Prognostische Validität von Schulnoten. Eine Metaanalyse der Prognose des Studien- und Ausbildungserfolgs. In R.S. Jäger, R. Horn & K. Ingenkamp (Hrsg.), *Tests und Trends 7* (S. 11-39). Weinheim: Beltz.

Barrick, M.R. & Mount, M.K. (1991). The big five personality dimensions and job performance: A meta-analysis. *Personnel Psychology, 44,* 1-26.

Barrick, M.R., Mount, M.K. & Strauss, J.P. (1993). Conscientiousness and performance of sales representatives: Test of the mediating effects of goal setting. *Journal of Applied Psychology, 78,* 715-722.

Barthel, E. & Schuler, H. (1989). Nutzenkalkulation eignungsdiagnostischer Verfahren am Beispiel eines biographischen Fragebogens. *Zeitschrift für Arbeits- und Organisationspsychologie, 33*, 73-83.

Barthel, E. & Stehle, W. (1990). Biographisches Profil erfolgreicher Mitarbeiter im Versicherungsaußendienst. In H. Schuler & W. Stehle (Hrsg.), *Biographische Fragebogen als Methode der Personalauswahl* (2. Aufl., S. 80-90). Göttingen: Hogrefe/Verlag für Angewandte Psychologie.

Bartram, D. (1993). Emerging trends in computer-assisted assessment. In H. Schuler, J.L. Farr & M. Smith (Eds.), *Personnel selection and assessment: Individual and organizational perspectives* (pp. 267-288). Hillsdale, NJ: Erlbaum.

Bartussek, D., Raatz, U. & Stapf, K.H. (1986). *Die Evaluation des Tests für medizinische Studiengänge.* Bonn: Institut für Test- und Begabungsforschung.

Ben-Shakhar, G., Bar-Hillel, M., Bilu, Y., Ben-Abba, E. & Flug, A. (1986). Can graphology predict occupational success? Two empirical studies and some methodological ruminations. *Journal of Applied Psychology, 71*, 645-653.

Berufsverband Deutscher Psychologen (BDP) (1986). *Berufsordnung für Psychologen.* Bonn: Deutscher Psychologen Verlag.

Bischof-Köhler, D. (1990). Frau und Karriere in psychobiologischer Sicht. *Zeitschrift für Arbeits- und Organisationspsychologie, 34*, 17-28.

Blickle, G. (1995). Zum Zusammenhang zwischen Berufsorientierungen, Motiven und grundlegenden Persönlichkeitsmerkmalen. *Zeitschrift für Arbeits- und Organisationspsychologie, 39*, 29-33.

Bliesener, Th. (1993). *Der Einfluß der Forschungsqualität auf das Forschungsergebnis: Zur Evaluation der Validierung biographischer Daten in der Eignungsdiagnostik.* Unveröff. Habil.schrift, Universität Erlangen-Nürnberg.

Booth, J.F. (1986). Anwendungsmöglichkeiten für Personal-Computer in der eignungsdiagnostischen Praxis. *Psychologie und Praxis. Zeitschrift für Arbeits- und Organisationspsychologie, 30*, 98-104.

Borkenau, P. (1991). Sind erste Eindrücke valide, und wenn ja, warum? In H. Schuler & U. Funke (Hrsg.), *Eignungsdiagnostik in Forschung und Praxis* (S. 252-255). Göttingen: Hogrefe/Verlag für Angewandte Psychologie.

Borkenau, P. (1993). *Anlage und Umwelt.* Göttingen: Hogrefe.

Borkenau, P. & Ostendorf, F. (1993). *NEO-Fünf-Faktoren Inventar (NEO-FFI).* Göttingen: Hogrefe.

Borman, W.C. (1978). Exploring upper limits of reliability and validity in job performance ratings. *Journal of Applied Psychology, 63*, 135-144.

Bortz, J. (1989). *Lehrbuch der Statistik* (3. Aufl.). Berlin: Springer.

Boudreau, J.W. (1983). Economic considerations in estimating the utility of human resource productivity improvement programs. *Personnel Psychology, 36*, 551-576.

Boudreau, J.W. (1989). Selection utility analysis. In M. Smith & I.T. Robertson (Eds.), *Advances in selection and assessment* (pp. 227-257). New York: Wiley.

Bownas, D.A. & Bernardin, H.J. (1988). Critical incident technique. In S. Gael (Ed.), *The job analysis handbook for business, industry, and government* (Vol. 2, pp. 1120-1137). New York: Wiley.

Brambring, M. (1983). Spezielle Eignungsdiagnostik. In K.-D. Groffmann & L. Michel (Hrsg.), *Intelligenz- und Leistungsdiagnostik. Enzyklopädie der Psychologie B/II/2* (S. 414-481). Göttingen: Hogrefe.

Brandstätter, H. (1969a). *Soziale Urteilsbildung in Organisationen*. Unveröff. Habil.schrift, Universität München.

Brandstätter, H. (1969b). Zum Problem des Nutzens psychologischer Eignungsuntersuchungen. *Diagnostica, 15*, 117-124.

Brandstätter, H. (1970a). Die Beurteilung von Mitarbeitern. In A. Mayer & B. Herwig (Hrsg.), *Betriebspsychologie. Handbuch der Psychologie Bd. 9* (S. 668-734). Göttingen: Hogrefe.

Brandstätter, H. (1970b). *Leistungsprognose und Erfolgskontrolle*. Bern: Huber.

Brandstätter, H. (1978). Organisationsdiagnose. In A. Mayer (Hrsg.), *Organisationspsychologie* (S. 43-71). Stuttgart: Poeschel.

Brandstätter, H. (1979). Die Ermittlung personaler Eigenschaften kognitiver Art. In G. Reber (Hrsg.), *Personalinformationssysteme* (S. 74-95). Stuttgart: Poeschel.

Brandstätter, H. (1982). Psychologische Grundlagen personeller Entscheidungen. In H. Schuler & W. Stehle (Hrsg.), *Psychologie in Wirtschaft und Verwaltung* (S. 19-45). Stuttgart: Poeschel.

Brandstätter, H. (1983). *Sozialpsychologie*. Stuttgart: Kohlhammer.

Brandstätter, H. (1988). Sechzehn Persönlichkeits-Adjektivskalen (16PA) als Forschungsinstrument anstelle des 16PF. *Zeitschrift für Experimentelle und Angewandte Psychologie, 35*, 370-391.

Brandstätter, H. (1989). Stabilität und Veränderbarkeit von Persönlichkeitsmerkmalen. *Zeitschrift für Arbeits- und Organisationspsychologie, 33*, 12-20.

Brandstätter, H. (1995). Persönliche Verhaltens- und Leistungsbedingungen. In H. Schuler (Hrsg.), *Lehrbuch Organisationspsychologie* (2. Aufl., S. 213-233). Bern: Huber.

Brandstätter, H., Kunkel, W. & Rosenstiel, L. von (1968). Zur Diagnostik des Gefühls als des Zentrums der Integration. In J. Tenzler (Hrsg.), *Wirklichkeit der Mitte* (S. 504-550). Freiburg: Alber.

Brandstätter, H., Schuler, H. & Stocker-Kreichgauer, G. (1978). *Psychologie der Person* (2. Aufl.). Stuttgart: Kohlhammer.

Brandstätter, V. & Gollwitzer, P.M. (in Druck). Research on motivation: A review of the eighties and early nineties. *German Journal of Psychology*.

Brannick, M.T., Michaels, Ch.E. & Baker, D.P. (1989). Construct validity of in-basket scores. *Journal of Applied Psychology, 69*, 182-186.

Bray, D.W., Campbell R.J. & Grant, D.L. (1974). *Formative years in business: A long-term AT&T study of managerial lives*. New York: Wiley.

Bray, D.W. & Grant, D.L. (1966). The assessment center in the measurement of potential for business management. *Psychological Monographs: General and Applied, 80,* 1-27.

Brickenkamp, R. (1975/1983). *Handbuch psychologischer und pädagogischer Tests.* Göttingen: Hogrefe 1975; erster Ergänzungsband, Göttingen: Hogrefe 1983.

Brogden, H.E. (1946). On the interpretation of the correlation coefficient as a measure of predictive efficiency. *Journal of Educational Psychology, 37,* 65-76.

Brogden, H.E. (1949). When testing pays off. *Personnel Psychology, 2,* 171-183.

Bühner, R. (1987). Strategisches Personalmanagement für neue Produktionstechnologien. *Betriebswirtschaftliche Forschung und Praxis, 39,* 249-265.

Bundesanstalt für Arbeit (1985). *Gutachtenerstellung.* Nürnberg: Autor.

Bungard, W. (1987). Zur Problematik von Reaktivitätseffekten bei der Durchführung eines Assessment Centers. In H. Schuler & W. Stehle (Hrsg.), *Assessment Center als Methode der Personalentwicklung* (S. 99-125). Göttingen: Hogrefe/Verlag für Angewandte Psychologie.

Burke, M.J., Brief, A.P. & George, J.M. (1993). The role of negative affectivity in understanding relations between self-reports of stressors and strains: A comment on the applied psychology literature. *Journal of Applied Psychology, 78,* 402-412.

Büssing, A. (1995). Organisationsdiagnose. In H. Schuler (Hrsg.), *Lehrbuch Organisationspsychologie* (2. Aufl., S. 445-479). Bern: Huber.

Campbell, D.T. & Fiske, D.W. (1959). Convergent und discriminant validation by the multitrait-multimethod matrix. *Psychological Bulletin, 56,* 81-105.

Campion, M.A., Campion, J.E. & Hudson, J.P. (1994). Structured interviewing: A note on incremental validity and alternative question types. *Journal of Applied Psychology, 79,* 998-1002.

Cascio, W.F. (1987). *Applied psychology in personnel management* (3rd ed.). Englewood Cliffs: Prentice-Hall.

Cattell, R.B. (1965). *The scientific analysis of personality.* Baltimore: Penguin.

Comelli, G. (1995). Juristische und ethische Aspekte der Eignungsdiagnostik im Managementbereich. In W. Sarges (Hrsg.), *Management-Diagnostik* (2. Aufl., S. 108-126). Göttingen: Hogrefe.

Cooley, W.W. & Lohnes, P.R. (1971). *Multivariate data analysis.* New York: Wiley.

Cornelius, E.T.III, Schmidt, F.L. & Carron, Th.J. (1984). Job classification approaches and the implementation of validity generalization results. *Personnel Psychology, 37,* 247-260.

Costa, P.T., McCrae, R.R. & Arenberg, D. (1980). Enduring dispositions in adult males. *Journal of Personality and Social Psychology, 38,* 793-800.

Cronbach, L.J. & Gleser, G.C. (1965). *Psychological tests and personnel decisions* (2nd ed.). Urbana, IL.: University of Illinois Press.

Csikszentmihalyi, M. (1992). *Flow. Das Geheimnis des Glücks.* Stuttgart: Klett-Cotta.

Dickinson, T.L. (1993). Attitudes about performance appraisal. In H. Schuler, J.L. Farr & M. Smith (Eds.), *Personnel selection and assessment: Individual and organizational perspectives* (pp. 141-161). Hillsdale, NJ: Erlbaum.

Diemand, A. & Schuler, H. (1991). Sozial erwünschtes Verhalten in eignungsdiagnostischen Situationen. In H. Schuler & U. Funke (Hrsg.), *Eignungsdiagnostik in Forschung und Praxis* (S. 242-248). Göttingen: Hogrefe/Verlag für Angewandte Psychologie.

Diemand, A., Schuler, H. & Stapf, K.H. (1991). Zum Einsatz eines Lerntests bei Ingenieurstudenten - eine Pilotstudie. *Zeitschrift für Arbeits- und Organisationspsychologie, 35*, 15-22.

Dingerkus, R. (1991). Die Rechte und Pflichten aller Beteiligten im Rahmen betrieblicher Eignungsdiagnostik. In H. Schuler & U. Funke (Hrsg.), *Eignungsdiagnostik in Forschung und Praxis* (S. 324-331). Göttingen: Hogrefe/ Verlag für Angewandte Psychologie.

Domsch, M. & Gerpott, T.J. (1985). Verhaltensorientierte Beurteilungsskalen. *Die Betriebswirtschaft, 45*, 666-680.

Donat, M. (1991). Selbstbeurteilung. In H. Schuler (Hrsg.), *Beurteilung und Förderung beruflicher Leistung* (S. 135-145). Göttingen: Hogrefe/Verlag für Angewandte Psychologie.

Dörner, D., Kreuzig, H.W., Reither, F. & Stäudel, T. (Hrsg.). (1983). *Lohhausen: Vom Umgang mit Unbestimmtheit und Komplexität*. Bern: Huber.

Downs, S., Farr, R.M. & Colbeck, L. (1978). Self appraisal: A convergence of selection and guidance. *Journal of Occupational Psychology, 51*, 271-278.

Dreher, G.F., Ash, R.A. & Hancock, P. (1988). The role of the traditional research design in underestimating the validity of the employment interview. *Personnel Psychology, 41*, 315-328.

DuBois, P.H. (1970). *A history of psychological testing*. Boston: Allyn & Bacon.

Dye, D.A., Reck, M. & McDaniel, M.A. (1993). The validity of job knowledge measures. *International Journal of Selection and Assessment, 1*, 153-157.

Eagly, A.H. (1995). The science and politics of comparing women and men. *American Psychologist, 50*, 145-158.

Eckardt, H.H. (1991). Die Unterstützung individueller beruflicher Entscheidungen durch den Einsatz von Tests und Selbsterkundungsverfahren. In K.H. Ingenkamp & R.S. Jäger (Hrsg.), *Tests und Trends 9* (S. 109-150). Weinheim: Beltz.

Eckardt, H.-H. & Hilke, R. (1986). Prinzipien der eignungsdiagnostischen Tätigkeit in den Arbeitsämtern der Bundesrepublik Deutschland. *Psychologie und Praxis. Zeitschrift für Arbeits- und Organisationspsychologie, 30*, 105-108.

Eckardt, H.H. & Schuler, H. (1992). Berufseignungsdiagnostik. In R.S. Jäger & F. Petermann (Hrsg.), *Psychologische Diagnostik* (2. Aufl., S. 533-551). Weinheim: Psychologie Verlags Union.

Eder, R. & Ferris, G.R. (Eds.). (1989). *The employment interview: Theory, research, and practice*. Beverly Hills: Sage.

Ekman, P. (1988). *Gesichtsausdruck und Gefühl*. Paderborn: Jungfermann.

Engelbrecht, W. (1994). Computerunterstützte berufsbezogene Testauswertung im Dienst der Berufsberatung. *Zeitschrift für Arbeits- und Organisationspsychologie, 38*, 175-181.

Engelbrecht, W., Schröder, R. & Elgert, W. (1991). *BWT, Entwicklungsarbeiten.* (Informationen des Psychologischen Dienstes, Nr. 46). Nürnberg: Bundesanstalt für Arbeit.

England, G.W. (1971). *Development and use of weighted application blanks* (rev. ed.). Minneapolis, MN: Industrial Relations Center, University of Minnesota.

Eron, L.D. (1987). The development of aggressive behavior from the perspective of a developing behaviorism. *American Psychologist, 42*, 435-442.

Fahrenberg, J. (1987). Multimodale Diagnostik [Themenheft]. *Diagnostica, 33* (3).

Farr, J.L. (1991). Leistungsfeedback und Arbeitsverhalten. In H. Schuler (Hrsg.), *Beurteilung und Förderung beruflicher Leistung* (S. 57-80). Göttingen: Hogrefe/Verlag für Angewandte Psychologie.

Feldman, J.M. (1981). Beyond attribution theory: Cognitive processes in performance appraisal. *Journal of Applied Psychology, 66*, 127-148.

Finn, S.E. (1986). Stability of personality self-ratings over 30 years: Evidence for an age/cohort interaction. *Journal of Personality and Social Psychology, 50*, 813-818.

Fisseni, H.-J. & Fennekels, G.P. (1995). *Das Assessment Center.* Göttingen: Hogrefe/Verlag für Angewandte Psychologie.

Flanagan, J.C. (1954). The critical incident technique. *Psychological Bulletin, 51*, 327-358.

Fleishman, E.A. & Quaintance, M.K. (1984). *Taxonomies of human performance.* Orlando: Academic Press.

Föderation Deutscher Psychologenverbände (1986). Beschreibung der einzelnen Kriterien für die Testbeurteilung. *Diagnostica, 32*, 358-360.

Frey, D. & Irle, M. (1984). *Theorien der Sozialpsychologie. Band I: Kognitive Theorien.* Bern: Huber.

Fricke, R. (1995). Videotests: "True-to-life"-Testsituationen durch interaktives Video. In W. Sarges (Hrsg.), *Management-Diagnostik* (2. Aufl., S. 578-581). Göttingen: Hogrefe.

Frieling, E. & Hoyos, C.G. (1978). *Fragebogen zur Arbeitsanalyse (FAA): Deutsche Bearbeitung des Position Analysis Questionnaire (PAQ).* Bern: Huber.

Fruhner, R., Schuler, H., Funke, U. & Moser, K. (1991). Einige Determinanten der Bewertung von Personalauswahlverfahren. *Zeitschrift für Arbeits- und Organisationspsychologie, 35*, 170-178.

Funke, J. (1993). Computergestützte Arbeitsproben: Begriffsklärung, Beispiele sowie Entwicklungspotentiale. *Zeitschrift für Arbeits- und Organisationspsychologie, 37*, 119-129.

Funke, U. (1986). Die Validität verschiedener eignungsdiagnostischer Verfahren bei Lehrstellenbewerbern. *Psychologie und Praxis. Zeitschrift für Arbeits- und Organisationspsychologie, 30*, 92-97.

Funke, U. (1991). Die Validität einer computergestützten Systemsimulation zur Diagnose von Problemlösekompetenz. In H. Schuler & U. Funke (Hrsg.), *Eignungsdiagnostik in Forschung und Praxis* (S. 114-122). Göttingen: Hogrefe/ Verlag für Angewandte Psychologie.

Funke, U. (1993). Computergestützte Eignungsdiagnostik mit komplexen dynamischen Szenarios. *Zeitschrift für Arbeits- und Organisationspsychologie, 37,* 109-118.

Funke, U. (in Vorb.). *Arbeitsanalyse und Eignungsdiagnostik: Konzepte und Anwendungen am Beispiel industrieller Forschung und Entwicklung.* Diss., Universität Hohenheim.

Funke, U. & Barthel, E. (1995). Nutzenanalysen von Personalauswahlprogrammen. In W. Sarges (Hrsg.), *Management-Diagnostik* (2. Aufl., S. 820-833). Göttingen: Hogrefe.

Funke, U., Krauß, J., Schuler, H. & Stapf, K.H. (1987). Zur Prognostizierbarkeit wissenschaftlich-technischer Leistungen mittels Personvariablen: Eine Metaanalyse der Validität diagnostischer Verfahren im Bereich Forschung und Entwicklung. *Gruppendynamik, 18,* 407-428.

Funke, U. & Schuler, H. (1990). Weiterentwicklung biographischer Fragebogen durch Konstruktaufklärung: Grundlagen und erste empirische Ergebnisse. In H. Schuler & W. Stehle (Hrsg.), *Biographische Fragebogen als Methode der Personalauswahl* (2. Aufl., S. 114-139). Göttingen: Hogrefe/Verlag für Angewandte Psychologie.

Funke, U., Schuler, H. & Moser, K. (1995). Nutzenanalyse zur ökonomischen Evaluation eines Personalauswahlprojekts für Industrieforscher. In T.J. Gerpott & S.H. Siemers (Hrsg.), *Controlling von Personalprogrammen* (S. 139-171). Stuttgart: Schäffer-Poeschel.

Furnham, A. (1992). *Personality at work.* London: Routledge.

Gael, S. (Ed.). (1988). *The job analysis handbook for business, industry, and government.* New York: Wiley.

Gaugler, E. & Weber, W. (1992). *Handwörterbuch des Personalwesens* (2. Aufl.). Stuttgart: Poeschel.

Gaul, D. (1990). *Rechtsprobleme psychologischer Eignungsdiagnostik.* Bonn: Deutscher Psychologen Verlag.

Gebert, A. (1992). Assessment Center. In A. Gebert & U. Winterfeld (Hrsg.), *Arbeits-, Betriebs- und Organisationspsychologie vor Ort* (S. 59-71). Bonn: Deutscher Psychologen Verlag.

Gebert, D. (1995). Organisationsstruktur. In W. Sarges (Hrsg.), *Management-Diagnostik* (2. Aufl., S. 156-162). Göttingen: Hogrefe.

Gerpott, T.J. & Siemers, S.H. (Hrsg.). (1995). *Controlling von Personalprogrammen.* Stuttgart: Schäffer-Poeschel.

Ghiselli, E.E. (1973). The validity of aptitude tests in personnel selection. *Personnel Psychology, 26,* 461-477.

Ghiselli, E.E. & Brown, C.W. (1955). *Personnel and industrial psychology* (2nd ed.). New York: McGraw-Hill.

Giese, F. (1924). Die Arbeitsprobe in der Psychodiagnostik. *Zeitschrift für Angewandte Psychologie, 23*, 3-4.

Goldberg, L.R. (1993). The structure of phenotypic personality traits. *American Psychologist, 48*, 26-34.

Goldsmith, D.B. (1922). The use of the personal history blank as a salesmanship test. *Journal of Applied Psychology, 6*, 149-155.

Greif, S. (1995). Geschichte der Organisationspsychologie. In H. Schuler (Hrsg.), *Lehrbuch Organisationspsychologie* (2. Aufl., S. 15-48). Bern: Huber.

Griessman, B.E. (1987). *The achievement factors*. New York: Dodd, Mead.

Grubitzsch, S. & Rexilius, G. (1978). *Testtheorie - Testpraxis*. Reinbek: Rowohlt.

Guion, R.M. (1987). Changing views for personnel selection research. *Personnel Psychology, 40*, 199-213.

Guldin, A. (1991). Wirkung der Hypothesen von Assessment Center-Teilnehmern über die erfolgreiche Person im Assessment Center. In H. Schuler & U. Funke (Hrsg.), *Eignungsdiagnostik in Forschung und Praxis* (S. 153-159). Göttingen: Hogrefe/Verlag für Angewandte Psychologie.

Guldin, A. (1995). *Konstruktvalidität des AC-Verfahrens: Empirische Untersuchungen zum modifizierten Konzept der diskriminanten und konvergenten Validität*. Diss., Universität Hohenheim.

Guthke, J. (1991). Das Lerntestkonzept in der Eignungsdiagnostik. In H. Schuler & U. Funke (Hrsg.), *Eignungsdiagnostik in Forschung und Praxis* (S. 33-35). Göttingen: Hogrefe/Verlag für Angewandte Psychologie.

Hacker, W. (1986). *Allgemeine Arbeitspsychologie*. Bern: Huber.

Hacker, W. (1995). *Arbeitstätigkeitsanalyse*. Heidelberg: Asanger.

Hakel, M.D. (1986). Personnel selection and placement. *Annual Review of Psychology, 37*, 351-380.

Haney, W. (1981). Validity, vaudeville, and values. A short history of social concerns over standardized testing. *American Psychologist, 36*, 1021-1034.

Harvey, R.J. & Hayes, T.L. (1986). Monte Carlo baselines for interrater reliability correlations using the position analysis questionnaire. *Personnel Psychology, 39*, 345-367.

Heckhausen, H. (1989). *Motivation und Handeln* (2. Aufl.). Berlin: Springer.

Heinz, W. R. (1980). Berufliche Sozialisation. In K. Hurrelmann & D. Ulich (Hrsg.), *Handbuch der Sozialisationsforschung* (S. 499-519). Weinheim: Beltz.

Heinze, B. (1995). Graphologie. In W. Sarges (Hrsg.), *Management-Diagnostik* (2. Aufl., S. 470-474). Göttingen: Hogrefe.

Heinze, M. (1982). *Personalplanung, Einstellung und Kündigung. Die Mitbestimmung des Betriebsrates bei personellen Maßnahmen*. Stuttgart: Schäffer.

Heitkamp, W. (1986). *Rechtsfragen der Bewerbung*. Unveröff. Diss., Universität Zürich.

Helmreich, R.L., Sawin, L.L. & Carsrud, A.L. (1986). The honeymoon effect in job performance: Temporal increases in the predictive power of achievement motivation. *Journal of Applied Psychology, 71*, 185-188.

Herriot, P. (1989). Selection as a social process. In M. Smith & I.T. Robertson (Eds.), *Advances in selection and assessment* (pp. 171-187). Chichester: Wiley.

Herrmann, T. (1966). Zur Geschichte der Berufseignungsdiagnostik. *Archiv für die gesamte Psychologie, 118*, 253-278.

Herrnstein, R.J. & Murray, C. (1994). *The bell curve. Intelligence and class structure in American life.* New York: Free Press.

Hilke, R. (1993). Computergestützte Eignungsdiagnostik im Psychologischen Dienst der Bundesanstalt für Arbeit. *Zeitschrift für Arbeits- und Organisationspsychologie, 37*, 138-141.

Hirsh, H.R., Schmidt, F.L. & Hunter, J.E. (1986). Estimation of employment validities by less experienced judges. *Personnel Psychology, 39*, 337-344.

Holland, J.L. (1966). *The psychology of vocational choice. A theory of personality types and model environments.* Waltham, MA: Blaisdell.

Holland, J.L. (1985). *Making vocational choices: A theory of careers.* Englewood Cliffs: Prentice-Hall.

Holling, H., Leippold, W. & Gebert, A. (1990). Empirische Analysen zur Akzeptanz von Assessment Centern. In H. Methner & A. Gebert (Hrsg.), *Psychologen gestalten die Zukunft* (S. 522-530). Bonn: Deutscher Psychologen Verlag.

Holling, H. & Liepmann, D. (1995). Personalentwicklung. In H. Schuler (Hrsg.), *Lehrbuch Organisationspsychologie* (2. Aufl., S. 285-316). Bern: Huber.

Hollmann, H. (1991). *Validität in der Eignungsdiagnostik.* Göttingen: Hogrefe.

Hollmann, H. & Reitzig, G. (1995). Referenzen und Dokumentenanalyse. In W. Sarges (Hrsg.), *Management-Diagnostik* (2. Aufl., S. 463-470). Göttingen: Hogrefe.

Horn, R. (1986). *Alle wichtigen Tests zur Auswahl von Bewerbern.* München: Heyne.

Hornke, L.F., Schiff, B. & Hausen, C. (1991). Psychologische Diagnose des Sozial- bzw. Führungsverhaltens anhand videogestützt präsentierter Situationen. In H. Schuler & U. Funke (Hrsg.), *Eignungsdiagnostik in Forschung und Praxis* (S. 172-174). Göttingen: Hogrefe/Verlag für Angewandte Psychologie.

Hossiep, R. (1994). Das Assessment Center. *Diagnostica, 40*, 89-104.

Hoyningen-Huene, G. von (1991). Der psychologische Test im Betrieb. *Der Betrieb, 44* (Suppl. 10), 1-8.

Hoyos, C.G. (1986). Die Rolle der Anforderungsanalyse im eignungsdiagnostischen Prozeß. *Psychologie und Praxis. Zeitschrift für Arbeits- und Organisationspsychologie, 30*, 59-67.

Hoyos, C.G. & Frieling, E. (1977). Die Methodik der Arbeits- und Berufsanalyse. In K.H. Seifert (Hrsg.), *Handbuch der Berufspsychologie* (S. 103-140). Göttingen: Hogrefe.

Hunter, J.E. (1980). *Validity generalization for 12.000 jobs: An application of synthetic validity and validity generalization to the General Attitude Test Battery (GATB).* Washington, DC: U.S. Department of Labor, U.S. Employment Service.

Hunter, J.E. & Hirsh, H. (1987). Applications of meta-analysis. In C.L. Cooper & I.T. Robertson (Eds.), *International review of industrial and organizational psychology 1987* (pp. 321-357). Chichester: Wiley.

Hunter, J.E. & Hunter, R.F. (1984). Validity and utility of alternative predictors of job performance. *Psychological Bulletin, 96*, 72-98.

Hunter, J.E. & Schmidt, F.L. (1990). *Methods of metaanalysis. Correcting error and bias in research findings.* Newbury Park: Sage.

Husted, H. (1991). Dezentrales Testvorgabe- und Testauswertungssystem im Psychologischen Dienst der Bundesanstalt für Arbeit (DELTA): Ziele, Realisierungen, Entwicklungsvorhaben. In H. Schuler & U. Funke (Hrsg.), *Eignungsdiagnostik in Forschung und Praxis* (S. 132-134). Göttingen: Hogrefe/ Verlag für Angewandte Psychologie.

Ilgen, D.R. (1993). Performance-appraisal accuracy: An illusive or sometimes misguided goal? In H. Schuler, J.L. Farr & M. Smith (Eds.), *Personnel selection and assessment. Individual and organizational perspectives* (pp. 235-252). Hillsdale, NJ: Erlbaum.

Ilgen, D.R., Mitchell, T.R. & Frederikson, J.W. (1981). Poor performers: Supervisors' and subordinates' responses. *Organizational Behavior and Human Performance, 27*, 386-410.

Irle, M. & Allehoff, W.H. (1983). *Berufs-Interessen-Test II*. Göttingen: Hogrefe.

Jäger, A.O. (1970). Personalauslese. In A. Mayer & B. Herwig (Hrsg.), *Betriebspsychologie. Handbuch der Psychologie Bd. 9* (S. 613-667). Göttingen: Hogrefe.

Jäger, A.O. (1984). Intelligenzstrukturforschung: Konkurrierende Modelle, neue Entwicklungen, Perspektiven. *Psychologische Rundschau, 35*, 21-35.

Jäger, A.O. (1986). Validität von Intelligenztests. *Diagnostica, 4*, 272-289.

Jäger, A.O. & Althoff, K. (1994). *Der WILDE-Intelligenz-Test (WIT)* (2. Aufl.). Göttingen: Hogrefe.

Jäger, R.S. (1982). Diagnostische Urteilsbildung. In K.J. Groffmann & L. Michel (Hrsg.), *Grundlagen psychologischer Diagnostik. Enzyklopädie der Psychologie B/II/1* (S. 295-375). Göttingen: Hogrefe.

Jäger, R.S. (1992a). Biographische Daten. In R.S. Jäger & F. Petermann (Hrsg.), *Psychologische Diagnostik* (2. Aufl., S. 350-362). Weinheim: Psychologie Verlags Union.

Jäger, R.S. (1992b). Modifikations-, Selektions- und Mischstrategien. In R.S. Jäger &. F. Petermann (Hrsg.), *Psychologische Diagnostik* (2. Aufl., S. 158-161). Weinheim: Psychologie Verlags Union.

Jaeger, S. & Staeuble, I. (1981). Die Psychotechnik und ihre gesellschaftlichen Entwicklungsbedingungen. In F. Stoll (Hrsg.), *Die Psychologie des 20. Jahrhunderts* (Bd. 12, S. 53-94). Zürich: Kindler.

Jansen, P. & Stoop, B. (1994). Assessment center graduate selection: Decision processes, validity, and evaluation by candidates. *International Journal of Selection and Assessment, 2*, 193-208.

Jeserich, W. (1981). *Mitarbeiter auswählen und fördern*. München: Hanser.

Jochmann, W. (1984). Der implizite diagnostische Prozeß in der Personalberatung und seine aussagenlogische Formalisierung. *Psychologie und Praxis. Zeitschrift für Arbeits- und Organisationspsychologie, 28,* 119-129.

Jochum, E. (1991). Gleichgestelltenbeurteilung - ein Instrument der Personalführung und Teamentwicklung. In H. Schuler (Hrsg.), *Beurteilung und Förderung beruflicher Leistung* (S. 107-134). Göttingen: Hogrefe/Verlag für Angewandte Psychologie.

Kandola, B. (1995). Selecting for diversity. *International Journal of Selection and Assessment, 3,* 162-167.

Klein, F.J. (1982). *Die Rechtmäßigkeit psychologischer Tests im Personalbereich.* Gelsenkirchen: Mannhold.

Kleinbeck, U. (1991). Die Wirkung von Zielsetzungen auf die Leistung. In H. Schuler (Hrsg.), *Beurteilung und Förderung beruflicher Leistung* (S. 41-56). Göttingen: Hogrefe/Verlag für Angewandte Psychologie.

Kleinmann, M. (1991). Reaktivität von Assessment Centern. In H. Schuler & U. Funke (Hrsg.), *Eignungsdiagnostik in Forschung und Praxis* (S. 159-162). Göttingen: Hogrefe/Verlag für Angewandte Psychologie.

Klieme, E. & Stumpf, H. (1990). Computereinsatz in der pädagogisch-psychologischen Diagnostik. In K. Ingenkamp & R.S. Jäger (Hrsg.), *Tests und Trends 8* (S. 13-63). Weinheim: Beltz.

Klimoski, R.J. & Raffaeli, A. (1983). Inferring personality qualities through handwriting analysis. *Journal of Occupational Psychology, 56,* 191-202.

Klimoski, R.J. & Strickland, W.J. (1977). Assessment centers: Valid or merely prescient. *Personnel Psychology, 30,* 353-363.

Knoblauch, R. (1990). Die Auswahl von Außendienstmitarbeitern in der pharmazeutischen Industrie mit Hilfe eines biographischen Fragebogens. In H. Schuler & W. Stehle (Hrsg.), *Biographische Fragebogen als Methode der Personalauswahl* (2. Aufl., S. 91-113). Göttingen: Hogrefe/Verlag für Angewandte Psychologie.

Kohn, M.L. & Schooler, C. (1978). The reciprocal effects of the substantive complexity of work and intellectual flexibility: A longitudinal assessment. *American Journal of Sociology, 84,* 24-52.

Kohn, M.L. & Schooler, C. (1983). *Work and personality: An inquiry into the impact of social stratification.* Norwood, NJ: Ablex.

Körner, S. (1995). *Tätigkeitsorientierte Konstruktvalidierung nonkognitiver Leistungsprädiktoren.* Diss., Universität Hohenheim.

Krampen, G. (Hrsg.). (1989). *Diagnostik von Attributionen und Kontrollüberzeugungen.* Göttingen: Hogrefe.

Krauth, J. & Lienert, G.A. (1973). *KFA - Die Konfigurationsfrequenzanalyse und ihre Anwendung in Psychologie und Medizin.* Freiburg: Alber.

Kubinger, K.D. (1993). Testtheoretische Probleme der Computerdiagnostik. *Zeitschrift für Arbeits- und Organisationspsychologie, 37,* 130-137.

Kühlmann, T.M. & Franke, J. (1989). Organisationsdiagnose. In E. Roth (Hrsg.), *Organisationspsychologie. Enzyklopädie der Psychologie D/III/3* (S. 631-651). Göttingen: Hogrefe.

Kühne, H.-H. (Hrsg.). (1987). *Berufsrecht für Psychologen*. Baden-Baden: Nomos.

Landy, F.J. (1986). Stamp collecting versus science. *American Psychologist, 41*, 1183-1192.

Landy, F.J. (1993). Job analysis and job evaluation: The respondent's perspective. In H. Schuler, J.L. Farr & M. Smith (Eds.), *Personnel selection and assessment: Individual and organizational perspectives* (pp. 75-90). Hillsdale, NJ: Erlbaum.

Landy, F.J. & Farr, J.L. (1980). Performance rating. *Psychological Bulletin, 87*, 72-107.

Latham, G.P., Fay, C.H. & Saari, L.M. (1979). The development of behavioral observation scales for appraising the performance of foremen. *Personnel Psychology, 32*, 299-311.

Latham, G.P. & Finnegan, B.J. (1993). Perceived practicality of unstructured, patterned, and situational interviews. In H. Schuler, J.L. Farr & M. Smith (Eds.), *Personnel selection and assessment: Individual and organizational perspectives* (pp. 41-55). Hillsdale, NJ: Erlbaum.

Latham, G.P., Saari, L.M., Pursell E.D. & Campion, M.A. (1980). The situational interview. *Journal of Applied Psychology*, 65, 422-427.

Latham, G.P. & Wexley, K.N. (1977). Behavioral observation scales for performance appraisal purposes. *Personnel Psychology*, 30, 255-268.

Lattmann, Ch. (Hrsg.). (1989). *Das Assessment Center-Verfahren der Eignungsbeurteilung*. Heidelberg: Physica.

Lavater, J.C. (1787). *Physiognomische Fragmente zur Beförderung der Menschenkenntniß und Menschenliebe*. Winterthur: Steiner.

Lawler, E.E.III (1994). From job-based to competency-based organizations. *Journal of Organizational Behavior, 15*, 3-15.

Lenk, H. (1991a). Eigenleistung in Beruf und Gesellschaft. In H. Schuler (Hrsg.), *Beurteilung und Förderung beruflicher Leistung* (S. 1-10). Göttingen: Hogrefe/Verlag für Angewandte Psychologie.

Lenk, H. (Hrsg.). (1991b). *Wissenschaft und Ethik*. Stuttgart: Reclam.

Leonhardt, W. (1991). Das "Mitarbeitergespräch" als Alternative zu formalisierten Beurteilungssystemen. In H. Schuler (Hrsg.), *Beurteilung und Förderung beruflicher Leistung* (S. 91-105). Göttingen: Hogrefe/Verlag für Angewandte Psychologie.

Lersch, Ph. (1932). *Gesicht und Seele*. München: Reinhardt.

Lévy-Leboyer, C. (1994). Selection and assessment in Europe. In H.C. Triandis, M.D. Dunnette & L.M. Hough (Eds.), *Handbook of industrial and organisational psychology, Vol. 4* (2nd ed., pp. 173-190). Palo Alto, CA: Consulting Psychologists Press.

Liebel, H.J. & Oechsler, W.A. (1992). *Personalbeurteilung - Neue Wege der Verhaltens- und Leistungsbewertung* (2. Aufl.). Wiesbaden: Gabler.

Lienert, G.A. (1958). *Mechanisch-technischer Verständnistest*. Göttingen: Hogrefe.

Lienert, G.A. (1967). *Die Drahtbiegeprobe als standardisierter Test* (2. Aufl.). Göttingen: Hogrefe.

Lienert, G.A. (1989). *Testaufbau und Testanalyse* (4. Aufl.). Weinheim: Psychologie Verlags Union.

Lienert, G.A. & Schuler, H. (1994). *Revidierter Allgemeiner Büroarbeitstest (ABAT-R)*. Göttingen: Hogrefe.

Lord, R.G., De Vader, C.L. & Alliger, G.M. (1986). A meta-analysis of the relation between personality traits and leadership perceptions: An application of validity generalization procedures. *Journal of Applied Psychology, 71,* 402-410.

Lösel, F. (1992). Persönlichkeitsdaten (Tests). In R.S. Jäger & F. Petermann (Hrsg.), *Psychologische Diagnostik* (2. Aufl., S. 362-380). Weinheim: Psychologie Verlags Union.

Mabe, P.A. III & West, S.W. (1982). Validity of self-evaluation of ability: Review and meta-analysis. *Journal of Applied Psychology, 67,* 280-296.

Macharzina, K. (1995). *Unternehmensführung* (2. Aufl.). Wiesbaden: Gabler.

Machwirth, U., Schuler, H. & Moser, K. (in Druck). Entscheidungsprozesse bei der Analyse von Bewerbungsunterlagen. *Diagnostica*.

Mael, F.A. (1991). A conceptual rationale for the domain and attributes of biodata items. *Personnel Psychology, 44,* 763-792.

Marchese, M.C. & Muchinsky, P.M. (1993). The validity of the employment interview: A meta-analysis. *International Journal of Selection and Assessment, 1,* 18-26.

Maschke, P. & Hörmann ,H.-J. (1991). Methoden der Auswahl von Verkehrsflugzeugführern und ihre Validierung. In H. Schuler & U. Funke (Hrsg.), *Eignungsdiagnostik in Forschung und Praxis* (S. 194-197). Göttingen: Hogrefe/Verlag für Angewandte Psychologie.

Maukisch, H. (1978). Einführung in die Eignungsdiagnostik. In A. Mayer (Hrsg.), *Organisationspsychologie* (S. 105-136). Stuttgart: Poeschel.

Maukisch, H. (1989). Informationswert und Ökonomie der diagnostischen Prinzipien von Assessment Center-Systemen zur Erfassung von Managementpotential. In Ch. Lattmann (Hrsg.), *Das Assessment-Center-Verfahren der Eignungsbeurteilung* (S. 259-289). Heidelberg: Physica.

McCormick, E.J. & Jeanneret, P.R. (1988). Position analysis questionnaire (PAQ). In S. Gael (Ed.), *The job analysis handbook for business, industry, and government* (Vol. 2, pp. 825-842). New York: Wiley.

McCormick, E.J. & Tiffin, J. (1974). *Industrial psychology* (6th ed.). Englewood Cliffs: Prentice-Hall.

McDaniel, M.A., Whetzel, D.L., Schmidt, F.O., Hunter, J.E., Maurer, S. & Russel, J. (1986). *The validity of employment interviews: A review and meta-analysis*. Unpublished manuscript, US Office of Personnel, Washington DC.

McHenry, J., Hough, L.M., Toquam, J.L., Hanson, M.A. & Ashworth, S. (1990). Project A validity results: The relationship between predictor and criterion domains. *Personnel Psychology, 43,* 335-354.

Mell, H. (1988). *Bewerbung auf dem Prüfstand.* Stuttgart: Schäffer.

Moede, W. (1920). Einzel- und Gruppenarbeit. *Zeitschrift für praktische Psychologie, 2,* 71-81 und 109-115.

Moede, W. (1930). *Lehrbuch der Psychotechnik, Bd. 1.* Berlin: Springer.

Moosbrugger, H. (1978). *Multivariate statistische Analyseverfahren.* Stuttgart: Kohlhammer.

Moser, G. (1979). Das Assignment-Problem im Personal-Informations-Entscheidungs-System. In G. Reber (Hrsg.), *Personalinformationssysteme* (S. 204-264). Stuttgart: Poeschel.

Moser, K. (1987). Inhaltsvalidität als Kriterium psychologischer Tests. *Diagnostica, 33,* 110-122.

Moser, K. (1991). *Konsistenz der Person.* Göttingen: Hogrefe.

Moser, K. (1995). Planung und Durchführung organisationspsychologischer Untersuchungen. In H. Schuler (Hrsg.), *Lehrbuch Organisationspsychologie* (2. Aufl., S. 71-107). Bern: Huber.

Moser, K., Donat, M., Schuler, H. & Funke, U. (1989). Gütekriterien von Arbeitsanalyseverfahren. *Zeitschrift für Arbeitswissenschaft, 43,* 65-72.

Moser, K., Donat, M., Schuler, H., Funke, U. & Roloff, K. (1994). Validität der Selbstbeurteilung beruflicher Leistung: Eine Untersuchung im Bereich industrieller Forschung und Entwicklung. *Zeitschrift für experimentelle und angewandte Psychologie, 41,* 473-499.

Moser, K. & Schuler, H. (1989). The nature of psychological measurement. In P. Herriot (Ed.), *Assessment and selection in organizations* (pp. 281-305). Chichester: Wiley.

Mount, M.K., Barrick, M.R. & Strauss, J.P. (1994). Validity of observer ratings of the big five personality factors. *Journal of Applied Psychology, 79,* 272-280.

Mumford, M.D. & Gustafson, S.B. (1988). Creativity syndrome: Integration, application, and innovation. *Psychological Bulletin, 103,* 27-43.

Münsterberg, H. (1912). *Psychologie und Wirtschaftsleben.* Leipzig: Barth.

Murphy, K.M. (1986). When your top choice turns you down: The effect of rejected offers on the utility of selection tests. *Psychological Bulletin, 99,* 133-138.

Murphy, K.R. (1993). The situational specificity of validities: Correcting for statistical artifacts does not always reduce the trans-situational variability of correlation coefficients. *International Journal of Selection and Assessment, 1,* 158-162.

Neidig, R.D. & Neidig, P.J. (1984). Multiple assessment center exercises and job relatedness. *Journal of Applied Psychology, 69,* 182-186.

Nerdinger, F.W. (1994). Selbstselektion von potentiellen Führungsnachwuchskräften. In L. von Rosenstiel, T. Lang & E. Sigl (Hrsg.), *Fach- und Führungsnachwuchs finden und fördern* (S. 20-38). Stuttgart: Schäffer-Poeschel.

Neter, E. & Ben-Shakar, G. (1989). The predictive validity of graphological inferences: A meta-analytic approach. *Personality and Individual Differences, 10*, 737-745.

Neubauer, A. & Urban, E. (1991). Der Vergleich von computergestützter Test-darbietung und Standardvorgabe am Beispiel von Ravens Advanced Progressive Matrices. In H. Schuler & U. Funke (Hrsg.), *Eignungsdiagnostik in Forschung und Praxis* (S. 81-84). Göttingen: Hogrefe/Verlag für Angewandte Psychologie.

Neuberger, O. (1989). Organisationstheorien. In E. Roth (Hrsg.), *Organisations-psychologie. Enzyklopädie der Psychologie D/III/3* (S. 205-250). Göttingen: Hogrefe.

Neuberger, O. (1991). *Personalentwicklung.* Stuttgart: Enke.

Nevo, B. & Jäger, R.S. (1993). *Educational and psychological testing: The test taker's outlook.* Göttingen. Hogrefe.

Obermann, C. (1992). *Assessment Center.* Wiesbaden: Gabler.

Ones, D.S., Viswesvaran, Ch. & Schmidt, F.L. (1993). Comprehensive meta-analysis of integrity test validitites: Findings and implications for personnel selection and theories of job performance. *Journal of Applied Psychology, 78*, 679-703.

Owens, W.A. (1976). Background data. In M.D. Dunnette (Ed.), *Handbook of industrial and organizational psychology* (pp. 609-644). Chicago: Rand McNally.

Owens, D. & Schoenfeldt, L. (1979). Toward a classification of persons. *Journal of Applied Psychology, 64*, 569-607.

Pawlik, K. (1976). Modell- und Praxisdimensionen psychologischer Diagnostik. In K. Pawlik (Hrsg.), *Diagnose der Diagnostik* (S. 13-43). Stuttgart: Klett-Cotta.

Porter, L.W., Lawler, E.E.III & Hackman, J.R. (1975). *Behavior in organizations.* New York: McGraw-Hill.

Prieto, J.M. (1993). The team perspective in selection and assessment. In H. Schuler, J.L. Farr & M. Smith (Eds.), *Personnel selection and assessment: Individual and organizational perspectives* (pp. 221-234). Hillsdale, NJ: Erlbaum.

Pulver, U., Lang, A. & Schmid, F. (1978). *Ist Psychodiagnostik verantwortbar?* Bern: Huber.

Pulverich, G. (1991-1994). Rechts-ABC. *Report Psychologie, 45-48*, Innenteil.

Pursell, E.D., Campion, M.A. & Gaylord, S.R. (1980). Structured interviewing: Avoiding selection problems. *Personnel Journal, 11*, 907-912.

Rationalisierungs-Kuratorium der Deutschen Wirtschaft e.V. (Hrsg.). (1990). *Personalplanung* (2. Aufl.). Neuwied: Luchterhand.

Rauch, M., Weber, W. & Wildgrube, W. (1993). Computergestützte Testdiagnostik im Psychologischen Dienst der Bundeswehr. *Zeitschrift für Arbeits- und Organisationspsychologie, 37*, 142-145.

Reilly, R.R. & Chao, G.R. (1982). Validity and fairness of some alternative employee selection procedures. *Personnel Psychology, 35*, 1-62.

Rescher, N. (1994). *Warum sind wir nicht klüger? Der evolutionäre Nutzen von Dummheit und Klugheit.* Stuttgart: Hirzel.

Richter, P., Jordan, P. & Pohlandt, A. (1994). Bewertung und Gestaltung vollständiger Tätigkeiten im Rahmen eines sozio-technischen Ansatzes. In B. Bergmann & P. Richter (Hrsg.), *Die Handlungsregulationstheorie. Von der Praxis einer Theorie* (S. 253-268). Göttingen: Hogrefe.

Robertson, I.T. & Downs, S. (1989). Work-sample tests of trainability: A meta-analysis. *Journal of Applied Psychology, 74,* 402-410.

Robertson, I.T. & Kandola, R.S. (1982). Work sample tests: Validity, adverse impact and applicant reaction. *Journal of Occupational Psychology, 55,* 171-183.

Rose, R.J. (1995). Genes and human behavior. *Annual Review of Psychology, 46,* 625-654.

Rosenstiel, L. von (1979). Die Ermittlung personaler Eigenschaften motivationaler Art. In G. Reber (Hrsg.), *Personalinformationssysteme* (S. 51-73). Stuttgart: Poeschel.

Rosenstiel, L. von, Lang, Th. & Sigl, E. (1994). *Fach- und Führungsnachwuchs finden und fördern.* Stuttgart: Schäffer-Poeschel.

Rosenstiel, L. von, Nerdinger, F.W., Spieß, E. & Stengel, M. (1989). *Führungsnachwuchs im Unternehmen. Wertkonflikte zwischen Individuum und Organisation.* München: Beck.

Rosenthal, R. (1990). How are we doing in soft psychology? *American Psychologist, 45,* 775-777.

Rumsey, M.G., Walker, C.B. & Harris, J.H. (Eds.). (1994). *Personnel selection and classification.* Hillsdale, NJ: Erlbaum.

Rüttinger, B. & Klein-Moddenburg, V. (1989). Aus-, Fort- und Weiterbildung. In E. Roth (Hrsg.), *Organisationspsychologie. Enzyklopädie der Psychologie D/III/3* (S. 685-711). Göttingen: Hogrefe.

Rynes, S.L. (1993). When recruitment fails to attract: Individual expectations meet organizational realities in recruitment. In H. Schuler, J.L. Farr & M. Smith (Eds.), *Personnel selection and assessment: Individual and organizational perspectives* (pp. 27-40). Hillsdale, NJ: Erlbaum.

Rynes, S.L., Heneman, H.G. & Schwab, D.P. (1980). Individual reactions to organizational recruiting: A review. *Personnel Psychology, 33,* 529-542.

Sackett, P.R. & Dreher, G.F. (1982). Constructs and assessment center dimensions: Some troubling empirical findings. *Journal of Applied Psychology, 67,* 401-410.

Sackett, P.R., Tenopyr, M.L., Schmitt, N., Kehoe, K. & Zedeck, S. (1985). Commentary on forty questions about validity generalization and meta-analysis. *Personnel Psychology, 38,* 697-798.

Sackett, P.R. & Wade, B.E. (1983). On the feasibility of criterion-related validity: The effects of range restriction assumptions on needed sample size. *Journal of Applied Psychology, 68,* 374-381.

Sackett, P.R., Zedeck, S. & Fogli, R. (1988). Relations between measures of typical and maximum job performance. *Journal of Applied Psychology, 73,* 482-486.

Sarges, W. (Hrsg.). (1995a). *Management-Diagnostik* (2. Aufl.). Göttingen: Hogrefe.

Sarges, W. (1995b). Lernpotential-AC. In W. Sarges (Hrsg.), *Management-Diagnostik* (2. Aufl., S. 728-739). Göttingen: Hogrefe.

Schmidt, F.L. (1992). What do data really mean? Research findings, meta-analysis, and cumulative knowledge in psychology. *American Psychologist, 47,* 1173-1181.

Schmidt, F.L., Caplan, J.R., Bemis, S.E., Decuir, R., Dunn, L. & Antone, L. (1979). *The behavioral consistency method of unassembled examining* (Technical publication 79-21). Washington DC: Office of Personnel Management, Personnel Research and Development Center.

Schmidt, F.L. & Hunter, J.E. (1977). Development of a general solution to the problem of validity generalization. *Journal of Applied Psychology, 62,* 529-540.

Schmidt, F.L. & Hunter, J.E. (1981). Employment testing: Old theories and new research findings. *American Psychologist, 36,* 1128-1137.

Schmidt, F.L. & Hunter, J.E. (1983). Individual differences in productivity: An empirical test of estimates derived from studies of selection procedure utility. *Journal of Applied Psychology, 68,* 407-414.

Schmidt, F.L., Hunter, J.E., McKenzie, R.C. & Muldrow, T.W. (1979). Impact of valid selection procedures on work-force productivity. *Journal of Applied Psychology, 64,* 609-626.

Schmidt, F.L., Hunter, J.E. & Outerbridge, A.N. (1986). Impact of job experience and ability on job knowledge, work sample performance, and supervisory ratings of job performance. *Journal of Applied Psychology, 71,* 432-439.

Schmidt, F.L., Hunter, J.E. & Pearlman, K. (1981). Task differences as moderators of aptitude test validity in selection: A red herring. *Journal of Applied Psychology, 66,* 166-185.

Schmidt, F.L., Pearlman, K., Hunter, J.E. & Hirsh, H.R. (1985). Forty questions about validity generalization and meta-analysis. *Personnel Psychology, 38,* 697-798.

Schmidt, J.U. (1991). Das Berliner Intelligenzstrukturmodell in der eignungsdiagnostischen Praxis. In H. Schuler & U. Funke (Hrsg.), *Eignungsdiagnostik in Forschung und Praxis* (S. 225-230). Göttingen: Hogrefe/Verlag für Angewandte Psychologie.

Schmidt, J.U. (1993). Der Allgemeine Büroarbeitstest (ABAT) - mehr als ein Bürotest? *Diagnostica, 39,* 151-168.

Schmidt-Atzert, L. & Deter, B. (1993). Intelligenz und Ausbildungserfolg: Eine Untersuchung zur prognostischen Validität des I-S-T 70. *Zeitschrift für Arbeits- und Organisationspsychologie, 37,* 52-63.

Schmitt, M. (1990). *Konsistenz als Persönlichkeitseigenschaft? Moderatorvariablen in der Persönlichkeits- und Einstellungsforschung.* Berlin: Springer.

Schmitt N. & Coyle, B.W. (1976). Applicant decisions in the employment interview. *Journal of Applied Psychology*, *61*, 184-192.

Schmitt, N., Gooding, R.Z., Noe R.D. & Kirsch, M. (1984). Metaanalysis of validity studies published between 1964 and 1982 and the investigation of study characteristics. *Personnel Psychology*, *37*, 407-422.

Schmitt, N., Noe, R.A. & Gottschalk, R. (1986). Using the lens model to magnify raters consistency, matching, and shared bias. *Academy of Management Journal*, *29*, 130-139.

Schneewind, K.A., Schröder, G. & Cattell, R.B. (1983). *Der 16-Persönlichkeits-Faktoren-Test (16 PF)*. Göttingen: Hogrefe.

Schneider, B. (1987). The people make the place. *Personnel Psychology*, *40*, 437-453.

Schneider, B. & Schmitt, N. (1986). *Staffing organizations*. Glenview: Scott, Foresman & Co.

Schneider, W., Heim, H. & Wacker, P.A. (1975). *Tätigkeitsspezifische Eignungstests*. Göttingen: Schwarz.

Scholl, W. (1995). Grundkonzepte der Organisation. In H. Schuler (Hrsg.), *Lehrbuch Organisationspsychologie* (2. Aufl., S. 409-444). Bern: Huber.

Scholz, C. (1991). *Personalmanagement - Informationsorientierte und verhaltenstheoretische Grundlagen* (2. Aufl.). München: Vahlen.

Scholz, G. (1994). *Das Assessment Center: Konstruktvalidität und Dynamisierung*. Göttingen: Hogrefe/Verlag für Angewandte Psychologie.

Scholz, G. & Schuler, H. (1993). Das nomologische Netzwerk des Assessment Centers: Eine Metaanalyse. *Zeitschrift für Arbeits- und Organisationspsychologie*, *37*, 73-85.

Schorr, A. (1991). Diagnostische Praxis in der Arbeits- und Organisationspsychologie. Teilergebnisse aus einer repräsentativen Umfrage zur diagnostischen Praxis. In H. Schuler & U. Funke (Hrsg.), *Eignungsdiagnostik in Forschung und Praxis* (S. 6-14). Göttingen: Hogrefe/Verlag für Angewandte Psychologie.

Schrattenecker, H. (1994). *Das Erleben und die Reaktion von Teilnehmern am Potentialanalyseverfahren "Eignungsbeurteilung Funktionsfelder". Ein empirischer Beitrag zum Konzept der "sozialen Validität"*. Unveröff. Diplomarbeit, Universität Salzburg/Universität Hohenheim.

Schuler, H. (1972). *Das Bild vom Mitarbeiter*. München: Goldmann.

Schuler, H. (1978). Leistungsbeurteilung in Organisationen. In A. Mayer (Hrsg.), *Organisationspsychologie* (S. 161-199). Wiesbaden: Gabler.

Schuler, H. (1980). *Ethische Probleme psychologischer Forschung*. Göttingen: Hogrefe.

Schuler, H. (1982). Beurteilen als Messen und als Interpretieren. In H. Schuler & W. Stehle (Hrsg.), *Psychologie in Wirtschaft und Verwaltung* (S. 83-100). Stuttgart: Poeschel.

Schuler, H. (1989a). Construct validity of a multimodal employment interview. In B.J. Fallon, H.P. Pfister & J. Brebner (Eds.), *Advances in Industrial Organizational Psychology* (pp. 343-354). Amsterdam: North-Holland, Elsevier.

Schuler, H. (1989b). Die Validität des Assessment Centers. In Ch. Lattmann (Hrsg.), *Das Assessment Center-Verfahren der Eignungsbeurteilung* (S. 223-250). Heidelberg: Physica.

Schuler, H. (1989c). Fragmente psychologischer Forschung zur Personalentwicklung. *Zeitschrift für Arbeits- und Organisationsspychologie, 33*, 3-11.

Schuler, H. (1989d). Interviews. In S. Greif, H. Holling & N. Nicholson (Hrsg.), *Arbeits- und Organisationspsychologie* (S. 260-265). München: Psychologie Verlags Union.

Schuler, H. (1989e). Leistungsbeurteilung. In E. Roth (Hrsg), *Organisationspsychologie. Enzyklopädie der Psychologie D/III/3* (S. 399-430). Göttingen: Hogrefe.

Schuler, H. (1989f). Some advantages and problems of job analysis. In M. Smith & I.T. Robertson (Eds.), *Advances in selection and assessment* (pp. 31-42). New York: Wiley.

Schuler, H. (1990). Personalauswahl aus der Sicht der Bewerber: Zum Erleben eignungsdiagnostischer Situationen. *Zeitschrift für Arbeits- und Organisationspsychologie, 34*, 184-191.

Schuler, H. (1991a). Auswahl von Mitarbeitern. In L. von Rosenstiel, E. Regnet & M. Domsch (Hrsg.), *Führung von Mitarbeitern* (S. 100-125). Stuttgart: Schäffer.

Schuler, H. (1991b). Der Funktionskreis "Leistungsförderung" - eine Skizze. In H. Schuler (Hrsg.), *Beurteilung und Förderung beruflicher Leistung* (S. 171-189). Göttingen: Hogrefe/Verlag für Angewandte Psychologie.

Schuler, H. (1991c). Leistungsbeurteilung - Funktionen, Formen und Wirkungen. In H. Schuler (Hrsg.), *Beurteilung und Förderung beruflicher Leistung* (S. 11-40). Göttingen: Hogrefe/Verlag für Angewandte Psychologie.

Schuler, H. (1992). Das Multimodale Einstellungsinterview. *Diagnostica, 38*, 281-300.

Schuler, H. (1994a). Communication rather than inspiration and perspiration? In K.A. Heller & E.A. Hany (Eds.), *Competence and responsibility* (Vol. 2; pp. 112-116). Göttingen: Hogrefe & Huber.

Schuler, H. (1994b). Selektion und Selbstselektion durch das Multimodale Interview. In L. von Rosenstiel, T. Lang & E. Sigl (Hrsg.), *Fach- und Führungsnachwuchs finden und fördern* (S. 97-112). Stuttgart: Schäffer-Poeschel.

Schuler, H. (1995). Einleitung. In H. Schuler (Hrsg.), *Lehrbuch Organisationspsychologie* (2. Aufl., S. 1-9). Bern: Huber.

Schuler, H., Barthel, E. & Fünfgelt, V. (1984). Erfolg von Mädchen in gewerblich-technischen Ausbildungsberufen: Ein Modellversuch. *Psychologie und Praxis. Zeitschrift für Arbeits- und Organisationspsychologie, 28*, 67-78.

Schuler, H. & Barthelme, D. (1995). Soziale Kompetenz als berufliche Anforderung. In B. Seyfried (Hrsg.), *"Stolperstein" Sozialkompetenz* (S. 77-116). Bielefeld: Bertelsmann.

Schuler, H. & Berger, W. (1979). Physische Attraktivität als Determinante von Beurteilung und Einstellungsempfehlung. *Psychologie und Praxis, 2*, 59-70.

Schuler, H., Diemand, A. & Moser, K. (1993). Filmszenen. Entwicklung und Konstruktvalidierung eines neuen eignungsdiagnostischen Verfahrens. *Zeitschrift für Arbeits- und Organisationspsychologie, 37*, 3-9.

Schuler, H., Farr, J.L. & Smith, M. (Eds.). (1993). *Personnel selection and assessment: Individual and organizational perspectives.* Hillsdale, NJ: Erlbaum.

Schuler, H., Frier, D. & Kauffmann, M. (1993). *Personalauswahl im europäischen Vergleich.* Göttingen: Hogrefe/Verlag für Angewandte Psychologie.

Schuler, H. & Fruhner, R. (1993). Effects of assessment center participation on self esteem and on evaluation of the selection situation. In H. Schuler, J.L. Farr & M. Smith (Eds.), *Personnel selection and assessment: Individual and organizational perspectives* (pp. 109-124). Hillsdale, NJ: Erlbaum.

Schuler, H. & Funke, U. (1989a). Berufseignungsdiagnostik. In E. Roth (Hrsg.), *Organisationspsychologie. Enzyklopädie der Psychologie D/III/3* (S. 281-320). Göttingen: Hogrefe.

Schuler, H. & Funke, U. (1989b). The interview as a multimodal procedure. In R.W. Eder & G.R. Ferris (Eds.), *The employment interview - theory, research, and practice* (pp. 183-192). Newbury Park: Sage.

Schuler, H. & Funke, U. (Hrsg.). (1991). *Eignungsdiagnostik in Forschung und Praxis.* Göttingen: Hogrefe/Verlag für Angewandte Psychologie.

Schuler, H. & Funke, U. (1995). Diagnose beruflicher Eignung und Leistung. In H. Schuler (Hrsg.), *Lehrbuch Organisationspsychologie* (2. Aufl., S. 235-283). Bern: Huber.

Schuler, H., Funke, U., Moser, K. & Donat, M. (1995). *Personalauswahl in F&E. Eignung und Leistung von Wissenschaftlern und Ingenieuren.* Göttingen: Hogrefe.

Schuler, H. & Guldin, A. (1991). Methodological issues in personnel selection research. In C.L. Cooper & I.T. Robertson (Eds.), *International review of industrial and organizational psychology 1991* (pp. 213-264). Chichester: Wiley.

Schuler, H. & Moser, K. (1992). Persönlichkeitsmerkmale und deren Erfassung. In E. Gaugler & W. Weber (Hrsg.), *Handwörterbuch des Personalwesens* (Sp. 1910-1921). Stuttgart: Poeschel.

Schuler, H. & Moser, K. (1993). Entscheidung von Bewerbern. In K. Moser, W. Stehle & H. Schuler (Hrsg.), *Personalmarketing* (S. 51-75). Göttingen: Hogrefe/Verlag für Angewandte Psychologie.

Schuler, H. & Moser, K. (1995). Geschichte der Managementdiagnostik. In W. Sarges (Hrsg.), *Management-Diagnostik* (2. Aufl., S. 32-42). Göttingen: Hogrefe.

Schuler, H., Moser, K., Diemand, A. & Funke, U. (1995). Validität eines Einstellungsinterviews zur Prognose des Ausbildungserfolgs. *Zeitschrift für Pädagogische Psychologie, 9*, 45-54.

Schuler, H. & Prochaska, M. (1992). Ermittlung personaler Merkmale: Leistungs- und Potentialbeurteilung von Mitarbeitern. In Kh. Sonntag (Hrsg.), *Personalentwicklung in Organisationen* (S. 158-186). Göttingen: Hogrefe.

Schuler, H. & Schmitt, N. (1987). Multimodale Messung in der Personalpsychologie. *Diagnostica, 33*, 259-271.

Schuler, H. & Stehle, W. (1983). Neuere Entwicklungen des Assessment-Center-Ansatzes - beurteilt unter dem Aspekt der sozialen Validität. *Psychologie und Praxis. Zeitschrift für Arbeits- und Organisationspsychologie, 27*, 33-44.

Schuler, H. & Stehle, W. (1987). *Assessment Center als Methode der Personalentwicklung*. Göttingen: Hogrefe/Verlag für Angewandte Psychologie.

Schuler, H. & Stehle, W. (Hrsg.). (1990). *Biographische Fragebogen als Methode der Personalauswahl* (2. Aufl.). Göttingen: Hogrefe/Verlag für Angewandte Psychologie.

Schwaab, M.-O. & Schuler, H. (1991). Die Attraktivität der deutschen Kreditinstitute bei Hochschulabsolventen. *Zeitschrift für Arbeits- und Organisationspsychologie, 35*, 105-114.

Seibt, H. & Kleinmann, M. (1991). Personalvorauswahl von Bewerbern: Derzeitiger Stand und Alternativen. In H. Schuler & U. Funke (Hrsg.), *Eignungsdiagnostik in Forschung und Praxis* (S. 174-177). Göttingen: Hogrefe/Verlag für Angewandte Psychologie.

Seifert, K.H. (1977). Theorien der Berufswahl und der beruflichen Entwicklung. In K.H. Seifert (Hrsg.), *Handbuch der Berufspsychologie* (S. 171-279). Göttingen: Hogrefe.

Sektion Arbeits-, Betriebs- und Organisationspsychologie im Berufsverband Deutscher Psychologen (1988). *Grundsätze für die Anwendung psychologischer Eignungsuntersuchungen in Wirtschaft und Verwaltung*. Bonn: Autor.

Semmer, N. & Udris, I. (1995). Bedeutung und Wirkung von Arbeit. In H. Schuler (Hrsg.), *Lehrbuch Organisationspsychologie* (2. Aufl., S. 133-165). Bern: Huber.

Seyfried, B. (Hrsg.). (1995). *"Stolperstein" Sozialkompetenz*. Bielefeld: Bertelsmann.

Smith, M., Farr, J.L. & Schuler, H. (1993). Individual and organizational perspectives on personnel procedures: Conclusions and horizons for future research. In H. Schuler, J.L. Farr & M. Smith (Eds.), *Personnel selection and assessment: Individual and organizational perspectives* (pp. 333-351). Hillsdale, NJ: Erlbaum.

Smith, P.C. & Kendall, L.M. (1963). Retranslation of expectations: An approach to the construction of unambiguous anchors for rating scales. *Journal of Applied Psychology, 47*, 149-155.

Smither, J.W., Reilly, R.R., Millsap, R.E., Pearlman, K. & Stoffey, R.W. (1993). Applicant reactions to selection procedures. *Personnel Psychology, 46*, 49-76.

Sonntag, Kh. (Hrsg.). (1992). *Personalentwicklung in Organisationen*. Göttingen: Hogrefe.

Spitznagel, A. (1982). Die diagnostische Situation. In K.J. Groffmann & L. Michel (Hrsg.), *Grundlagen psychologischer Diagnostik. Enzyklopädie der Psychologie B/II/I* (S. 248-294). Göttingen: Hogrefe.

Spranger, E. (1913). *Lebensformen*. Halle: Niemeyer.

Stahl, G.K. (1995). Ein strukturiertes Auswahlinterview für den Auslandseinsatz. *Zeitschrift für Arbeits- und Organisationspsychologie, 39*, 84-90.

Staehle, W. (1990). *Management* (5. Aufl.). München: Vahlen.

Staw, B.M. & Bell, N.E. (1987). *Outline of a dispositional theory of job attitudes.* Paper presented at the Annual Meeting of the Academy of Management, New Orleans.

Steege, F.W. & Aschenbrenner, H. (1991). Computergestützte Diagnostik im Psychologischen Dienst der Bundeswehr. In H. Schuler & U. Funke (Hrsg.), *Eignungsdiagnostik in Forschung und Praxis* (S. 123-126). Göttingen: Hogrefe/Verlag für Angewandte Psychologie.

Stelzl, I. (1982). *Fehler und Fallen der Statistik.* Bern: Huber.

Stern, W. (1903). Angewandte Psychologie. *Beiträge zur Psychologie der Aussage, 1*, 4-45.

Sternberg, R.J. & Detterman, D.K. (Eds.). (1986). *What is intelligence? Contemporary viewpoints on its nature and definition.* Norwood, NJ: Ablex.

Strauß, B. & Kleinmann, M. (1995). *Computersimulierte Szenarien in der Personalarbeit.* Göttingen: Hogrefe/Verlag für Angewandte Psychologie.

Strunz, Ch. (1987). Modell zur Verbesserung der Traineeauswahl: Konzeption eines Assessment Centers mit integrierter realistischer Tätigkeits-Information. In H. Schuler & W. Stehle (Hrsg.), *Assessment Center als Methode der Personalentwicklung* (S. 159-181). Göttingen: Hogrefe/Verlag für Psychologie.

Taylor, F.W. (1913/1977). In W. Volpert & R. Vahrenkamp (Hrsg.), *Die Grundsätze wissenschaftlicher Betriebsführung.* Weinheim: Beltz. (Originalausgabe 1911).

Taylor, H.C. & Russel, J.F. (1939). The relationship of validity coefficients to the practical effectiveness of tests in selection: Discussion and tables. *Journal of Applied Psychology, 23*, 565-578.

Tett, R.P., Jackson, D.N. & Rothstein, M. (1991). Personality measures as predictors of job performance: A meta-analytic review. *Personnel Psychology, 44*, 703-742.

Thorndike, R.L. (1986). The role of general ability in prediction. *Journal of Vocational Behavior, 29*, 332-339.

Thornton, G.C.III (1992). *Assessment centers in human resource management.* Reading, MA: Addison-Wesley.

Thornton, G.C.III (1993). The effect of selection practices on applicants' perceptions of organizational characteristics. In H. Schuler, J.L. Farr & M. Smith (Eds.), *Personnel selection and assessment: Individual and organizational perspectives* (pp. 57-69). Hillsdale, NJ: Erlbaum.

Thornton, G.C.III & Byham, W.C. (1982). *Assessment Centers and managerial performance.* New York: Academic Press.

Thornton, G.C.III, Gaugler, B.B., Rosenthal D.B. & Bentson, C. (1987). Die prädiktive Validität des Assessment Centers - eine Metaanalyse. In H. Schuler & W. Stehle (Hrsg.), *Assessment Center als Methode der Personalentwicklung* (S. 36-60). Göttingen: Hogrefe/Verlag für Angewandte Psychologie.

Triebe, J.K. (1976). *Das Interview im Kontext der Eignungsdiagnostik*. Bern: Huber.

Trost, G. (1992). Handhabung von Tests ausschließlich durch Diplom-Psychologen? *Zeitschrift für Arbeits- und Organisationspsychologie, 36*, 144-146.

Trost, G. (1994). (Hrsg.). *Test für medizinische Studiengänge (TMS). Studien zur Evaluation*. Bonn: Institut für Test- und Begabungsforschung.

Trost, G. & Bickel, G. (1979). *Studierfähigkeit und Studienerfolg*. München: Minerva.

Turban, D.B. & Keon, T.L. (1993). Organizational attractiveness: An interactionist perspective. *Journal of Applied Psychology, 78*, 184-193.

Tziner, A. (1986). *Performance appraisal: Impact of performance variables, purpose, format, and participation in review*. Paper presented at the 21st International Congress of Applied Psychology, Jerusalem.

Ulich, E. (1995). Gestaltung von Arbeitstätigkeiten. In H. Schuler (Hrsg.), *Lehrbuch Organisationspsychologie* (2. Aufl., S. 189-208). Bern: Huber.

Volpert, W. (in Druck). Interessenbildung und Verantwortung bei der Mitwirkung an Gestaltungsprozessen. In C.M. Hockel, W. Molt und L. von Rosenstiel (Hrsg.), *Handbuch der Angewandten Psychologie*. Landsberg: ecomed.

Wanous, J.P. (1992). *Organizational entry: Recruitment, selection, orientation, and socialization*. Reading, MA: Addison-Wesley.

Webster, E.C. (1982). *The employment interview*. Schomberg, Ontario: SIP Publications.

Weinert, A.B. (1991). Projekt: Wertestrukturen und Wertewandel auf dem Hintergrund der Eignungsdiagnostik. Das Inventar Persönlicher Motive. In H. Schuler & U. Funke (Hrsg.), *Eignungsdiagnostik in Forschung und Praxis* (S. 48-52). Göttingen: Hogrefe/Verlag für Angewandte Psychologie.

Welsh, F. (1982). Judging people: The early background. In D.M. Davey & M. Harris (Eds.), *Judging people. A guide to orthodox and unorthodox methods of assessment* (pp. 1-14). London: McGraw-Hill.

Wernimont, P.E. & Campbell, J.B. (1968). Signs, samples, and criteria. *Journal of Applied Psychology, 52*, 372-376.

Westhoff, K. (1989). Übungsabhängigkeit von Leistungen in Konzentrationstests. *Diagnostica, 35*, 122-130.

Westmeyer, H. (1976). Grundlagenprobleme psychologischer Diagnostik. In K. Pawlik (Hrsg.), *Diagnose der Diagnostik* (S. 71-101). Stuttgart: Klett-Cotta.

Weuster, A. (1991). Das Arbeitszeugnis als Instrument der Personalauswahl. In H. Schuler & U. Funke (Hrsg.), *Eignungsdiagnostik in Forschung und Praxis* (S. 177-181). Göttingen: Hogrefe/Verlag für Angewandte Psychologie.

Weuster A. (1994). *Personalauswahl und Personalbeurteilung mit Arbeitszeugnissen*. Göttingen: Hogrefe/Verlag für Angewandte Psychologie.

Wiesner, W.H. & Cronshaw, S.F. (1988). A meta-analytic investigation of the impact of interview format and degree of structure on the validity of the employment interview. *Journal of Occupational Psychology, 72*, 484-487.

Wigdor, A.K. & Sackett, P.R. (1993). Employment testing and public policy: The case of the General Aptitude Test Battery. In H. Schuler, J.L. Farr & M. Smith (Eds.), *Personnel selection and assessment: Individual and organizational perspectives* (pp. 183-204). Hillsdale, NJ: Erlbaum.

Wilpert, K. (1995). Organisation und Umwelt. In H. Schuler (Hrsg.), *Lehrbuch Organisationspsychologie* (2. Aufl., S. 495-511). Bern: Huber.

Wimmer, P. (1985). *Personalplanung*. Stuttgart: Enke.

Wittmann, W.W. (1987). Grundlagen erfolgreicher Forschung in der Psychologie: Multimodale Diagnostik, Multiplismus, multivariate Reliabilitäts- und Validitätstheorie. *Diagnostica, 33*, 209-226.

Wittmann, W.W. & Matt, G.E. (1986). Aggregation und Symmetrie. Grundlagen einer multivariaten Reliabilitäts- und Validitätstheorie, dargestellt am Beispiel der differentiellen Validität des Berliner Intelligenzstrukturmodells. *Diagnostica, 32*, 309-329.

Wottawa, H. (1984). HYPAG/Structure als Mittel zur Erfassung impliziter Entscheidungsstrukturen. In D. Albert (Hrsg.), *Bericht über den 34. Kongreß der Deutschen Gesellschaft für Psychologie in Wien 1984* (S. 176-178). Göttingen: Hogrefe.

Wottawa, H. (1990). Sachgerechter Schutz psychologischer Testverfahren für Eignungsuntersuchungen - ein Diskussionsbeitrag. *Zeitschrift für Arbeits- und Organisationsspsychologie, 34*, 159-164.

Wottawa, H. (1991). Stand und Perspektiven eignungsdiagnostischer Anwendung. In H. Schuler und U. Funke (Hrsg.), *Eignungsdiagnostik in Forschung und Praxis* (S. 1-5). Göttingen: Hogrefe/Verlag für Angewandte Psychologie.

Wottawa, H. (1993). Computerunterstützte Diagnostik [Themenheft]. *Zeitschrift für Arbeits- und Organisationspsychologie, 37* (3).

Wottawa, H. & Hossiep, R. (1987). *Grundlagen psychologischer Diagnostik: Eine Einführung*. Göttingen: Hogrefe.

Zeidner, J. & Johnson, C.D. (1994). Is personnel classification a concept whose time has passed? In M.G. Rumsey, C.B. Walker & J.H. Harris (Eds.), *Personnel selection and classification* (pp. 377-410). Hillsdale, NJ: Erlbaum.

Zeller, S. (1987). Die arbeitsrechtlichen Aspekte des Personalfragebogens als Mittel der Personalauswahl. *Betriebs-Berater, 22*, 1522-1528.

Zimmermann, H. & Schuler, H. (1991). Persönlichkeitskonstrukte als Urteilseinheiten im Assessment Center. In H. Schuler & U. Funke (Hrsg.), *Eignungsdiagnostik in Forschung und Praxis* (S. 139-143). Göttingen: Hogrefe/Verlag für Angewandte Psychologie.

Glossar

Die im Glossar aufgeführten Begriffe sind bei der Erstnennung im Text fett gedruckt.

Anforderungsanalyse
> Ermittlung der für die erfolgreiche Ausübung einer Tätigkeit erforderlichen Personmerkmale (Eigenschaften, Verhalten und Qualifikationen)

Arbeitsanalyse
> Beschreibung und Bewertung der Tätigkeit und ihres Umfelds hinsichtlich der für den Analysezweck relevanten Charakteristika

Arbeitsprobe
> inhaltlich valide und erkennbar äquivalente Stichprobe des erfolgsrelevanten beruflichen Verhaltens in Form einer standardisierten Aufgabe

ASA-Theorie
> Theorie von Benjamin Schneider, wonach Organisationen vor allem durch Anziehung, Auswahl und selektives Verbleiben bestimmter Mitarbeiter geformt werden

Assessment Center
> Eignungs- und Leistungsbeurteilung mittels mehrerer unterschiedlicher eignungsdiagnostischer Verfahren unter Einsatz geschulter Beurteiler an einer Gruppe von Teilnehmern, um Aufschluß über deren Fähigkeiten oder Entwicklungspotential zu gewinnen

Ausdrucksdiagnostik
> Lehre von der systematischen Beobachtung und Interpretation von Ausdruckserscheinungen wie Mimik, Stimme, Bewegungen oder Schrift

Befriedigungspotential einer Arbeitstätigkeit
> Möglichkeiten einer Arbeitstätigkeit, aufgrund ihrer Einzelcharakteristika oder ihrer Gesamtgestalt den individuellen Interessen und Bedürfnissen

der Arbeitstätigen zu entsprechen und dadurch positive Empfindungen zu bewirken

Binomial effect size display
Darstellungsweise der Stärke eines Effekts (beispielsweise eines Zusammenhangs, ausgedrückt durch einen Korrelationskoeffizienten) bei binomial (vorhanden/nicht vorhanden) ausgeprägten Merkmalen

Biographischer Fragebogen
standardisierte Form der Selbstbeschreibung zur Prognose künftigen Berufserfolgs aus vergangenem Verhalten und persönlichen Erfahrungen

Computerunterstützte Eignungsdiagnostik
Einsatz von (Personal-)Computern zur Konstruktion, Vorgabe und Auswertung von Tests und Simulationen (Arbeitsproben)

Day-to-day-Feedback
erste Ebene der Leistungsbeurteilung; Verhaltenssteuerung, die das Erkennen von Kontingenzen zwischen Verhalten und Ergebnissen fördern soll

Differentielle Psychologie
Lehre von den interindividuellen Unterschieden im Verhalten und Erleben sowie in den zugrundliegenden Eigenschaften

Differentielle Validität
Annahme spezifischer Validität eines Prädiktors für verschiedene Anwendungsfälle; an kleinen Stichproben kaum von Stichprobenfehlern zu unterscheiden, an großen Stichproben dient hierzu die Methode der Validitätsgeneralisierung

Eignungsdiagnose
systematische Untersuchung der Erfolgswahrscheinlichkeit (z. B. für einen Beruf) durch Vergleich der Anforderungen mit individuellen Merkmalsausprägungen

Eignungsdiagnostik
Lehre von der sachgemäßen Durchführung der Eignungsdiagnose in der Berufspsychologie; Theorie des Zusammenhangs zwischen menschlichen Merkmalen und Kriterien beruflichen Erfolgs

Fairneß
in der Berufseignungsdiagnostik: Frage der Chancengleichheit für Angehörige verschiedener (z. B. ethnischer) Gruppen bei Auswahl durch eignungsdiagnostische Verfahren

Faktorenanalyse

multivariate statistische Methode, um eine Vielfalt von Variablen aufgrund ihrer korrelativen Beziehungen auf gemeinsame Grunddimensionen zurückzuführen

Feedback

hier: Gespräch mit dem Teilnehmer einer diagnostischen Maßnahme über sein Abschneiden, gegebenenfalls auch über berufliche Entwicklungsmöglichkeiten

Generalisierbarkeit

in der Metaanalyse (Validitätsgeneralisierung) Aussage über die Stichprobenunabhängigkeit der Validität eines Auswahlverfahrens

Intelligenz

Summe kognitiver Fähigkeiten. Unterschiedliche Komponenten je nach Intelligenztheorie (z. B., im "Berliner Intelligenzstrukturmodell" von A.O. Jäger: Bearbeitungsgeschwindigkeit, Gedächtnis, Einfallsreichtum und Verarbeitungskapazität, jeweils an verbalem, numerischem und figuralem Material). Definitionsmerkmale in allen Intelligenztheorien: Qualität und Geschwindigkeit der Lösung neuartiger (d. h. nicht routinebestimmter) Aufgaben

Intelligenztest

nach testtheoretischen Prinzipien gestaltetes Verfahren, kognitive Leistungsfähigkeit zu überprüfen

Interview, strukturiertes

fragenbetontes Gespräch (z. B. zur Prüfung eines Bewerbers), das in einer einheitlichen, vorbestimmten Abfolge von Fragen oder zumindest Themenbereichen durchgeführt wird

Klassifikation

Zuordnung (einer Person) zu einer von mehreren Kategorien (Arbeitsplätzen oder Entwicklungsmaßnahmen)

Kognitive Fähigkeiten

Kognition ist im Deutschen ein Sammelbegriff für Vorgang und Ergebnis der Informationsverarbeitung (Wahrnehmung, Begriffsbildung, Problemlösen etc.); in der englischsprachigen Eignungsdiagnostik wird *kognitive Fähigkeit* (cognitive ability) weitgehend synonym zum Begriff Intelligenz gebraucht

Konstrukt

Begriff, der zur Organisation oder Integration des Wissens über einen Phänomenbereich dient. In der Eignungsdiagnostik gewöhnlich als Persönlichkeits- oder Fähigkeitskonstrukt verstanden

Konstruktvalidität

Aussage über die psychologische Bedeutung und Meßqualität eines Diagnoseverfahrens aufgrund experimenteller Untersuchung oder des Vergleichs mit anderen Indikatoren und Meßverfahren

Korrelationskoeffizient

Maßzahl für die Stärke des Zusammenhangs zweier Datenreihen

Kriterium

in der Berufseignungsdiagnostik und Leistungsbeurteilung: Maß, Teilaspekt oder Indikator beruflichen Erfolgs; Prüfgröße für die Validität eines Prädiktors

Leistungsbeurteilung (in Organisationen)

Einschätzung des Beitrags einer Person oder Gruppe zu den Zielen der Organisation in bezug auf Eigenschaften, Verhalten oder Ergebnisse

Leistungskriterien

Indikatoren des Globalkonstrukts "Leistung"; gewöhnlich nur in Kombination mehrerer Einzelaspekte aussagekräftig

Messung

Zuordnung von Zahlen zu Phänomenen

Metaanalyse

quantitative Zusammenfassung von Einzelstudien zur gleichen Fragestellung zum Zwecke der statistischen Absicherung von Ergebnissen und Schlußfolgerungen

Multimodalität

Prinzip der (diagnostischen) Messung mittels mehrerer Methoden

Objektivität

Grad der Unabhängigkeit der Diagnose vom Untersuchenden

Organisationale Effizienz

hier: Nutzen-Kosten-Verhältnis eines Auswahlverfahrens; auch Praktikabilität

Organisationsdiagnose, psychologische
systematische Erfassung der für das Verhalten und Erleben der Organisa-tionsmitglieder relevanten Charakteristika einer Organisation

Personalauswahl
Auswahl von Menschen für Berufe, Tätigkeiten oder Veränderungsmaß-nahmen; hier: auf der Basis eignungsdiagnostischer Methodik

Personalfragebogen
Fragebogen zur standardisierten Erfassung beschäftigungsrelevanter per-sönlicher Daten

Personalismus
generalisierte Verhaltenserklärung aufgrund innerer (z. B. eigenschafts-oder willensbezogener) Bedingungen (Gegensatz: Situationismus)

Persönlichkeitstest
standardisiertes diagnostisches Verfahren (Test), mittels dessen nichtkog-nitive Merkmale (z. B. Temperamentsmerkmale oder Interessen) als ab-grenzbare Dimensionen (z. B. Faktoren) erfaßt werden

Persönlichkeitstheorie
Beschreibung und Erklärung wesensbestimmender psychischer Merkmale sowie deren Strukturen oder Zusammenhänge (z. B. mittels Faktorenana-lyse)

Physiognomie
Charakterdeutung aufgrund der Gesichtszüge

Potentialanalyse
Eignungsdiagnose in bezug auf allgemeine oder künftige Anforderungen, häufig auch bezogen auf Entwicklungsfähigkeit

Prädiktor
Bezeichnung für eine Variable oder Variablengruppe (z. B. Testwert oder kombinierter Wert aus mehreren Auswahlverfahren), die zur Vorhersage eines Kriteriums (z. B. Berufsleistung) verwendet wird

Prognostische Validität
Genauigkeit der Vorhersage eines Kriterienwerts aufgrund eines Prädik-torwerts (z. B. Testwerts)

Psychotechnik
Forschung und Anwendung in der "Angewandten Psychologie", um das Zusammenpassen von Mensch und Arbeitswelt zu fördern (hist.)

Reliabilität

Grad der Genauigkeit oder Meßfehlerfreiheit eines Ergebnisses

Selektionseffekt

Wirkung, die durch die merkmalsabhängige Eingliederung einer Person in eine Gemeinschaft (z. B. Organisation) entsteht und sich als Unterschied zwischen Individuen oder Gruppen (z. B. der Fähigkeiten oder Leistungen) bemerkbar macht (vgl. Sozialisationseffekt)

Simulation

in der Berufseignungsdiagnostik: anforderungsentsprechende Nachbildung einer Tätigkeit oder eines Tätigkeitsausschnitts (Bezeichnung häufig synonym zum Begriff "Arbeitsprobe" gebraucht)

Situationismus

generalisierte Verhaltenserklärung aufgrund äußerer (z. B. organisationaler) Bedingungen (Gegensatz: Personalismus)

Soziale Kompetenz

uneinheitlich gebrauchter Sammelbegriff für interaktionsbezogene Fähigkeiten und Fertigkeiten, z. B. soziale Urteilsfähigkeit, Empathie und Repertoire des kommunikativen Verhaltens, im beruflichen Kontext häufig als Befähigung zu situationsangemessenem zweckrationalem Handeln verstanden, das zur Bewältigung tätigkeitsbezogener Interaktionsanforderungen dienlich ist (z. B. Rollenflexibilität, Anpassungsbereitschaft, Konfliktfähigkeit); unter Bedingungen der Gruppenarbeit gelegentlich synonym zum (gleichermaßen unscharfen) Begriff "Teamfähigkeit" verwendet

Soziale Validität

Qualität des Erlebens einer Auswahlsituation als sozial akzeptable Situation, im wesentlichen beeinflußt duch die Situationsmerkmale Information, Transparenz, Partizipation/Kontrolle und Urteilskommunikation/Feedback

Sozialisationseffekt

Wirkung (z. B. Entwicklung von Fertigkeiten oder von Einstellungen), die durch die Eingliederung einer Person in eine Gemeinschaft (z. B. Organisation) entsteht (vgl. Selektionseffekt)

Test

standardisiertes Verfahren zur Messung individueller Verhaltensmerkmale, um Schlüsse auf Eigenschaften oder auf Verhalten in anderen Situationen zu ziehen

Testtheorie
> Teilgebiet der Meßtheorie, das die Qualität der Erfassung menschlicher Merkmale und Merkmalsunterschiede zum Gegenstand hat

Validierung
> Methoden oder Strategien der Validitätsprüfung

Validität
> Angemessenheit und Sinnhaftigkeit der Schlüsse, die aus diagnostischen Werten gezogen werden können; auch Gültigkeit oder Tauglichkeit

Validitätsgeneralisierung
> in der Organisationspsychologie verbreitetste Methode der Metaanalyse zur Berechnung der durchschnittlichen Höhe und Generalisierbarkeit von Validitätskoeffizienten

Validitätsmoderator
> Einflußgröße, von der die Validität eines Auswahlverfahrens abhängt (z. B. Berufsgruppe, Kriterium, Mitarbeiterkenntnis)

Sachregister

Ability Requirement Scales 67
accomplishment record 100
Aggregation von Assessment Center-Beurteilungen 127
Akzeptabilität/Akzeptanz 75, 95, 96, 112, 143, 144, 148, 149, 181-187, 191, 196
Akzeptanzeinschätzungen 186, 187
allgemeine Intelligenz 25, 102, 106, 108, 167
allgemeine Intelligenztests 103, 117
allgemeine Leistungsmotivation 28, 114
allgemeine Persönlichkeitstests 103
Allgemeiner Büroarbeitstest (ABAT) 105, 106, 117
American Psychological Association 52
Anforderungen 12, 13, 22, 24, 30, 31, 36, 40, 45, 54, 59-69, 71, 72, 77, 81, 85, 86, 89, 93, 96, 100, 101, 108, 110, 114, 121, 125, 126, 133, 135, 140, 143, 150, 155, 157, 160, 162, 169, 172, 180, 192-195
Anforderungsanalyse 12, 59-69, 77, 119, 122, 125, 145, 227
Anforderungs-Aufgaben-Matrix 125
anforderungsbezogene Interviews 87, 90
Anforderungsbezug 87, 111, 118, 119, 140, 145, 193
Anforderungselemente 53
Anforderungskomponenten 18, 200

Anforderungsprofile 67
Anschreiben 81, 83
anthropologisches Unbehagen 181
Antwortbewertung im Interview 89
Arbeitsanalyse 12, 24, 32, 47, 53, 59-69, 70, 115, 122, 147, 160, 172, 227
Arbeitselemente 63, 64, 67, 68, 69
Arbeitsmarkt 11, 12, 61, 81, 86, 155, 190, 191
arbeitsplatzanalytisch-empirische Methode der Anforderungsanalyse 60
Arbeitsproben 15, 17, 18, 24, 45, 47, 51-53, 58, 62, 63, 77, 81, 84, 88, 105, 108, 115-118, 119, 121, 122, 129, 132, 134, 135, 139, 143, 149, 150, 156, 169, 171, 183, 227
Arbeitsrecht 83, 155, 190
Arbeitszeugnisse 83, 84, 138
Arbeitszufriedenheit 28, 73, 74
ASA-Theorie 40, 41, 227
assertive Selbstdarstellung 113
Assessment Center 18, 19, 29, 41, 42, 48, 51, 52, 54, 55, 77, 84, 90, 105, 116, 117, 118-133, 135, 138, 139, 141, 143, 148, 150, 168, 175, 179, 180, 183, 186, 187, 227
Assessment Center als Führungstraining 121, 180
Assessment Center-Training 131
Assessorenkonferenz 127
Attribution 43
aufgabenbezogene Verfahren der Arbeitsanalyse 62

Aufgabenebene 62
Aufgabeninventare 62
Ausbildungserfolg 82, 83, 92, 108,
    117
Ausbildungsleistungen 83, 99, 105,
    116, 169, 173
Ausdrucksdiagnostik 141, 142, 227
Aussageebene 44
Aussageformulierung 42
Auswahlentscheidung 11, 12, 19,
    79, 127, 143, 144, 149, 152, 155,
    160, 161, 172, 189
Auswahlgespräche 44, 84-91, 102,
    196, 197
Auswertung der Bewerbungsunter-
    lagen 78-84
Auswertungsobjektivität 50, 142
Autonomie und Komplexität der
    Arbeitstätigkeit 23, 36, 37, 168
Autopoiesis 41

Bedeutsamkeit und Erfüllungsgrad
    von Anforderungen 66
Bedürfnisse 12, 13, 36, 42, 70, 74,
    102, 169, 191, 192
Befriedigungsangebote 59-61, 160
Befriedigungspotential 12, 13, 227
Befriedigungswert der Leistung 22
Belastbarkeit 32
Belastung durch Auswahlverfahren
    35, 185
Beobachtungs-Bewertungs-Gewich-
    tungs-Modell 41
Beobachtungs- und Beurteilungs-
    vorgang 41-43, 50, 123, 126,
    127, 141, 143, 144
Berliner Intelligenzstrukturmodell
    25, 26, 105
berufliche Leistung 11, 12, 23, 27,
    28, 116, 139, 143-150
berufliche Sozialisation 37
beruflicher Erfolg 11, 22, 24, 28,
    30, 31, 38, 45, 47, 58, 86, 139,
    152, 201

berufliches Ethos 188
Berufs-Interessen-Test 103, 114
Berufsberatung 12, 21, 60, 108,
    114, 153, 161
Berufsinteressentests 13, 103, 114
Berufsordnung für Psychologen
    193, 197-199
Berufsverband Deutscher Psycholo-
    gen 75, 78, 189, 193, 194, 196,
    198, 199
Berufswahl 13, 38, 111
Berufswahltest (BWT) 103
Berufswahltheorie 38, 39
Berufszufriedenheit 61, 114
Beschränkungen der Validität 172
Beschreibungsebenen eignungsdia-
    gnostisch relevanter Instrumente
    63
Betriebsrat 93, 197
Beurteilertrainings 127
Beurteilerübereinstimmung 50, 64,
    91, 125
Beurteilung im Assessment Center
    122, 126
Beurteilungsdimensionen 124, 125,
    131
Beurteilungsgespräche 127
Bewerbungsunterlagen 78-84, 91,
    171, 195, 197
Bewertung eignungsdiagnostischer
    Verfahren 102, 133, 135, 151,
    174, 183, 185-187
Bildungs- und Trainingsmaßnah-
    men 34, 35, 179, 180
binomial effect size display 47, 78,
    228
biographiebezogene Fragen 89-91,
    115, 185
biographischer Fragebogen 15, 18,
    53, 77, 89, 92, 95-101, 119, 132,
    143, 165, 169, 171, 177, 178, 191,
    227
Brunswicksches Linsenmodell 41,
    78
Bundesanstalt für Arbeit 22, 103,

108, 161, 198, 199
Bundesausschuß Berufsethik des
Berufsverbands Deutscher Psy-
chologen 196

Centour-Verfahren 163
Checklisten 124
Commitment 22, 30, 153
computerunterstützte Eignungsdiagnostik 18, 228
computerunterstützte Verfahren
18, 78, 133-138

Datenschutz 138, 195, 196, 197
Day-to-day-Feedback 127, 148,
182, 228
defensive Selbstdarstellung 113
Determinationskoeffizient 172
Diagnosestrategie, eigenschaftsorientierte vs. simulationsorientierte 90
Diagnosesystem 18, 43, 44, 142
diagnostische Kompetenz 78, 160,
195
differentialpsychologische Auffassung von Arbeitsorganisationen
41
differentialpsychologische Grundlagen 24-32
Differentielle Psychologie 31, 228
differentielle Validität 55, 56, 162,
166, 168, 228
diskriminante Validität 55, 126
Dominanz 29-31, 111, 126
Drahtbiegeprobe 116, 117
Drei-Ebenen-Modell der sozialen
Urteilsbildung 44
Durchführungsmodus von Auswahlgesprächen 84
Durchführungsobjektivität 50
Durchsetzungsfähigkeit 142
dynamische Investitionsrechnung
178

Dynamisierung von Assessment
Center-Durchführungen 129,
130

Ebene der Aussage 43, 44
Ebene des Eindrucks 42, 44
Ebene des Verhaltens 42, 44
Ebenen der Beurteilung (Day-to-
day-Feedback, Regelbeurteilung
und Potentialbeurteilung) 148
Eigenleistung 22
Eigenschaftsanforderungen 59, 63,
67
Eigenschaftsbeurteilungen 67, 141
eigenschaftsbezogene Verfahren
der Arbeitsanalyse 62, 63,
67-69
Eigenschaftsebene 67-69
Eigenschaftskriterien 63
eigenschaftsorientiertes Progno-
sekonzept 77, 81, 90, 115
Eigenschaftstheorie der Führung
24
Eignung 15, 59, 74
Eignungsdiagnose 31, 151, 157,
197, 228
Eignungsdiagnostik 12, 15, 18, 19,
21, 30, 32, 42, 45, 55, 58, 59, 62,
72-74, 78, 88, 92, 101, 115, 120,
125, 126, 132-134, 140, 172, 181,
189, 190, 192, 194, 195, 228
Eignungsgutachten 161, 197
Eindrucksbildung 42, 43, 44, 89, 95
Eindrucksebene 44
Einfluß der Person auf die Organi-
sation 36-38
Einfluß der Organisation auf die
Person 36-38
Einsatzhäufigkeit von Auswahlver-
fahren 19-21
Einsatzzwecke des Assessment
Centers 120, 121
Einschätzung von Arbeitsplätzen,
ganzheitliche 67

Einsichtnahme 198
Einsichtsrecht 197
Einstellungs-, Motivations- und
    Interessentests 103, 111, 113,
    114
Einstellungsgespräche 84
Einstellungsinterview 18, 84-92,
    139, 183
Einstufungsschlüssel 64
Einwilligung zur Untersuchung
    195-198
Einwilligungserklärung des Bewer-
    bers 198
Einzel-Assessment 132
Einzelverfahren im Assessment
    Center 122, 128
emotionale Stabilität 29, 108
Entscheidung 11-13, 19, 20, 45, 61,
    151-159, 160, 161, 163, 172, 175,
    177, 179, 181, 183, 191, 192, 194,
    199
Entwicklungspotential 13, 34, 157
erfahrungsgeleitet-intuitive Metho-
    de der Anforderungsanalyse 60
Erfolg 11, 12, 22, 24, 25, 27-30, 38,
    45, 47, 53, 58, 86, 108, 132, 139,
    152, 155, 161, 165
Erfolgskriterium 22, 28, 31, 83, 97,
    108, 111, 142, 151, 154, 165-167,
    178, 192
erfolgsrelevante Verhaltensweisen
    63, 65, 115, 155, 171
Ergebnisanforderungen 59, 63
Ergebniskriterien 63, 148
Ethikkommission der Deutschen
    Gesellschaft für Psychologie
    196
ethische Begründung der Eignungs-
    diagnostik 192
ethische Probleme der Eignungs-
    diagnostik 189-191, 193, 199
ethische Richtlinien 133, 193, 194
ethische und rechtliche Aspekte
    151, 188-201
EUB 103

Evaluation 151-201
Examensnoten 82, 83
Expertenmodell 159, 160
Extraversion 29, 33, 45, 108, 113,
    126, 141

Fachkenntnisse 58, 78, 138-140,
    153
Fähigkeiten 11, 12, 21, 22, 24, 25,
    27, 28, 30, 32, 34, 36, 37, 38, 42,
    54, 55, 59, 61, 67, 68, 71, 81,
    100, 103, 105, 114, 119, 122, 129,
    132, 134, 140, 150, 152, 157, 161,
    164
Fairneß 96, 185, 186, 192, 199,
    200, 228
Faktorenanalyse 25, 26, 229
faktorenanalytische Intelligenzfor-
    schung 25-27, 105
Feedback 14, 123, 127, 128, 130,
    131, 185, 186, 194, 229
Feedback-Gespräche 127, 128, 148
Fehlerquellen bei Fragebogen 113
Fehlerquellen in Validierungsstu-
    dien 56
feinmotorisches Geschick 156, 169
Fertigkeiten 11, 24, 30, 32, 34, 35,
    41, 52, 59, 61, 72, 150, 190
Filmszenen 140
Flow 22, 73
Föderation Deutscher Psychologen-
    vereinigungen 75, 197-199
Formulierung von Persönlichkeits-
    items 112
Forschung und Entwicklung (F&E)
    30, 166, 179
Fragebogen zur Arbeitsanalyse
    (FAA) 63, 64, 67, 68
Fünf-Faktoren-Modell der Persön-
    lichkeit 28, 29, 105
Funktionen des Einstellungsinter-
    views 86

g-Faktor der Intelligenz 25, 26, 108
General Aptitude Test Battery 199
Generalisierbarkeit 98, 99, 101,
    118, 166, 169, 229
Geschichte der Eignungsdiagnostik
    14, 19
Gesprächsvorbereitung 84, 85
Gestaltung von Organisationen
    durch Individuen 37, 40, 41
Gestimmtheit 28
Gewissenhaftigkeit 28-30, 108, 114,
    115, 141, 153
Globalurteile 42, 89, 123
Graphologie 19, 50, 141, 142, 195
Grundquote 175
Grundsätze für die Anwendung
    psychologischer Eignungsunter-
    suchungen in Wirtschaft und
    Verwaltung 193
Gruppendiskussion 18, 41, 42, 50,
    51, 90, 116, 119, 122, 123, 126,
    130, 140
Gruppenfertigung 71
Gültigkeit s. Validität
Gütekriterien 11, 46, 48, 65, 69,
    151, 181

Handschriftenprobe 15, 84, 141,
    142, 196
Hypothesenprüfung 54

implizite Persönlichkeitstheorie 15,
    43
Individualdiagnostik 132
individuelle Seite des Auswahlpro-
    zesses 22, 181-188, 193
Information 181, 185, 193, 194
Informationsgewinn durch eine
    Korrelation 47, 48, 173
Inhaltsvalidierung 52
Inhaltsvalidität 52, 53, 164
Integrität 28, 31, 111
Intelligenz 24-27, 29, 34, 38, 54, 58,

74, 101, 102, 106, 108, 109, 126,
    132, 139, 141, 169, 173, 229
Intelligenz-Struktur-Test (IST) 103,
    105, 117
Intelligenzfaktoren 25, 102, 105
Intelligenzforschung 25, 27, 67
Intelligenztest Army Alpha 15
Intelligenztestaufgaben 107
Intelligenztests 15, 16, 24-27, 32,
    34, 45, 47, 54, 104-106, 117, 119,
    126, 138, 140, 165, 171, 173, 229
Intelligenztheorien 25, 26
interaktive Strategieentwicklung 70
Interessen 11-13, 22, 28, 30, 31, 38,
    42, 59, 68, 70, 102, 114, 132,
    133, 157, 161, 190, 192
Interessentests 100, 102, 103, 111,
    113, 114, 185
internale Kontrollüberzeugung 31,
    72, 73
interne Konsistenz 51
Interpretation von Validitätskoeffi-
    zienten 47-49, 51, 52, 170-173,
    179
Interpretationsobjektivität 50
Interview 18, 19, 41, 45, 52, 67, 77,
    84-91, 95, 119, 124, 129, 132,
    140-143, 150, 156, 168, 171, 183,
    185, 186, 187
Interviewforschung 88-91, 119
Itemformen 96, 111, 112
itemweise Validierung 97

Kalkulationsmodell der Nutzenbe-
    rechnung 175, 177-180
Kenntnisprüfungen 52, 140
Kenntnisse 11, 24, 32, 35, 37, 41,
    58, 59, 61, 72, 78, 92, 138-140,
    153, 160, 164, 190
Kenntnistests 53, 154
Klassifikation 38, 63, 72, 77, 151,
    157, 160, 162, 164, 179, 180, 229
Klassifikationsentscheidung 153,
    157

Klassifikationsstrategien 158
kognitive Fähigkeiten 24, 27, 34,
    100, 103, 139, 155, 229 (s. a.
    Intelligenz)
kognitive Prozesse 25, 27
kognitive Prozeßforschung 138
Kollegenbeurteilungen 148
kombinierter Einsatz mehrerer
    Auswahlverfahren 171
Kompensationsmodell 155, 156
Kompetenz des Diagnostikers 121,
    160, 195
komplexe dynamische Problem-
    löseaufgaben 135
komplexe dynamische Simulation
    136
Komplexität der Tätigkeit 22, 24,
    31, 37, 148
Konfigurationsfrequenzanalyse 163
Konfigurationsmodell 155, 156
konkurrente Validität 53
Konstanz und Variabilität 32, 35
Konstrukt 18, 24-28, 29, 31, 32, 45,
    51, 53, 54, 67, 77, 89, 90, 97,
    100, 101, 111, 169, 230
Konstruktvalidierung 52-55, 100,
    129
Konstruktvalidität 52, 54, 55, 90,
    126, 141, 230
Kontaktfähigkeit 130, 169
Kontamination 120
konvergente Validität 55, 126
Korrelation 24, 28, 31, 33, 46-49,
    51, 53, 55, 88, 126, 128, 141,
    148, 161, 163, 168, 171, 172, 173,
    201
Korrelationskoeffizient 46, 47, 50,
    55, 173, 230
kreative Leistungen 30
Kreativität 26, 27, 186
Kriterien (Erfolgsmaße) 22, 23,
    28-31, 45, 52-55, 61-63, 65, 67,
    69, 77, 99, 101, 105, 108, 114-
    116, 119, 120, 136, 142, 148, 151,
    153-155, 161, 165-169, 171-173,

175, 178, 179, 181, 192, 199, 230
Kriterienabhängigkeit der Validität
    167
Kriterienarten 153, 154
kriterienbezogene Validierung 52,
    53
Kriteriumsvalidität 52
kritische Ereignisse 65, 147
Kundenorientierung 140, 156
Kurzvortrag 142

Lebensformen 38
Lebenslauf 81, 83, 84, 195
Leistung 11, 12, 22, 23, 26-30, 32,
    36, 38, 43, 53, 58, 70, 73, 74, 77,
    83, 85, 99, 100, 102, 105, 112,
    116, 117, 121, 122, 131, 139, 140,
    142, 143, 144, 148, 152, 153, 155,
    173, 175, 178, 183
Leistungsbeurteilung 41, 45, 47, 53,
    58, 62, 63, 65, 83, 122, 131, 139,
    143, 144, 145, 148, 150, 168, 186,
    230
Leistungsdifferenzen/-unterschiede
    22, 23, 179
Leistungsergebnisse 62, 143
Leistungsgesellschaft 74
Leistungskriterien 61, 77, 230
Leistungskultur 180
Leistungsmaße 22, 12, 144, 145.
    154
Leistungsmotivation 27-31, 38, 53,
    77, 81, 90, 113, 115, 126, 130,
    142, 169
Leistungsprinzip 72, 190
Leistungstests 51, 55, 102, 103,
    105, 119, 138, 142, 169, 183
Leistungsziele 30, 153
Leistungszufriedenheit 22, 73
Lernfähigkeit 34, 35, 53, 69, 108
Lernfähigkeits- oder Trainierbar-
    keitstests/Lerntests 105, 130,
    140
Lichtbild 80, 81

lineare Optimierung 164
Losverfahren 84

Machtmotivation 27, 28
Management Progress Study 18,
119, 120
maximale vs. typische Leistung 28,
131, 144, 148
Mechanisch-Technischer Verständ-
nistest 103, 105
mehrstufiges Modell der Auswahl-
entscheidung 156
Menschenbild 70
mentale Tätigkeitssimulation 88
Merkmale des Beurteilers 42
Meßgenauigkeit 50
Meßtheorie 45
Messung 25, 27, 45, 51, 74, 78, 90,
101, 105, 126, 130, 186, 230
Meßverfahren 23-25, 27, 45, 32, 38,
50, 54, 67
Metaanalyse 24, 28, 55, 230
Methode kritischer Ereignisse
(Critical Incident Technique,
CIT) 65, 67, 147
Mitbestimmung 197
Mitwirkungsrecht des Betriebsrats
93, 197
Moderatoreffekte 55
Motivation 27-31, 38, 43, 50, 53,
77, 81, 90, 102, 113-115, 126,
130, 131, 139, 142
motorische Fähigkeiten 31, 67,
102, 116, 142, 156, 169
Multimodales Interview 88-91
Multimodalität 61, 126, 130, 171,
230
multiple Korrelation 161
multiple Regressionsanalyse 161
Multitrait-Multimethod-Analyse
126
Multitrait-Multimethod-Matrix 55

NEO-FFI 108
Neurotizismus 29, 33, 192
nomologisches Netzwerk 29, 54
Nutzen 157, 164, 170, 174-181, 193
Nutzenanalyse von Personalaus-
wahlprogrammen 174-181
Nutzenmodell 159, 164, 175-180

Objektivität 42, 46, 48-50, 62, 85,
102, 142, 145, 148, 230
Offenheit für Erfahrungen 29, 30,
69, 108
Organisation 12, 13, 21, 22, 30,
34-38, 40, 41, 55, 59, 61, 70-72,
78, 98, 99, 122, 132-134, 143,
148, 150, 153, 157, 164, 175, 179,
185, 186, 189
organisationale Effizienz 151, 174,
181, 187, 230
Organisationsanalyse 13
Organisationsdiagnose/Organisa-
tionsdiagnostik 70, 231
Organisationsform 21, 71
Organisationskultur 70
Organisationspsychologie 11, 36,
40, 41, 104, 134, 198, 199
Organisationsstil 70
Organisationsstruktur 36, 189
Organisationswahl 28, 38, 186

Paralleltest-Reliabilität 51
Partizipation/Kontrolle 181, 182,
184, 185, 194
PC-Simulation 133-138, 141, 142
Person und Organisation 36-41, 71
Personal History Blank 92
Personalakte 198
Personalauswahl im Interesse des
Individuums 12, 181-188, 192,
231
Personalbedarfsplanung 70
Personalentwicklung 12, 20, 34, 36,
63, 65, 89, 92, 121, 125, 144,

149-151
Personalentwicklungsmaßnahme
    19, 35, 36, 86, 101, 118
Personalentwicklungsplanung 132
Personalfragebogen 91-94, 231
Personalismus/personalistische
    Auffassung 37, 72, 231
Personalmarketing 12
Personalplanung 93, 132
Personalstammdaten 92
Personalstrategie 70
personbezogen-empirische Methode
    der Anforderungsanalyse 60
persönlichkeitsförderliche Arbeits-
    gestaltung 160
Persönlichkeitsforschung 28-31, 67,
    108
Persönlichkeitsmerkmale 15, 24,
    28, 29, 30, 32, 33, 34, 35, 40, 69,
    104, 105, 112, 141
Persönlichkeitsrecht 195
Persönlichkeitstests 15, 30, 45, 97,
    102-104, 106, 108, 110-112, 114,
    115, 119, 126, 162, 169, 231
Persönlichkeitstheorie 15, 38, 43,
    44, 192, 231
Phasen möglicher Computerunter-
    stützung 134
Phrenologie 15
Physiognomie 14, 231
physische Attraktivität von Bewer-
    bern 81, 82, 192
Position Analysis Questionnaire
    (PAQ) 63, 67
Postkorbaufgabe 18, 116, 119, 122,
    126, 131, 135, 185
Posttest 130
Potentialanalyse 114, 127, 132,
    150, 231
Potentialbeurteilung 121, 148
prädiktive Validität s. prognosti-
    sche Validität
Prädiktor 45, 53, 61, 88, 92, 99,
    101, 113-115, 119, 120, 138-140,
    143, 155, 161, 163, 164, 168,

171-173, 231
Prädiktor-Kriterien-Kombination
    167
Praktikabilität 19, 123, 143, 174,
    175, 186, 187
Praktikabilitätseinschätzungen 174
Präzisionsmodell 159, 161-164
probeweise Übertragung der Aufga-
    ben der Zielposition 149
Probezeit 143, 144, 148, 149, 157
Produktivitätszuwachs 179, 180
Profilvergleich 162
Prognose 13, 21, 22, 31, 35, 46, 47,
    53, 55, 82, 83, 104, 105, 108,
    116, 118, 119, 139, 142, 161, 162,
    163, 165, 179
Prognose beruflichen Erfolgs 45,
    47, 139
Prognosekonzept 77, 91, 115
prognostische Validität 53, 85, 86,
    111, 119, 127, 164-174
Prognostizierbarkeit menschlichen
    Verhaltens 172
projektive Testverfahren 104, 196
prototypische Kategorisierung 42
Prozeßvariablen 136
psychologische Theorie beruflichen
    Erfolgs 58
psychologischer Test s. Test
psychometrische Gütekriterien
    45-55, 69
Psychotechnik 17, 115, 231

Qualifikationsanforderungen 59
Quellen arbeitsanalytischer Infor-
    mation 61
Quellen des Einflusses auf die
    soziale Urteilsbildung 44

räumliches Vorstellungsvermögen
    77, 102, 169
Reaktionen auf Auswahlprozesse
    181-188

Reaktivität im Assessment Center 131, 132
Rechtsfragen/rechtliche Bestimmungen 92, 93, 190, 193-199
Referenzen 19, 83, 84
Reliabilität 46, 48, 50, 51, 64, 69, 78, 83, 96, 110, 127, 130, 148, 169, 172, 232
Reliabilitätstheorie 51
Repräsentativität 126
Retest-Reliabilität 50
Revidierter Allgemeiner Büroarbeitstest (ABAT-R) 105, 106, 117
Richtlinie für den Umgang mit psychologischen Eignungstests 199
Richtlinien für den Einsatz elektronischer Datenverarbeitung in der psychologischen Diagnostik 199
Richtlinien für den Einsatz und Vertrieb psychologischer Testverfahren 75, 197, 199
Rollenspiel 41, 51, 150, 185

Schlüsselereignisse 65
Schul- und Studienleistungen 82
Schulabschluß 83
Schweigepflicht 197
Sektion Arbeits-, Betriebs- und Organisationspsychologie 199
Selbstbeurteilung 43, 117, 148
Selbstbild 43, 127, 186
Selbstdarstellung 81, 112, 113, 126
Selbsteinschätzung 31, 40, 112, 114, 121, 143, 148, 149, 183, 186
Selbstselektion 28, 31, 37, 61, 72, 114, 117, 143, 155, 156, 194
Selbstsicherheit 113
Selbstvertrauen 22, 27, 29, 30, 31, 111, 126, 142, 169
Selbstwertgefühl 38
Selektionseffekt 37, 232
Selektionsentscheidung 153

Selektionsquote 81, 92, 175, 179
self-fulfilling prophecy 43, 127
sequentielle Strategie 156
Simulation/simulationsorientiertes Diagnoseverfahren 18, 50, 51, 52, 62, 63, 77, 105, 116, 117, 119, 134, 135, 136, 142, 183, 196, 232
simulationsorientiertes Prognosekonzept 77, 115
Situationismus/situationistische Auffassung 37, 41, 72 232
situatives Interview 88
soziale Handlungskompetenz 140
soziale Kognition 41
soziale Kompetenz 24, 29, 89, 90, 126
soziale Urteilsbildung 41
soziale Urteilskompetenz 140
soziale Validität 133, 181-185, 199, 194
Sozialisation 35, 37, 40, 155
Sozialisationseffekte 37
Sozialprinzip 74, 190
spezifische Persönlichkeitstests 102, 103, 111, 113, 114, 115
Split-half-Reliabilität 51
sprachgebundene Intelligenz 24
Sprachkompetenz des Beurteilers 43
Stabilität 29, 32-35, 50, 51, 142, 161
Stabilität von Persönlichkeitsmerkmalen 32-35
Standardisierung 44, 48, 62, 65, 102, 129, 130, 138, 139
statistische Prognose- und Optimierungsverfahren 161-164
statistische vs. klinische Urteilsbildung 160
Stellenbeschreibungen 67
Stichprobenabhängigkeit der Validität 165
Stichprobenfehler 55, 57, 128, 165
Stichprobenfehler höherer Ordnung

166
Strategien des Beurteilers 43
Strategien personeller Entscheidung 151-164
strukturierte Interviews 88, 129, 229
Strukturmodell der Intelligenz 25, 26, 105
Studienerfolgsprognose 83
Sympathie 43, 82, 86, 192
Synthetisierung eigenschaftsbezogener Anforderungsprofile 67
Systeme, computersimulierte komplexe 18, 134-136, 138, 142
Szenarios 134-136, 138, 142

Tätigkeitsanforderungen 13, 47, 105, 149, 152, 172, 190, 195
tätigkeitsbezogene Kenntnisse 58, 138
tätigkeitsfeldspezifische Leistungsmotivation 28, 114
Taylor-Russel-Modell 175
Taylorismus 17
Teamfähigkeit 69, 71, 140
Teamorientierung 140
Temperamentsmerkmale 28
Test 15, 16, 18, 31, 45, 48-52, 55, 77, 91, 101-119, 129, 130, 132, 134, 135, 138, 142, 143, 145, 151, 169, 171, 196, 199, 232
Test für medizinische Studiengänge (TMS) 103
Testhalbierung 51
Testknacker-Literatur 74
Testkritik 74, 181, 189
Testkuratorium 75, 133, 151, 152, 197
Tests der Aufmerksamkeit und Konzentration 103
Tests sensorischer und motorischer Leistung 103
Tests spezifischer kognitiver Fähigkeiten 103

testtheoretische Grundlagen 45-58
testtheoretische Gütekriterien 45-55, 151, 181
Testtheorie 11, 45, 46, 48, 51, 85, 196, 233
Testverfahren (s. auch Test) 18, 27, 31, 46, 50, 67, 90, 101-108, 115, 121, 122, 130, 134, 142, 151, 169, 196, 199
Testwiederholung 51, 130
Theorie der kognitiven Kategorisierung 41
Theoriebildung 58, 165
Theorieentwicklung 54, 164
Trainierbarkeitstests 105, 118
Transparenz 121, 144, 181-185, 194
TYPAG 79
typische und maximale Leistung 28, 131, 144, 148

Über- und Unterforderung 12, 22, 157, 162, 192
Umstrukturierung 13, 125, 144, 149, 179, 180
Unabhängigkeit 27
Unternehmensstrategie 70
Urteilsaspekte 43, 139, 145, 188
Urteilsdimensionen 43, 123, 126 (s. a. Beurteilungsdimensionen)
Urteilskommunikation/Feedback 44, 123, 127, 130, 131, 148, 181-186, 194
Urteilsqualität 168
Urteilstendenzen 88, 145

Validierung 52, 55, 77, 78, 82, 88, 90, 92, 95, 97, 98, 100, 101, 108, 115, 120, 128, 129, 140, 153, 160, 164, 165, 168, 169, 178, 233
Validierungsstrategie 52-55, 164
Validität 18, 19, 28, 29, 46, 48, 51-56, 61, 69, 74, 83-91, 96, 98, 99, 100, 101, 105, 106, 108,

111-113, 115, 116, 118-120, 122, 125-129, 133, 138, 139, 141- 144, 148, 149, 151, 161, 162, 164-174, 175, 177, 179, 181, 183-187, 189, 191, 193, 194, 196, 199, 233
Validität biographischer Fragebogen 99
Validität der Probezeit 143
Validität des Assessment Centers 128
Validität des Auswahlgesprächs 85
Validität des Multimodalen Interviews 91
Validität graphologischer Gutachten 141
Validität von Arbeitsproben 116
Validität von Bewerbungsunterlagen 83
Validität von Fachkenntnissen 139
Validität von Intelligenztests 106
Validität von Leistungsbeurteilungen 148
Validität von Persönlichkeitstests 111
Validitätsdefizite des Einstellungsgesprächs 86
Validitätseinschätzungen 19, 170, 184-188
Validitätsgeneralisierung 55, 56, 61, 161, 162, 169, 233
Validitätsmoderator 166, 233
Varianz 24, 27, 28, 31, 34, 37, 44, 46, 51, 53, 56, 82, 125, 131, 163, 165, 168
Varianzaufklärung 173
Veränderung von Anforderungen 13, 24, 60, 69, 71, 72, 93, 105, 133, 143
Veränderungsmessung 130
Veränderungsstrategie 160
Verantwortung 21, 70, 75, 130, 133, 188, 194, 201
Verbesserung der Validität des Assessment Centers 129
Verbesserung der Validität des

Auswahlgesprächs 87
Verbreitung von Auswahlverfahren 18, 19, 84, 110, 115, 121, 133, 141
Verfahren der Arbeitsanalyse 61-65, 67, 69
Verfahren der Personalauswahl 77-150
Verfälschbarkeit 112
Verhaltens-Eindrucks-Aussage-Modell 41-44
Verhaltensanforderungen 59, 63, 77, 124
Verhaltensbeobachtung 41, 43, 119, 123
Verhaltensbeobachtungsskalen 147, 148
verhaltensbezogene Verfahren der Arbeitsanalyse 62-67
Verhaltensebene 44, 63
Verhaltenskriterien 63, 77
verhaltensverankerte Beurteilungsskalen 124, 147, 148
verhaltensverankerte Einstufungsskala 145, 147
Verpflichtung zur eignungsgerechten Auswahl 195
Verträglichkeit 28, 29, 108
Vitalität 142
Vorbereitung zum Auswahlgespräch 84, 85
Vorschlag durch Vorgesetzte 144, 187
Vorselektion 31, 61, 106, 129, 142, 165, 169

Wahrscheinlichkeitsaussagen 48, 173
Wahrscheinlichkeitstheorem von Bayes 162
weltanschauliche Rahmenbedingungen 72-75
Werthaltungen 12, 37, 38, 43, 70, 119

Wilde-Intelligenz-Test (WIT) 105
Wirkung eines Assessment Centers
    auf das Selbstbild der Teilneh-
    mer 133, 186
Wirkung von Auswahlverfahren auf
    Bewerber 75, 133, 181-188, 194

Zeugnissprache 83
Zielsetzung 22, 30, 34, 53, 70, 121,
    147, 158, 164, 195
zivilrechtlicher Anspruch 197
Zufriedenheit 11, 12, 22, 36, 53,
    73, 74, 108, 111, 192
Zulässigkeit von Fragen 91, 196
Zuordnung 20, 31, 43, 45, 50, 60,
    62, 67, 69, 151-164, 190
Zuordnung von Personen und Ar-
    beitsplätzen/Zuordnungsent-
    scheidungen 151-164
Zuordnung von Eigenschaften zu
    Arbeitselementen 67-69
Zuordnungsregeln 43, 161
Zuordnungsstrategie 160
Zuordnungs- und Veränderungsmo-
    dell 159, 160
Zuschreibungsprozesse 43

16 PA 111
16-Persönlichkeits-Faktoren-Test
    (16 PF) 110, 111, 162

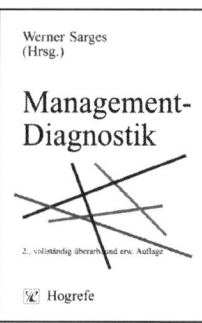